Peter Mommsen

Radikal barmherzig

Peter Mommsen

Radikal barmherzig

Das Leben von **Johann Heinrich Arnold** –
eine Geschichte von Glauben und Vergebung,
Hingabe und Gemeinschaft

Mit einem Vorwort von
Eugene H. Peterson

Aus dem amerikanischen Englisch von
Christopher Groß

Die englische Originalausgabe dieses Buches erschien unter dem Titel *Homage to a Broken Man – A true story of faith, forgiveness, sacrifice, and community* bei Plough Publishing House, Walden, New York, USA; Robertsbridge, England; Elsmore, Australien

www.plough.com

Copyright © 2015, Plough Publishing House. All rights reserved

Eine vorläufige Fassung dieses Buches erschien 2004 in limitierter Ausgabe. Die dieser deutschen Ausgabe zugrunde liegende Fassung von 2015 wurde umfangreich überarbeitet und erweitert und enthält nun einen zusätzlichen Eintrag zu Quellen, Verzeichnis von Stichwörtern und Bildmaterial

Das Epigraph von Thornton Wilder ist frei zitiert aus seinen „Dreiminutenspiele für drei Personen" (*An Angel That Troubled the Waters*, Coward-McCann, New York 1928)

Die Deutsche Bibliothek verzeichnet diese Publikation in der Deutschen Nationalbibliografie; detaillierte bibliografische Daten sind im Internet über www.d-nb.de abrufbar

Lektorat: Dr. Thomas Baumann, Daniel Hug
Umschlaggestaltung: spoon design, Olaf Johannson
Umschlagbild sowie Bilder innen: Alle Fotos stammen mit freundlicher Genehmigung aus Familienbeständen. Copyright © 2015, Plough Publishing House. Alle Rechte vorbehalten.
Satz: Neufeld Media, Weißenburg in Bayern
Herstellung: GGP Media GmbH, Pößneck

© 2017 Neufeld Verlag Cuxhaven
ISBN 978-3-86256-078-3, Bestell-Nummer 590 078

Nachdruck und Vervielfältigung, auch auszugsweise, nur mit Genehmigung des Verlages

www.neufeld-verlag.de / www.neufeld-verlag.ch

Bleiben Sie auf dem Laufenden:
newsletter.neufeld-verlag.de
www.**facebook**.com/NeufeldVerlag
www.neufeld-verlag.de/**blog**

Für Christoph und Verena

Wo wärest du ohne deine Wunden?
Selbst die Engel können uns armselige und strauchelnde Erdenkinder
nicht so überzeugen, wie es ein Mensch kann, der im Räderwerk des Lebens
zerbrochen wurde. Nur der verwundete Kämpfer kann der Liebe dienen.

Thornton Wilder

Inhaltsverzeichnis

Vorwort 9

Vorbemerkung des Autors 13

Opa 15

Revolution 22

Sannerz 31

Am Scheideweg 42

Bekehrung 47

Der Sonnentrupp 51

Lotte 59

Vater und Sohn 62

Reifezeit 69

Tata 75

Eine Ankunft 80

Nazis 87

Silum 99

Annemarie 106

Der Abschied 111

Vier Uhr 119

Der letzte Brief 122

Flüchtlingshochzeit 128

Emmy Maria 132

Heliopher 141

Primavera	146
Buße	158
Alpträume	166
Unter Kindern	175
Verbannt	180
Leprakolonie	186
Vaterschaft	196
Marianne	203
Unterwegs	211
Veränderungen	223
Woodcrest	232
Feuerprobe	248
Befreiung	266
Bis zum Ende	279
Epilog	295
Dank	296
Quellenangaben	298
Stichwortverzeichnis	311
Das Leben von Heini und Annemarie Arnold in Bildern	I – XXXII

Vorwort

Eugene H. Peterson

Als Pfarrer habe ich den größten Teil meines Erwachsenenlebens damit verbracht, nach dem zu suchen, was das Leben meiner Zeitgenossen mit dem der Männer und Frauen verknüpft, von denen ich in der Bibel lese. Denn so wie die gesamte biblische Offenbarung uns als Geschichte anspricht, kann uns auch dieser Tage nur gut erzählte Geschichte die Vielschichtigkeit von Schöpfung und Erlösung in unserem eigenen Leben näher bringen.

In der neuen Biografie seines Großvaters, *Radikal barmherzig,* erzählt Peter Mommsen eine Geschichte, die es verdient, im Umfeld der „größten Geschichte aller Zeiten" platziert zu werden, als eine Erweiterung der biblischen Geschichte in die Lebensumstände unserer Zeit. Wie in den Tagen von einst beruft auch heute Gott die unwahrscheinlichsten aller Helden. Er gebraucht die unvollkommenen Menschen, um ihm die Ehre zu erweisen, und bleibt seinem Volk treu, so weit dieses sich auch von ihm entfernt haben mag.

Beim Lesen dieses Buches musste ich an Psalm 118 denken: „Der Stein, den die Bauleute verwarfen, er ist zum Eckstein geworden." In der Vorahnung seiner unmittelbar bevorstehenden Kreuzigung wendet Jesus diese Worte auf sich selber an. Ich fand diese Worte passend, um auch den Mann zu beschreiben, um den es in diesem Buch geht, einen Nachfolger Jesu, auch er ein „Stein, den die Bauleute verwarfen". Auch wenn J. Heinrich Arnold nie an seiner Berufung zweifelte, Christus in Gemeinschaft mit seinen Brüdern und Schwestern zu dienen, hätte er es sich niemals ausgesucht, diese zu leiten. Und doch genau das tat er: Durch ein katastrophales Kapitel der Weltgeschichte führte er wie ein Hirte eine noch unerfahrene Gemeinschaftsbewegung, die sich dazu in einer schmerzhaften Phase ihrer eigenen Entwicklung befand. Von Natur aus demütig, mit mystischer Veranlagung und einer Ausbildung zum Landwirt, fand er sich alsbald von ehrgeizigen und manipulativen Männern an den Rand gedrängt. Aber zum Glück ist die Geschichte hier noch nicht zu Ende.

Seine Geschichte erinnert mich auch an eine andere Bibelstelle, in der Jesus seine Jünger darauf vorbereitet, was ihnen mit großer Wahrscheinlichkeit widerfahren wird, wenn sie Zeugnis ablegen von seinem neuen Leben der Liebe und Erlösung: „Die Hausgenossen eines Menschen werden seine Feinde sein" (Mt 10,36). Das vorliegende Buch eröffnet uns auch ein ganz neues Verständnis des oft gebrauchten Bonhoefferzitats von der „teuren Gnade". Man mag sich kaum vorstellen, was Arnold von seinen Nächsten zu ertragen hatte, aber das Bild, das dabei von ihm entsteht, ist das einer außergewöhnlichen Lebensgeschichte von Treue und Vergebung: Eine Geschichte, die in einer ganzen Gemeinschaft das Feuer der ersten Liebe wieder anfachen konnte.

Eine der Auswirkungen des modernen Lebens, die die Seele am stärksten schädigt, ist das Verschleiern von Geschichte. Geschichte wird auseinandergerissen in zusammenhanglose Anekdoten, reduziert zu belanglosem Geschwätz, und aufgelöst in Formeln und Regeln. Die wenigsten der Worte, die tagtäglich über Fernsehen, Internet, Zeitungen, Plakate oder Gespräche auf uns eindringen, sind noch Teil einer Geschichte, die über das isolierte Ereignis selbst hinausgeht. Es gibt kaum noch etwas, das uns mit der Vergangenheit verbindet, in die Zukunft hineinreicht oder auf Höheres verweist. Anstatt uns mit einer tieferen Realität zu verbinden, trennen uns diese Worte und lassen uns in einer Wüste von Ereignissen und Stellungnahmen zurück.

Jedesmal aber, wenn jemand eine Geschichte gut und wahrhaftig erzählt, dient das dem Evangelium. In das Chaos von Ereignissen und Zufällen bringt das Geschichtenerzählen Licht, Zusammenhang, Bedeutung und Wert. Wenn es eine Geschichte gibt, dann müsste es doch Einen geben, der diese Geschichte erzählt – ja, es *muss* Ihn geben.

Wie Freiherr Friedrich von Hügel, der österreichische Schriftsteller und Theologe, zu sagen pflegte: „Es gibt keine Gleichen unter den Seelen." In der Schule habe ich voller Verwunderung gelernt, dass es keine zwei identischen Schneeflocken gibt und kein Eichenblatt dem anderen gleich ist. Wie viel einzigartiger ist doch jeder Mensch! Ein richtiges Verständnis der Bibel betont immer das spezifisch Persönliche. Der Spruch von Jesaja: „Ich habe dich bei deinem Namen gerufen" (Jes 43,1), ist sowohl in meinem eigenen Leben wie auch in meinem Beruf als Pfarrer zu einem zentralen Bestandteil geworden.

Gleichzeitig untergräbt die uns umgebende Kultur ständig die Einzigartigkeit der beim Namen gerufenen Person und etikettiert diese immer als schmächtig, unerlöst, anorexisch, bipolar, alleinerziehend, diabetisch, verkopft. Diese Bezeichnungen helfen zwar dabei, gewisse Aspekte des Menschen zu verstehen, aber sobald sie eine Person beschreiben sollen, verschleiern sie genau das, was mich am meisten interessiert: die Seele, die es noch nie vorher gab und kein zweites Mal geben wird, die von Gott angesprochen wird.

Jedes Mal, wenn ein Mensch namentlich angesprochen wird und in dieser Begegnung versteht, dass er als Individuum behandelt wird – nicht als Kunde, nicht als

Patient, nicht als Wähler und nicht als Sünder –, ist das ein Dienst am Evangelium. Erlösende Liebe kann nur personenbezogen sein, nie allgemein. Christi Erbarmen ist immer auf eine bestimmte Person bezogen, und kann nie auf ein abstraktes Konzept reduziert werden.

Ein guter Autor verleiht uns Augen, die durch die Etikettierungen hindurchsehen, und Ohren, die hören, was hinter den vereinfachenden Klischees ist. Peter Mommsen ist ein solcher Autor. Am Ende des Buches werden Sie in J. Heinrich Arnold einen neuen Freund gefunden haben. Und nicht nur ihn: In diesem Buch lernen wir eine ganze Reihe von Charakteren kennen, deren Geschichten unser Bewusstsein und unsere Empfindsamkeit für das von Christus in uns gelebte Leben schärfen kann. Ich hoffe zumindest, dass Sie nach der Lektüre von *Radikal barmherzig* nicht mehr daran zweifeln werden, dass „Gott bei denen, die ihn lieben, alles zum Guten führt" (Röm 8,28).

Das Böse ist nicht das größte Mysterium, auch wenn manche so denken. Die Mysterien des Guten und der Erlösung übertreffen es bei Weitem, aber Zugang zu ihnen findet nur, wer sich dem Bösen stellt. Diese Geheimnisse offenbaren sich, wenn man Wegbegleiter findet, wie die, welche auf den Seiten dieses Buches lebendig werden; in Gemeinschaften wie denen des Bruderhofs und in bescheidenen und geduldigen Hirten wie J. Heinrich Arnold.

Vorbemerkung des Autors

Dieses Buch erzählt die wahre Geschichte eines Menschen, der versucht, seiner Berufung treu zu bleiben, der – mit Bonhoeffer gesprochen – den Ruf in die Nachfolge vernimmt und weiß, dass es die *teure* Gnade ist, die in die Nachfolge ruft, teuer, weil sie das Leben kostet. Es ist nicht die Geschichte eines Superhelden mit Heiligenschein: Die folgenden Seiten zeigen, dass mein Großvater Schwächen hatte und Niederlagen hinnehmen musste. Trotzdem wollte ich in diesem Buch die Geschichte eines beispielhaften Lebens erzählen, von dem ich hoffe, dass es für den Leser genauso viel Bedeutung haben wird wie für mich.

Beim Erzählen ging es mir darum, den Blick auf entscheidende Situationen auf dem geistlichen Weg meines Großvaters zu lenken. Damit geht einher, dass ich den Anspruch einer umfassenden Vollständigkeit aufgeben musste und Dutzende von Personen und Episoden ausgelassen wurden, die in einer gewöhnlichen Biografie vielleicht erwähnt worden wären. Es bedeutet auch, dass ich den Schwerpunkt auf die prägenden Jahre meines Großvaters gelegt habe, so dass ein Großteil des Textes im Prinzip eine Reihe von Porträts meines Großvaters als junger Mann sind. (Dieses Buch beansprucht nicht, die Geschichte des Bruderhofs wiederzugeben, der christlichen Gemeinschaft, der er als Seelsorger diente.)

Mein Großvater war nie berühmt. Auch wenn sein Einfluss auf diejenigen, die ihn kannten, sehr bedeutsam war, so war der Wirkungskreis zu seinen Lebzeiten doch auf wenige tausend Menschen beschränkt. Wenn man über eine so gewöhnliche und unbekannte Person schreibt, widerspricht es eigentlich der Grundannahme der traditionellen Biografie, ein Genre, das – wie Petrarca es ausdrückte – erfunden wurde, um die Errungenschaften „berühmter Männer" aufzuzeichnen: der großen Staatsmänner, Helden, Genies, Verbrecher und Heiligen der Geschichte. Mein Großvater passt da nicht hinein.

Warum also seine Lebensgeschichte niederschreiben oder lesen? Weil meiner Meinung nach seine Geschichte etwas Allgemeingültiges hat: Eine Geschichte mit Bedeutung. Der Mut, die Demut und die schiere Beharrlichkeit, mit der er seiner Berufung großen Entbehrungen zum Trotz treu geblieben ist, sprechen eine tiefe Sehnsucht von

Millionen von Menschen an. Wenn das zutrifft, scheinen die herkömmlichen Kriterien wie Erfolg, Bekanntheit und Einfluss, mit denen Biografen ihre Protagonisten bemessen, plötzlich unwesentlich zu werden, ihr Wert relativiert sich. Wie sagte noch ein gewisser Rabbi vor zweitausend Jahren: „Die Letzten werden die Ersten sein, und die Ersten die Letzten."

Bei denjenigen Geschichten, die in diese Erzählung Eingang gefunden haben, wurden Genauigkeit und Ausgewogenheit angestrebt, jedoch ohne den Erzählfluss durch eine Flut von irrelevanten Details zu stören. Zitate wurden oft verkürzt oder sprachlich an den Stil der Erzählung angepasst. In einigen Fällen habe ich die Namen von Personen geändert, die Nebenrollen in der Erzählung einnehmen. Dies ist dann bei den entsprechenden Einträgen im Stichwortverzeichnis vermerkt.

1

Opa

An dem Morgen, an dem mein Großvater starb, erzählte ich allen in meiner Kindergartengruppe: „Heute ist Opa in den Himmel gegangen!" Meine Kindergärtnerin, selber eine langjährige Freundin unserer Familie, fing an zu weinen. Ich verstand ihre Tränen nicht: Wer wäre nicht stolz darauf, einen Großvater im Himmel zu haben?

Natürlich würde ich ihn vermissen. Opa und Oma lebten in einer Wohnung bei uns im Haus. Seit dem Tod von Oma vor zwei Jahren war Opa viel krank gewesen und hatte das Haus kaum mehr verlassen. Meine Mutter ist das siebte von neun Kindern. Sie ist Ärztin. Opa hatte einen Rufknopf neben seinem Bett, um sie bei Bedarf nachts zu sich zu rufen. Meine Mutter verbrachte jeden Tag ein bis zwei Stunden bei ihm im Zimmer, dabei saß sie meist an seinem Bett, während ich am Boden spielte. Am liebsten turnte und sprang ich auf seinem Bett herum und, wenn er mich ließ, auch auf ihm. Über seinem Kopfkissen war eine Art Trapez befestigt, mit dem er sich hochziehen konnte und was wie dafür gebaut schien, damit zu schaukeln, um dann plötzlich loszulassen und auf seinem Bauch zu landen.

An manchen Nachmittagen ließ meine Mutter mich dieses Trapez nicht benutzen: „Lass Opa ausruhen." So musste ich mich damit begnügen, einfach nur neben ihm zu sitzen. Es war wohl an einem dieser Tage, als mir das kleine schwarze Kreuz an der Wand auffiel. Es faszinierte mich, aber was ich damals noch nicht wusste: Er selber hatte es als Junge angefertigt für seine Tante Tata, die ihm wie eine zweite Mutter gewesen war.

Opa konnte stundenlang die Musik von Bach anhören. Jedesmal, wenn ich die *Matthäuspassion* höre, versetzt es mich zurück in die Zeit, als ich mithalf, ihm sein Mittagessen zu bringen: Trotz der Proteste meiner Mutter streut er so viel Salz auf die Tomatenscheiben, dass diese wie mit Raureif bedeckt aussehen. Seine von seiner Krankheit verkrümmten Finger umgreifen den Griff der Teekanne und nachdem er den Tee in seine Tasse gegossen hat, häuft er einen Berg von Süßstofftabletten (er hatte Diabetes) auf seinen Teelöffel und verrührt sie im Tee.

Wenn er mir sagte, dass er mich lieb hatte, sprach er diese Worte auf Englisch mit voller, tiefer Stimme, ohne Hast und mit schwerem deutschen Akzent. Ich liebte sein Zimmer und die verschiedenen Gerüche darin – Spargel, Kölnisch Wasser, der Duft von Rotwein. Was ich aber am meisten liebte, war etwas, das ein Kind nie in Worte fassen oder gar erklären würde. Als Kind nimmt man es in sich auf, atmet es in vollen Zügen ein, ohne zu hinterfragen. Selbst als Erwachsener fällt es mir schwer, genau zu sagen, was es war. Ich weiß nur, was mich an die Seite seines Bettes hinzog, war über Jahre hinweg das Wichtigste in meinem Leben: Ein Ort der Sicherheit, an den ich zurückkehren konnte, wenn alles andere schiefgelaufen war.

Zwölf Jahre nach Opas Tod hörte ich anlässlich der Immatrikulationsfeier an der *Harvard University* den Universitätspräsidenten Neil Rudenstine, wie er uns auf das weitere Leben vorbereitete: „Ihr seid die Besten, die es gibt, ihr seid die Crème de la Crème", rief er den 1600 frischgebackenen Studenten zu. Und ich glaubte ihm jedes Wort. Die nächsten drei Jahre hielt ich an diesem Glauben fest. Gleichzeitig wuchs in meiner Seele ein Tumor heran, der alles, was ich dachte und tat, in Beschlag nahm. Das war nicht die Schuld von Rudenstine, er hat nur seine Arbeit gemacht. Aber der Anfang meiner Studienzeit fiel zeitlich zusammen mit einer neuen, aggressiven Wachstumsphase des Geschwürs.

Mit großzügiger finanzieller Unterstützung ausgestattet, studierte ich mit mittelmäßigem Erfolg. Ich schrieb für das literarische Journal, trank viel, wenn sich die Gelegenheit ergab, und stellte beim Rugby und Rudern meinen Mangel an Sportlichkeit unter Beweis. Am Morgen meines einundzwanzigsten Geburtstags wachte ich in einem zerknitterten Smoking auf einem Sofa auf, verschwitzt, verkatert vom Champagner, ausgelaugt, leer und verzweifelt. Ein Gefühl von Schuld hatte mich seit Jahren mit fürchterlicher Beharrlichkeit verfolgt, und ich war immer wieder davongelaufen. Dies war das Ende meiner Flucht.

In diesem Moment, wo alles wertlos und verlogen erschien, merkte ich, dass ich eine Wahl treffen musste: Entweder würde ich jedem Rest von Aufrichtigkeit, der mir verblieben war, den Rücken kehren oder ich würde anhalten, umkehren und zurückgehen auf dem Weg, den ich gekommen war, bis ich wieder auf etwas Verlässliches und Sicheres stoßen würde.

Auf meinem Weg zurück komme ich zu meiner Urgroßmutter, der Mutter von Opa. Ich habe sie nur noch als Bild im Kopf, wie sie auf ihrem elektrischen Sitzlift die Treppe herunterfährt. Sie kommt aus ihrer Wohnung im Obergeschoss zu uns herunter und nimmt bei uns am Frühstück teil. Neben Opa sitzend löffelt sie vorsichtig ihr gekochtes Ei aus einem Eierbecher.

Oma sehe ich auch noch vor mir. Eine warmherzige und energische Person, die schon in ihren Bewegungen Entschiedenheit ausdrückt. Vom Sofa aus liest sie uns Geschichten vor und vergisst nie, zum Geburtstag oder zu Weihnachten Geschenke mitzubringen. Sie ist streng. Einmal bin ich ihr gegenüber beim Frühstück ungehorsam. So etwas hat Opa niemals durchgehen lassen, weder bei seinen Kindern noch bei seinen Enkelkindern. Also sagte Opa zu meinem Vater: „Markus, der Junge braucht wohl mal einen Klaps auf den Hintern." (Dem Tagebuch meiner Mutter zufolge war ich gerade zwei Jahre alt geworden.) Doch selbst in diesem Moment hatte ich keine Angst vor Opa. Bei ihm war man immer sicher.

Kurz danach wird bei Oma Krebs diagnostiziert. Ich sehe sie noch auf dem Sofa in ihrem Wohnzimmer liegen, von wo aus sie die Kinder aus der Nachbarschaft auf dem Schulweg sehen kann. Oma stirbt kurz vor meinem vierten Geburtstag.

Am lebendigsten aber bleibt mir die Erinnerung an Opa. Nach Omas Tod bastele ich ihm mit meiner Cousine Norann eine Karte aus rotem Glanzpapier zum Valentinstag. „Die ist von Oma", sagen wir, als wir sie ihm aufs Zimmer bringen. Opa nimmt sie in Empfang und strahlt über das ganze Gesicht. Er bittet uns, auf seinem Bett Platz zu nehmen, und erzählt uns Geschichten. Von dem Affen, den er sich in Südamerika als Haustier hielt; von der Fahrt auf dem Einspänner, als er eine reiche Dame durch den Dschungel kutschieren musste und das Pferd starb. Er ist ein wunderbarer Geschichtenerzähler mit ansteckendem Humor. Immer wieder muss er innehalten und warten, bis die Lachstürme seiner Zuhörer abgeebbt sind.

Rückblickend erkenne ich, dass viele meiner Cousinen und Cousins Opa viel besser kannten als ich. Meine Mutter erzählt, ich habe mich oft geweigert, ihm gegenüber Zuneigung zu zeigen. Er hatte zum Beispiel einen Teller mit Süßigkeiten auf der Kommode in seinem Zimmer. Manchmal bin ich einfach den Gang runter und in sein Zimmer gegangen, um mir eine Süßigkeit zu holen, und habe ihm nicht einmal gute Nacht gesagt. Meinen Eltern war das peinlich, er aber lachte nur und meinte: „Ist schon in Ordnung, wir leben in einem freien Land."

Als ich sechs Jahre alt war, fing ich meinen ersten Fisch: Einen 30 cm großen Forellenbarsch. Ich spüre noch heute die Aufregung, die mich befiel, als der rote Schwimmer im Wasser verschwand. Irgendwer hat dann den Fisch für mich ausgenommen und vorgeschlagen, dass ich ihn Opa gebe – vermutlich, weil ich Fisch nicht ausstehen konnte. Er hat den ganzen Fisch gegessen. Das war einen Monat vor seinem Tod.

Während dieser letzten Tage seines Lebens verbot uns meine Mutter, auf seinem Bett zu hüpfen, und manchmal durften wir Enkelkinder nicht einmal sein Zimmer betreten. Wir sollten uns dann damit begnügen, ihn durchs Fenster hindurch zu „besuchen". Im Garten stehend schauten wir durchs Fenster und sangen seine Lieblingslieder. Manchmal lag er nur still mit geschlossenen Augen da, umgeben von Sauerstoffschläuchen. Manchmal erwiderte er unsere Blicke, lächelte oder versuchte zu winken.

Nach seinem Tod lernte ich zu akzeptieren, dass Opa nicht mehr da war. Vergessen habe ich ihn nie: Alle meine Kindheitserfahrungen lebten weiter. Als ich ins Teenageralter kam, wurde mein Leben komplizierter und ich empfand immer weniger Nähe zu ihm. Ich fing sogar an, mich über das aufzuregen, an das ich mich von ihm erinnern konnte. Klar würde ich ihn immer lieben, aber wer war er überhaupt? Ich wusste natürlich, was er sein Leben lang gemacht hatte, er war Seelsorger gewesen, auch wenn er selber vermutlich diesen Begriff abgelehnt hätte. Ich wusste auch, dass die Leute ihn wegen seines Feingefühls und seiner Demut sehr schätzten. Alles das konnte mir aber nicht erklären, warum Menschen so unterschiedlich auf ihn reagierten. Warum konnte die bloße Erwähnung seines Namens selbst nach seinem Tod Leute derart polarisieren?

Die meisten Erwachsenen die ich kannte, einschließlich der Eltern meines Vaters, liebten Opa von Herzen und sprachen fast ehrerbietig von ihm. Für sie war er die wichtigste Person, der sie jemals begegnet waren. Er hatte ihr ganzes Leben verändert. Aber es gab auch andere. Es gab eine Gruppe entfremdeter Verwandter, von der es hieß, dass sie ihn und alles, wofür er stand, verachteten, obwohl sie ihn seit Jahrzehnten nicht mehr zu Gesicht bekommen hatten. Und dann gab es da noch die Geschichte von dem Mordversuch durch einen Mann, den er vor Jahren seelsorgerlich begleitet hatte. Der brüstete sich damit, dass er Opa bereits im Visier seiner Waffe gehabt habe, bevor er seine Meinung änderte und eben doch nicht schoss.

Entgegen den in meinem Bewerbungsschreiben gemachten Behauptungen ging es mir an der Universität in Harvard allerdings nicht um die Liebe zum Lernen. Es ging mir um neue Macht in einer neuen Welt, einer Welt, in der ich tun und lassen konnte, was ich wollte.

Es gab Schönes: Sich beim Duft von Kardamon und Wasserpfeife im *Algier Coffee House* mit Freunden zu treffen und über Dichter wie Coleridge und Virginia Woolf die Köpfe heiß reden; mit dem afroamerikanischen Intellektuellen Cornel West in seinem Büro zu einer informellen Unterrichtsstunde zusammenkommen: Ein Gespräch unter vier Augen über soziale Gerechtigkeit, den amerikanischen Theologen Reinhold Niebuhr und den Bürgerrechtler W. E. B. DuBois, über seine Kindheit und Jugend als Baptist und meine eigene Herkunft aus einer religiösen Gemeinschaft. Der Charles River in der Morgendämmerung, den Glanz der aufgehenden Sonne auf dem Wasser, während ich durch Brückenbögen hindurch ruderte. Doch selbst in den besten Momenten wusste ich tief im Inneren, dass es dies nicht sein konnte. Ich wusste, woher ich gekommen war. Oma und Opa hätten niemals gewollt, dass ich ein Leben führe wie das, auf das ich zusteuerte.

Das gleiche galt für meine Eltern und den Rest der Familie. Sie hatten bemerkt, dass ich ins Trudeln gekommen war, und drängten mich, eine Auszeit von Harvard zu nehmen. Ich hatte keinerlei Interesse an diesem Vorschlag. Monatelang stritt, verhandelte und drohte ich und versuchte, sie emotional zu erpressen. Meine Eltern ließen nicht locker, so dass ich schließlich nachgab. Nach Abschluss des sechsten Semesters bestieg ich ein Flugzeug, das mich in den hintersten Winkel Nicaraguas bringen würde. Es sei an der Zeit, dass ich echte Menschen treffe, meinte mein Vater.

Ich hatte Latein, Altgriechisch und englische Literatur studiert und heuchelte nun Interesse an einem multikulturellen Abenteuer, im Innersten aber war ich alles andere als begeistert. Dennoch fand ich mich bald auf einem Bio-Bauernhof auf Ometepe wieder, einer von zwei Vulkanen gebildeten Insel mitten im Nicaraguasee, etwa eine Stunde Fahrt mit der Fähre entfernt vom Festland.

Mit der Zeit freunde ich mich mit meinen Arbeitskollegen an. Die meisten sind Tagelöhner aus dem Nachbardorf, die für 3,50 Dollar am Tag arbeiten. Ich fange an, ihr Spanisch zu lernen, was scheinbar völlig ohne Konsonanten ist. Mit Jairo und seinem Cousin Luís gehe ich auf Gürteltierjagd an den Hängen des Vulkans. Die Familie von Luís gilt als arm. Sie lebt weit oben am Berg, wo fußballgroße Lavabrocken die Felder schwer zu bewirtschaften machen. Wie die meisten Bauern der Gegend besprüht er seine Ernte und sich selbst aus einem rucksackartigen Spritzgerät mit Pestiziden, deren Wirkstoffe in Europa und den USA längst verboten sind. Ihm fallen schon die Haare aus, obwohl er bestimmt noch nicht älter als zwanzig Jahre ist.

Verglichen mit Raquel, die indianische Wurzeln hat, geht es Luís noch gut. Raquels Hütte steht nur ein paar hundert Meter von meinem Zimmer entfernt, das sich in einem für amerikanische Missionare neu gebauten Bungalow befindet. Raquel ist Mutter von sieben Kindern zwischen zwei und dreizehn. Alle Kinder leiden unter Parasiten; eines hat Malaria und die drei Jüngsten haben Hungerbäuche, wie man sie von Bildern aus dem Sudan kennt. Raquel baut auf einem kleinen Fleckchen Land Gemüse an, hat aber kein regelmäßiges Einkommen. Es gibt keinen Mann in ihrem Haus.

Bei einem Besuch beim Arzt auf dem Festland erfährt Raquel, dass sie Gebärmutterkrebs hat. Die Untersuchung ist kostenfrei, aber nicht die Behandlung. Als mein Chef von ihrem Zustand erfährt, gibt er ihr monatlich Geld für Medikamente. Der Tumor wächst aber weiter und bereits wenige Monate später stirbt Raquel unter qualvollen Schmerzen. Mein Chef und ich stehen vor einem Rätsel, nicht aber die jetzt verwaisten Kinder. Sie erzählen uns, dass die Mutter das zusätzliche Geld verwendet hat, um Essen auf den Tisch zu bringen.

Soweit ich weiß, ist an dieser Geschichte nichts Außergewöhnliches. Aber sie ereignet sich direkt vor meinem Haus.

Eine Frage, die mir meine Freunde aus dem Dorf bei jeder Begegnung stellen, lautet: ¿*Por qué triste?* – „Warum bist du traurig?" Ich bin überrascht, denn sie fragen selbst, wenn ich lache. Aber sie haben mich durchschaut und spüren meine innere Verzweiflung.

Ich weiß, dass ich weit vom Weg abgekommen bin. Es gibt Nächte, in denen meine geheimen Sünden und die Schuld, meinen Eltern das Leben so schwer gemacht zu haben, mich wie ein Fieber überfallen. Ich bin angewidert von mir selbst und fühle mich krank.

„Du Drecksack saugst die Liebe aus jedem um dich herum", klage ich mich selber an: „Welchen Platz nehmen Luís und Raquel in all deinen großartigen Pläne für dich selbst ein? Du weißt doch, dass du nicht wegen dieses ganzen egoistischen Schwachsinns auf der Welt bist. Auf was wirst du mal zurückblicken, wenn du stirbst?"

Tief in mir ruht wie ein eingeschlossener und noch nicht aufgegangener Keim die Erinnerung daran, wie es war, bei Opa zu sein. Gerade weil diese Erinnerung aber so heilig und gefährlich ist, habe ich sie verborgen und fast vergessen.

Jetzt brauche ich sie. Ich blättere durch Opas Bücher, nicht wagend, zu viel davon auf einmal zu lesen. Ich beginne, die von ihm sehr geschätzten Schriften von Meister Eckhart zu lesen, einem Mystiker des 13. Jahrhunderts, der über Buße, Umkehr und Einheit mit Gott schrieb. Ich lese: „Niemand darf sich vorstellen, es sei unmöglich, dass Gott in seiner Seele geboren werde. Auch wenn es noch so schwer sei, es ist ohnehin Gottes Wirken." „Manche sagen nun, sie hätten's nicht. Da erwidere ich: Das tut mir leid! Sehnst du dich aber danach? Nein! Das tut mir noch mehr leid! Auch wenn man es nicht hat, kann man doch Sehnsucht danach haben! Und wer keine Sehnsucht hat, der kann sich doch wenigstens nach der Sehnsucht sehnen."

„Das ist genau meine Situation", denke ich, „aber was jetzt?" An einem heißen Nachmittag um Weihnachten herum arbeite ich auf einem Feld, wo mein Chef probiert, Wassermelonen in kleinen Hochertragsparzellen anzubauen. Meine Aufgabe ist es, von Hand das Unkraut um die Pflanzen herum zu jäten. Der Geruch des Sees hängt schwer, süßlich und klebrig wie eine faulende Papaya in der Luft. Über mir gleiten die Fischreiher dahin, ihre Flügel strahlen weiß im Glanz der Sonne. Ich selbst fühle mich dreckig und hoffnungslos. Ich knie neben dem Beet, weinend und betend. Ich weiß gar nicht genau, was ich Gott sage, ich weiß nur, dass es mir leid tut, dass ich den Weg nach Hause finden will und bereit bin, alles dafür zu tun und alles aufzugeben.

Die Verwandlung erfolgt nicht über Nacht, aber es ist der Wendepunkt. Ich verlasse Ometepe bald danach – nicht um mein Studium abzuschließen, sondern um weiter zu suchen. Ich weiß, dass ich umkehren und Vergebung finden muss. Die Anziehungskraft, die ab diesem Zeitpunkt einsetzt, wird immer stärker. Manchmal lasse ich mich noch ablenken, versuche auszuweichen oder kämpfe mit dem Gedanken an Fahnenflucht. Aber ich zweifle nicht mehr an meinem Ziel. Sogar mitten im Schmerz der Selbsterkenntnis beflügelt mich die Aussicht auf ein neues Leben. Es gibt kein Zurück.

Im nächsten Sommer bin ich wieder zu Hause in Upstate New York mit meinen Cousins Chris, Priscilla und Emmy sowie meiner Schwester Marianne. Wir sind alle in unseren Zwanzigern. Wir alle haben uns ausprobiert und die damit verbundenen Fehler gemacht. Jetzt stellen wir fest, dass wir alle in die gleiche Richtung wollen, was mich überrascht. Wir finden gerade erst heraus, wo wir herkommen, stellen unseren Eltern Fragen und stöbern in den Unterlagen unserer Großeltern. Manche dabei gemachten Entdeckungen sind ernüchternd, andere erheiternd, manche machen uns wütend.

Eines Abends stehen wir an Opas Grab und fangen an, über ihn zu reden. Es ist weit nach Mitternacht und wir sind immer noch da und tauschen Erinnerungen aus: Wie er den Nazis die Stirn geboten hatte, wie er von seiner Familie getrennt und zum Arbeiten in die Leprakolonie geschickt wurde. Wie sehr wünschen wir uns jetzt, mit ihm reden zu können.

Wir alle haben andere Leute über Opa reden gehört. Manche von ihnen haben ihn als Seelsorger oder Freund gekannt und geschätzt, aber ihre Erinnerungen haben uns oft nicht berührt. Wir wollen keinen Heiligen zum Großvater. Wir wollen einen Menschen, auf den wir uns beziehen können. Es stimmt schon, er hat eine enorme Wirkung auf seine Bekannten und die Leser seiner Bücher gehabt. Aber das waren ja nur ein paar tausend Leute. Opa war nicht berühmt. Aber gerade weil er nicht berühmt war, so wie die meisten von uns es niemals zu Ruhm bringen werden, wollen wir ihm ein paar Fragen stellen. Ganz einfache Fragen, wie: „Für was bin ich hier?", „Wie kann ich mit anderen in Beziehung treten?", „Was ist wirklich wichtig im Leben?", „Wie ist das mit Gott?"

In dieser Nacht wurde mir klar, dass Opa immer bei mir geblieben war. Sein einst klares Bild hatte an Schärfe verloren. Betrachtet aus wachsender Entfernung erschien es verschwommen. Jetzt aber war mir klar geworden, dass ich es würde zurückerwerben müssen, um es zu besitzen.

Als ich begann, seine Geschichte zu rekonstruieren, häufte sich nicht nur eine unerwartet große Menge an Quellenmaterial an, sondern ich erhielt auch immer mehr Antworten auf meine Fragen. Dreimal habe ich versucht, seine Lebensgeschichte aufzuschreiben, und dreimal musste ich aufhören. Einmal fühlte ich mich durch seine Gegenwart so grundlegend in Frage gestellt, dass ich seine Schriften einfach nicht mehr weiterlesen konnte. Es dauerte ein ganzes Jahr, bevor ich das Projekt von Neuem angehen konnte. Diese Geschichte ist noch lebendig: Sie kann einem ganz schön an die Nieren gehen.

So viel zur Entstehungsgeschichte dieses Buches. Und wie so viele Dinge, die wunderbar oder herzzerreißend sind, nimmt diese Geschichte ihren Anfang in Berlin.

2

Revolution

Berlin, 1919

Nach dem Frühstück, als die Waffen kurzzeitig schwiegen, machte sich der Junge im Matrosenanzug die *Landauer Straße* entlang auf den Weg in die Schule. Auf seinem Weg musste er einen Graben passieren, den die Soldaten quer über die Straße gegraben hatten. Mit dem Aushub und den Pflastersteinen hatten sie Barrikaden errichtet und ein paar Holzplanken zum Überqueren über den Graben gelegt. Auf dem Weg in den Kindergarten lief der Fünfjährige bis zur Mitte der Planke und sah unter sich die Männer mit ihren Helmen. Wie gewöhnlich standen sie rauchend und wartend herum, denn dies war die zwischen der Regierung und den Revolutionären vereinbarte tägliche Waffenruhe, um den Schulbetrieb aufrechtzuerhalten. „Pass gut auf und beeil dich", hatte Heinis Mutter ihm noch gesagt, „bald werden sie wieder zu schießen anfangen."

Jeden Tag riefen die Soldaten „Guten Morgen" zu Heini hinauf. Er mochte sie, denn sie waren fröhlich und freundlich, ganz im Gegensatz zu den fiesen Kindern aus der Nachbarschaft. Alles wegen deines Vaters, so sagten die Leute. Die anderen Männer im Viertel trugen das vaterländische Schleifchen mit den Farben der Reichsflagge am Revers: rot, weiß und schwarz. Sein Vater, Dr. Eberhard Arnold, trug das rote Band der internationalen Arbeiterbewegung. Kaum verwunderlich also, dass die Kinder Heini einen Namen hinterherschrien, den weder er noch sie verstanden: *„Spartakist! Spartakist!"*

Heini hatte keine Ahnung, dass dem revolutionär-marxistischen Spartakusbund nachgesagt wurde, zur Niederlage Deutschlands im gerade zu Ende gegangenen Weltkrieg beigetragen zu haben, noch kannte er die komplizierten Hintergründe der

Straßenkämpfe, die um ihn herum tobten. Er fragte seinen Vater, was die Hänseleien bedeuteten. „Es war mein erstes ernsthaftes Gespräch mit ihm", erinnerte er sich später. Eigentlich war der protestantische Theologe Eberhard Arnold kein Kommunist, und Gewalt lehnte er strikt ab. Aber er war überzeugt, dass der Arbeiterklasse Gerechtigkeit widerfahren müsse, denn: „Sie haben in diesem schrecklichen Krieg am meisten gelitten."

Heini lernte noch andere neue Begriffe kennen: *„Abdanken"* bedeutete, dass der Kaiser sein Land im Stich gelassen hatte und nach Holland geflohen war. *„Waffenstillstand"* bezeichnete Deutschlands schmachvolle Niederlage. *„Ermordung"* hieß, dass die Militärs Jagd auf die Revolutionäre machten, von denen seine Eltern zu Hause sprachen, Leute mit Namen wie Rosa Luxemburg und Karl Liebknecht. Beide wurden im Berliner Stadtteil Wilmersdorf, wo auch Heini lebte, festgenommen und später ermordet.

Andere Dinge bedurften keiner Erklärung. So wie die Veteranen, die in langen Reihen durch die Innenstadt marschierten und: „Wir haben Hunger!" skandierten. Sogar die Wohlhabenden hatten in den letzten beiden Kriegsjahren fast nur Steckrüben zu essen gehabt. Gekochte Steckrüben, Steckrübenpfannkuchen, Steckrübenmarmelade mit Süßstoff, weil Zucker knapp war. Jetzt, wo der Krieg vorbei war, waren Nahrungsmittel noch knapper geworden. In den Armenvierteln verhungerten die Kinder. Heini wusste davon, weil die Erwachsenen immer wieder darüber flüsterten. Städtische Angestellte kamen, wickelten die abgemagerten Leiber in Zeitungen und brachten sie aus der Stadt heraus, um sie zu beerdigen.

Zu Hause lebte Heini mit seinen älteren Geschwistern Emy-Margret und Hardy sowie Hans-Hermann, dem ein Jahr jüngeren Bruder, und der neugeborenen Schwester Monika. Die Erwachsenen im Haushalt waren sein Vater, seine Mutter Emmy sowie deren Schwester, Else von Hollander, die alle nur Tata nannten. Der Vater arbeitete als Herausgeber beim Furche-Verlag, wo auch Tata als seine Assistentin mitwirkte. Beide verließen das Haus früh am Morgen und waren meist schon weg, wenn Heini aufstand.

Abends, wenn Schüsse durch Berlin hallten, wartete Emmy immer mit den Kindern im Wohnzimmer, bis Eberhard und Tata zurückkehrten. Wieder und wieder sprang Emmy dann nervös auf, nur um sich wieder hinzusetzen und zum zigsten Mal aufzustöhnen: „Sie sind immer noch nicht zurück!"

Einmal dauerte dieses tägliche Ritual über fünf Stunden. Erst um elf Uhr nachts hörten sie den Schlüssel im Schloss der Eingangstür. Blass erzählte Eberhard, dass die „Straßenbahn zwischen die Fronten geraten war und wir uns auf den Boden legen mussten, bis keine Kugeln mehr flogen".

Am Donnerstagabend gingen die Kinder früher ins Bett, denn donnerstags luden Eberhard und Emmy zu „offenen Abenden" ein und Scharen von Gästen drängten sich in Esszimmer und Salon. Heini hasste es, mit Hardy und Emy-Margret allein oben bleiben zu müssen. Das Rattern der Maschinengewehrsalven schien aus ihrem eigenen Viertel zu kommen. Nachts hörte es sich immer viel näher an. Gleichzeitig war es aufregend, den Erwachsenen im Erdgeschoss heimlich zuzuhören. An diesen offenen Abenden wurde nicht gefeiert, sondern ernsthaft diskutiert. Die Gespräche befassten sich mit der Schwäche der Regierung, dem Bankrott der deutschen Kultur sowie den sogenannten Bolschewisten, die erst kürzlich in Russland die Macht übernommen hatten. Man sprach auch über sich selber, und Woche um Woche führten diese Gespräche zu derselben seltsamen Frage: „Was sollen wir tun?"

Keiner hätte je gedacht, dass Heini irgendetwas davon verstehen würde. Aber obwohl er noch kaum lesen konnte, konnte er aufmerksam zuhören. Stück für Stück nahm er viel von dem Gehörten auf. Er wusste, dass in der Menschenmenge im Erdgeschoss Wortführer beider sich draußen bekämpfenden Seiten waren. Eberhards Kollegen aus dem Verlag waren aus dem konservativen Lager. Heini und seine Geschwister hatten sie mit korrekten Handküssen zu begrüßen und wussten, dass Warzen und Muttermale nicht bemerkt werden durften. Diese Leute waren schwarz gekleidet mit gestärkten Kragen und akkuratem Mittelscheitel. Sie redeten sich förmlich an und lächelten selten. Heinis Mutter begrüßten sie mit „Frau Doktor". Für Heini und seine Geschwister waren sie die „frommen Leute". An ihrer Spitze stand Vaters Vorgesetzter, Herr Georg Michaelis, den man mit „Seine Exzellenz" ansprach. Im Krieg war er kurzfristig Reichskanzler gewesen.

Die frommen Leute waren oft von Eberhards und Emmys „anderen" Freunden überrascht: Künstler, Sozialarbeiter, Radikale, Studenten, Lebensreformer und Abstinenzler, Juden.

Bei dieser Bandbreite an Gästen arteten die Diskussionen oft in hitzige Wortgefechte aus. Aber die Gäste kamen weiterhin. Auch wenn man keinen Konsens fand, welches nun der direkteste Weg in eine bessere Welt sei, konnte doch keiner leugnen, dass die alte Welt zusammengebrochen war. Jeder sah, dass es einer neuen Gesellschaft bedurfte. Und Eberhard konnte diese Sehnsucht in Worte fassen.

Wann immer sein Vater das Wort ergriff, spürte Heini, wie eine gewisse Aufregung aufkam: „Wir, die Menschen von heute, brauchen eine Umwälzung, eine vollständige Umkehrung und Umwertung aller Normen und aller sozialen Zustände. ... Die Antwort wird in den Lehren Jesu zu finden sein."

Viele Gäste reagierten mit unverhohlener Skepsis: „Ist das realistisch? Können wir wirklich eine Gesellschaft auf Grundlage der Goldenen Regel aufbauen? ‚Behandle andere so, wie du von ihnen behandelt werden willst'? Grenzt das nicht an Fanatismus? Wie ist es möglich, das man seinen Feind wirklich liebt?"

Etwa um die Zeit dieser Debatten beschloss Eberhard Arnold, neben seiner publizistischen Arbeit auch wieder öffentliche Vorträge zu halten. Von Jugend an hatte er bei Veranstaltungen der Heilsarmee Evangelisierungsvorträge gehalten. Damals waren seine Eltern entsetzt gewesen. Sein Vater hatte Eberhards öffentliches Auftreten als Skandal bezeichnet, der ihn zwingen würde, seine Professur niederzulegen – was allerdings nicht eintrat. Jetzt, wo Eberhard selber Vater war, nahm er seine Söhne mit zu den Veranstaltungen der Heilsarmee in den Armenvierteln Berlins. Am meisten beeindruckte Heini die im vorderen Teil des Versammlungsraums aufgestellte Bußbank. Aus dem Publikum kamen Männer und Frauen nach vorne, um darauf zu knien. Falls sie zu betrunken waren, wurden sie von einem Offizier der Heilsarmee gestützt. Während sie flüsternd ihre Sünden bekannten, spielte die Blaskapelle und die Menge schmetterte Erweckungshymnen. Die Kinder spekulierten: „Was meinst du hat diese Frau gebeichtet? Lange genug gedauert hat es ja."

Eberhard Arnolds Vision aber reichte bereits weit über Erweckungstreffen hinaus. Manchmal fand Heini den weichen grünen Teppich in Mutters Salon mit Plakaten übersät vor. Auf diesen prangten in großen schwarzen Lettern Vaters Themen wie: „Weltrevolution und Welterlösung", „Der Bankrott des religiösen Systems", „Nietzsches Kampf gegen das Christentum", „Die Not und Knechtung der Masse", „Jesus und der Zukunftsstaat", „Menscheitskultur und Christusreich", „Das Gottsuchen in der modernen Jugend" oder „Wege der Jugend zur Lösung der sozialen Frage". Manchmal durften auch die Kinder zu einer Vorlesung mitkommen. Wie stolz waren sie dann auf ihren Vater, wenn seine tiefe Stimme den Saal füllte! Manchmal kamen über tausend Zuhörer, aber in Eberhards Stimme war keine Spur von Nervosität zu hören. Wenn er den Versammlungsraum vom Rednerpult nach hinten und dann wieder zurück nach vorne durchschritt, schien er jeden Zuhörer persönlich zu einer Antwort auf seine Fragen aufzufordern: „Und wo stehst *du*? Auf wessen Seite bist du? Wie wirst du dein Leben verändern?"

Eberhard Arnold war bekannt als einer, der sich seine eigenen Predigten zu Herzen nahm. In der Tat war er selber gerade dabei, seinen Lebensstil und den seiner Familie auf neue und unbequem radikale Überzeugungen auszurichten. Die Gier und soziale Ungerechtigkeit der Vorkriegsjahrzehnte hatten seiner Meinung nach den Tod von Millionen von Menschen verursacht. Als Zeichen ihrer Solidarität mit der Arbeiterklasse versuchten er und seine Frau Emmy ihre Privilegien aufzugeben. Die beiden weiblichen Hausangestellten wurden gebeten, das herrschaftliche Schlafzimmer zu beziehen, während Eberhard und Emmy in die Bedienstetenräume umzogen. Die beiden Mädchen wurden außerdem eingeladen, mit am Familientisch zu sitzen, anstatt in der Küche zu essen. Zunächst murrten sie über die neu zu erlernenden Tischsitten, sahen aber bald die Vorteile der neuen Verhältnisse. Tata und Emmy übernahmen den Abwasch und Eberhard erklärte, dass er die allabendliche Schuhpflege des gesamten Haushalts erledigen werde. Als er dies eines Abends vergaß, klopften die Bediensteten am nächsten Morgen vorwurfsvoll an der Tür seines Arbeitszimmers: „Herr Doktor, unsere Schuhe... Herr Doktor haben vergessen, sie zu putzen."

Im Frühjahr 1919 ebbten die Straßenkämpfe ab. Neue Regierungstruppen hatten die Aufstände niedergeschlagen. Bei den Arnolds zu Hause aber hatten die Veränderungen erst angefangen. Eines heißen Sommernachmittags standen Emmy und die Kinder auf dem Balkon und warteten auf Eberhard, der auf der Rückreise von einer Studentenkonferenz war. Da war er ja endlich. Eindeutig erkennbar kam er die Straße herauf. Aber wo hatte er seinen schwarzen Straßenanzug, den steifen Hemdkragen, die Krawatte und die Aktentasche gelassen? Stattdessen trug er ein einfaches Hemd, kurze Hosen und Wanderschuhe. Die Jacke trug er unterm Arm, der Kragen war weit aufgeknöpft. Mehr noch – das konnte doch nicht wahr sein –, er trug nicht einmal Strümpfe! Nicht wissend, ob sie lachen oder weinen sollte, fing Emmy beides gleichzeitig an. „Aber mein Ebbo, was in aller Welt machst du denn?", rief sie auf die Straße hinunter. Eberhard rief ein lautes Hallo und lachte herzlich.

Als er im Haus war, konnten die Kinder ihre Augen nicht von ihrem plötzlich so exotisch aussehenden Vater abwenden. Währenddessen erzählte Eberhard seiner Frau aufgeregt, was er auf der Studentenkonferenz erlebt hatte. Beide hatten seit Monaten immer wieder den Namen Jugendbewegung gehört, aber dies war die erste direkte Begegnung gewesen. Die Köpfe der Bewegung waren überwiegend junge Männer, die von der Front zurückgekehrt waren. Den Krieg nannten sie ein Verbrechen. Scheinheiligkeit war ihnen verhasst. Was war schon gut an einer „Zivilisation", die Bajonette und Giftgas erfunden hatte? Wie gottgefällig war ein Pfarrer, der tödliche Bomben segnete?

Den Mitgliedern der Jugendbewegung schwebte eine Gesellschaft vor Augen, die frei von Klassenunterschieden sein und in der jeder in Harmonie und Liebe leben würde. Sie verabscheuten die Trostlosigkeit des Stadtlebens genauso wie die soziale Enge von Kleinbürgertum und Kirchen und die Arroganz der deutschen Universitäten. Sie träumten von (und gründeten in vielen Fällen) Siedlungen, Volkshochschulen und Landerziehungsheime. Sie ließen ländliche Bräuche wieder aufleben und lehnten Konformität ab. „Ihr solltet sie sehen", erzählte Eberhard seinen staunenden Kindern, „wenn sie durch die Wälder streifen. Mit Decken und Kochtöpfen am Rucksack wandern sie umher, schwenken die Wimpel ihrer jeweiligen Gruppe, kochen draußen und schlafen unter den Sternen oder in Scheunen. Abends", fuhr er fort, „machen sie ein Lagerfeuer und tanzen drum herum." Um ihre Verachtung für die bürgerlichen Mode zu zeigen, trügen die Männer das, was er heute anhatte, und die Frauen bäuerliche Tracht mit farbenfrohen weiten Röcken.

Die Deutsche Jugendbewegung nach dem Ersten Weltkrieg hatte so viele verschiedene Richtungen, dass es unmöglich war, sie leichthin zu definieren. Es gab katholische, evangelische, jüdische und neuheidnische Gruppen; Zionisten und Kommunisten, Anarchisten, Mittelalter-Romantiker, FKKler, Feministen, Völkische und Deutschnationale. Was die Besten unter ihnen auszeichnete, erklärte Eberhard seinen Kindern, war, dass sie alles hinterfragten: „Ist es echt oder ist es falsch?" Wenn etwas für echt und wahr befunden wurde, übernahm man es. Dieser Gedanke alleine schon hatte Eberhard im Herzen so sehr überzeugt, dass er mitmachen wollte.

Während er sprach, wurde Eberhard immer aufgeregter, ähnlich wie bei seinen Evangelisationsvorträgen bei der Heilsarmee. Aber Emmy musste nicht mehr überzeugt werden. Ab diesem Tag trug kein Familienmitglied mehr die ansonsten übliche Kleidung. Auch Tata nicht mehr. Als Zeichen der Solidarität mit der Arbeiterbewegung färbte sie ihre Bürobluse mit roter Tinte und schon bald brachte sie Freunde zu den spontanen Volkstänzen mit, die in den Parks von Berlin stattfanden.

Auf der Arbeit sorgten Eberhards neue Kleidung und sein Eintreten für soziale Gerechtigkeit und Frieden, gegen Klassenunterschiede und den Krieg für Aufsehen. Genau zur selben Zeit aber rief Seine Exzellenz, Herr Dr. Michaelis, die pietistischen Kreise auf, die rechtskonservative Deutschnationale Volkspartei zu unterstützen. Er machte Eberhard unmissverständlich klar, dass sein „Fanatismus" seiner Karriere nicht dienlich war.

Eberhard aber war nicht an Karriere interessiert. Er war auf der Suche nach einem „vollkommen neuen Leben". Inspiration dazu fand er vor allem bei den jüdischen Propheten der Bibel und ihrer Vision eines friedlichen Königreichs. Auch ein anderer, zeitgenössischer Visionär faszinierte ihn: Gustav Landauer. Der Anarchist, Pazifist, Mystiker und Verfasser des vielbeachteten Buches „Aufruf zum Sozialismus" glaubte fest daran, dass die Zeit gekommen war, die Vision der Propheten in eine konkrete Realität umzusetzen. Landauer schlug die Errichtung von sich selbst versorgenden ländlichen Siedlungen vor. Diese sollten der Nährboden für eine neue Gesellschaft werden. (Während der gewaltsamen Niederschlagung der Münchner Räterepublik im Mai 1919 wurde Landauer im Gefängnis München-Stadelheim von Freikorpssoldaten ermordet.)

Selbst in den besten Geschäften waren Lebensmittel knapp, fade und teuer. Großbäckereien mischten Sägemehl in den Teig, so dass Kinder Magenschmerzen bekamen, wenn sie Brot aßen. 1920 waren die Arnold-Kinder mit einer Ausnahme so unterernährt, dass sie in der Schule Extrarationen durch die englischen Quäker bekamen. Die eine Ausnahme war Heini, der für sein Alter sehr groß war. Da zählte es auch nicht, dass er genauso unterernährt war wie Hardy und Emy-Margret, die angefangen hatten, sich Sorgen zu machen, dass im Himmel zu viel Harfe gespielt und nicht genug gegessen würde. So musste der sechsjährige Heini sich jeden Morgen an die Seite stellen und zusehen, wie die anderen für ein Frühstücksbrötchen und einen Becher heißen Kakaos anstehen durften.

Glücklicherweise hatten die Arnolds, wie ähnlich wohlhabende Familien, die Möglichkeit, weiterhin einen Schrebergarten außerhalb der Stadt zu mieten. Vor dem Krieg hatte man dort Rosen gezogen. Jetzt wurden hier zwei Milchziegen gehalten und Kartoffeln und Radieschen angebaut. Eberhard pflanzte Tomaten an, die damals noch als exotisches Gemüse galten und als *Liebesäpfel* bezeichnet wurden. Emmy servierte sie Gästen als seltene Delikatesse, zum großen Vergnügen der Kinder, die auf die unfreiwilligen Grimassen der Gäste warteten, sobald diese feststellten, dass diese „Äpfel" etwas anders schmeckten.

Dem Vater beim Bestellen der Gartenbeete zu helfen, machte ebenso viel Spaß, wie die dazwischenliegenden Zugangswege platt zu trampeln. So hüpften die Kinder ihrem Vater hinterher, wenn dieser beidbeinige Sprünge machte und dazu singend reimte: „Das Känguru, das Känguru! Das macht die Augen auf und zu." Während der Vater danach die Pflanzen zuschnitt oder jätete, spielten die Kinder im Gartenhäuschen. Es war ein ideales Spielhaus: gerade groß genug für einen kleinen Kamin und einen Tisch mit Stühlen drum herum.

Eines schönen Nachmittags kam die Familie am Schrebergarten an und fand eine Wäscheleine durch den Garten gehängt, auf der Wäsche flatterte. Eberhard ging zum Gartenhäuschen und klopfte an. Die Tür öffnete sich und heraus kam der Anarchist Fritz Schwalbe, ein entfernter Bekannter, der gelegentlich Eberhards Vorträge besuchte.

„Ich bin doch etwas überrascht, Sie hier anzutreffen", meinte Eberhard etwas irritiert, streckte aber die Hand zum Gruß aus.

„Aber Dr. Arnold, jeder weiß doch, dass Sie Privateigentum ablehnen. Und deswegen ... sind wir hier eingezogen!"

Eberhard lächelte und erwiderte nichts. Weil aber Fritz in Begleitung einer jungen Frau eingezogen war, mit der er nicht verheiratet war, durften die Kinder den Schrebergarten nicht besuchen, solange die beiden dort wohnten.

Mittlerweile verlor auch das Zuhause der Arnolds immer mehr sein großbürgerliches Ambiente. Die vormals wöchentlich stattfindenden Abendveranstaltungen wurden zur dauerhaften Einrichtung. Die schwarzgekleideten Frommen kamen kaum noch. Stattdessen kam eine andere Art von Gästen: obdachlose Kriegsveteranen und ehemalige Prostituierte, die versuchten, ihr Leben wieder auf die Reihe zu bringen. Und natürlich die *Wandervögel*, wie die jugendbewegten Wanderer genannt wurden. Vorbei war die Zeit der Handküsse, Knickse und ehrerbietigen Titel. Man sprach sich mit Vornamen an. War das Wetter gut, bevölkerten die Gäste den Vorgarten: Manchmal zum Tanzen, manchmal, um mit den Kindern Heini, Hardy und Emy-Margret Kreisspiele zu spielen. Das Beste war, dass die Gäste oft über Nacht blieben. Dann schliefen sie auf den Esszimmerstühlen oder auf den Sofas im Salon.

Im März 1920 gab es während des Kapp-Putsches wieder Gewalt auf den Straßen. Die Arbeiterparteien reagierten mit einem Aufruf zum Generalstreik. An einem der folgenden Tage kündigte Kapitänleutnant Helmut von Mücke, ein hochdekorierter Marineoffizier, seinen Besuch an. Über einer Tasse Kaffee schlug er Eberhard vor, das von den Putschisten geplante und neu zu gründende Jugendministerium zu übernehmen. Eberhard lehnte ab: „Meine Berufung ist eine andere." Im weiteren Verlauf des Putsches tat er alles in seiner Macht stehende, um Blutvergießen zu verhindern. Er lud die ihm auf beiden Seiten bekannten Akteure zu sich nach Hause ein und versuchte, sie zu beruhigen. Emmy bot ihre ganze Kunst als Gastgeberin auf, um sicherzustellen, dass die verfeindeten Parteien nicht direkt aufeinandertreffen würden. Am Ende des Putsches hatte er die örtliche Abordnung der Kommunisten soweit überzeugen können, dass sie ihre „schwarze Liste" der zu liquidierenden Armeeoffiziere reduziert hatte.

In den Wochen, die auf den gescheiterten Kapp-Putsch folgten, wurden die abendlichen Diskussionsrunden bei den Arnolds noch hitziger. „Wir haben lange genug geredet. Wir müssen endlich handeln!" „Gewiss. Aber wie?" Zunehmend wurde man sich einig, dass es nicht ausreicht, alte Sitten, Bräuche und Ideen über Bord zu werfen. Die eigentliche Grundlage der bürgerlichen Existenz – das Privateigentum – muss aufgegeben werden. Denn was bedeutet Jesu Gebot, „deinen Nächsten wie dich selbst" zu lieben, wenn nicht, dass der Nächste denselben Zugang zu Erziehung, Gesundheitsversorgung, Wohnraum und Nahrung hat?

Eines Tages tauchte ein Arbeiter mit einem Umschlag in der Hand an der Haustür auf. Er hatte Eberhard bei einem seiner öffentlichen Vorträge gehört. Er wurde in den Salon geführt und gebeten, Platz zu nehmen. Als Eberhard dann selber in den Salon kam, war der Arbeiter bereits wieder im Begriff zu gehen. „Dr. Arnold, ich bin vorbeigekommen mit einer Spende für ihre Arbeit. Aber jetzt, wo ich hier bin" – er blickte auf die teuren Möbel im Raum –, „sehe ich, dass dafür kein Bedarf ist." Und er ging. Wochenlang sprach Eberhard schamerfüllt über den Vorfall.

Wie sollte man die erste christliche Gemeinde in Jerusalem verstehen, die in der Apostelgeschichte erwähnt ist? Dort heißt es: „Die Gemeinde der Gläubigen war ein Herz und eine Seele. Keiner nannte etwas von dem, was er hatte, sein Eigentum, sondern sie hatten alles gemeinsam. … Es gab auch keinen unter ihnen, der Not litt. Denn alle, die Grundstücke oder Häuser besaßen, verkauften ihren Besitz, brachten den Erlös und legten ihn den Aposteln zu Füßen. Jedem wurde davon so viel zugeteilt, wie er nötig hatte." War nicht eine solche Gemeinde die Antwort auf alle ihre Fragen?

Von nun an drehten sich die Diskussionen um die Frage, wo sich eine solche Siedlung am besten entwickeln würde. „In der Stadt", meinten die wohlhabenden bürgerlichen Idealisten, „dann können wir an den sozialen Brennpunkten helfen." „Auf dem Land", meinten die radikalen Proletarier: „… damit die Arbeiterkinder in einer gesunden Umgebung aufwachsen können, nicht in den Slums."

Am Ende kam die Entscheidung durch den Kinderarzt der Familie: Heinis vierjähriger Bruder, Hans-Hermann, der früher voller Energie durchs Haus gerannt war, konnte wegen der schlechten Ernährung nicht mehr laufen, sondern robbte mithilfe seiner Arme durchs Haus. Auch die anderen vier Kinder der Arnolds, besonders

Monika, die Jüngste, waren in schlechter gesundheitlicher Verfassung. „Eure Kinder sind gefährdet", hatte der Arzt Emmy gewarnt: „Holt sie aus der Stadt raus. Sie brauchen saubere Luft und gesunde ländliche Nahrung."

Und so trafen verblüffte Freunde Anfang Juni 1920 die Arnolds dabei an, wie sie ihre Sachen zusammenpackten, um die „sterbende Weltstadt", wie Eberhard es nannte, zu verlassen. Ihr Ziel war ein kleines Dorf in der Nähe von Schlüchtern, in einer ländlichen Gegend, in der es bereits Gemeinschaftssiedlungen, Volkshochschulheime und ähnliche sozialreformerische Projekte gab. Schlüchtern war bekannt als Sammlungsort der „neuen deutschen Jugend". Darüber hinaus war es auch Heimat von Georg Flemmig, einem Wesensverwandten, der Eberhard eingeladen hatte, mit ihm zusammen einen Verlag ins Leben zu rufen.

„Was soll aus den Kindern werden? Wo werdet ihr wohnen?", fragten besorgte Verwandte. Sie wussten zwar, dass die Arnolds eine leerstehende Villa gefunden hatten, aber der Besitzer zögerte und die provisorische Unterkunft, die Eberhard ausgemacht hatte, war geradezu lachhaft. Drei kleine unmöblierte Zimmer hinter einem Landgasthof auf der gegenüberliegenden Straßenseite. Die Arnolds blieben unbeirrbar. Sie waren fest entschlossen, alles aufzugeben. Es wurde sogar gemunkelt, sie hätten sich ihre Lebensversicherungen bar auszahlen lassen.

Die Frau Seiner Exzellenz, Frau Michaelis, besuchte Emmy nochmals, um sie davon abzubringen, mit Eberhard mitzugehen, sollte er wirklich diesen „ungewöhnlichen Schritt" machen. Es gelang ihr nicht. Wie Frau Michaelis später einer gemeinsamen Freundin anvertraute: „Sie ist noch fanatischer als er! Da können wir nichts mehr machen."

3

Sannerz

Juni 1920

Die Kinder stiegen aus dem Zug und standen in der Abendsonne des Junitages auf dem Bahnsteig. Dort wurden sie schon von ihren winkenden Eltern erwartet, die bereits einige Tage vorher angereist waren. Eberhard hatte ein Pferdefuhrwerk gemietet, um das Gepäck in ihr neues Zuhause zu bringen. Während die Kinder auf den Wagen kletterten, setzte Emmy jedem von ihnen einen aus Kornblumen gewundenen Kranz auf den Kopf. Auch das Fuhrwerk hatte sie mit Blumen geschmückt.

Es war ein idealer Abend für einen Jungen aus der Großstadt, um zum ersten Mal aufs Land hinaus zu fahren. Glühwürmchen leuchteten in den Hecken, und ein Vogel ließ sein Rufen aus dem dunklen Wald ertönen. Heini war überwältigt von diesem übernatürlichen, fast zauberhaften Anblick.

Bei der Fahrt durch das erste Dorf holte ihn die Realität wieder ein: Dampfende Misthaufen – hervorragender Dünger – markierten die Einfahrten zu jedem Gehöft. Das also war das Landleben: Ein Märchen mit einer besonderen Duftnote.

Der Wagen kam in einem kleinen Dorf zum Stehen und es war Zeit zum Absteigen. Aber wo war ihre Wohnung? „Mir nach", rief Emmy ihren Kindern zu und führte sie zur Rückseite des Gasthofes. Von dort ging es über eine wackelige Stiege nach oben. Hier war ihr neues Zuhause: drei Räume, die zuvor als Sattlerei und zum Lagern von Äpfeln gedient hatten. Hardy und Emy-Margret starrten begeistert auf die unverkleideten Dachsparren und die rauen Dielen. Es war so ganz anders als in Berlin. Dazu die Gerüche: überreife Äpfel und leichter Gestank aus dem darunterliegenden Schweinestall.

Nachdem die letzten Gepäckstücke abgeladen und der Fahrer bezahlt war, war es Zeit fürs Abendessen. Herr Lotzenius, der Wirt, brachte frisches Brot, Butter und Milch. „Esst, so viel ihr wollt", sagte Emmy fröhlich. Heini legte los, aber alles schmeckte etwas seltsam. Gerne hätte er die Butter gegen die gewohnte, nachkriegsbedingt rationierte Margarine umgetauscht.

Am ersten Morgen begab sich Heini auf Erkundung. Steil ansteigende und dicht bewaldete Hügel umgaben das Dorf von zwei Seiten. Tiere, die er nur aus Märchen kannte, grasten vor seinen Augen auf der Wiese vor dem Gasthof: Schweine, Schafe, Ochsen. Und wo waren die Kühe? Schon bald würde er lernen, sie zu unterscheiden. Vor den großen Tieren hatte er keine Angst, aber die Gänse waren schrecklich. Wann immer er ihnen alleine über den Weg lief, stürmten sie auf ihn los mit ihren Hälsen ausgestreckt wie Schlangen, zischenden Schnäbeln und giftig kleinen Augen.

Einmal wollte Heini sich einen auf dem Weg abgestellten Karren näher anschauen. Auf dem Wagen befand sich ein riesiges hölzernes Fass mit einer Art Zapfhahn. Er drehte daran; nur ein wenig. Erst kam nur ein Spritzer und dann ergoss sich ein Strahl übelriechender brauner Jauche über ihn und den Karren. Verzweifelt versuchte er, den Hahn wieder zuzudrehen. Doch er drehte in die falsche Richtung und der Jauchestrom schwoll nur noch mehr an. „Herr Lotzenius, hier ist ein Brunnen entsprungen!", schrie er. Als es ihm zu guter Letzt gelang, den sich ergießenden Strom zu stoppen, bemerkte er um sich herum einen Kreis von Menschen, die ihm zusahen und lachten. Nach einem kurzen Versuch, die Jauche von seiner Kleidung abzuwischen, lief er davon.

Im östlichen Winkel in Südhessen gelegen, war Sannerz landschaftlich reizvoll, aber isoliert. Außer einem kleinen Laden hatte der Ort nicht viel zu bieten. Keine Zuganbindung und keine Post, die es mit der Außenwelt in Verbindung gebracht hätte. Die meisten seiner dreihundert Einwohner waren Katholiken und arm. Manche versuchten als Kleinbauern zu überleben. Andere verdingten sich als Tagelöhner. Eine weitere Gruppe arbeitete für den größten Arbeitgeber im Dorf, die „Ziegelwerke Sannerz". Jeden Morgen sah man Bewohner jeden Alters in die Richtung des großen Schornsteins gehen, der über den Öfen der Manufaktur in den Himmel ragte.

Dies war eine ganz andere Welt, weitab von den breiten Alleen und großen Villen der Hauptstadt. Selbst ein Kind spürte dies. Aber erst als Erwachsenem wurde Heini klar, wie radikal seine Eltern durch den Umzug nach Sannerz mit ihrem alten Leben gebrochen hatten. Und genau so hatten sie es gewollt. Eberhards Verständnis nach hatten sie den glänzenden Lichtern Berlins den Rücken gekehrt, um einem Gebot zu folgen, das den meisten Leuten wie eine idealistische, wenn auch edle, Unmöglichkeit vorkam: „Liebe deinen Nächsten wie dich selbst." Für Eberhard, Emmy – und auch für Tata – *war* es eine Möglichkeit. Aber es würde eine vollkommen neue Art zu leben erfordern. „Sind die Armen und Unterdrückten denn nicht unsere Nächsten?", lautete Eberhards Frage.

„Wir möchten Teil des sich seit Pfingsten ausgießenden Geistes werden. Die ersten Gläubigen in Jerusalem teilten alles, was sie hatten. ‚Sie waren eines Herzens und einer Seele und hatten alles gemeinsam. Sobald der Geist über sie gekommen war, konnte keiner an seinem Eigentum festhalten.'

Wir wollen eine echte Schule des Lebens, wo einfachste Arbeit zum körperlichen und künstlerischen Erlebnis wird, wo wir vom Intellektualismus mit seinen Fallstricken befreit sind, wo ein neuer Mensch erstehen kann, ein schöpferischer Mensch, dessen Kultur das ausdrückt, was authentisch ist.

Wir brauchen Christus und das Reich Gottes, Protest und Bußruf, Bekenntnis und Glauben, Lebenswagnis und Liebe. Nicht Selbstvergotter, nicht Werkgerechtigkeit, nicht Selbstziele, nicht Propheten, nicht Führer, sondern Zeugen sind Not. Wir brauchen Brüderlichkeit in Vergebung und Gnade, weil niemand sich selbst verkündigt, sondern Christus. Wir müssen die Bergpredigt Jesu *leben*. Wir müssen zeigen, dass ein Leben in Gerechtigkeit, Vergebung und Einheit auch heute möglich ist."

Nur die wenigsten Leute in Sannerz kannten derartige Ideen oder wussten von Eberhards Plan, mitten unter ihnen eine *Siedlung* zu gründen. Allerdings tat dies der Aufregung über die Ankunft der „Doktoren", wie sie die gesamte Familie nannten, keinen Abbruch. Die Doktoren würden dem Dorf Geld bringen. So dachten die Wäscherinnen, Schneiderinnen und Wagenfahrer vor allem an die zu erwartenden Geschäfte. Herr Lotzenius fragte sich, wie viele neue Gäste seinen Gasthof besuchen würden. Daher waren die Arnolds von Anfang an beliebt.

Eberhard, Emmy und Tata waren ihrerseits begeistert, auf einem Bauerndorf zu leben, und versuchten sich anzupassen, wo immer es möglich war. Schon bald besuchten Heini, Emy-Margret und Hardy die Dorfschule, die aus einem einzigen Klassenzimmer bestand. Auch hier unterschieden sich die Sitten von Berlin. Ihr neuer Lehrer brachte einen Birkenstock zur Anwendung, um Ordnung zu halten. Für Heini waren die häufigen Stockschläge eine Brutalität, für seine Klassenkameraden waren sie Gewohnheit. Ein Junge zeigte Heini, wie man eine Schweineblase mit roter Tinte füllen und so in der Hose platzieren konnte, dass die Stockschläge das falsche Blut die Beine herablaufen lassen würden.

Freilich waren die Kinder der Arnolds nicht selbst in Gefahr, mit dem Stock gezüchtigt zu werden. Ihr sozialer Stand machte das undenkbar. Aber genau das Privileg, das sie vor körperlicher Züchtigung bewahrte, brachte ihnen auch die Ablehnung der Klassenkameraden ein. Schon nach wenigen Tagen, in denen sie immer als leuchtendes Beispiel angeführt wurden, gingen Heini und Hardy nicht mehr in die Schule. Jedes Mal, wenn die Schulglocke läutete, gingen die beiden stattdessen zum Dorfbach, um dort Boote, Dämme und Wassermühlen zu bauen. Es dauerte nicht lange, bis Eberhard im Bilde war und sie streng zur Rede stellte. Nachdem die Jungen ihm die Sache erklärt hatten, arrangierte er, dass die beiden zu Hause von einem Freund unterrichtet wurden.

Für Heini waren es himmlische Zeiten. Der Unterricht war unregelmäßig, so dass er die meiste Zeit des Tages tun und lassen konnte, was er wollte. Schon bald ging er bei den Nachbarn so frei ein und aus, als wäre es das eigene Zuhause. Den örtlichen Dialekt hatte er sich schnell angeeignet und schwatzte unbefangen mit seinen Altersgenossen. Deren freundliche Mütter boten ihm freimütig Kuchen und Würstchen an, genauso wie sie ihm freimütig kleine Aufgaben zu Erledigung auftrugen. Doch sogar das machte Spaß. In der Stadt ging man zum Konditor, um Marmelade zu kaufen. In Sannerz machte man das selber. Das Einkochen war ein gesellschaftliches Ereignis, das sich über den ganzen Tag erstreckte. Laut dem traditionellen Rezept musste die Marmelade fünfzehn bis zwanzig Stunden über dem Feuer einkochen. So versammelte man sich um einen riesigen Kupferbottich, in dem die Pflaumen oder Birnen weichgekocht wurden, gewürzt mit grünen Walnussschalen. Die alten Frauen und Mütter saßen dabei um den Bottich, erzählten Geschichten oder sangen Lieder, während sich die stärksten Jungen am riesigen Rührlöffel abwechselten.

Während Heini Sannerz erkundete, kümmerte sich Emmy um den Haushalt und Eberhard und Tata arbeiteten im neuen Verlag. Sie verbrachten viele Stunden mit dem Lesen von Manuskripten, die sie dann annahmen oder ablehnten. Sie arbeiteten eng zusammen mit Autoren, Druckern und Poststellen; suchten einen Buchhalter und einen Korrektor, und sie schrieben unzählige Bittbriefe und Spendengesuche, um dringend benötigtes Kapital aufzubringen. An sonnigen Tagen saßen sie draußen unter den Bäumen. Eberhard diktierte und seine Schwägerin füllte Seite um Seite.

Gleichzeitig galt es, die zukünftige Siedlung auf den Weg zu bringen. Sollte sie jemals Gestalt annehmen, mussten sie die Gelder auftreiben, um die zweigeschossige gelbe Backsteinvilla auf der anderen Straßenseite zu mieten. Monate vergingen. Schließlich machte ihnen der Eigentümer ein vernünftiges Angebot. Im Herbst erhielten sie im richtigen Moment eine Zuwendung von einem wohlhabenden Freund, einem Hamburger Reeder, und konnten das Haus pachten.

Kurze Zeit darauf fuhren die Umzugswagen vor, voll beladen mit Emmys ererbten Möbeln. Vor den Augen der Dorfkinder wurden Empirestühle herabgehoben, ein Mahagonisofa mit roten Plüschkissen. Es folgten ein herrschaftlicher Esstisch und schlussendlich Schrank und Stühle, auf denen das Familienwappen prangte.

In gewisser Weise waren Emmy und Tata in Sannerz genauso deplaziert wie ihre Erbstücke. Sie entstammten einem der alten Adelsgeschlechter, die über Generationen die deutschsprachigen Hafenstädte entlang der baltischen Küste regiert hatten. Die von

Hollanders hatten ihrer Heimatstadt Riga über fast drei Jahrhunderte hinweg als Bürgermeister, Großkaufleute und *Philosophen* gedient. Zwar war die Familie in Not geraten, als ihr in Lettland angelegtes Kapital wertlos geworden war und die Bolschewisten ein Landgut im Wert von einer Million Rubel konfisziert hatten, ihr aristokratisches Ehrverständnis hatten die von Hollanders aber nie abgelegt. So pflegte beispielsweise Emmys Vater, der Honorarprofessor für Recht an der Universität von Halle und ehemaliger Vorsitzender der Deutschen Adelsgenossenschaft war, die Bediensteten mit Wurst und Bier zum Abendessen zu versorgen, selbst als seine eigene Familie sich nichts als Brot und Tee leisten konnte.

Eberhard bewunderte seinen Schwiegervater für dessen „ungebrochenen Idealismus". Abgesehen davon waren die beiden in fast allen Fragen unterschiedlicher Ansicht. Von der ersten Begegnung an war immer eine gewisse Spannung zwischen ihnen gewesen. Angefangen hatte es an einem Frühlingstag im Jahre 1907, als ein gutgekleideter Unbekannter vor dem Haus der von Hollanders aufgetaucht war, sich vorgestellt und um Emmys Hand angehalten hatte. Dieser Eberhard war, wie sich herausstellte, ein energischer junger Theologiestudent und einer der bekanntesten Vertreter der christlichen Erweckungsbewegung, die damals in den gebildeten Hallenser Kreisen um sich griff. Emmy, so sagte er, hatte er kürzlich in einem Bibelstudienkreis kennengelernt.

Zunächst gaben Emmys Eltern widerwillig den Heiratsplänen des jungen Paares ihren Segen. Es half sicherlich, dass Eberhard aus einer respektierten Familie stammte: Sein Vater Carl Franklin Arnold hatte eine Professur für Kirchengeschichte an der Universität Breslau inne und mütterlicherseits reihte Eberhard sich in eine lange Abfolge von Theologen ein. (Durch die Bultmanns, seine Cousins in Oldenburg, zu denen auch der Neutestamentler Rudolf Bultmann gehörte, blieb Eberhard auch in späteren Jahren in enger Verbindung mit der akademischen Theologie.)

Es dauerte allerdings nicht lange, bis die von Hollanders von der radikalen Wende in Aufregung versetzt wurden, die ihre Tochter und ihr Verlobter nahmen, um ihre christlichen Überzeugungen auszuleben. Und Else war noch extremer. Der Besuch von erwecklichen Versammlungen war eine Sache. Beide Töchter hatten von jeher eine religiöse Neigung gezeigt: Emmy war von einem Diakonissenorden zur Krankenschwester ausgebildet worden und Else, die künstlerisch veranlagt war, zeigte für ihren neu gefundenen Glauben ebenso viel Leidenschaft wie für ihre Bilder. Aber Eberhards ständiges Gerede davon, den Glauben in die Tat umzusetzen, beunruhigte die von Hollanders genauso wie seine Geringschätzung der kirchlichen Obrigkeit, die er der Verwässerung des Evangeliums bezichtigte. Dazu kam noch seine Überheblichkeit! In einem seiner Briefe schrieb er: „Ich erkläre den bestehenden Kirchensystemen den Krieg." Sie untersagten ihren Töchtern jeden weiteren Besuch öffentlicher Versammlungen und bestellten für Else einen Psychiater ins Haus, der ihr zwei Wochen strikter Bettruhe verordnete, um sie von „krankhafter Nervosität" zu heilen.

Aber keine der beiden jungen Frauen gab nach. Beide bestanden darauf, dass ihre Bekehrung real sei. Die Krise ließ nicht lange auf sich warten. Zuerst ließ sich Else, dann Eberhard und schließlich Emmy erneut taufen, was ihren Ausschluss aus der lutherischen Landeskirche bedeutete, und was noch schlimmer war, die Schande eines öffentlichen Skandals über die ganze Familie brachte.

Zu Hause wurde heftig gestritten, es gab Gerüchte und wilde Spekulationen. „Bei Eberhard kann man solche Extreme ja verstehen", sagten die Leute, „er war immer schon ein Heißsporn. Aber die Schwestern von Hollander? Das sind doch immer so liebenswerte junge Damen gewesen." Emmys Eltern versuchten zunächst erfolglos, die Verlobung zu lösen, und warfen Emmy schließlich aus dem Haus. (Sie fand Unterschlupf bei Freunden in Berlin.) Die drei jungen Leute blieben unbeirrt. Eberhard und Emmy heirateten kurz vor Weihnachten 1909 und kurz darauf fing Else an, als Eberhards Assistentin zu arbeiten. Als Heini vier Jahre später, am 23. Dezember 1913, zur Welt kam, war sie ein fester Bestandteil der Familie geworden.

Bei seiner Geburt lag tiefer Schnee um das alleinstehende Patrizierhaus, den Pichlerhof in Südtirol, in dem die Arnolds seit April 1913 wohnten. Der Schnee lag auch zwei Wochen später noch, als er wegen einer schweren Lungenentzündung um sein Leben rang. Aber Else war zur Stelle und blieb die folgenden, angstvollen Wochen rund um die Uhr an Heinis Bettchen. Umsichtig und unermüdlich umsorgte sie das Baby und pflegte ihn zurück ins Leben. Sie selber schien kaum zu schlafen, sondern kontrollierte ständig sein Fieber, hängte feuchte Tücher auf, um die Luft zu befeuchten. Als endlich klar wurde, dass er wieder gesund werden würde, drückte Emmy ihn an sich und erklärte unter Tränen: „Von nun an gehört er ebenso sehr zu Else wie zu mir." Und so war es auch. Wenn er als Kind gefragt wurde, wer seine Eltern seien, antwortete Heini stets: „Papa und Mama – und Tata."

1921 kam eine weitere Tocher der von Hollanders nach Sannerz zu ihren „verantwortungslosen" Verwandten: Moni. Sie war Hebamme in Halle an der Saale mit einer eigenen erfolgreichen Praxis. Anfangs plante sie, nur kurz in Sannerz zu bleiben, einfach um mit ihren Schwestern wieder Kontakt aufzunehmen. Dann aber stellte Moni fest, dass weder Mittag- noch Abendessen rechtzeitig auf den Tisch kamen, manchmal zwei Stunden zu spät. Emmy und Tata machten einen überarbeiteten Eindruck, denn unter den vielen Gästen, die das Haus förmlich überrannten, fanden sich nur wenige, die fähig waren, den Schwestern Arbeit abzunehmen. Also beschloss Moni, einzuziehen und das Haus in Ordnung zu bringen.

Mit der Ankunft von Moni wurden die Mahlzeiten pünktlicher eingehalten. Aber selbst Moni musste bald feststellen, dass kein Geld vorhanden war, um die magere Kost aufzubessern. Meist gab es mittags ebenso wie abends eine Kartoffelsuppe mit etwas Grünzeug. (Einige Monate lang gab es stattdessen Kartoffelbrei aus der Dose, den eine wohlhabende christliche Familie gespendet hatte – gehamsterte Vorräte aus Kriegszeiten. Die Kinder löffelten den Brei, hungrig, aber mit Schuldgefühlen. Sie erinnerten sich noch daran, wie viele in Berlin verhungert waren.) Zum Frühstück gab es tagein tagaus Haferbrei. Brennholz war knapp, ebenso wie viele andere lebensnotwendige Dinge. Wenn durch Eberhards Verlagsarbeit Geld ins Haus kam, musste es oft gleich zur Abbezahlung von Schulden aus dem Vormonat verwendet werden.

Glücklicherweise aber wussten Heinis Mutter und ihre Schwestern, wie man ein Fest feiert. Als das erste mühsam selbst angebaute Gemüse geerntet wurde, dekorierten sie den Erntewagen und tanzten auf dem Rasen vor dem Haus. Als Eberhard eine neue Ziege mitbrachte, wurde sie mit Girlanden aus Wiesenblumen geschmückt und wie in einem Triumphzug durch das Dorf geführt, und die Kinder liefen hinterher.

Außerdem hatten die Schwestern Humor. Auch bekannte Witze wurden gerne immer wieder erzählt. „Moni, erinnerst du dich noch an diese eine Erweckungskonferenz?", fing Emmy an. „Nachdem unsere Wirtin uns die Zimmer gezeigt hatte, bemerkte ich, dass die Betten nicht sauber waren. Als ich zur Wirtin gehe, um frische Laken zu holen, steht sie baff mit Verwunderung vor mir und meint: „Aber Emmy, alle fünf Leute, die vor dir in diesem Bett geschlafen haben, waren Missionare!""

Sie konnten auch noch lachen, wo andere geweint oder getobt hätten. „Es ist nur ein Schritt vom Erhabenen zum Lächerlichen", erinnerten sie einander, wann immer das Alltagsleben ins Absurde abzukippen drohte. Und solche Momente gab es viele. Wie an dem Tag, als die Gemeinschaft ihre einzige Kuh verlor. Ein junges Mitglied der Gemeinschaft namens Otto war verantwortlich für das Melken und Füttern dieser Kuh. Aber eben dieser Otto war auch poetisch veranlagt. Wann immer ihm beim Melken eine Zeile in den Sinn kam, musste er sie aufschreiben. Das Melken konnte warten. Manchmal war es eine halbe, dann eine ganze Stunde, in der sich Otto zum Dichten in seinem Zimmer einschloss, während die wartende Kuh mit vollem Euter vor Schmerzen brüllte. Eva wiederum, die sich in Otto verliebt hatte, stellte sicher, dass er in dieser Zeit ungestört blieb. Mit dem Finger auf dem Mund schlich sie auf Zehenspitzen durchs Haus und ermahnte die Kinder, leise zu sein: „Ruhe bitte! Otto dichtet gerade!"

Die Kuh rächte sich: Sie gab immer weniger Milch und magerte mehr und mehr ab. Als Eberhard seinen Hut an die hervorstehenden Knochen hängen konnte, wusste er, dass es keine Alternative gab, als die Kuh zu verkaufen. Mit der Kuh verschwanden auch Milch und Butter für die Kinder.

Generell war das Essen immer knapp. Ausgenommen nur der Wiesenspinat, den die Kinder in Wald und Flur sammelten. Seit dem Einzug der Familie Arnold in die Villa strömten Scharen von Gästen herbei. Im ersten Jahr alleine waren über zweitausend

Menschen gekommen und der Besucherstrom ebbte nicht mehr ab. Manche kamen aus reiner Neugier und zogen schnell wieder weiter. Andere blieben länger, manchmal mehrere Tage. Fast alle kamen ohne Ankündigung. Aber auch darüber lachten Moni und Emmy eher, als dass es sie störte. Kamen mehr als erwartet zum Abendbrot, wurde das Essen einfach gestreckt: „Fünf warn geladen, zehne warn gekommen! Tu Wasser in die Suppen und heiß sie all willkommen!"

Viele Ankömmlinge waren studentische Wanderer. In buntfarbener bäuerlicher Tracht wanderten sie mit der Klampfe über der Schulter durchs Land. Die Arnoldsche Siedlung war für sie eine Bastion der Werte der Jugendbewegung, die sie achtsam gegen Unterwanderung zu schützen versuchten. Kam bisweilen ein Gast mit langen anstelle von kurzen Hosen – Bourgeoisie! –, konnte es durchaus passieren, dass er am nächsten Morgen seine Beinkleider an den Knien gekürzt vorfand. Theoretisch halfen die Gäste in Haus und Garten mit. In der Praxis allerdings arbeiteten die meisten nur mit, wenn sie „einen inneren Drang verspürten". So traute Emmy ihnen auch nicht mit dem Gemüsegarten. Sie selber schleppte die Gießkanne und jätete die Beete.

Auch viele politisch interessierte Gäste kamen nach Sannerz. Sie waren fasziniert, wie hartnäckig sich Eberhard weigerte, die Anwendung von Gewalt zu billigen, und von seinem leidenschaftlichen Eintreten für soziale Gerechtigkeit und weltweite Brüderlichkeit. Für Eberhard und Emmy kam Privateigentum dem Diebstahl gleich. Selbst die fortschrittlichste Zivilisation sei verdorben, argumentierten sie, wenn sie auf der Ausbeutung der Armen aufgebaut sei. So predigten sie einen Kommunismus, der auf Liebe gebaut war. Hier in Sannerz beanspruchte niemand etwas als sein eigen. Jedes bisschen Einkommen, jeder Besitz gehörte *der Sache*. „Wie können wir, die an der Not der Massen teilhaben wollen, irgendetwas für uns behalten?", schrieb Emmy. „Alles, was wir haben, möchten wir mit denen teilen, die mit uns demselben Geist dienen wollen. Für uns ist der Wunsch, nichts zu besitzen, wie ein Glaubensartikel."

Nicht alle Gäste, die nach Sannerz kamen, erfreuten sich seelischer Gesundheit oder einer weißen Weste. Alle paar Monate tauchte ein zotteliger Mann auf, der sich selber als „Naturapostel" bezeichnete. Seine Wanderschaft führte ihn von Stadt zu Stadt und Dorf zu Dorf, wo er ein gesundes Leben propagierte, barfuß und mit einer Art löchrigem Untergewand bekleidet, das er als „Dr. Lamas Unterwäsche" anpries. Eine Familie kam als Wildblumen verkleidet. Sie sagten nur: „Wir kommen aus dem Wald, wir leben im Wald und wir werden in den Wald zurückkehren." Ein anderer junger Besucher war so darauf bedacht, anderen Lebewesen nichts anzutun, dass er keinerlei Nahrung zu sich nahm. (Er starb später an Unterernährung.)

Auch wenn Eberhard selber gerne herzhaft lachte, machte er seinen Kindern immer wieder klar, dass man nicht über andere Menschen wegen ihren Eigenarten Witze machen darf. Für ihn war die zentralste Aufgabe der Erziehung, dass man lernte, wirklich jedem Menschen in Liebe zu begegnen. Das war ihm weitaus wichtiger als alles akademische oder handwerkliche Können. „Einem Mitmenschen das Gefühl zu geben, er sei ein Dummkopf, ist eine furchtbare Sünde", sagte er einmal zu Heini, „es ist Seelenmord."

Adam von Adamsky, ein muskelbepackter Schmied Anfang zwanzig, war gerade aus dem Gefängnis entlassen worden, als er nach Sannerz kam. Eines Tages fragte er Heini: „Was kann ich Tata Gutes tun? Sie ist so abgemagert. Was mag sie?"

„Schokolade", war Heinis Antwort. Ein Luxus, den sie sich fast nie leisten konnten.

„Und sein Vater…? Über was würde er sich freuen?"

„Lass mich nachdenken. Na, vielleicht über eine Flasche Wein."

Adam verschwand. Am nächsten Abend kam er mit einem prall gefüllten Rucksack wieder, Geschenke für jeden im Haus. Wenige Stunden nach seiner Rückkehr klopfte dann die Polizei an die Tür. Adam flüsterte Heini zu: „Ich verstecke mich auf dem Heuboden, bis sie weg sind. Ruf mich, wenn ich wieder runterkommen kann."

Die Polizisten hatten Adam bei der Villa gesehen und erklärten, dass er zur Fahndung ausgeschrieben war. Erst gestern hatte er die Kasse einer nahegelegenen Schmiede gestohlen. Aber Eberhard wusste nicht, wo Adam war, und so verließen die Polizisten unverrichteter Dinge wieder das Haus. Sobald sie weg waren, ging Heini in die Scheune und rief, dass die Luft wieder rein sei.

Als Eberhard Adam sah, verlangte er eine Erklärung: „Was hast du gemacht?"

„*Ach*, Eberhard, ich habe es doch bloß aus Liebe zu euch getan. Ich wollte dir und Tata eine Freude machen."

„Aber ich hoffe, du hast nicht wieder das Stehlen angefangen!"

Adam entgegnete: „Wenn du es getan hättest, würdest du es dann zugeben?" Daraufhin ging er, ohne ein weiteres Wort zu verlieren, wieder seiner Wege.

Ledige Mütter blieben manchmal monatelang in Sannerz. Manche waren vom Berliner Wohlfahrtsamt geschickt worden. Dort wusste man, dass bei Monis Können als Hebamme und bei Eberhards Großzügigkeit für Mutter wie Kind gut gesorgt sein würde. Andere kamen von Fritz Schwalbe, dem jungen Anarchisten, der den alten Schrebergarten der Arnolds in Berlin besetzt hatte. Immer wenn die aktuelle Freundin von Fritz schwanger geworden war, schickte er sie nach Sannerz. Von jeder der jungen Frauen hörte Heini eine verdächtig gleichlautende Geschichte: Der arme unschuldige Fritz war sein Leben lang von Frauen immer schlecht behandelt worden. Bis er endlich die Liebe seines Lebens gefunden hatte: Nämlich sie, die nächste Erzählerin.

Einer jungen Frau, die von Natur aus etwas schüchtern und depressiv war, hatte ihr Verführer eingeflüstert, dass, wenn sie ihm ein Kind austrage, dieses der Erlöser der Welt werden würde.

Heini belastete es, diese traurigen Schicksale zu hören. Aber es gab auch andere. Einer seiner liebsten Besucher war „Hans im Glück", ein buntgekleideter Flötenspieler, der am liebsten bei Mondschein in Sannerz aufkreuzte. Sobald sie den Klang seiner

Okarina von Ferne hörten, stürmten die Arnold-Kinder im Nachthemd aus dem Haus, um Hans im Glück entgegen zu eilen, dicht gefolgt von den Kindern des Dorfes. Hans im Glück, der eigentlich Hans Fiehler hieß, sah aus, als sei er einem Märchenbuch entsprungen. Er trug schwarze Kniebundhosen und eine scharlachrote Weste, auf deren Rücken in großen goldenen Lettern „Hans im Glück" gestickt war. Dazu hatte er eine rote Zipfelmütze auf dem Kopf und stellte sich stets mit demselben Satz vor: „Ich bin Hans im Glück und suche den Frieden zwischen den Völkern."

Im Weltkrieg hatte Hans im Glück im Nahkampf einen Mann getötet. Er erzählte Heini, wie erst seine Schuld und dann seine Reue seine ganze Weltsicht verändert hatten. Jetzt wanderte er durch ganz Deutschland, um die Hoffnung auf einen weltweiten Frieden zu säen: „den Weltenfrühling". Hans im Glück war Dichter und Musiker, der immerzu improvisierte, komponierte und Verse schrieb. Wo immer er hinging, hatte er eine Geige, einen Satz Okarinas und sein Akkordeon dabei.

Einmal betrat ein Pfarrer, der gerade in Sannerz zu Besuch war, das Haus und begegnete Fritz und Hans im Glück, die gerade dabei waren, den Flur mit Regenbögen und sinkenden Schlachtschiffen zu bemalen.

„Wo kommst du denn her?", fragte er Fritz ziemlich barsch.

„Aus'm Gefängnis; ich bin Anarchist", kam die Antwort zurück.

„Und du?", fragte er zu Hans im Glück gewandt.

„Aus der Irrenanstalt."

Das war nicht gerade die Begrüßung, die man in einem christlichen Haus erwartet hätte.

Die Streiche von Hans im Glück waren zuweilen auch riskant. So suchte er einmal zwischen seinen Besuchen in Sannerz einen General auf, dem vielfach Schuld am verlorenen Krieg gegeben wurde. Es waren die Tage der Hyperinflation. Die Ersparnisse waren wertlos geworden und viele litten an Arbeitslosigkeit und Hunger. Hans im Glück schlug dem General vor: „Wenn du dein Ansehen verbessern willst, nimm deine Gulaschkanonen, bring sie in die Stadt und gib den Armen was zu essen. Ich komme mit und drehe einen Film davon." Erstaunlicherweise ging der General auf den Vorschlag ein. Und so stand Hans im Glück umgeben von Soldaten mit seiner Kamera auf der Straße und kommandierte den General herum: „Nehmen Sie Haltung ein!" „Teilen Sie das Essen selbst aus!" Als alles Essen verteilt war, nahm der General Hans beiseite, um die Filmrolle einzufordern. Hans im Glück öffnete die Kamera – und sie war leer. „Herrgott nochmal, ich muss den Film zu Hause liegen gelassen haben", protestierte er. Der General und seine Leute kochten vor Wut, aber Hans im Glück hatte die Menschenmenge auf seiner Seite.

Um die vielen Gäste unterzubringen, besonders während Treffen an Wochenenden oder bei Konferenzen, baute Eberhard die Scheune hinter der Villa in eine Jugendherberge um. Heini verbrachte fast jeden Abend dort und redete mit den jungen Männern und Frauen, die sich im Freien versammelten, auf Lagerfeuern kochten und neue Lieder auf ihren Gitarren und Geigen ausprobierten. Hier lernte er eine Vielzahl von Weltanschauungen kennen. Er hörte zu, wie Vegetarier, Nationalisten, Kommunisten, Künstler, Seminaristen, Yogaschüler, Anarchisten und Proletarier ihre Ansichten vertraten, und diskutierte mit ihnen.

Heini bewunderte besonders die Anarchisten und Proletarier und einer von ihnen, Christel Girbinger, wurde sein bester Freund. Er hatte ihn während der Pfingstkonferenz 1921 kennengelernt, als er, gelangweilt von den nicht enden wollenden Diskussionen losgezogen war, um jemanden zum Spielen zu finden. Christel hatte am Rande eines Waldes gesessen und mit seinem buschigen Bart und seiner Brille war er Heini vorgekommen wie ein alter Mann – mindestens dreißig. Christel war allerdings deutlich jünger, wie Heini nach einer Runde Fangenspielen herausfand. An diesem Abend trug Christel Heini Huckepack nach Hause und wurde ein weiteres Mitglied im Sannerzer Haushalt.

Christel hatte als Drucker und Zimmermann gearbeitet, er war Bayer, aber vor allem war er *Proletarier*. „Hör zu", mahnte er Heini, „lern mir nicht zu viel in der Schule. Wenn du zu viel lernst, wirst du wie dein Vater werden. Er meint es zwar gut und will wie einer von uns sein, aber er wird die Arbeiterklasse niemals verstehen. Er ist einfach zu gebildet."

Eines Tages sagte Heini zu Trudi, seiner Lehrerin: „Christel sagt, wenn ich lerne, ein guter Zimmermann zu werden, brauche ich nichts anderes mehr zu lernen."

„Aber wenn du nicht Rechnen kannst, kannst du das Holz nicht abmessen."

„Okay, dann lerne ich Rechnen. Aber nicht Schreiben."

„Wie willst du dann Briefe schreiben, wenn du von zu Hause weg bist?"

„Ach, Trudi," antwortete er strahlend, „ich werde Tata mitnehmen. Sie wird sie für mich tippen."

Trudi hegte die Hoffnung, dass Heinis Wunsch, Proletarier zu sein, vorübergehen würde. Heini aber blieb standhaft. Er weigerte sich zu lernen und seine Noten wurden schlechter und schlechter. Seine Klassenkameraden gingen immer mehr davon aus, dass er einfach ein bisschen dumm war. Nur Christel schien zu verstehen. Er ermutigte Heini, nicht nachzugeben: „Die Schule und alles, was mit Bildung zu tun hat, zerstört alle Freundschaft zwischen uns Arbeitern und euch Kindern der Intellektuellen. Du musst dich dagegen auflehnen."

Christel sprach immer von den Millionen, die ausgebeutet wurden, aber Gerechtigkeit verdienten. „Es muss ein Weg für die Massen gefunden werden!", wiederholte er immer wieder mit glühenden Augen. „Die Gier der Reichen und Gebildeten verdammt sie zu Armut." Christels persönliches Motto lautete: „Immer die Freiheit suchen." Heini hörte ihm zu und es prägte sich ihm tief ein.

4

Am Scheideweg

Im Sommer 1922 ging Eberhards Siedlung in ihr drittes Jahr. Gelegenheitsbesucher kamen und gingen immer noch in Scharen, aber der Kern der Haushaltsmitglieder hatte sich vervielfacht und gefestigt. Kinder und Langzeitgäste ausgenommen, gab es dreiundzwanzig Vollmitglieder. Unter dem Titel *Das neue Werk* veröffentlichte der Neuwerk Verlag beliebte zweiwöchentliche Hefte zu religiösen, sozialen und aktuellen Themen. Gleichzeitig brachte Eberhard eine beeindruckende Buchreihe heraus, darunter eine Märchensammlung, einen Band über Mystikerinnen des Mittelalters und eine von einem jüdischen Gelehrten verfasste Geschichte des Antisemitismus. Durch Vorträge an Universitäten war sein Name in ganz Deutschland bekannt.

Aber trotz aller Lebendigkeit der Sannerzer Siedlung lebten die Mitglieder von der Hand in den Mund. In den Nachkriegsjahren stieg die Inflation zunächst an, dann explodierte sie förmlich. Bis die Abonnenten des *Neuen Werks* ihre Rechnungen bezahlt hatten, war das Geld schon fast nichts mehr wert. Eberhard nahm das Jesuswort wörtlich: „Sorgt euch nicht. Seht euch die Vögel des Himmels an: Sie säen nicht, sie ernten nicht und sammeln keine Vorräte in Scheunen; euer himmlischer Vater ernährt sie. Seid ihr nicht viel mehr wert als sie?" Nicht, dass Eberhard keinen Wert auf gute Geschäftsführung gelegt hätte: Es gab einen externen Wirtschaftsprüfer, der die Buchhaltung der Gemeinschaft kontrollierte. In Mitgliederversammlungen ging er die Listen der Einnahmen und Ausgaben Posten für Posten durch. Aber er bestand immer darauf, dass der Glaube und nicht das Geld entscheidend war.

Eberhard mochte keine Bedenkenträger und Strategen. „Sorgen sind nur eine andere Art des Materialismus", pflegte er zu sagen. Sannerz war für geisterfüllte Menschen, nicht für Verwalter und Buchhalter. Wenn die finanzielle Lage besonders kritisch wurde, hörte ihn Heini sagen: „Das Geld ist schon da; wir haben es nur einfach noch nicht."

Im Juli 1922 bestiegen die Arnolds den Zug nach Bilthoven in den Niederlanden, wo sie einige Tage bei einem Quäker verbringen wollten, dessen regelmäßige Spenden die Sannerzer Verlagsarbeit über Wasser hielten. Der Gastgeber, Kees Boeke, war Reformpädagoge und ein anarchistischer Pazifist mit so festen Grundsätzen, dass er sich weigerte, Steuern zu zahlen oder auch nur die Post zu benutzen. (Später gründete er eine Schule, die auch von Mitgliedern der holländischen Königsfamilie besucht wurde. Sein 1957 erschienenes Buch *Cosmic View* betrachtete das Universum von seiner galaktischen bis zur mikrokosmischen Dimension und diente als Inspiration für den IMAX-Film *Cosmic Voyage*.) Seine Frau Betty war eine geborene Cadbury. Ihr Vermögen hatte sie den Arbeitern der elterlichen Schokoladenfabrik übertragen.

Die Boekes lebten in einem schlichten Landhaus inmitten von Heide und Kiefern, in einem Gebiet, wo man keine offenen Feuer machen durfte. Für Kees war jedes derartige Verbot ein Aufruf zum Widerstand. Eines Abends, nachdem die Arnolds angekommen waren, lud er ein paar Hundert Freunde zu einem großen Freudenfeuer ein. Als die Polizei anrückte, brannte das Feuer lichterloh und alle tanzten rundherum. Heini sah mit Freude, wie Kees den erstaunten Polizisten beim Arm nahm und in den Kreis leitete. Alle jubelten und tanzen um ihn herum. Heini hatte noch nie so viel Spaß an einem Tanz gehabt.

Mitten in diesen Tagen erhielt Eberhard ein Telegramm aus Sannerz, in dem ihm mitgeteilt wurde, dass ein Bankdarlehen unerwartet gekündigt worden war. Die Rückzahlung war innerhalb von Tagen fällig. Wie stets weigerte sich Eberhard, sich darüber Sorgen zu machen. Er war sich sicher, dass das benötigte Geld irgendwie auftauchen würde. Und so war es. Gerade als die Familie den Zug zurück nach Hause besteigen wollte, eilte eine Frau auf Eberhard zu. Es war Maria Moojen, eine indonesische Fürstentochter und Freundin der Familie. Sie drückte Eberhard ein Kuvert in die Hand und sagte: „Für die Sache."

Der Empfang der Familie zu Hause war eisig. Für Heini und seine Geschwister gab es ein wenig Kuchen, aber für die Eltern und Tata nur eine wässrige Suppe. In ihrer Abwesenheit hatten einige Gemeinschaftsmitglieder wegen des Darlehens Panik bekommen. Jetzt, da die Arnolds wieder zurück waren, wollten sie ihnen ordentlich ihre Meinung sagen und überhaupt über das ganze Thema der „finanziellen Verantwortung" diskutieren. Eberhard blieb ruhig und gab nicht nach. Der Glaube eines Menschen, sagte er, ist wertlos, wenn er die wirtschaftlichen und materiellen Lebensverhältnisse nicht ebenso durchdringt wie die geistigen.

Wütend beriefen seine Kritiker für denselben Abend eine Versammlung ein. Gleich zu Beginn kam es zu Schuldvorwürfen, während eine wachsende Schar neugieriger Gäste sich vor den offenen Fenstern versammelte, um das Spektakel zu verfolgen. Bis auf eine Handvoll waren alle Mitglieder unverhohlen feindselig. Sie nannten Eberhard einen Fanatiker. „Dieser ganze Ort ist auf Träumerei gebaut. Du kannst nicht von uns erwarten, dass wir vom Glauben alleine leben. Wir verlangen ordentliche Planung, Vereinbarungen für finanzielle Unterstützung und verlässliche Einnahmequellen für die Betriebsmittel. Es reicht nicht, wenn du immer nur von Jesus und seiner Lehre sprichst. Du musst auch die menschliche Realität berücksichtigen!" – „Sannerz ist ein Betrug, und du und Emmy, ihr seid Scharlatane!", rief jemand zustimmend dazwischen.

Eberhard blieb standhaft und verlangte eine Gelegenheit, auf die Anschuldigungen einzugehen. „Wunder sind auch eine Grundlage für eine wirtschaftliche Existenz", erwiderte er und erzählte die Geschichte des Kuverts, das er auf der Heimreise erhalten hatte. In dem Kuvert war ein Bündel holländischer Banknoten gewesen, die in Reichsmark umgewandelt genau dem Betrag entsprachen, der nötig gewesen wäre, um das Darlehen zurückzuzahlen.

Aber es war zu spät. „Wir haben schon Insolvenz beantragt. Sannerz ist gestorben. Das Experiment ist beendet." Einer nach dem anderen kündigte an, dass er gehen würde.

Christel war einer davon, auch wenn es Heini kaum fassen konnte. „Wir sind immer noch Freunde", versicherte er Heini. „Es ist nicht dein Fehler. Deine Eltern sind schuld." Heini war untröstlich, besonders als er am nächsten Tag hörte, wie Christel wütend auf seinen Vater Eberhard schimpfte.

In den unerträglichen Wochen, die nun folgten, erzählte Hardy seinem Bruder Heini einmal, er habe ihren Vater weinend am Fuß der Treppe angetroffen. Wie tröstet man einen weinenden Vater? „Ich hätte mir niemals vorstellen können, dass Menschen derart hassen können", war alles, was Eberhard sagte. Einige der übelsten Verleumdungen kamen von Menschen, die er jahrelang von Herzen geliebt und denen er vertraut hatte. Als ob das noch nicht genug wäre, verbrannten die Wegziehenden kostbares Brennholz im Sommer bei weit geöffneten Fenstern. Alles was halbwegs wertvoll war, wurde aus dem Haus und den Außengebäuden geschleppt, Tiere, Möbel und landwirtschaftliche Geräte verkauft. Sogar das eingemachte Obst, das Emmy für den kommenden Winter aufheben wollte, wurde geplündert.

Eberhard schien hilflos, dem Treiben ein Ende zu setzen. Er sah zu, tat aber nichts. Erst als jemand vorschlug, die Gemeinschaft aufzulösen, wurde er aktiv. Er erhob sich zu seiner vollen Größe und erinnerte mit der für ihn typischen Heftigkeit jeden in Hörweite daran, dass die Gemeinschaft noch immer die gesetzlichen Rechte am Haus hielt und daran festhalten würde, solange die gesetzlich festgelegte Mindestzahl von sieben Mitgliedern da wären. Und genau sieben waren es, die blieben.

Christel ging mit den anderen. Heini war am Boden zerstört. Wie er später seinem Tagebuch anvertraute: „Er verließ uns und zurück blieben Verletzungen und Schmerz.

Ich hatte Angst vor Papa und Mama. Ich glaubte nicht mehr an Gott, nur noch an Christel. Abends im Bett sagte ich zwar noch mein Nachtgebet. Aber dann schlief ich einfach nur ein."

Heini sehnte sich seine gesamte Kindheit lang nach Christel, aber nicht, ohne sich ein bisschen schuldig zu fühlen. War es Verrat an seinem Vater, wenn er Christel vermisste und ihn weiterhin mochte? (Viele Jahre später versicherte ihm sein Vater, dass dem nicht so war: „Dass du ihn zum Freund gewählt hast, war eine gute Wahl." Über einen gemeinsamen Freund erfuhr Heini später, dass Christel nach Eberhards Tod oft nach Hessen gekommen war, um ihm am Grab Respekt zu erweisen.)

Erst im Oktober waren die letzten feindlich gesinnten Parteien ausgezogen. Viele von ihnen fanden sich danach wieder zusammen und gründeten eine neue Gemeinschaft, die sich allerdings nach wenigen Jahren wieder auflöste. Neben Eberhard, Emmy, Tata und Moni blieben nur noch Trudi, die Lehrerin der Kinder, und zwei weitere Mitglieder – Suse und Paul – zurück. Die gelbe Backsteinvilla wirkte leer und still. Eberhard tollte und alberte weiterhin mit den Kindern herum, aber sonst wirkte er zurückgezogen und traurig. Hin und wieder sah Heini, dass seine Mutter und ihre Schwestern Tränen in den Augen hatten.

Der Verlag erhielt weiterhin finanzielle Unterstützung von Kees Boeke. Viel war nicht übrig geblieben. Die *Neuwerk*-Hefte und die meisten der gut laufenden Bücher waren von denen, die Sannerz verlassen hatten, mitgenommen worden. Ebenso schlecht für das Geschäft war die plötzliche Isolierung von Sannerz. Nach der Trennung hatten sich Gerüchte über die Siedlung in alle Richtungen ausgebreitet. Eberhard wurde heftig kritisiert und viele seiner früheren Unterstützer distanzierten sich jetzt von ihm.

Doch obwohl Eberhard und Emmy offensichtlich litten, hörte Heini niemals ein böses Wort von ihnen über diejenigen, von denen sie im Stich gelassen worden waren. „Es ist nicht so, dass wir die Guten sind und die anderen die Bösen", erklärte ihm seine Mutter. „Sie haben eben alles als ein Experiment betrachtet, und wir wissen, dass es unsere Berufung ist."

Im November kam ein seltsamer junger Mann vorbei. Er war mit einem braunen Kittel und Sandalen bekleidet, trug einen Rucksack und eine Gitarre auf dem Rücken. Sein Haar reichte ihm bis über die Schulter. Als Namen gab er Roland an, nach dem legendären Ritter Karls des Großen.

Heini sah ihn schon von weitem und ging gleich auf ihn zu. Innerhalb von Minuten hatte Moni Karl Keiderling (so lautete sein richtiger Name) zur Mithilfe bei der Vorbereitung des Mittagsessens eingeteilt: Feuerholz für das Küchenfeuer hacken. Heini machte mit, und schon bald unterhielten sich die beiden ganz zwanglos. Karl war erleichtert, die Gemeinschaft gefunden zu haben, nachdem er sich auf dem Weg vom Bahnhof verlaufen hatte. Er hatte einen Polizisten getroffen und nach dem Weg gefragt.

„Sie gehen also zu der jüdischen Siedlung?", hatte der Polizist wissen wollen.

„Mir wurde gesagt, es seien Christen."

„Das mag sein. Aber woher meinst du denn, dass sie ihr Geld haben? Von den reichen Juden! Wie sollten sie denn sonst über die Runden kommen?" (Tatsächlich hatte die Sannerz-Gemeinschaft einen wichtigen Gönner in Max Wolf, einem jüdischen Fabrikbesitzer aus der Gegend, der Eberhards Eintreten für Gerechtigkeit und seine klare Haltung gegen den Antisemitismus bewunderte.)

Karl war neunzehn Jahre alt und erzählte Heini, sein Vater habe ihn hinausgeworfen. Schon bald hatte er in Eberhard einen zweiten Vater gefunden. Nach wenigen Tagen beschloss er, in Sannerz zu bleiben. Er versorgte das Haus weiterhin mit Brennholz, wobei ihm Heini half, wann immer er aus der Schule entkommen konnte. Wenn er durch das Fenster des Klassenzimmers sah, wie Karl sich in den Wald aufmachte, schlich er sich davon. Bis Trudi gemerkt hatte, dass Heinis Stuhl leer war, waren die beiden meist schon außer Sichtweite und schoben ihren hölzernen Handkarren den Berg hinauf.

Als der Frühling kam, verbrachten Heini und Karl Stunden damit, Rehe in den Wäldern zu beobachten oder einfach im Gras liegend miteinander zu reden. Die meiste Zeit dachte keiner der beiden an die zehn Jahre Altersunterschied zwischen ihnen.

Aber Heini sollte bald auch Spielkameraden in seinem Alter bekommen, denn seine Eltern planten, unerwünschte und verwaiste Kinder aufzunehmen. Im selben Jahr zogen sechs weitere Kinder in Sannerz ein. Unter ihnen war auch Sophie.

Sophie Schwing, die im Krieg ihren Vater verloren hatte, war von einer erschöpft aussehenden Frau nach Sannerz gebracht worden, die Sophie im Spielzimmer der Kinder abgesetzt hatte und dann unbemerkt davongeschlichen war. Sobald Sophie das Schaukelpferd mit einem Jungen darauf erblickt hatte, verkündete sie, dass sie auch mal darauf reiten wollte. Natürlich dachte sie, dass Heini auch ein Pflegekind sei. Dieser aber weigerte sich. „Das Pferd ist meins."

Sophie war verwirrt: „Mir wurde gesagt, jeder teilt hier seine Sachen."

„Ich weiß. Aber es ist *mein* Vater, der dich hier aufgenommen hat", erwiderte Heini. Er blieb auf dem Pferd sitzen.

Sophie drehte sich um, um ihre Mutter zu Hilfe zu holen. Aber da war niemand mehr. Tränen begannen zu fließen. Der Junge gab nach. „Ich weiß. Du hast deine Mama verloren. Aber ich habe auch keine. Also haben ja, aber sie hat nie Zeit für mich. Sie muss dauernd putzen, kochen und den Garten jäten und die Gäste versorgen – und sie muss sich um die Waisen kümmern. Ich glaube, wir sind quitt."

5

Bekehrung

Als Heini elf Jahre alt geworden war, wurde er zunehmend von etwas ergriffen. Ein heiliger Mann aus Indien, ein Sadhu, befand sich auf einer Vortragsreise durch Deutschland und sorgte überall, wo er hinkam, für Schlagzeilen. In dieser Zeit brachte Eberhard oft Zeitungsausschnitte mit, die er beim Abendbrot der Familie vorlas.

Der Sadhu hieß Sundar Singh, ursprünglich ein Sikh aus der Provinz Punjab. Als Fünfzehnjähriger hatte er unbedingt herausfinden wollen, wer Gott war. Er las alles, was ihm in die Finger kam. Er fing mit den Schriften seiner eigenen Religion an, dann verschlang er die heiligen Schriften des Hinduismus, Buddhismus und des Islam. Nur mit dem Christentum, der verhassten imperialistischen Religion, wollte er nichts zu tun haben. In der presbyterianischen Missionsschule, auf die ihn seine Eltern zur Vorbereitung auf die Universität geschickt hatten, zerriss und verbrannte er eine Bibel vor den Augen seiner entsetzten Klassenkameraden.

Die Befriedigung über seine Tat war für Sundar Singh nur von kurzer Dauer. Kurz danach forderte er Gott eines Nachts direkt heraus: „Offenbare dich mir jetzt. Andernfalls töte ich mich, damit ich sehen kann, was danach kommt." Anstatt sich ins Bett zu legen, blieb er auf und betete.

Seinen eigenen Schilderungen zufolge wurde der Raum gegen halb fünf in der Frühe von einem Glühen erfüllt. Er dachte zuerst, es sei ein Feuer. Dann aber trat eine Gestalt aus dem Licht und sprach auf Urdu zu ihm: „Sundar, wie lange willst du mich noch verspotten? Ich bin gekommen, dich zu erretten, denn du hast darum gebetet, den Weg der Wahrheit zu finden. Warum also nimmst du diesen Weg jetzt nicht an?" Sundar sah die Wunden an den Händen und Füßen der Gestalt, und erkannte, dass es Jesus war.

Als Sundar Singh am nächsten Tag seinen Eltern erzählte, was er erlebt hatte, taten sie es als bloßen Traum ab, aber bald konnte man einfach nicht mehr leugnen, dass der junge Mann sich verändert hatte. Verwandte versuchten ihn mit allerlei Versprechungen von seinem neuen Glauben abzubringen. Er aber blieb standhaft. Sie enterbten ihn, bedrohten ihn und versuchten, ihn zu vergiften. Schließlich wurde er aus seiner Heimat verbannt. Seither war er zu einem der am meisten verehrten Sadhus geworden, der nicht nur Indien durchwanderte, sondern auch Nepal und Tibet. Wo immer er hinkam, verbreitete er die Botschaft Jesu – nun auch in Europa.

Heini war tief berührt von dem, was sein Vater vorgelesen hatte. Die nächsten Wochen verschwand er oft zu langen, einsamen Wanderungen. Eines seiner Lieblingsziele war eine Weide, die an einem Bach stand. Er stellte sich dort vor, wie es wäre, das Leben eines Sadhus zu führen: Die Weide nur zum Predigen zu verlassen und die Zuhörer um Nahrung zu bitten. Er wollte Sundar Singh unbedingt treffen und mit ihm sprechen. Vielleicht würde er ja auch nach Sannerz kommen? Dann könnte er ihm alle seine Fragen stellen. Zum Beispiel, ob Jesus wirklich im Raum gewesen war? Oder hatte er dem Jungen vom Himmel aus zugerufen? Aber wenn er gerufen hatte, hätten die Nachbarn das ja auch hören müssen ...

Zu dieser Zeit gab es auch andere Ereignisse, die Heini nachdenklich machten. Als sie einmal zum Essen auf der Veranda saßen, torkelte ein zerlumpter, nach Alkohol stinkender Mann um die fünfzig auf das Haus zu. Heini sprang sofort vom Essen auf, um den Mann die Hand zu reichen und ihn einzuladen. Als er seinen Vater fragte, ob der Mann über Nacht bleiben könne, antwortete Eberhard: „Natürlich – vorausgesetzt, er will es."

Mit Tränen in den Augen erzählte der Mann seine Geschichte. Sein Name war Karl Gail, er war ein Veteran der deutschen Ostasientruppen und war an der Niederschlagung des chinesischen Boxeraufstands beteiligt gewesen. Dann hatte er einen Mord begangen und eine lange Haftstrafe abgesessen. Nun war er entlassen worden, hatte aber kein Zuhause mehr. Die ganze Runde saß wie erstarrt da. Was hätten sie sagen sollen? Eberhard aber stand auf und umarmte den Mann. Er wandte Karls Gesicht der Sonne zu und erzählte ihm von Jesus, der für Mörder und überhaupt für alle Sünder gekommen war. In dieser Nacht holten Heini und die anderen Kinder Decken, um dem Mann ein Bett zu richten.

Dann war da Oswald. Er kam in einem Rock und rosa Bändchen im Haar in Sannerz an. Eberhard umarmte ihn und bot ihm sein Büro als Schlafplatz an. Am selben Abend stand Oswald plötzlich beim Abendessen auf und rief aus: „Dem Reinen sind alle Dinge rein." Mit diesen Worten entblößte er sich.

Eberhard forderte Oswald auf, sich wieder anzuziehen, bevor er ihm ins Gesicht sagte: „Jesus möchte dich von dem Bösen befreien, das dich quält. Aber du selber musst entscheiden, ob du davon befreit werden willst oder nicht."

Oswald kreischte, dass die Dämonen in ihm ihn in Stücke reißen würden, und rannte hinaus. Niemand am Tisch sagte ein Wort oder bewegte sich. Heini hörte, wie das Bellen der Hunde Oswalds Weg durchs Dorf anzeigte.

Heini fragte sich, warum sein Vater Menschen wie Oswald aufnahm, wo doch selbst seine kleine Schwester Monika manche von ihnen abstoßend fand. Warum zog es diese Leute nach Sannerz wie die Motten zum Licht? Beim Nachdenken kam ihm der Gedanke, dass es die Liebe sein musste, die diese gebrochenen Menschen dort fanden. Das war Heini aufgefallen, als sein Vater Karl Gails Gesicht der Sonne zugewandt hatte. Und das war ihm auch aufgefallen, als sein Vater Oswald lautstark entgegengetreten war: Auch das war Liebe gewesen. Dann war da noch die Autorität seines Vaters. Wie er sprach: Mit einer Endgültigkeit, die von jenseits seiner selbst zu kommen schien.

Heini wagte es nie, über solche Dinge zu sprechen, aber er spürte, dass sie von der Beziehung seines Vaters zu Jesus herrührten. Und so fragte er seinen Vater eines Tages schüchtern und zögerlich: „Wie *kann* man Jesus finden?"

„Wenn du suchst, wirst du finden", war die Antwort des Vaters.

Eines Abends erzählte Eberhard der versammelten Gemeinschaft eine andere bemerkenswerte Geschichte. Es war die des jungen Russen Rachoff, der im vorherigen Jahrhundert in der Hafenstadt Archangelsk gelebt hatte. Er war wohlhabend und sah einem sorgenfreien Leben entgegen. Aber auch er wurde, wie Sundar Singh, durch eine eigenartige Vision vollkommen verwandelt.

Eines Nachts sah Rachoff im Traum einen Mann, der bei Sonnenaufgang ein Feld pflügte. Plötzlich ertönte aus einer armseligen Hütte in der Nähe der Klang einer Geige. Der Mann am Pflug hielt inne, lauschte und pflügte weiter. Dann hörte er das Geräusch wieder. Doch dieses Mal war es das Weinen eines Kindes. Der Mann ließ den Pflug stehen, ging zur Hütte und fand ein todkrankes Kleinkind. Er beugte sich über das Kind, streichelte es und es war gesund. Da erkannte Rachoff den Pflüger. Mit überfließendem Herzen rief er aus: „Bruder Jesus, ich komme!"

Nachdem er seiner Mutter eine Nachricht hinterlassen hatte, verließ Rachoff noch in derselben Nacht seine Heimatstadt. Von nun an durchwanderte er Russland und half den Armen und Unterdrückten, wo immer er hinkam. Er reparierte die Häuser von Witwen, ermahnte luxuriös lebende Priester und forderte einmal sogar in einem vollbesetztem Opernhaus die mit Diamanten geschmückten Besucher auf, sie sollten endlich Verantwortung für die Elendsviertel vor ihrer Haustür übernehmen. Jedem, der ihm begegnete, erzählte er von Jesus. So wurde Rachoff von den Armen verehrt, von den Mächtigen aber gehasst und gefürchtet. Mehrmals wurde er verhaftet und aus Städten wie Kiew, Odessa und anderen verbannt. Zuletzt warf man ihn ins Gefängnis in Einzelhaft. Von Hunger und Fieber geplagt, magerte er bis auf die Knochen ab und verlor schließlich den Verstand. Seine Wärter erbarmten sich am Ende seiner und ließen ihn in einen kleinen ummauerten Garten hinausgehen. Rachoff verbrachte seine letzten Tage in diesem Garten sitzend. Mit geschlossenen Augen, ein Lächeln auf den Lippen, ließ er seine gebeugten Schultern von der Sonne wärmen. Manchmal stand er noch auf und ging langsam wankenden Schrittes im Kreis. „Ich tanze", rief er, „denn bald werde ich Gott schauen." Eines Abends dann hielt er plötzlich in seinem Tanz inne. Er öffnete die Augen weit und rief mit lauter Stimme „Jesus!", bevor er sterbend zusammenbrach.

Heini kamen die Tränen, als sein Vater die Geschichte beendet hatte. Benommen verließ er den Tisch, stolperte in sein Zimmer und warf sich auf sein Bett. Warum musste dieser gute Mensch so leiden und sein Leben als gebrochener Mann beenden? Warum musste Jesus sterben?

In diesem Moment spürte Heini etwas, das ihm so noch nie vorher begegnet war: Jesus selbst war im Raum, sprach ihn an und rief ihn. Die Kraft dieser Gegenwart ließ Heini erschauern. Plötzlich wurde der Junge von einer großen Liebe ergriffen. Eine Ahnung beschlich ihn, was in Gottes Herz vorgegangen sein musste, als er das Leben seines Sohnes auf dieser Erde beobachtete. Wie Jesus Kinder tröstete, Kranke heilte, Sündern vergab und die Geldwechsler aus dem Tempel jagte; wie er seinen Jüngern predigte und dann am Ende wie ein Verbrecher qualvoll am Kreuz sterben musste.

Es war der Moment, in dem Heini seine Lebensaufgabe erhielt. Er spürte, dass es ihm Leiden bringen würde, wie auch Rachoff hatte leiden müssen. Als Jünger Jesu zu den Menschen zu gehen, bedeutete, sich unter Wölfe zu begeben.

Heini konnte kaum erwarten, dass sein Vater ins Zimmer kam, um ihm eine gute Nacht zu wünschen. Als Eberhard endlich das Zimmer betrat, brachte Heini nur ein paar Worte hervor. Sein Vater hatte ihn sicher nicht gehört, denn er strich Heini nur übers Haar, murmelte ein paar freundliche Worte und ging wieder.

Heini blieb lange wach und starrte an die Decke. Obwohl er erst elf Jahre alt war, wusste er, dass ihm etwas vollkommen Wirkliches widerfahren war. Er stellte sich vor, sein Leben könne wie das von Rachoff werden: von Dorf zu Dorf wandernd, ohne eigenen Besitz und den Armen das Evangelium verkündend.

6

Der Sonnentrupp

Ein eigenes Wohnzimmer hatten die Arnolds nie während der sieben Jahre, die sie in Sannerz lebten. Gerade einmal drei Jahre nach der Spaltung, bei der Christel und die anderen Sannerz verlassen hatten, stand in jeder Ecke ein Bett und die Villa mit ihren fünfzig Bewohnern brummte wie ein Bienenstock: dazu gehörten zwei junge Familien und zehn Pflegekinder.

Die fünf Kinder der Arnolds träumten davon, ihre Mutter ganz für sich zu haben, aber Emmys Zeit wurde durch so viele Aufgaben beansprucht, dass es genauso oft Tata oder Moni waren, die für die Kinder sorgten. Wenn sie krank im Bett lagen, saß Tata oft stundenlang bei ihnen, erzählte Geschichten oder sang für sie. Wenn sie hungrig nach Hause kamen, versuchte Moni, ihnen etwas zu Essen zu besorgen, um die Zeit bis zum Abendbrot zu überbrücken. Manchmal wurden die drei Schwestern von Gästen gefragt, wie sie es aushalten würden, dass die Zuneigung der Kinder auf drei verteilt war. Waren sie nicht eifersüchtig aufeinander? „Nein", war die Antwort, „für uns ist es eine Bereicherung und für die Kinder auch."

Vernachlässigt hat Emmy ihre Kinder trotzdem nicht: Vor dem Schlafengehen sammelte sie die kleine Schar um sich, erzählte ihnen Geschichten oder sang, begleitet von ihrer Laute. Diese Zeit mit den Kindern ließ sie sich durch nichts nehmen. Wenn eine Versammlung der Gemeinschaft zu lange dauerte, schlich sie sich durch die Küche davon, um bei den Kindern zu sein. Es ging ihr aber nicht einfach nur um ein gemütliches Zusammensein. Emmy wusste nur zu gut, dass den Kindern nichts entging, was in dem belebten Haus vor sich ging, und sorgte dafür, dass es einen Raum gab, wo sie ihre Beobachtungen und Ängste aussprechen konnten. Heinis Sensibilität lag ihr besonders am Herzen. So schrieb sie einmal einer Verwandten: „Er ist ein Kind, das nur in einer von Gott erfüllten Atmosphäre wirklich gedeiht."

Frühstück gab es für Heini und seine Geschwister jeden Morgen im Schlafzimmer der Eltern. Eberhard bestand darauf, dass sie während dieser gemeinsamen Viertelstunde über Themen sprachen, die für die Kinder von Interesse waren. Emmy vergaß das manchmal und sprach von ihren Sorgen: Ein problematischer Gast, die wachsenden Schulden beim Gemüsehändler. In solchen Situationen pflegte Eberhard zu sagen: „Aber Emmychen, jetzt wollen wir uns auf die Kinder konzentrieren." Manchmal gab es auch Konflikte. Eberhard und Emmy sprachen sehr offen miteinander, ganz egal wer gerade zuhörte. Verunsichernd war das für Heini nicht. Oft hatte er seinen Vater oder seine Mutter sagen hören: „Ich würde nicht einen Tag länger leben wollen als du." Er hatte keinerlei Zweifel daran, dass das Band zwischen den beiden unzertrennlich war.

Eines Morgens, als die Familie wie üblich zum Frühstück beisammen war, bemerkte Eberhard, dass Heini, der normalerweise am längsten am Tisch sitzen blieb, so schnell wie möglich aufstehen wollte. Auch seine siebenjährige Schwester Monika äugte sehnsüchtig zur Tür hinüber. „Wo geht ihr beiden ihn?"

„Ich ... kann dir das ... nicht sagen", stammelte Monika.

Aber damit kam sie bei ihrem Vater nicht durch. Er wiederholte seine Frage, aber Monika weigerte sich zu antworten. Zu guter Letzt erwiderte sie: „Heini hat mir verboten zu sagen, was wir machen."

Da wandte sich Eberhard an den Jungen: „Heini, ich möchte alles erfahren und zwar jetzt!"

Da begann Heini zu erzählen, erst zögernd, dann immer freimütiger. Wie er jedem einzelnen der anderen Kinder davon berichtet hatte, was in der einen Nacht in seinem Zimmer passiert war, nachdem ihr Vater ihnen die Geschichte von Rachoff vorgelesen hatte. Wie sie beschlossen hatten, Jesus als Gruppe nachzufolgen, wie er das Klassenzimmer für ihre erste Versammlung geschmückt hatte: mit Wildblumen, einer Kerze und einem roten Tischtuch. Dass es ein feierlicher Moment gewesen war und dass die eingeladenen Kinder den Raum schweigend betreten hatten. Es sollte auf keinen Fall ein Klub oder so etwas werden. Eine Kampfeinheit, eine immer einsatzbereite Truppe wollten sie sein. Sie hatten sich über einen passenden Namen unterhalten und sich schließlich auch auf einen geeinigt: „der Sonnentrupp".

Als Heini am Ende angelangt war, schwieg Eberhard und nippte an seinem Kaffee. Zunächst war es vollkommen still im Raum. Dann verkündete Heini: „Ich habe mit ein paar Kindern aus dem Dorf ausgemacht, dass wir uns heute Morgen wegen des Sonnentrupps treffen wollen. Wir haben Brombeeren gepflückt, die wir bei unserem Treffen mit ihnen teilen wollen. Wenn wir jetzt noch länger hier bleiben, kommen wir zu spät."

Eberhard erteilte seine Erlaubnis und schon waren die Kinder unterwegs. Als Heini ihm später wieder begegnete, sagte sein Vater nichts. Aber als er abends zu Heini ins Zimmer kam, küsste er seinen Sohn und versicherte ihm: „Ich habe dich sehr lieb, sehr lieb." Von diesem Moment an spürte Heini, dass sein Vater nicht nur sein Vater war, sondern auch sein bester Freund.

Heinis Bekehrung hatte Eberhard überrascht. Er selbst hatte als Sechzehnjähriger eine ähnliche Erfahrung gemacht und auch er hatte mit gleichem Eifer seinen Altersgenossen davon erzählt. Doch seit dem Krieg hatte sich sein Horizont über das Erweckungschristentum seiner Jugend hinaus erweitert und er war sehr vorsichtig geworden, um seinen Kindern keine Religion aufzudrängen. (Als Eberhard einmal in das Klassenzimmer der Kinder kam, las ihre Erzieherin, eine frühere Offizierin der Heilsarmee, gerade eine lange Geschichte aus dem Alten Testament vor. Eberhard hörte kurz zu, bevor er kommentarlos den Raum verließ. Die Lehrerin gab fortan keine Bibelstunden mehr.)

Heini erzählte seinem Vater auch von seinem Wunsch, wie Rachoff ein Leben auf Wanderschaft zu führen, um den Menschen von Jesus erzählen zu können. „Heini, das ist ein wunderbarer Gedanke", erwiderte Eberhard, „aber warum kümmerst du dich nicht zuerst um die Kinder hier und die Dorfkinder? Sprich mit ihnen und hilf ihnen, das in sich zu erwecken, was du selbst erlebt hast." Heini stimmte zu.

Von Anfang an gab Eberhard Heini den Rat, keine Erwachsenen sich in den Sonnentrupp einmischen zu lassen; nicht einmal Karl. Auch Eberhard besuchte die Zusammenkünfte der Kinder nur selten. Und doch schien er immer ein gutes Gespür dafür zu haben, wie es der kleinen Gruppe gerade ging. Oft lud er Heini zu sich in sein Arbeitszimmer und die beiden sprachen über Heinis neueste Ideen. Eberhard konnte die Gefühle seines Sohnes sehr genau lesen, und wenn sein Enthusiasmus erlahmte, ermutigte er ihn.

Nach Eberhard war Tata die stärkste Unterstützerin des Sonnentrupps. Ihr Schlafzimmer befand sich neben Heinis und fast allabendlich kam er zu seiner Tante, um mit ihr zu reden. Jeder in der Familie wusste, dass dieses Band zwischen Tata und Heini auf die Umstände seiner Geburt zurückging und dass es etwas Besonderes war. So feierten sie Tatas Geburtstag, ganz als ob es auch sein Geburtstag wäre. Heini vertraute ihr alle seine Pläne an. Doch dieses Vertrauen war gegenseitig: Eines Nachts wurde er von Tata geweckt, weil sie wegen eines schlechten Gewissens nicht einschlafen konnte. „Ich habe heute etwas Unschönes zu einer der anderen Frauen gesagt. Es war gemein von mir und ich musste es einfach jemandem sagen." Das war alles – sie sagte ihm gute Nacht und ging zurück ins Bett.

Die beiden weiteren Gründungsmitglieder des Sonnentrupps waren neben Heini noch Sophie und ein weiteres Pflegekind, Luise Kolb. Sophie war ein Jahr jünger als Heini. Heini war eines Tages zu ihr gekommen und hatte ihr von Sundar Singh, Franziskus von Assisi und Rachoff erzählt. Wie er davon sprach, hatte sie aufhorchen lassen:

er war ganz unbefangen und erfüllt von der Wichtigkeit seiner Botschaft gewesen. Und dann vertraute er ihr unter größter Geheimhaltung an, wie Jesus ihn besucht hatte.

„Erwartet Jesus nicht auch von mir etwas?", hatte sich Sophie gefragt. Heini sprach auch mit Luise, die sich vor dieselbe Frage gestellt fühlte. So war der Sonnentrupp entstanden.

Als erstes entschieden sie, eine Fahne zu machen. Bevor Sophie nach Sannerz gekommen war, hatte sie von ihrer Mutter, die Schneiderin war, nähen gelernt. Heini trieb ein Stück rotes Tuch auf, das genau die richtige Größe hatte und gab Sophie, hinter ihr stehend, Anweisungen, wie sie einen Kreis mit gelben Flammen aus dem Stoff schneiden solle. Danach nähte Sophie die Fahne auf Emmys alter mechanischer Nähmaschine zusammen. Heini nahm das fertige Banner und befestigte es an einer Fahnenstange und noch am selben Nachmittag gingen sie mit der Fahne durchs Dorf. Die Hauptstraße auf und ab marschierend, sangen sie aus voller Kehle ihre Lieder.

Heini nahm kein Blatt vor den Mund, wenn er der Meinung war, ein Kamerad des Sonnentrupps verhalte sich der Truppe nicht würdig. So wurde Sophie einmal im Unterricht erwischt, als sie gerade einen Roman unter dem Tisch laß. Als Trudi es bemerkte, verlangte sie das Buch. Sie sah, dass es ein schnulziger Groschenroman war, und ermahnte das Mädchen: „Sophie, das ist kein gutes Buch für ein Mädchen deines Alters."

Heini sprang auf: „Was? Du liest Schundliteratur? Das hätte ich nie gedacht. Sophie, wie kannst du nur!"

„Heini, kennst du das Buch denn überhaupt?", erwiderte Sophie.

„Ich? Nein. Ich würde nie Schundromane lesen."

Nach der Schule trafen sich die beiden, um sich auszusprechen.

Manchmal war es Heini, der Sophie etwas beichtete. So hatte er einmal einen schrecklichen Hustenanfall vorgetäuscht, um die Aufmerksamkeit seiner Mutter zu gewinnen, denn er war frustriert von der ständigen Beachtung, die sie Hans-Hermann gab, der immer wieder mit irgendwelchen Krankheiten im Bett lag, und Emy-Margret, die Tuberkulose gehabt hatte. Es gelang ihm, seine Mutter so zu erschrecken, dass sie auch ihn auf Tuberkulose untersuchen ließ. Der Verdacht lag nahe, denn neben Emy-Margret war Eberhard daran erkrankt gewesen und Emmys Schwester Olga war erst kürzlich daran gestorben.

Es dauerte aber nicht lange, bis Heini Gewissensbisse plagten. „Sophie, ich muss dir etwas sagen. Ich habe meine Mutter belogen." Mit tränenerstickter Stimme bekannte Heini: „Sophie, ich bin der schlimmste Sünder auf der Welt."

Heini saß neben Sophie in der Schule. Immer, wenn ihnen Trudi eine Matheaufgabe gab, schob er Sophie sein Heft rüber. „Hier, schreib mir mal die Lösungen auf", flüsterte er dann immer, „ich muss mir überlegen, was wir als nächstes mit dem Sonnentrupp machen können."

Angesichts dieses Mangels an Lerninteresse schlug Trudi die Hände über dem Kopf zusammen, aber auch über seine gutgemeinten Versuche, sie zu trösten. „Aber Trudi, warum strengst du dich nur so mit mir an?", sagte er dann. Und vermutlich Christel zitierend, fuhr er fort: „Dumm bleibt dumm, da helfen keine Pillen." Trudi war nervös, als ein Vertreter des Schulamts zur Inspektion kam. Während die meisten ihrer Schüler keinen Ton über die Lippen brachten, überraschte Heini sie alle: Er beantwortete eine Frage nach der anderen – und zwar richtig.

Sophie konnte Heini stundenlang zuhören. Er war so voller Ideen, und plante immer etwas Neues. Eines Tages arbeitete sie mit Luise und Heini im Kartoffelfeld. Bei ihnen waren ein obdachloser Gast und Alfred Gneiting, der Gärtner, der erst kürzlich der Gemeinschaft beigetreten war.

Nach einer Stunde hatten die Kinder genug von der Feldarbeit, kletterten in einen Pflaumenbaum und aßen sich an den erntereifen Früchten satt. Während Alfred weiter arbeitete, klagte der Obdachlose, dass er auch müde sei, legte sich unter den Baum und schlief ein.

Wie sie so aus dem Baum heraus auf den darunterliegenden Mann blickten, bemerkte Heini plötzlich mit Schrecken, dass dessen blauweißes Hemd von Flecken bedeckt war, die wie Blut aussahen. In Heinis Kopf begann es zu schwirren. Er zeigte Sophie und Luise die vermeintlichen Blutflecken und erinnerte sie daran, dass der Wald auf der anderen Seite des Felds als verflucht galt. Hatten nicht die Dorfbewohner seinen Eltern erzählt, dass Menschen in dem Wald verschwunden waren?

„Dieser Mann muss ein Mörder sein", erklärte Heini leidenschaftlich. „Stellt euch nur vor, welche Taten er auf seinem Gewissen haben muss! Wir müssen versuchen, ihn zu retten! Wir müssen ihn bekehren!"

Die Mädchen stimmten zu. Alle drei kletterten vom Baum, setzten sich neben den Schlafenden und warteten, bis er aufwachte. Dann machten sie sich daran, ihn zu bekehren, den Grund dafür sagten sie ihm allerdings nicht.

Besonders kümmerte sich der Sonnentrupp um Karl Gail, den ehemaligen Häftling, den Heini von der Straße weg eingeladen hatte. Karl wohnte mittlerweile in der Gemeinschaft und war von Eberhard getauft worden. Um Karl eine verantwortungsvolle Aufgabe zu geben, hatte Eberhard ihn zum Verantwortlichen für die einzige Badewanne der Gemeinschaft bestimmt. (Einmal holte er Eberhard morgens um halb drei Uhr durch lautes Hämmern gegen die Schlafzimmertür aus dem Bett: „Eberhard, Eberhard, das Bad ist fertig!" Gehorsam stand Eberhard auf und badete.) Nun wollten die Kinder Karl Gail sein eigenes Schlafgemach bauen. Sie richteten es ihm ein, ausgestattet mit einer Laterne, einem Neuen Testament und einem Vergrößerungsglas – er hatte ihnen erzählt, dass er sich keine Brille leisten konnte. Eines Abends verkleideten sich Heini, Sophie und Luise als Engel und besuchten ihn. Karl saß gerade an seinem

Schreibtisch. Als die Kinder vorbeikamen und zu singen anfingen, fing er an zu weinen. Dann erzählte er ihnen von dem schlechten Leben, das er geführt hatte.

Die Kinder aber erinnerten ihn: „Jesus ist besonders für Menschen wie dich gekommen." Der alte Mann setzte sich in seinem Stuhl auf und dankte den Kindern wieder und wieder. Heini sah ihm direkt in die Augen: „Karl, folge Jesus nach."

Eines Sonntagmorgens begegnete Heini im Treppenhaus Luise; Heini auf dem Weg nach unten ins Esszimmer zum wöchentlichen Gebetskreis seines Vaters. Aus irgendeinem Grund kamen sich die beiden in die Haare und Luise gab Heini eine Ohrfeige. Einen Moment später kam Eberhard mit seinem Neuen Testament unterm Arm vorbei, und bemerkte, dass etwas nicht in Ordnung war.

„Was geht hier vor?"

„Heini ist mal wieder gemein zu mir", heulte Luise.

Eberhard nahm Heinis Kinn in die Hand: „Heini, warum kannst du nicht etwas liebevoller sein?"

Das war zuviel für Heini und er rief: „Du liebst alle Kinder in diesem Haus, nur nicht deine eigenen!"

Daraufhin klatschte Eberhards Bibel auf Heinis Kopf – nicht ein-, sondern zweimal – und ehe er sich umsehen konnte, war Heini im Lagerraum am Fuß der Treppe. Der Schlüssel drehte im Schloss. Heini kochte vor Wut. Durch die Wand hindurch hörte er noch das Anfangslied des Gebetskreises.

Dann öffnete sich die Türe wieder und herein trat sein Vater. „Also, was ist wirklich passiert?", fragte er mit sanfter Stimme. Heini erzählte ihm alles.

„Ich habe mich falsch verhalten. Ich bitte dich um Vergebung", sagte Eberhard.

Heinis Herz schmolz wie Wachs.

„Luise und die anderen Pflegekinder haben keine echten Eltern mehr", erläuterte ihm der Vater. „Und selbst wenn es scheint, als ob ich sie mit mehr Liebe behandeln würde als euch, müsst ihr euch daran erinnern, dass sie sich nach etwas sehnen, was ihr habt – und was sie nie haben werden."

In diesem Moment liebte Heini seinen Vater mehr als je zuvor.

Es dauerte nicht lange, bis das Feuer der ersten Begeisterung im Sonnentrupp erloschen war. Heini war traurig. Sein Vater hatte ihm versichert, dass die Berufung, die er erhalten hatte, echt war. Aus diesem Vertrauen schöpfte der Junge fortlaufend Sicherheit, gerade wenn ihn andere im Haus verspotteten. So hörte er von einem, seine Bekehrung sei „schrecklich fromm" und ungesund, während ein anderer sie als aufgesetzt abtat. Am meisten verletzte ihn, als er einmal mitbekam, wie eine Person, der er sich verbunden fühlte, den Sonnentrupp bei seinem Vater herabsetzte. Obwohl sein Vater die Kinder vehement verteidigte, war Heini am Boden zerstört.

Oder war es eine Strafe, weil er seiner Berufung nicht gefolgt war? Schließlich waren seit seiner Bekehrung bereits Monate vergangen, und er hatte sich immer noch nicht aufgemacht wie Rachoff oder Sundar Singh. Eines Nachmittags, als er mit Sophie und Luise das Gemüsebeet jätete, sprach er mit ihnen über das Problem. Sie waren dabei, ihr Leben zu vergeuden. War es nicht Zeitverschwendung, den ganzen Tag irgendwelche Pflanzen zu vernichten, nur weil irgendjemand entschieden hatte, es sei Unkraut? Warum nicht Blumen, die man einfach neben dem Gemüse wachsen lassen könnte?

Die Mädchen sahen das auch so. Heini schlug vor: „Kommt, wir gehen zum Langeberg. Oben trennen wir uns und jeder soll im Gebet fragen, was Jesus wirklich von uns will. Möchte er, dass wir auf Wanderschaft gehen oder will er, dass wir in Sannerz bleiben? Wenn wir alle dieselbe Antwort erhalten, gehen wir. Und wenn nur einer von uns eine andere Antwort erhält, bleiben wir. Einverstanden?" Die drei besiegelten ihr Vorhaben per Handschlag und machten sich augenblicklich auf den Weg. Das bemerkte auch Alfred, der die Aufgabe hatte, sie zu betreuen. „Kommt zurück", rief er. Heini aber hörte nicht auf Alfreds Rufen. Er musste sich auf ihre Mission konzentrieren. Alfred versuchte, sie einzuholen, aber die Kinder konnten schneller laufen als er und schon bald waren sie zwischen den Bäumen verschwunden.

Oben auf einer Lichtung des Langebergs angekommen, trennten sich die drei, um jeder für sich zu beten. Nach einer halben Stunde trafen sie sich wieder. Alle drei hatten die gleiche Antwort bekommen: Noch heute Sannerz zu verlassen.

Heini wurde ernst: „Das Evangelium zu verkünden ist kein Zuckerschlecken. Die Leute werden es nicht gerne hören und werden uns hassen, für das, was wir sagen. Wir werden vielleicht sogar ins Gefängnis gesperrt mit Eisenkragen um unseren Hals und Ketten an den Beinen. Sie werden die Ketten dann enger und enger machen." Die Mädchen schauderten.

Weiter unten am Berg kämpfte sich Alfred noch immer durch die Büsche und rief: „Kommt zurück! Kommt zurück!" Heini sah auf. Sophie und Luise steckten die Köpfe zusammen. „Was flüstert ihr da?", wollte er wissen, „Ihr habt doch nicht etwa Angst? Dann bleibt ihr besser hier. Ich gehe auch alleine."

„Ach was, wir haben überhaupt keine Angst", beeilte Sophie sich, „wir haben einfach nur beschlossen, unsere Puppen mitzunehmen."

„Was?" Heini verschlug es fast die Sprache. „Ihr redet über Puppen? Wie könnt ihr in einem so wichtigen Moment an eure Puppen denken?"

So machte sich der Sonnentrupp in der warmen Nachmittagssonne auf den Weg ins nächste Dorf. Endlich war Heinis Traum wahr geworden. So hatten Rachoff und Sundar Singh gelebt!

Dann setzte die Abenddämmerung ein und gespenstische Schatten krochen über den Boden. Es war kühl geworden. Heinis Gedanken wanderten nach Hause. Was würden seine Eltern sagen, wenn sie feststellten, dass ihr Sohn sie verlassen hatte, ohne sich zu verabschieden? Seine Schritte wurden immer langsamer, dann blieb er stehen. Sie konnten unmöglich Papa, Mama und Tata so zurücklassen.

Als sie über die Felder zurückgingen, holte endlich auch Alfred die „faule Bande" ein und trieb sie mit entrüsteten Vorwürfe zur Eile an. Heini tat nur so, als ob er zuhören würde. Sein Kopf schwirrte vor Gedanken. Wenn er wirklich gerufen war, zu leben wie der Sadhu, warum hatte ihn dann sein Gewissen davon abgehalten, kaum dass er versuchte hatte, dem Ruf zu folgen? Wie gerne hätte er jetzt mit seinem Vater gesprochen. Dieser aber war geschäftlich unterwegs und würde erst am späten Abend wieder nach Hause kommen. Heini konnte es nicht ertragen, im überfüllten Wohnzimmer auf ihn zu warten. Er ging zur Scheune und lehnte im Schatten an der Wand.

Heini hörte den Klang galoppierender Hufe erst, als sie schon nahe herangekommen waren. Plötzlich schoss sein Vater in den Hof und brachte das Pferd zum Stehen. „Was ist los?", wollte er wissen, und sah Heini direkt in die Augen, während er vom Pferd stieg. „Ich hatte das Gefühl, dass ich sofort heimkommen sollte, weil du mich brauchst."

Während er seinem Vater beim Absatteln half, erzählte Heini ihm alles, was vorgefallen war. Eberhard lachte nicht und tadelte ihn auch nicht. Er dachte sehr ernst über die Geschichte nach, bevor er schließlich sagte: „Heini, so wie du heute Nachmittag von zu Hause aufbrechen wolltest, das geht nicht. Gott hat eine Aufgabe für dich. Aber ich glaube, du musst sie hier erfüllen. Wie Rachoff in die Welt hinaus zu gehen, ist zwar wunderbar, noch wunderbarer ist es aber, wenn du ausgesandt wirst."

Einige Tage später nahm sich Eberhard Heini noch einmal zur Seite und sprach zu ihm: „Du kannst dein Leben nicht auf Gefühlen aufbauen. Du wirst nicht immer so starke Gefühle haben, wie du es dir vielleicht wünschst. Aber auch dann musst du weitermachen. Du musst einfach dem Ruf folgen, den du erhalten hast." An diese Worte musste er noch viele Jahre denken.

7

Lotte

Lotte begegnete Eberhard 1923, als er einen öffentlichen Vortrag in ihrer Heimatstadt Nordhausen hielt. Sie war als Waise in einem Haushalt aufgewachsen, in dem sie nie wirklich willkommen gewesen war, und litt unter schweren seelischen Problemen. In einem ihrer Briefe an die Arnolds bat sie um Aufnahme in die Gemeinschaft. Sie schrieb: „Mir fehlt das, was Ihr habt, das Wichtigste – Jesus. Ich bin am ertrinken, und ich könnte die verfluchen, die mich in diese Welt gebracht haben. Ihre ganzen teuflischen Absichten haben sie in mein Herz gelegt… und jetzt kann mich keiner retten."

Auf den ersten Blick wirkte Lotte auf die Kinder in Sannerz wie jede andere Sechzehnjährige. Sie tanzte gerne mit Emy-Margret auf der Wiese vor dem Haus. Dann aber fing sie an, sich seltsam zu verhalten, und ihre Stimmung wurde sonderbar und düster. „Du und dein lächerlicher Sonnentrupp", verhöhnte sie Heini eines Tages, nachdem sie ihn streiten gehört hatte. „Immer musst du zanken!" Sie schien den Ausdruck von Schmerz auf Heinis Gesicht, den ihre Worte hervorriefen, zu genießen.

Dann fingen die Krämpfe an. Ihr Körper zitterte und verdrehte sich, als ob eine Kraft von außen auf sie wirkte. Mit einer fremden Stimme stieß sie groteske Flüche aus. Diese Anfälle konnten stundenlang dauern. Lotte konnte in diesem Zustand nicht alleine gelassen werden, denn immer, wenn sie unbeobachtet war, versuchte sie sich umzubringen. Nur Eberhard, Emmy und ein paar andere Erwachsene schienen in der Lage zu sein, sie zu beaufsichtigen, aber es dauerte nicht lange, bis sie vor lauter Schlafmangel erschöpft waren.

Eberhard war entschlossen, Lotte zu helfen, bis sie vollständig geheilt war. Er glaubte aber auch, dass ihre Anfälle nicht nur Ausdruck von emotionalen Problemen waren, sondern dass ein tödlicher Kampf zwischen Gut und Böse in ihrem Innern tobte.

Aber so sehr die Heftigkeit von Lottes innerem Kampf sie alle in Anspruch nahm, brachte es die Gemeinschaft auch näher zusammen. Moni, die ursprünglich nach Sannerz gekommen war, um ihre Schwestern zu unterstützen, sagte, dass sie durch Eberhards Bemühungen um Lottes Heilung Gott mit neuer Kraft im Haus wirken spürte. Sie war so überwältigt, dass sie bleiben wollte, und zwar nicht nur als Verwandte und Schwester, sondern aus eigener Überzeugung.

Ein weiterer Langzeitgast entschloss sich, auch zu bleiben: Georg Barth, ein dreiundzwanzigjähriger Architekt aus Breslau. „In diesem Haus habe ich die Nähe des Reiches Gottes so stark gespürt, dass ich sie förmlich schmecken und riechen konnte", schrieb er. Eberhard bat ihn, nach der Schule auf die Kinder aufzupassen – was bis dahin niemand gemacht hatte. Georg brachte ihnen Ballspiele bei, wanderte mit ihnen oder beaufsichtigte sie bei ihren kleinen Diensten im Haus und im Garten.

Lottes Kampf, der sich den ganzen Herbst 1925 über fortsetzte, beeinflusste den Sonnentrupp stark. Wer im selben Haus wohnte, musste sich entscheiden, auf welcher Seite er in diesem Kampf stand – so empfanden sie es zumindest und waren entschlossen zu helfen, wo immer sie konnten. Meistens bedeutete das, dass sie sich trafen, um für Lotte zu beten oder zu singen. Einmal luden sie auch die jüngeren Kinder des Hauses zu einem Lagerfeuer ein. Aber das Holz wollte einfach nicht Feuer fangen. Heini konnte es nicht verstehen: es war vollkommen trocken.

Dann bemerkte er Friedrich, der immer, wenn er zu ihren Zusammenkünften kam, alles ins Lächerliche zog. Auch heute Abend äffte er, wie gewöhnlich, Sophie, Luise, und Heini nach, wie sie vergeblich versuchten, das Feuer zu entzünden. Eindringlich baten Sophie und Luise ihn, still zu sein, aber seine Kommentare wurden dadurch nur noch bissiger und sarkastischer. Schließlich bat ihn Heini, nach Hause zu gehen. „Klar doch – wenn's dir was ausmacht", lachte er und ging.

Aus dem Holz, das bis dahin nur gequalmt und geschwelt hatte, loderte plötzlich eine helle Flamme, die bis zu den umliegenden Büschen leuchtete. Die Kinder standen im Kreis, ergriffen von einer Präsenz, die sie nicht begreifen konnten, und sangen ein Lied nach dem anderen, bis das Feuer bis zur Glut heruntergebrannt war. Dann holte Heini ihre Fahne und führte den Sonnentrupp durch das Dorf nach Hause.

Lotte schlief in dem Zimmer, das direkt über dem Schlafzimmer von Heini und seinem Bruder Hardy lag. Nacht um Nacht lagen die Brüder wach und hörten sie toben. Sie hatten keine andere Wahl und oft war an Schlaf nicht zu denken.

Eines Nachts aber war der Lärm auch für Heini zu viel. Um Mitternacht holte er sein Akkordeon und spielte und sang die Lieblingslieder des Sonnentrupps. Auch Hardy setzte sich auf und sang mit. Stundenlang sangen sie, während Lottes Schreien weiterging.

Um drei Uhr nachts wurde sie ruhig. Eberhard kam herunter und bat Heini, sich anzuziehen. Gemeinsam gingen sie nach oben, wo Lotte unbeweglich auf dem Boden ihres Zimmers lag. Eberhard forderte Heini auf, neben ihm niederzuknien. Heini war überrascht – er hatte noch nie alleine nur mit seinem Vater gebetet. Während sie knieten, brach verächtliches Lachen aus Lottes bewusstlosem Körper.

Im Dezember, einige Wochen nach diesem Vorfall, hatte Karl die Aufgabe, Lotte zu beaufsichtigen, und Heini leistete ihm Gesellschaft. Karl hatte gerade zu Mittag gegessen, war aber noch hungrig. Er bat Heini, im Zimmer zu bleiben, während er nach unten in die Küche rannte, um sich noch etwas zu essen zu holen. Lotte schien vor sich hin zu dösen.

Nachdem Karl weggegangen war, blieb Lotte noch einige Sekunden ruhig liegen. Plötzlich aber sprang sie blitzschnell auf, raste die Treppe hinunter, aus der Haustür hinaus und fort durch den Schnee. Sie trug nur ein leichtes Sommerkleid. Heini rannte zuerst in die Küche, um Karl zu verständigen, dann nahmen sie zusammen die Verfolgung auf. Lotte lief etwa einen Kilometer weit, bis sie an einem kleinen, von hohen Tannen umsäumten Teich, der „Waldquelle", angekommen war. Als Heini und Karl sie keuchend und außer Atem eingeholt hatten, saß sie auf einem Felsen neben dem Teich. Als sie die beiden erblickte, stürzte sie sich in das eiskalte Wasser. Karl sprang hinterher und zog ihren schlaffen Körper wieder heraus auf die Uferböschung. „Warte hier bei ihr. Ich laufe heim und hole Hilfe", rief er.

Heini hielt Wache bei Lotte, die durchnässt und bewusstlos im Schnee lag. Er wusste nicht, wie er ihr helfen konnte, und hatte große Angst, was als Nächstes passieren würde. Er wartete und wartete, bis Karl schließlich mit Eberhard zurückkehrte und sie Lotte gemeinsam nach Hause trugen, wo Emmy und Moni sie sofort zu Bett brachten.

Von diesem Tag an wurden Lottes Anfälle schwächer und seltener. Nach Weihnachten blieben sie ganz aus. Sie war zwar nicht sofort vollkommen geheilt und hatte manchmal noch starke Stimmungsschwankungen, aber es war klar, dass der Kampf vorüber war.

In dieser Zeit bat Lotte Eberhard, sie zu taufen. Er willigte ein, ihr diesen Wunsch am letzten Tag des Jahres zu erfüllen. Auch Heini und Karl sollten an diesem Tag getauft werden. Kurz vor Mitternacht am Vorabend des Neujahrstages brach eine große Gruppe von der Villa auf, um durch den Schnee hindurch zur *Waldquelle* zu gehen. Als sie um die Quelle herum standen und sangen, watete Heini in den Teich und sein Vater tauchte ihn im eiskalten Wasser unter. Danach taufte er Karl. Zum Schluss war Lotte dran. Auf der Uferböschung blieb sie stehen und rief mit klarer Stimme: „Jesus! Jesus, du bist Sieger!" Dann stieg sie in das Wasser.

8

Vater und Sohn

Wer sein Leben auf der Straße verbringen will, sollte nicht riskieren, allzu gebildet zu werden, dessen war sich Heini ganz sicher. Hatte ihn Christel nicht davor gewarnt, dass ein Intellektueller niemals der Arbeiterklasse angehören könne, auch nicht, wenn er es so gut meinte wie sein Vater?

Als Heini vierzehn wurde, damals das Mindestalter, um von der Schulpflicht befreit werden zu können, bettelte er bei seinen Eltern, nicht mehr zur Schule gehen zu müssen. Er hatte doch schon die drei Jahre gewartet, seit Jesus ihn gerufen hatte! Sein Vater weigerte sich, drängte Heini aber nie, sich mehr anzustrengen oder seine abgrundschlechten Noten zu verbessern. Bei Hans-Hermann und Hardy war er ganz anders – ihnen ließ er kaum etwas durchgehen. Hans-Hermann musste zu Hause viel lernen, um sich für die Universität vorzubereiten, und Hardy wurde mit fünfzehn auf ein Internat geschickt. Aber Heini wusste, dass die Nachsicht seines Vaters nichts mit Nachlässigkeit zu tun hatte. Sie kam aus einem Gespür für die tiefempfundene Berufung seines Sohnes.

Wenn Gäste die Villa besuchten, wurden sie gleich von Hardy und Emy-Margret belagert und ausgefragt. Wie liebten sie die mutigen neuen Ideen der Schriftsteller, Reformer und Freidenker, die zu Besuch kamen! Heini kümmerte sich nicht sehr um diese Leute, nicht weil er etwas gegen sie hatte, sondern weil ihm die Obdachlosen in ihren Lumpen, zerschlissenen Schuhen und zerzausten Haaren lieber waren. Ihre Bodenhaftung schien so viel konkreter zu sein als die der anderen Besucher. Traf Heini auf einen dieser „Brüder der Straße", wie sein Vater sie zu nennen pflegte, legte er seinen Arm um ihre Schultern und fragte sie freimütig: „Kennst du Jesus?" Viele von ihnen brachen in Tränen aus und erzählten ihm von ihrem früheren Leben.

Heini ging oft mit Fräulein Rotkohl spazieren, einer etwas unscheinbaren jungen Frau, die als Langzeitgast in der Gemeinschaft lebte. Neben ihrem etwas unglücklichen Namen ließen auch Fräulein Rotkohls gesellschaftliche Umgangsformen zu wünschen übrig. Heini fiel auf, wie einsam sie war, und verbrachte viele Stunden im Gespräch mit ihr, genauso wie mit zwei alten Bauersfrauen, die regelmäßig durchs Dorf gingen. Die beiden standen oft an einer Hecke bei der Villa und schauten herüber, als ob sie sich nach Gesellschaft sehnen würden. Die meisten flüchteten vor ihrem unerträglichen Geschwätz, aber Heini war ein guter Zuhörer. Jedem, dem sie aus Sannerz begegneten, erzählten sie von ihm: „Ach, ihr kennt doch sicherlich Heini – wir werden ihn niemals vergessen."

Der Sonnentrupp verkaufte Radieschen und Karotten zu absurd hohen Preisen an Gäste, um mit dem Erlös Lebensmittel für arme Familien im Dorf zu kaufen und anonym auf Fensterbänken zu deponieren. Außerdem machten sie weiter mit ihren Versuchen, Kinder aus der Nachbarschaft dazuzugewinnen. Einmal luden sie alle Dorfkinder zu einem Treffen in die Scheune hinter der Villa ein. Die Einladung erging mittels Mundpropaganda. Die mit Blumen und dem roten Banner geschmückte Scheune war an diesem Abend voll lärmender Kinder. Als Heini versuchte, das Wort zu ergreifen, wurde er von einer Traube von Zwanzigjährigen, die sich im Hintergrund hielten, ausgebuht und mit Steinen beworfen. Immer wieder versuchte er, das Treffen zu eröffnen, aber jedes Mal wurde er übertönt. Daraufhin versuchte es der Sonnentrupp mit Liedern, ergriff die Hände der Jüngsten und begann zu tanzen. Der Spott aus dem Hintergrund wurde immer lauter.

Schließlich schrie Heini die jungen Männer an: „Nur diejenigen, die wirklich hier sein wollen, sollen bleiben. Der Rest soll einfach wieder gehen!" Von den Spöttern machte sich einer nach dem anderen davon, gefolgt von erst wenigen und dann immer mehr Kindern. Am Ende blieb nur ein kleines Mädchen zurück, aber von dem Abend an war sie ein Herz und eine Seele mit dem Sonnentrupp.

Dieses Jahr läutete für sie alle auch das Ende ihrer Kindheit ein. Hardy trat dem Sonnentrupp bei und hatte schon bald ebenso viel zu sagen wie Heini. Heini war überrascht, dass ihm das zu schaffen machte. Wie konnte er neidisch auf seinen eigenen Bruder sein? War das nicht eine Entweihung von all dem, was den Sonnentrupp ausmachte? Hardy wiederum bemerkte, wie sein anmaßendes Vorgehen Heini schmerzte, bat ihn um Verzeihung und bot an, die Gruppe wieder zu verlassen. Heini schämte sich zutiefst. (Er wusste nichts von der Rolle, die sein Vater dabei gespielt hatte: er hatte Hardy aufgefordert, den Sonnentrupp in Ruhe zu lassen: „Du bist viel älter als alle anderen. Und du musst respektieren, was Gott deinem Bruder gegeben hat.")

Zur selben Zeit stellte Heini fest, dass sich sein Körper veränderte. Er verspürte ein ihm bis dahin unbekanntes, beschämendes Verlangen. Sein Vater sagte ihm, dass jeder Mann lernen müsse, damit umzugehen: „Du musst von Anfang an Selbstdisziplin üben. Dann wird es dir später leicht fallen, dich zu beherrschen." Sein Vater erzählte ihm, wie er als Sechzehnjähriger einmal eine ganze Nacht hindurch gebetet hatte, um sein Verlangen zu beherrschen.

Heini blieb skeptisch: „Aber Papa, die Frauen deines Alters sind alle dick oder runzlig. Heutzutage sind die Mädchen viel attraktiver."

„Die vierzig- und fünfzigjährigen Frauen, die du heute siehst", erwiderte Eberhard lachend, „habe ich damals als Vierzehn- und Fünfzehnjährige gesehen."

Die Reifezeit raubte Heini auch seine früheren sorglosen Freundschaften, besonders zu Sophie und Luise. Sein Vater bemerkte die Distanz und erkundigte sich bei ihm.

„Ich habe Bedenken, was die Mädchen von mir erwarten könnten."

„Das ist verständlich. Aber du musst sicherstellen, dass der Sonnentrupp am Leben bleibt. Er kann nicht eingehen, nur weil du befangen bist. *Das* darfst du niemals zulassen."

Trotzdem war die schlichte helle Freude der Kindheit verflogen. „Liebste Sophie," begann Heini einen Brief, den er unter ihrer Zimmertür durchschob, „auch wenn du mich vielleicht abstoßend findest, so dass es mir so vorkommt, als ob du immer vor mir davonläufst, muss ich dir doch etwas sagen: Ich versuche mit aller Kraft authentisch zu sein, aber ich kann es nicht!"

Heini tagträumte, dass er vor einem riesigen Feuer stand, erfüllt von dem Wunsch, in die Flammen zu springen, damit aller Schmutz an ihm verbrennen würde. In dem Moment, als alle seine Muskeln zum Sturz ins Feuer gespannt waren, baute sich vor ihm eine riesige Wand auf und Dunkelheit hüllte ihn ein. Tastend versuchte er, den Weg zurück zum Feuer zu finden, aber alles um ihn herum war schwarz und er wusste nicht mehr, wo er war. Immer wieder rannte er in die Wand hinein, verletzte sich, bis er vollkommen abgestumpft und abgehärtet war. Auch anderen begegnete er, die ebenfalls das Feuer suchten. In seiner Abgestumpftheit und Blindheit rannte er in sie hinein, bis auch sie verletzt und vom Weg abgekommen waren.

Ein anderes Mal schrieb er Sophie: „Ich habe ohne Gott gelebt, ohne Licht... lieblos und freudlos. Wir sind ein Nachttrupp, ein Zanktrupp und Stinktrupp gewesen, aber kein Sonnentrupp!"

Manchmal flackerte auch wieder ein Licht der Hoffnung in ihm auf, und er schrieb: „Es wird anders werden! Es wird wieder werden, wie es war!" Es gab Momente, da war ihm, als könne er fliegen vor lauter Freude, aber dann sank sein Mut wieder und eine düstere Angst umklammerte ihn.

Er klagte sich selbst an: Er war stolz. Er quälte sich mit dem Gedanken, unwissentlich gesündigt zu haben, und entwickelte einen Reinlichkeitstick. Er fürchtete, wenn er nicht sauber genug bliebe, könnte er eine geliebte Person anstecken. Eines Morgens, als er eine Mausefalle vor dem Schlafzimmer seiner Eltern aufstellte (eine seiner täglichen Aufgaben), rief sein Vater ihm vom Frühstückstisch zu: „Heini, kannst du mir den Zucker bringen?" Panik ergriff den Jungen, denn gerade erst hatte er die tote Maus in seinen Händen gehalten. Jetzt die Hände zu waschen, würde einige Minuten in Anspruch nehmen. Schon rief der Vater ein zweites Mal: „Heini, den Zucker bitte!" Er ging sofort los und brachte ihm den Zucker.

Später am selben Vormittag macht er sich schwere Vorwürfe. Was, wenn die tote Maus infektiös gewesen war? Wie hatte er nur seinen eigenen Vater der Gefahr einer Ansteckung aussetzen können? In einem Brief bekannte Heini ihm seine Schuld. Aufs Kuvert schrieb er in großen Blockbuchstaben: „Nur für dich" und legte es ihm aufs Kopfkissen.

Am nächsten Morgen rief ihn sein Vater beim Frühstück zu sich: „Könntest du mir bitte eine tote Maus bringen, dass ich meinen Kaffee umrühren kann?" Der Vater brach in schallendes Gelächter aus und Heiners Anspannung ließ endlich nach. „Übrigens", fügte Eberhard hinzu, „*jeder*, der deinen Brief gesehen hätte, hätte gedacht, er wäre nur für ihn bestimmt."

Mittlerweile platzte die Villa mit den vielen Bewohnern aus allen Nähten. Die Gemeinschaft brauchte dringend ein größeres Haus, aber im Dorf war kein weiterer Wohnraum zu finden. So stießen die Arnolds im Sommer 1927 auf den Sparhof, einen heruntergekommenen Bauernhof mit einigen Äckern und Wirtschaftsgebäuden, der sich etwa zehn Kilometer entfernt in der Hohen Rhön befand.

Der Verkäufer verlangte eine Anzahlung von zehntausend Reichsmark. Keiner wusste, woher dieses Geld kommen sollte. Eberhard blieb unbesorgt. „Wir sind immer im Glauben vorwärtsgegangen und nie mit materialistischen Überlegungen", sagte er – und unterzeichnete den Kaufvertrag. Unmittelbar bevor die eigentliche Anzahlung fällig wurde, erreichte ein unerwarteter Brief die Gemeinschaft. Absender war der Fürst von Schönburg-Waldenburg, ein Freund der Familie, der das Angebot unterbreitete, ein zinsfreies Darlehen von zehntausend Reichsmark zu gewähren. Der Sparhof gehörte ihnen. (Ein Jahrzehnt später würden die örtlichen Nationalsozialisten den Fürsten dazu drängen, das Darlehen zu widerrufen. Sie wussten, dass dies den finanziellen Ruin der Siedlung bedeuten und es ihnen ersparen würde, sie gewaltsam aufzulösen. In dieser kritischen Situation verkündete der Fürst seine Absicht, das Darlehen in eine Schenkung zu verwandeln – was er dann auch prompt tat.)

Der Umzug in den Sparhof erstreckte sich über sechs Monate. Als erstes mussten die Wohnräume renoviert und erweitert, die Zäune wieder errichtet und die Ställe gesäubert und repariert werden. Auch eine Schule galt es zu bauen. Vorher hatte nur eine Familie auf dem Hof gelebt und nun sollte es das Zuhause für eine Gemeinschaft von etwa fünfzig Menschen werden, die Hälfte von ihnen Kinder.

Georg leitete den Bautrupp an und gab den Jungen Handwerksunterricht, wann immer er eine oder zwei Stunden frei hatte. Er war Romantiker und seine Frömmigkeit war vom Mittelalter geprägt. Gelegentlich pilgerte er allein zu einem nahegelegenen Marienschrein, was ihm allerdings auch den Ärger seiner Mitarbeiter einbrachte, wenn er während der Arbeitszeit loszog. Manchmal saß er allein unter den uralten Buchen oberhalb des Hofes, spielte auf seiner Laute und sang alte Balladen.

Jeden Morgen um sechs Uhr weckte Georg Heini, Hardy und die anderen Jungen, um mit ihnen Dauerläufe über die Felder und Wiesen zu machen. Bei den anschließenden Gymnastikübungen hüpfte und schlug der große elfenbeinfarbene Rosenkranz geräuschvoll um seinen Hals. Wenn er dann vor dem Frühstück sein verschwitztes Hemd gegen ein frisches tauschte, tat er dies mit größter Umsicht, damit er die großen weißen Perlen auf keinen Fall aus Versehen mit abstreifte.

Heini konnte Georgs Begeisterung für den allmorgendlichen Frühsport nicht teilen und holte manchmal Wolf zu Hilfe, seinen deutschen Schäferhund. Der Hund verteidigte seinen Herrn aufs Schärfste und griff jeden an, der Heini zu nahe kam, und sei es im Spiel. So band Heini manchmal abends vor dem Schlafengehen Wolf an seinen Bettpfosten. „Georg kann morgen rufen, bis er heiser ist. Wenn Wolf Wache schiebt, wagt er sich nicht in mein Zimmer."

Weihnachten desselben Jahres heirateten Moni und Georg. Immer neue Leute kamen. Einer von ihnen war Fritz Kleiner, ein Schmied mit Rauschebart, dem Heini als Arbeitsgehilfe nach der Schule zugewiesen wurde. Fritz schmiedete das eiserne Treppengeländer und brauchte jemanden, der den Blasebalg betätigte. Heini hatte noch nie so hart arbeiten müssen. Fritz verlangte Heinis volle Aufmerksamkeit für die Arbeit. Lob gab es nie. Mit Heini sprach er nur, um ihm zu sagen, dass er faul oder unfähig sei. Entweder war das Metall nicht heiß genug oder es war zu heiß. Es gab Momente, in denen Heini sich zusammenreißen musste, um nicht alles frustriert hinzuschmeißen. Nach der Arbeit war Fritz immer wie verwandelt. Er nahm Heini auf Abendspaziergänge mit und erzählte seinem Lehrling von seiner eigenen schweren Kindheit, den Ungerechtigkeiten, die ihm widerfahren waren, und warum er sich auf den Weg gemacht hatte, einen Ort zu finden, wo Menschen als wahre Brüder zusammenleben konnten. Zwischen den beiden entwickelte sich eine echte Freundschaft.

Der erste Winter auf dem Sparhof war sehr entbehrungsreich. Denn obwohl sich der Haushalt vergrößert hatte, war das Einkommen gleich geblieben. Der lehmige und steinige Ackerboden gab nicht viel her und auch wenn Sannerz kaum zehn Kilometer entfernt war, lag der Hof deutlich höher, was das Klima sehr viel härter machte. Zu essen gab es fast ausschließlich Kartoffeln. Brot galt als Luxus, so dass Emmy sich angewöhnte, potentielle Besucher vorzuwarnen, dass sie ihr eigenes Brot mitbringen müssten, wenn sie zu den Mahlzeiten welches haben wollten. Im Frühjahr waren die Kartoffeln von der langen Lagerung gelb, schwammig und süßlich geworden. Als endlich das erste Schwein geschlachtet werden konnte, dauerte die Freude darüber nur allzu kurz. Niemand war mehr an Fleisch gewöhnt und alle Bewohner des Hofes bekamen Durchfall.

Auch zwei Jahre später, im Herbst 1929, lebte man auf dem Sparhof noch immer unter sehr primitiven Bedingungen. Schlimmer für den mittlerweile fünfzehnjährigen Heini war, dass er fand, sein Innenleben hätte eine schleichende Katastrophe durchlitten. Er glaubte, seiner eigenen Berufung untreu geworden zu sein, indem er hasserfüllte Gedanken in sein Herz hineingelassen hatte. Das Wissen um seine böse Natur lastete auf ihm wie ein bleiernes Joch.

Der Oktober zog quälend langsam vorüber, dann der November. Heini versuchte, seine Schuldgefühle zu verscheuchen – vergeblich. Sie kreisten wie dunkle Vögel über ihm, wenn er morgens an seinem Schreibtisch saß, und glitten nachmittags wie Schlangen hinter ihm her, wenn er im Garten jätete.

Im Dezember überschlugen sich die Zeitungen mit Meldungen über eine Mordserie in Düsseldorf. Tag um Tag folgten Berichte zu neuen Opfern, allesamt kleine Kinder, und die Polizei hatte noch immer keine Spur. Eines Abends sprach sein Vater bei Tisch mit Emmy und Tata über die Verbrechen. Heini hörte zu und spürte, wie in ihm ein Gefühl entfernter Kameradschaft mit dem Mörder aufkam. „Ich kenne ihn zwar nicht, aber sicherlich leidet er genauso wie ich", dachte er sich.

Am selben Abend hielt Heini an Tatas Zimmertür an, um ihr eine gute Nacht zu wünschen. Er dachte noch immer an den Mörder. „Tata, was für ein schweres Leben muss er haben. Er muss lauter Schreckliches in seiner Kindheit erlebt haben. Das muss der Grund sein, warum er so handelt."

„Dieser kaltblütige Mann!" Tatas Empörung verlieh ihrer Stimme eine ihm bis dahin unbekannte Schärfe. „Jemand, der in der Lage ist, ein Kind nach dem anderen umzubringen, muss ein Herz aus Stein haben. Denk doch nur, was er getan hat! Er hat sich gänzlich von Gott abgeschnitten!"

Tatas Worte fielen wie Hammerschläge. Jede Silbe verdammte ihn. Jetzt wusste er, was Sünde war. Es bedeutete, von Gott getrennt zu sein, und zwar auf ewig. Heini hatte Angst, aber nicht vor der Verdammnis, sondern vor einer Dunkelheit, die drohte, ihn zu erdrücken. Und doch war er selber Teil dieser Dunkelheit. Er fühlte sich wie ein Judas, empfand, dass er Jesus verraten hatte. Später erinnerte er sich daran so: „Ich kann nicht beschreiben, wie es ist, eine Kindheit wie ich gehabt zu haben, und dann zu meinen, man habe sie für immer verloren. Ich bete: ‚Wenn sie mir doch nur für einen Tag wiedergegeben werden könnte, wäre ich in Ewigkeit dankbar dafür.'"

Am schlimmsten aber war, dass er nun seinem Vater aus dem Weg gehen musste. Er wagte es nicht, ihm zu begegnen. Die Sünde in ihm, so hatte er den Eindruck, war zu schlimm.

Weihnachten stand vor der Tür – der Höhepunkt des Jahres, der in dem Geburtstag seiner Mutter am 25. Dezember gipfelte. Es gab Momente, da wagte Heini zu hoffen, dass die Weihnachtsfreude auch ihm gelten möge. „Nein", sagte eine Stimme in ihm, „du hast kein Recht dazu. Du bist in der Dunkelheit, du bist in Sünde versunken." Sein sechzehnter Geburtstag kam und ging, dann der Weihnachtstag selbst, ein weiterer freudloser Tag. Sein frisch verlobter Freund Alfred lud Heini zu einer Feier ein. Er ging hin, konnte aber plötzlich die Spannung nicht länger ertragen. Er rannte hinaus, den Hügel hinter dem Bauernhof hinauf und warf sich zu Boden. Er musste alleine sein.

Nie hatte er gedacht, dass die Qual eines schlechten Gewissens so grausam sein könnte. Er richtete sich auf und fiel wieder hin. Sein Herz in ihm schien zu zerspringen: „Hilf mir! Hilfe!" Alfred kam aus dem Haus gerannt, um zu sehen, was passiert war. Heini hatte gar nicht bemerkt, dass er laut geschrien hatte. Nun, also war alles vorbei. Nun würde er zu seinem Vater gehen und ihm alles erzählen. Noch als er sich auf den Weg machte, erfüllte ihn der Gedanke mit Angst und Schrecken. Was, wenn es ihre Beziehung zerstörte? Wie könnte sein Vater einen solchen Sünder in seinem Haus dulden?

Zu Hause fand er den Vater im Gespräch mit einer Gruppe junger Kinder. Als er Heini erblickte, rief er ihm herzlich zu: „Komm und setze dich zu uns, du alter Sonnentruppler. Vielleicht möchtest auch du den Kindern ein wenig erzählen." Heini brachte kein Wort hervor. Er schaute seinen Vater an und erinnerte sich, wie nah er ihm als Kind gewesen war. Der Gedanke, wie weit entfernt voneinander sie jetzt waren, erfüllte ihn mit Schmerzen.

Als die Kinder gegangen waren, lud Eberhard Heini zu sich in sein Arbeitszimmer ein. Deckenhohe, über und über mit Büchern beladene Regale füllten den kleinen Raum. Der Geruch von Zigaretten hing in der Luft. An der einen Wand hing eine Gipsplastik von Jesu dornengekröntem Haupt. Heini brach zusammen und platzte mit seiner Beichte heraus, in der Erwartung, dass er den Sparhof umgehend verlassen müsste. Aber sein Vater schwieg. Dann sagte er: „Heini, das war eine schreckliche Sünde. Aber genau aus diesem Grunde ist Jesus gestorben: Um uns von unserer Sünde zu befreien." Dann kniete er mit Heini auf den Boden, und sie beteten. Heini wurde von einer Woge der Freude erfüllt, wie er sie noch nie erlebt hatte.

In den darauf folgenden Tagen glühte Heinis Begeisterung wieder auf wie seit Jahren nicht mehr. Sein alter Traum, ein Leben wie das des Sadhu zu führen, wurde wieder wach und erfüllte ihn mit Freude. Er konnte seine Hoffnung nicht verbergen und sprach mit seinem Vater darüber und dieses Mal – der Junge konnte es kaum glauben – stimmte er zu, dass Heini alt genug sei, die Schule zu verlassen. „Verbringe die Sommer hier zu Hause. Wir brauchen Hilfe im Garten und du kannst dabei viel lernen. Im Winter, wenn es weniger zu tun gibt, kannst du auf Wanderschaft gehen."

9

Reifezeit

Eberhard und Emmy hatten nie eine eigene Gemeinschaft gründen wollen, und schon gar keine neue Konfession. Bereits vor ihrem Umzug nach Sannerz hatten sie nach Menschen gesucht, die wie sie auf der Suche nach etwas Neuem waren, zunächst in christlichen Erweckungskreisen und nach dem Ersten Weltkrieg in der religiös-sozialistischen Bewegung, die unter anderen mit Leuten wie Karl Barth, Paul Tillich, Martin Buber und besonders Leonhard Ragaz in Verbindung stand, sowie in der Friedensbewegung von Friedrich Siegmund-Schultze und dem Internationalen Versöhnungsbund. Seit Jahren hatten sie eine Verwandtschaft mit den Traditionen der Quäker und Täufer verspürt, und um 1920 stellten sie fest, dass es immer noch Hutterer gab. Die Mitglieder dieses radikalen, in Gemeinschaft lebenden Seitenstroms der Reformation haben dieselben Wurzeln wie die Mennoniten und Amischen und praktizieren seit dem frühen sechzehnten Jahrhundert Gütergemeinschaft. Ihr Vorbild war, ebenso wie für Eberhards Gemeinschaft, die erste christliche Kirche in Jerusalem.

Ursprünglich aus Tirol stammend, waren die Hutterer vor wiederkehrenden Wellen von Verfolgung und Krieg geflohen und hatten sich schließlich im späten 19. Jahrhundert in South Dakota in den USA angesiedelt. Eberhard studierte ihre Geschichte, trat in Briefkontakt mit ihnen und beschloss dann, sie zu besuchen, in der Hoffnung, sich fester mit ihnen zu verbinden. Auch die Aussicht auf finanzielle Unterstützung war ein wichtiger Anreiz. Die Hutterer hatten schwer für ihren Glauben gelitten und würden sicherlich Mitgefühl mit den auf dem Sparhof lebenden Menschen haben und sie, so gut sie konnten, unterstützen. Im Mai 1930 bestieg Eberhard in Bremerhaven das Schiff nach Amerika, um sie zu besuchen. Obwohl er es nicht geplant hatte, blieb er dort ein ganzes Jahr.

Vor seiner Abreise suchte Eberhard nach jemandem, der während seiner Abwesenheit gemeinsam mit Emmy und Tata die Verantwortung für das Wohlergehen des Sparhofs übernehmen könnte. Seine Wahl fiel auf Hans Zumpe, mit dem Emy-Margret seit anderthalb Jahren verlobt war.

Hans war ein junger Buchhalter, der um die Zeit von Georg und Monis Hochzeit gekommen war. Im nächsten Jahr hatte er sich entschlossen zu bleiben. Als er darum bat, der Gemeinschaft beitreten zu können, hatte er Heini mit der Aussage imponiert: „Ich gehe mit euch durch dick und dünn."

Seither hatte sich Hans als fähig und energisch erwiesen, besonders als Jugendleiter in Sannerz. Besonders Emy-Margret bewunderte ihn und im August 1929 verlobten sich die beiden. Damit war Hans Teil der Arnold-Familie geworden und Eberhard behandelte ihn wie einen Sohn.

Während Eberhards Abwesenheit in Amerika führte Hans die Finanzen der Gemeinschaft. Er arbeitete hart und war oft nächtelang damit beschäftigt, die Bücher in Ordnung zu halten. Die Gemeinschaft war bei den örtlichen Geschäften tief verschuldet, aber Hans tat sein Bestes, ihnen zu versichern, dass Dr. Arnold, wenn er aus Amerika zurückgekommen sei, eine Menge Spendengelder mitbringen werde.

Hans war 22 Jahre alt, sechs Jahre älter als Heini. Er war schneidig und selbstsicher im Auftreten und ein vertrauenswürdiger Kamerad. Heini schaute zu ihm fast wie zu einem Helden auf und nannte ihn bald einen seiner besten Freunde. Er wusste, dass sein Vater Hans vertraute, und so vertraute er ihm auch. Oft besuchte er Hans in seinem Büro und sprach mit ihm über die Dinge, die er mit seinem Vater besprochen hätte, wenn er da gewesen wäre.

Heini war kein unsicherer Mensch, aber er hatte sich schon immer auch für die kleinsten Fehler verantwortlich gefühlt. Und nachdem er mit Hans so eng befreundet war, schien es völlig normal, dass er Hans seine persönlichen Fehler beichten würde. Und Hans war nur allzu bereit, sich all das anvertrauen zu lassen.

Über diese Verbindung hinaus hatte Hans allerdings wenig gemein mit Heinis früheren Freunden oder mit Heini selbst. Seit seiner Kindheit hatte Heini Arbeiter und langhaarige Anarchisten bewundert, während Hans begeistert war von der soldatischen Ordnung der aufkeimenden nationalistischen Bewegung. Heini liebte melancholische Volkslieder, Hans militaristische Marschlieder. Während Heini sich oft zurückhielt, strotzte Hans nur so vor Selbstvertrauen.

Mindestens einmal verlor Hans die Geduld mit Heinis Skrupelhaftigkeit. Heini hatte im Evangelium gelesen, dass „der Menschensohn nichts hat, um sein Haupt hinzulegen." Er hatte die Frage gestellt, ob die Gemeinschaft nicht alle Besitzrechte an Häusern und Feldern aufgeben sollte. Inspiriert hatte ihn zweifellos das Beispiel des Franziskus von Assisi, dessen Orden in den Anfangsjahren sowohl persönlich als auch als Gemeinschaft in völliger Armut gelebt hatte. Eines Morgens stellte er Hans diese Frage, der darauf mit einem wütenden Schwall von derben Schimpfworten reagierte.

Aus Wochen wurden Monate, und Heini vermisste seinen Vater immer mehr. So ging es auch seiner Mutter, besonders nachdem Eberhards erste Briefe ankamen. Immer wieder erwähnte er sein linkes Auge, das vor Jahren bei einem Skiunfall verletzt worden war. Das Auge hatte sich stark entzündet und schmerzte so sehr, dass er an einigen Tagen sein Zimmer kaum verlassen konnte. Dann war da noch sein Versuch, finanzielle Unterstützung zu erhalten, was einfach nicht klappen wollte. Das Datum für seine Rückkehr rückte weiter und weiter in die Zukunft.

Dazu kam, dass gerade in dieser Situation Tatas Tuberkulose wieder ausbrach, schlimmer als je zuvor. Der Arzt bestand darauf, dass ihre Lungen sich in frischer Bergluft erholen müssten, wenn sie eine Überlebenschance haben sollte. „Haben Sie irgendwelche Freunde in der Schweiz? Schicken Sie sie dorthin!"

◆ ◆ ◆

Heini trat kräftig in die Pedale, hinter Hardy her, bis sie nichts mehr vom Sparhof sehen konnten. Es war April und die Buchen trieben gerade frisch aus. Abwärts ging es den ersten Hügel mit einem Freudenschrei. Auf halbem Weg stemmte Hardy seine Füße in die Straße und brachte das Fahrrad schlitternd zum Stehen. „Die Bremsen funktionieren nicht", bemerkte er, als Heini neben ihm anhielt.

Achthundert Kilometer mit dem Fahrrad lagen vor ihnen, um nach Fidaz in der Schweiz zu Tata zu gelangen. Es war mehr, als man fairerweise von ein paar klapprigen alten Fahrrädern ohne Gangschaltung erwarten konnte. „Nimm mein Fahrrad, es ist besser", antwortete Heini, aber Hardy weigerte sich, auf die Großzügigkeit seines jüngeren Bruders einzugehen. Bald war ein heftiger Streit zwischen ihnen entbrannt. Schließlich einigten sie sich darauf, im nächsten Dorf die Bremsen reparieren zu lassen. Es war eine große Entscheidung, denn sie hatten gerade einmal zwanzig Reichsmark für die gesamte Reise.

Mit neuen Bremsen ausgestattet, radelten die beiden tagelang südwärts in Richtung Bodensee und Schweizer Grenze. In Darmstadt verbrachten sie eine Nacht im Haus eines alten Freundes der Familie, des Chirurgen Dr. Paul Zander. In Tübingen besuchten sie den jüdischen Philosophen Martin Buber, an den sie sich von seinem Besuch in Sannerz her erinnerten.

Die einfachen Leute entlang ihrer Strecke waren sehr gastfreundlich, und wenn die Brüder an einem Haus anhielten, um nach Wasser zu fragen, kam es oft vor, dass die Bauersfrau ihnen statt Wasser einen Krug mit einfachem, selbstgekeltertem Wein vorsetzte. Weder Heini noch Hardy waren Alkohol gewohnt, und wenn sie wieder auf ihre Räder stiegen, ging es schlingernd ein Stückchen weiter, bis sie beide lachend auf dem Boden lagen.

Nach der Schweizer Grenze wurde das Radeln anstrengender. Als sie auf Fidaz zu fuhren, türmten sich vor ihnen die Dreitausender. Erschöpft erreichten Heini und Hardy das Dorf und erkundigten sich nach dem Haus, in dem Fräulein von Hollander wohnte.

Tata strahlte vor Freude und zeigte den Jungen ihr Zimmer. Ein großes Fenster blickte nach Westen und sie erzählte, dass sie stundenlang die Berge betrachtete. Die Sonne ging gerade unter und tauchte die Berggipfel in leuchtende Farben. „Die Berge ziehen mich nach oben, hoch über die Erde", sagte sie.

Wahrscheinlich spürte Tata, dass sie sterben musste. Wie lange war es her, dass sie nach einem Hustenanfall Blut geschmeckt und gespürt hatte, wie die Angst sie durchfuhr? Wann immer es gewesen sein mochte, sie hatte es niemandem erzählt, damit nichts von dem wenigen Geld für eine Behandlung ausgegeben würde. Heini, der schon früher in einem Zimmer neben ihrem geschlafen hatte, hatte sie oft husten gehört. Tata selbst hatte die Anzeichen sicherlich erkannt. Vor acht Jahren hatte sie Emmy und Moni noch geholfen, ihre tuberkulosekranke Schwester Olga während ihrer letzten Tage zu pflegen.

Andererseits war Tata immer selbstlos bis zur Verwegenheit gewesen. Sie hatte von Kindheit an eine zarte Gesundheit gehabt, hatte sich davon aber nie abschrecken lassen. Trotz gefrierendem Regen war sie im offenen Einspänner auf Bettelfahrten gegangen, und obwohl sie die langen Winter in der Rhön viel Kraft kosteten, weigerte sie sich, sich zu schonen. Manchmal war sie wochenlang in ihrer braunen „Franziskanerkutte" unterwegs. Nachrichten kamen dann als Telegramme: „500 Reichsmark versprochen"; „2 000 Reichsmark in der Post". Dann unterbrachen alle im Haus ihre Arbeit, um zu feiern. Den meisten aber blieb verborgen, wie viel diese Bettelfahrten ihr abverlangten. Für eine Frau ihrer Herkunft war es unsäglich peinlich, um Almosen zu bitten. Aber sie wollte es so. Aus freien Stücken hatte sie sich zu diesem Leben voller Entbehrung, Demut, Überarbeitung, Unterernährung und Kälte entschlossen. „Wenn ich einen höheren Lebensstandard beanspruche als den meines Nächsten, wie kann ich dann behaupten, ich würde ihn lieben wie mich selbst?", pflegte sie zu sagen.

Trotz alledem liebte Tata die guten Dinge des Lebens: guten Wein, Blumen, eine Schüssel Schlagsahne im Kaffeehaus, und natürlich Kunst; von Albrecht Dürer bis hin zu den neuen deutschen Expressionisten. Hier in der Schweiz aber sprach sie mit Heini und Hardy bei deren abendlichen Besuchen vor allem über Franz von Assisi und seinen Minderen Brüdern. Ihre Lieblingsgeschichte war, wie Franziskus die „Herrin Armut" heiratet.

Über Tatas Krankheit sprachen die drei selten. Am Morgen, wenn Tata am meisten Kraft hatte, wanderte sie mit den beiden über Bergwiesen und zeigte ihnen weiße und gelbe Krokusse und lila Alpenglöckchen und schärfte ihr Gehör für den Kuckuck, den sie selbst im Haus gut vernehmen konnte. Der Urlaub der Jungen ging wie im Flug vorüber, und bevor sie sich's versahen, saßen sie wieder auf ihren Rädern und fuhren zurück nach Deutschland und zum Sparhof.

Etwa einen Monat später klingelte eines Tages das Telefon, Emmy hob ab und das Postamt übermittelte ein Telegramm von Eberhard: Sein Schiff würde bald in Bremen einlaufen. Emmy weinte laut vor Freude, und es dauerte mehrere Minuten, bevor irgendjemand erfahren konnte, was passiert war.

Hans begleitete Emmy nach Bremen, um Eberhard abzuholen. Als das Schiff angelegt hatte, konnte Emmy die Passagiere auf dem Deck erkennen, nur Eberhard war nicht zu sehen. Nach und nach verließen die Passagiere das Schiff. Den Schluss bildeten Familien, die zusammen die Gangway herunterkamen. Emmy wurde immer unruhiger, denn jeder, der Eberhard kannte, hätte ihn als einen der ersten erwartet. So erkundigte sie sich bei einem Mann, der gerade das Schiff verließ, ob er einen Herrn Dr. Arnold gesehen hatte. „Natürlich", war die Antwort. „Er sitzt ganz alleine im Rauchersalon."

Emmy und Hans gingen an Bord. Emmy sah eine Gestalt hinter einem der Schornsteine stehen: Eberhard! Wollte er sich etwa verstecken? Emmy stürmte auf ihn zu, um ihn zu umarmen, aber er reagierte ungewohnt zurückhaltend, wenn auch zärtlich.

„Ich komme mit leeren Händen", war sein erster Satz.

Hans erstarrte und biss sich auf die Lippe.

Gemeinsam gingen sie in ein Hotel. Später würde Emmy Heini erzählen, wie sein Vater die ganze Nacht hindurch geweint hatte. Ein ganzes Jahr hatte er um Spenden geworben, und es war ihm nicht gelungen, die zum Aufbau der Gemeinschaft so dringend benötigten Mittel aufzubringen. Es war zu viel für ihn. Wenn sie in der Vergangenheit Spenden benötigt hatten, etwa um die Villa zu erwerben, den Um- und Ausbau oder die Verlagsarbeit zu finanzieren, den Sparhof zu kaufen oder seine Reise zu ermöglichen, war das Geld immer gerade rechtzeitig gekommen. Und jedes Mal hatte er Gottes Hand darin gesehen, die seine Arbeit bestätigte und segnete. Dieses Mal hatte sich Gott ihm verweigert. Warum?

Heini holte seinen Vater mit dem Pferdewagen vom Bahnhof ab. Schweigend fuhren sie nach Hause, durch die Dörfer und vorbei an den Häusern, in denen die Gläubiger des Sparhofs wohnten. Die Leute öffneten die Fenster und grüßten fröhlich. Dr. Arnold war aus Amerika heim gekommen! Endlich würden sie ihr Geld bekommen!

Während des Willkommensmahls herrschte eine bleierne Stille. Selten zuvor hatte Heini seinen Vater so reserviert erlebt. Er wirkte sehr klein. Aber am Ende der Mahlzeit stand er abrupt auf. Seine Augen leuchteten und mit mutiger und leidenschaftlicher Stimme sprach er von der Machtlosigkeit des Menschen und der Kraft des Heiligen Geistes.

Eberhard brachte kein Geld aus Amerika mit, aber dafür eine Menge neuer Ideen. Angeregt von seinen Erfahrungen bei den hutterischen Bruderhöfen, begann er nun, den Sparhof nach diesen bewährten Strukturen auszurichten, die sich in hunderten von Jahren der täuferischen Tradition herausgebildet hatten.

Er versicherte allen, dass die Vision der ursprünglichen Siedlungsgemeinschaft beibehalten werden sollte. Die Entwicklungsgeschichte der Gemeinschaft hatte aber eindeutig gezeigt, dass ein Mindestmaß an Ordnung und Regeln notwendig war. Schon bald probierte der Sparhof einen neuen Tagesablauf aus. Familien frühstückten nun in ihren Wohnungen, und Gemeinschaftsmahlzeiten wurden auf Mittag- und Abendessen beschränkt. Die Versammlungen zum Gebet und zu geschäftlichen Angelegenheiten sollten von nun an abends unter der Woche abgehalten werden. Auch die Mitgliedschaft wurde formalisiert. Langzeitgäste, die Mitglieder werden wollten, traten in ein Noviziat ein, als Zeit der Erprobung. Danach konnten sie sich durch die Taufe lebenslang an die Gemeinschaft binden.

In der Vergangenheit hatte Eberhard die Verantwortung für die tagtägliche Leitung der Gemeinschaft gemeinsam mit Emmy und Else getragen. Andere Mitglieder, wie Hans, hatten bei Bedarf geholfen. Jetzt sollten bestimmte Mitglieder mit verschiedenen Aufgaben betraut werden: ein Geschäftsleiter, ein Arbeitsverteiler, ein Verantwortlicher für den Bauernhof und einer für die Verlagsarbeit. Eberhard fragte die Mitglieder der Gemeinschaft, ob er weiterhin die Gesamtverantwortung übernehmen sollte, sowohl in seelsorgerlichen wie auch praktischen Angelegenheiten. Obwohl er diese Aufgabe übernahm – kein anderer war jemals dafür in Frage gekommen –, warnte er auch davor, diese Rolle als politisches Amt oder Position wahrzunehmen.

Einige Tage nach Eberhards Heimkehr ging er zu Heini, der auf dem Feld arbeitete. „Heini, ich möchte dich etwas fragen. Dein Urteil ist mir äußerst wichtig und es wird für unsere Zukunft von Bedeutung sein." Er hielt kurz inne, bevor er fortfuhr: „Ich brauche einen Assistenten, jemand der mir hilft, die Gemeinschaft zu leiten. Was denkst du über Hans?"

Vor Heinis innerem Auge liefen die Bilder des vergangenen Jahres ab. Hans war sicher ein guter Kandidat, er wusste, wie man die Dinge zum Laufen brachte. Sicherlich, es gab auch Momente, in denen er unaufrichtig, herrschsüchtig und sogar grausam gewesen war. Aber sich jetzt darüber zu beschweren, erschien Heini nicht angebracht, besonders nicht hinter dem Rücken von Hans. Heini beschloss, seine Bedenken zu unterdrücken.

„Ja, ich denke, er ist der Richtige", antwortete er seinem Vater. Eine Aussage, die er später noch bereuen würde.

10

Tata

Im Juli 1931 kam Tata aus der Schweiz nach Hause, gerade rechtzeitig zur Hochzeit von Hans und Emy-Margret. Die Kur hatte allerdings keine Heilung bewirkt. Tata wohnte wegen der Ansteckungsgefahr isoliert in einer Hütte mit einem einzigen Zimmer abseits der Hauptgebäude des Sparhofs. Ihre Arme waren spindeldürr und ihr Hals schien das Gewicht des Kopfes kaum mehr tragen zu können. Als es Dezember wurde, konnte sie nicht mehr gehen, so abgemagert war ihr Körper. Um ihr die Teilnahme an der Weihnachtsfeier zu ermöglichen, trugen vier Männer sie auf einem Liegestuhl in den Speisesaal. Trotz ihrer offensichtlichen Schwäche strahlte sie Energie und Freude aus. Sie grüßte jedes vorbeikommende Kind mit Herzlichkeit und lächelte über den ganzen Aufwand, den man ihretwegen veranstaltete. Auf dem Rückweg zu ihrer Hütte wurde sie ernst, und als man sie über die Türschwelle trug, sagte sie: „Diesen Raum werde ich nicht mehr lebend verlassen." Heini war zutiefst erschüttert. Tata zu verlieren, war unvorstellbar.

Um diese Zeit beschloss Heini, der Gemeinschaft endgültig beizutreten und ein feierliches Gelübde lebenslanger Mitgliedschaft abzulegen. Über seine Berufung war er sich im Klaren, seit er als Sechzehnjähriger Vergebung erfahren hatte. Er hatte auch gelernt, dass er nicht einfach alleine in die Welt hinaus ziehen konnte, um das Evangelium zu verkündigen, sondern dass er dazu von einer Gemeinschaft von Gläubigen entsandt werden musste. Wozu sollte es gut sein, den Menschen von Jesus zu erzählen, wenn es keinen Ort gab, an dem sie sehen konnten, dass Jesu Lehre kein unmögliches Ideal war, sondern in ihrem täglichen Leben verwirklicht werden konnte?

Trotzdem hatte Heini in der Zeit vor seinem Gelübde oft Ängste, wusste er doch, wie wenig Verständnis manche in der Gemeinschaft für seinen „übermäßig subjektiven" Eifer hatten. Er erinnerte sich an ihre spottenden Kommentare und blickte mit

Angst in die Zukunft. Tata, der er sich anvertraute, verstand seine Ängste. Trotzdem ermahnte sie ihn: „Die Nachfolge Jesu *wird* Kämpfe mit sich bringen. Ich hätte auch leicht einen gemütlichen ‚christlichen' Lebensweg einschlagen und einfach denen aus dem Weg gehen können, die mir nicht passen. Das ist aber nicht der Weg Christi."

Wie ihre Schwestern hatte Tata ein heiteres Gemüt und eine besondere Liebe fürs Geschichtenerzählen: „Bei einer Wochenendfreizeit einer Erweckungsgruppe wachte ich einmal mitten in der Nacht auf, weil ein wildfremder Mann am Fußende meines Bettes stand. Natürlich erschrak ich und wollte von ihm wissen, was er da machte. Mit einer merkwürdigen, langsamen Stimme antwortete er: ‚Ich bin gekommen, dir Jesus zu bringen.' Als ich das hörte, schrie ich, so laut ich konnte: ‚Hilfe! Hilfe!' Die Zimmer neben mir waren voll mit anderen erweckten Christen, aber keiner rührte sich vom Fleck. Sie blieben alle in ihren Zimmern und schrien ebenfalls: ‚Hilfe! Hilfe!'"

Das war das Signal für ihre Neffen und Nichten, zu fragen: „Und was hast du dann gemacht?" – „Ich habe ihn in den Flur geschoben und die Tür hinter mir verschlossen." Daraufhin kringelte sich die ganze Familie stets vor Lachen.

Nun aber war Lachen für Tata schwer geworden – die Krankheit zeigte ihre ganze zerstörerische Kraft. Tata bezeichnete sie als den Leviathan, nach dem gewaltigen Ungeheuer in der Bibel. „Oh, diese Qual! Der Leviathan frisst mich von innen her auf." Weinkrämpfe schüttelten sie und sie rang nach Luft. Sauerstoffflaschen gab es nicht, und es kam auch kein Arzt vorbei – „Herrin Armut" sorgte dafür. Und selbst wenn, ein Arzt hätte ihr Schicksal kaum mehr wenden können. Moni war da und gab ihr Spritzen gegen die Schmerzen, aber die Wirkung hielt immer nur wenige Stunden an. Nach Silvester nahm sie keine Nahrung mehr zu sich.

So begann das neue Jahr, und Heini verbrachte alle verfügbare Zeit bei Tata in der Hütte oder in der Nähe. Er konnte nicht genug bei ihr sein. Mit Hans-Hermann zusammen suchte er Holz für den kleinen Ofen bei ihrem Bett. Weil trockenes Holz für sie unerschwinglich war, sammelten sie frisches Holz und versuchten, es vor dem Verheizen einen Tag lang auszutrocknen. Aber trotz aller ihrer Bemühungen rauchte der Ofen stark. Tata musste immer wieder husten und weinen, bis sie Atemnot bekam. Danach lächelte sie immer und sagte mit sehr sanfter Stimme: „Ich werde noch in meiner Todesstunde von Herzen lachen können."

Tapfer versuchte Tata diejenigen aufzumuntern, die sie besuchen kamen, und wenn jemand sich zu sehr um sie kümmerte, lenkte sie seine Aufmerksamkeit auf Dinge, die ihr wichtiger schienen: „Ich möchte nicht, dass ihr noch mehr Mühe mit mir habt und dass das Werk aufgehalten wird."

„Aber Tata", protestierte Eberhard einmal, „du hast so viel dafür geopfert! Selbst diese gefährliche Krankheit kommt davon – von den Bettelfahrten, die du bei schlechtem Wetter gemacht hast."

Tata lächelte. „Das kann sein. Aber wenn es das Werk weitergebracht hat, ist es gut so. Und überhaupt, mein Anteil war doch nur ein kleines Mäuschenwerk."

„Aber es war doch ein lebendiges Mäuschenwerk!"

„Ja, und so schön war's und so schön ist's!"

Eine Woche nach Neujahr – an einem Donnerstagabend – gingen die Arnolds gemeinsam zu Tatas Hütte. Ein eisiger Wind blies über den Schnee. Heini war, als ob der Mond und ein Stern über Tatas Hütte zum Stehen gekommen wären. Als er Tata davon erzählte, freute sie sich und meinte, dass es ein Zeichen der Hoffnung sei. Dann bat sie ihn: „Bitte, kannst du die Tür öffnen? Ich möchte hinaussehen. Ich möchte den Himmel sehen."

Für Heini klang ihre Bitte verrückt, denn selbst bei geschlossener Tür konnte der Holzofen den Raum kaum warm halten. Aber Tata bestand darauf, und mit starr in den Himmel gerichtetem Blick und funkelnden Augen, die aus ihrem blassen abgemagerten Gesicht leuchteten, rief sie freudig aus: „Schau dir diese Sterne an! Dorthin gehe ich, ins schönste aller Länder!" Sie weigerte sich eine ganze Zeit lang, die Türe wieder schließen zu lassen.

Von diesem Abend an schien sie alles um sich herum mit neuen Augen zu betrachten. „Die Kräfte der Ewigkeit sind sehr nahe! Ich bin immer noch dasselbe menschliche Geschöpf, daran hat sich nichts geändert. Aber ich habe schon alles, was hier passiert, hinter mir gelassen und bin dem, was jenseits geschieht, schon sehr nahe. Es stimmt schon, dass ich allem hier noch sehr nahe bin, aber ich sehe es wie von einem anderen Stern." Ihre Sprache war stockend und sie rang nach Luft, manchmal zwischen Sätzen, manchmal nach jedem Wort. Aus ihren kranken Lungen kamen bei jedem Atemzug gurgelnde Geräusche, die Heini erschaudern ließen. Tata sprach: „Einmal bin ich fast davon geflogen. Meine Hände und Arme erhoben sich und ich hatte das Gefühl, Flügel zu haben. Aber dann wurden mir die Glieder wieder schwer und ich war zurück im Bett und das Gefühl war verflogen. Es ist eine Qual, so wieder auf die Erde zurückgeschleudert zu werden. Der Körper klammert sich zu fest an die Seele."

Dann wieder bemerkte sie: „Manchmal möchte ich Gott bitten, dass ich friedlich sterben darf, wie im Traum und ohne Todesqualen, um dann in der Ewigkeit wieder aufzuwachen. Aber das wäre unverschämt. Wenn es hart ist, musst du dich immer daran erinnern, dass der Sieg *Gott* gehört. Das Leben ist Anstrengung und Kampf und es ist am härtesten, wenn du stirbst. Für gewöhnlich bemerken die Leute den Kampf nicht, deswegen kämpfen sie auch nicht ernsthaft und entschlossen genug."

Auf Tatas Nachttischchen standen brennende Kerzen und zwei Postkarten. Eine mit einem Motiv aus der Umgebung und die andere zeigte das Schiff, mit dem Eberhard aus Amerika zurückgekehrt war. Sie erklärte Heini: „Das hier ist unsere wunderbare Rhön, in der ich das Schiff besteige. Die Ankunft dann ist in einem anderen Land – dem schönsten aller Länder." Heini wartete, während Tata keuchte und nach Luft schnappte. Ihre Stirn war so straff wie das gespannte Fell einer Trommel und ihre Haare waren schweißnass. Später erzählte sie ihm: „Ich sehe eine lange Prozession voller Lichter! Ich sehe und höre die Menschen in der Prozession, die mir zurufen: ‚Komm mit uns!'" Sie seufzte zufrieden.

Am nächsten Morgen kam Heini wieder zu ihr ans Bett und Tata erzählte ihm: „Ich wäre so gerne bei den Propheten, den Aposteln und den Märtyrern. Aber am Anfang werde ich nur bei den kleinen Kindern sein." So, wie sie sprach, war es klar, dass sie an einem anderen Ort gewesen war und dass sie wusste, wie es dort aussah. Heini platzte schier vor Neugier: „Tata, was hast du gesehen?", sprudelte es aus ihm heraus.

Aber Tata antwortete nicht, sondern drehte sich zu ihm und schaute, als ob sie von seiner Neugier verletzt worden wäre. In dem folgenden Schweigen war es Heini, als ob er für seine Anmaßung bestraft würde. Einige Stunden später jedoch gab Tata ihm eine Botschaft mit auf den Weg: „Du wirst harte Zeiten zu durchleben haben. Aber vergiss niemals, dass der letzte Sieg Gott gehört."

Der Samstag kam und strich unendlich langsam vorüber. Am Samstagabend flüsterte sie: „Jetzt kommt die schmerzvolle Überfahrt."

„Und die größte Freude", erwiderte Heini, ebenso um sich selbst zu trösten, wie um Tata zu ermutigen.

„Ja", lächelte Tata: „Ich habe immer gebetet, daß ich den Frühling noch einmal sehen könnte. Ich liebe die Schwälbchen und ich liebe die Vögel und die warme Frühlingssonne; aber bei mir ist schon Frühling, auch wenn es bei euch noch Winter ist."

Am Sonntag verlor sie allmählich die Fähigkeit zu sprechen. Die ganze Familie versammelte sich um ihr Bett, und so vergingen Stunden des Wartens. Einmal rief sie aus: „Es ist so wunderbar – so wunderbar. Ich darf in eine andere Welt eintreten!" Schwach hob sich ihre Brust und sie versuchte, sich aufzurichten.

Vor dem Morgengrauen begann sie zu beten. Sie breitete ihre Arme aus und versuchte sie erhoben zu halten. Sie sanken ihr immer wieder herab. Tata gab ein Zeichen, dass man ihr helfen solle. So lösten sie sich den ganzen Morgen ab, ihre Arme zu stützen, während sie aus dem Fenster schaute, mit leuchtendem Gesicht, als ob sie auf jemand wartete, der kommen und sie abholen würde.

An diesem Nachmittag stieg eine junge Frau im nahe gelegenen Neuhof aus dem Zug. Ihr Blick schweifte ängstlich über den schneebedeckten Bahnsteig. Sie war nicht geschminkt, und ihre dunkelbraunen Haare waren zu Zöpfen geflochten. Ihr Name war Annemarie Wächter, Emy-Margrets ehemalige Zimmergenossin und beste Freundin während der Ausbildung. Zweimal war sie bereits zu Besuch gewesen, dieses Mal wollte sie ein ganzes Jahr bleiben. Emy-Margrets Vater hatte ihr angeboten, die Leitung des Kindergartens auf dem Sparhof zu übernehmen, und sie hatte das Angebot angenommen, ohne so recht zu wissen, weshalb. Jetzt aber war sie nervös. Sie war drauf und dran, in einer *religiösen* Ordensgemeinschaft zu leben, obwohl sie nicht glaubte – weder an das Christentum, noch an Gott oder irgendetwas anderes. „Ich wollte eigentlich nur, dass mein Leben echt ist", erinnerte sie sich später, „mich einem einzigen Weltbild zu verschreiben… das könnte ich nicht ertragen. Außer natürlich, wenn etwas so wahr ist, dass man es einfach nicht anzweifeln kann."

Annemaries Blick fiel auf die Leute, die sie erwarteten: ein kräftiger junger Bauer und eine kleine blonde Frau, die ihr zuwinkten. Sie erinnerte sich an Emy-Margrets ehemalige Lehrerin, Trudi. Der Mann, Arno, war als Fahrer mitgekommen. Beide blickten sehr ernst und Trudi sah aus, als ob sie gerade geweint hatte. Kaum hatten sie sich begrüßt, teilte Trudi ihr mit: „Ich muss dir jetzt schon sagen, dass Else von Hollander heute morgen um elf Uhr von uns gegangen ist."

Annemarie wusste nicht, was sie sagen sollte. Von Emy-Margret wusste sie, dass Tata eine wichtige und geliebte Persönlichkeit war. Einmal war sie ihr begegnet, als Tata Emy-Margret in der Ausbildung besucht und den Abend mit ihnen im Wohnheim verbracht hatte. Annemarie erinnerte sich an ihr ausdrucksstarkes Gesicht und ihre zurückhaltende und doch warmherzige Art.

„Was für ein Tag für meine Ankunft", dachte Annemarie, als Arno ihr half, ihr Gepäck auf den Schlitten zu laden. Plötzlich graute ihr davor, anzukommen. Nach diesem schweren Verlust würde der Sparhof sicherlich tagelang trauern. Annemarie biss die Zähne zusammen und kletterte auf die Sitzbank. Arno band die Pferde los und brachte sie in einen Trott.

11

Eine Ankunft

Sparhof, 7. Januar 1932

Die Kufen kratzten, als sie die schneebedeckte Straße verließen und der Schlitten zum Halten kam. Die schaumbedeckten Pferde dampften in der Kälte. Annemarie sah sich um: Sie waren in einem Hof angekommen, der von zwei großen Bauernhäusern, einer heruntergekommenen Scheune und einem Häuschen wie bei Hänsel und Gretel mit Steildach und riesigem Schornstein begrenzt wurde. Das war das Backhaus, erinnerte sie sich. Jenseits des Hofes war nichts zu erkennen, der Nebel waberte wie ein milchiges Meer um die Gebäude.

Innerlich fragte sich Annemarie, ob es nicht ein Fehler gewesen war, hierher zu kommen. Sie schauderte bei dem Gedanken, wie die religiösen Menschen, die sie kannte, mit dem Tod umgingen; wie sie versuchten, ihre Trauer mit kleinen Plattitüden zu übergehen, mit gekünsteltem Lächeln und gedämpfter Stimme.

Obwohl sie bereits zuvor hier gewesen war, erschien ihr der Sparhof fremd und so ganz anders als bei ihrem Besuch im letzten Sommer. Die wenigen Junitage, die sie hier verbracht hatte, waren in ihrer Erinnerung noch immer unwirklich strahlend hell. Wie tief war sie damals berührt gewesen! Besonders im Gedächtnis geblieben war ihr ein langer Nachmittagsspaziergang mit Emy-Margrets Bruder Heini. Er war gebeten worden, sie bei dem Ausflug zu begleiten, und auch wenn sich die ganze Situation seltsam hätte anfühlen können, irgendwie war es nicht so gewesen. Er war schlaksig und sehr groß gewachsen, noch keine zwanzig, die Arme stark und sommersprossig vom Pflügen und Heumachen.

Zu zweit waren sie auf der *Weinstraße* losgezogen, einer alten Römerstraße durch den Fuldaer Forst. Während sie liefen, bemerkte Annemarie, wie es ihr gefiel, auch weil Heini so humorvoll war. Schon davor war ihr aufgefallen, dass die Leute in seiner Nähe oft lachten. Es war merkwürdig, denn er war nicht sehr wortgewandt. Vielleicht hatte seine eigene Ausgelassenheit etwas damit zu tun; wie er lachen konnte, bis ihm die Tränen über die Wangen liefen, ohne dass er auch nur versuchen würde, seine Erheiterung unter Kontrolle zu bekommen. Die ganze obere Hälfte seiner Nase zog sich bei diesen Lachstürmen in Falten zusammen. Er mochte Volkslieder und Balladen mit vielen Strophen, die er unbekümmert bis zu Ende sang. Er hatte nie Singen gelernt, aber seine Stimme war klar und melodisch.

Als Annemarie und Heini an jenem Abend zurückgekommen waren, hatte Eberhard ausrufen lassen, alle mögen im Hof zusammenkommen. Sie fanden die Gemeinschaft im Kreise um ein zum Anzünden vorbereitetes Lagerfeuer vor, einige Dutzend Menschen, die Schulter an Schulter nebeneinander standen. Karl zündete das Holz an, und ein anderer stimmte ein Lied an. Bald züngelten die Flammen an den größeren Scheiten empor, und Karl reichte jedem ein weiteres Holzscheit. Eberhard ergriff das Wort: „Wir leben in dieser Gemeinschaft, um unser Leben für die Sache des Reichs Gottes zu geben. Heute Nacht möchten wir uns dieser Sache neu verschreiben, auf dass wir, wie diese Scheite vom Feuer, davon verzehrt werden mögen. Alle, die das wollen, sollten ihr Holzscheit ins Feuer legen."

Annemarie hielt kurz den Atem an. Sie war beeindruckt, mehr als sie sich selbst eingestehen wollte. Wie gerne hätte sie ihr Scheit ins Feuer geworfen, um zu dieser Einheit zu gehören und Teil davon zu werden. Aber wo würde sie das hinführen? „Warte ab", sagte sie zu sich selbst: „Wenn du dich jetzt verpflichtest, was machst du dann, wenn du später deine Meinung änderst? Wie willst du wissen, ob deine momentanen Gefühle echt sind?" Unentschlossen beobachtete sie, wie Emy-Margret, Heini, Hardy und andere an die Reihe kamen und mit jedem neuen Holzscheit, das im Feuer landete, die Funken aufstoben. „Jetzt!", dachte sie, aber im letzten Moment blieb sie doch stehen und ließ ihr Scheit hinter sich fallen, wo es verborgen von ihrem eigenen Schatten auf dem Boden lag. Hoffentlich hatte niemand etwas bemerkt.

Jetzt war Januar, und das sommerliche Feuer war nur noch eine ferne und etwas märchenhafte Erinnerung. Dieser Besuch am Sparhof würde niemals ein ähnliches Erlebnis werden.

Nun aber war keine Zeit mehr zum Überlegen. Arno hielt bereits ihr Gepäck in den Händen und bedeutete ihr, ihm zu folgen, als eine Gestalt über die gefrorenen Spurrillen im Hof auf sie zukam. Es war Emy-Margrets Vater, der vor Freude strahlte. Er kam auf Annemarie zu, nahm ihre Hand und begrüßte sie mit solcher Wärme und Herzlichkeit, als sei sie seine eigene Tochter. Ihre Ängste verflogen, während sie gemeinsam zum Abendessen gingen.

Der Speisesaal war gemütlich und fremdartig zugleich. Der Wandanstrich in hellem Orange ließ die durch die Kerosinlampen darauf geworfenen Lichtkreise karottenrot leuchten. Die Tische mit ihren grünen Linoleumoberflächen und purpurfarbenen Verzierungen schienen zu glühen. Etwa 60 Menschen, schätzte Annemarie, saßen auf langen Bänken an den Tischen und schienen darauf zu warten, dass das Essen beginne. Annemarie suchte in den Gesichtern nach Anzeichen von Schwermut. Aber obwohl viele erschöpft aussahen, schien doch niemand niedergeschlagen zu sein. Im Gegenteil, die Stimmung hatte etwas Feierliches.

Das Abendessen begann. Schüsseln mit Kartoffeln und Winterspinat wurden aus einer Durchreiche genommen, und Annemaries Sitznachbarn füllten ihre tönernen Essschalen. Gegen Ende, als fast alle ihre Blechlöffel wieder hingelegt hatten, stand Eberhard auf und sagte, er wolle über Tatas letzte Stunden berichten. Er erzählte, wie sich Tatas Sehvermögen verändert hatte, als der Tod nahte. Etwas, das sie „die andere Welt" nannte, war ihr erschienen, nicht wie ein Traum oder eine Vision, sondern als etwas, das sie wirklich sah. „Es ist genauso lebendig wie hier", hatte Tata gesagt, „ich hätte euch beinahe versprochen, ich will euch schreiben, wenn ich dort angekommen bin. Aber das geht ja nicht." Als sie wusste, dass ihr nur noch wenige Minuten auf dieser Erde verbleiben würden, hatte sie ausgerufen: „Die Tore sind weit offen, und die Türen sind alle auf, aber der Weg dahin ist sehr schlecht."

Annemarie hörte Eberhards Ausführungen zu, zunächst aufmerksam, dann fast schon begierig. Hier war etwas, worüber sie noch nie nachgedacht hatte: Die Existenz einer unbekannten Welt. „Und sich vorzustellen, dass sie genau hier ins Alltagsleben eingebrochen ist, an diesem Ort, unter diesen Leuten, heute Morgen", dachte sie. Etwas Neues ergriff Besitz von ihr, es hielt sie fest und erschütterte sie. „*Dies* ist die Realität!", sagte sie sich. „Diese andere Welt ist nicht etwas, von dem man nur in Büchern liest."

Inzwischen flackerte eine Kerosinlampe nach der anderen und erlosch. Niemand zündete sie wieder an, denn Brennstoff war strikt rationiert. Annemarie aber erschien der Raum voller Licht. Sie spürte: „Das ist das Leben, das ich will. Hierfür will ich leben, für immer."

Annemarie war Frömmigkeit immer verdächtig vorgekommen. Für sie waren erhabene Worte wie „Erlösung", „Gnade" und „Glaube" nichts weiter als Teil einer anstrengenden bürgerlichen Farce. Denn selbst bei denjenigen, die darauf bestanden, dass sie an diese Dinge glaubten, gab es nichts im tatsächlichen Leben, das darauf hingedeutet hätte, ob sie sich dessen bewusst waren oder nicht. Hier aber, in Emy-Margrets Gemeinschaft, wurde ihre Skepsis erschüttert. „Hier gibt es etwas, das ich noch nirgends verspürt habe", schrieb sie nach Hause, „es ist so real, deswegen will ich hier bleiben." Nach einigen Wochen verkündete sie, dass sie der Gemeinschaft beitreten wolle.

Sie lebte sich schnell in ihr neues Zuhause ein. Die Arbeit war hart und die Ernährung spartanisch, aber sie liebte es, mit den Kindern zusammen zu sein, und bei ihnen blühte sie auf. Und dann war da noch Emy-Margrets Vater, der ihr ständig Stoff zum

Lesen und Nachdenken mitbrachte. Nie zuvor hatte sie so viele Anregungen erhalten, nie war sie so voller Fragen und Ideen gewesen.

Wenn es die Arbeit zuließ, gingen die jungen Männer und Frauen des Sparhofs an den Wochenenden gerne wandern. An einem Sonntag im Sommer brachen ein Dutzend von ihnen in flottem Tempo auf. Kaum war man losgegangen, als Ernst, ein Gast, anfing, über Schmerzen an seinen Füßen zu klagen. Ernst war Seminarist, ein Stadtmensch, der sich für einen Frauenhelden hielt. Im Moment hatte er es auf Annemarie abgesehen. Ernst setzte sich an den Straßenrand und zog vorsichtig seine Socken aus. Schon bald hatte er eine Blase gefunden und war nun dabei, sie in einem Bach zu kühlen. Annemarie schaute angewidert weg.

Sie überredeten ihn, weiterzuwandern, aber nach einem knappen Kilometer bat er schon wieder um eine Pause. Als man auf diese Weise endlich am Ziel angekommen war – in der Gymnastikschule Schwarzerden, die im Geist der Jugendbewegung betrieben wurde –, war die Nacht schon lange angebrochen. Auf den letzten Kilometern hatte Ernst alle paar hundert Meter eine Pause verlangt.

Während die jungen Frauen die Nacht in der Schule verbringen konnten, kamen die jungen Männer auf dem Heuboden einer nahegelegenen Scheune unter. Es war bereits Schlafenszeit, und ein wertvoller Abend, den man gemeinsam hätte verbringen können, war verschwendet. Gegen Mitternacht wurde Heini von seiner Schwester Monika geweckt: „Annemarie und ich möchten mit dir reden." Heini folgte ihr nach draußen, wo Annemarie wartete. „Das ist doch ein Unding", flüsterte Annemarie empört. „Wir können nicht noch einen Tag so mit Ernst vergeuden. Ich habe noch nie so einen Waschlappen getroffen! Es ist unglaublich."

„Aber was soll ich denn machen, wenn er ständig wegen seiner Blasen anhält?", wollte Heini wissen.

„Monika und ich haben uns das alles schon überlegt. Jetzt schläft er gerade. Wir wecken die anderen und lassen ihn hier zurück. Wenn er aufwacht, wird er den Weg nach Hause ohne Probleme selbst finden."

„Nein, das können wir nicht machen", widersprach Heini. Aber Annemarie und Monika ließen nicht locker, bis sie ihn überredet hatten. Heini weckte die anderen jungen Männer auf, und um ein Uhr nachts wanderte die ganze Gruppe weiter – ohne Ernst.

Noch vor dem Morgengrauen hatte die übermütige Gruppe einen Gipfel erreicht, auf dem sie ein großes Feuer anzündeten und um es herum tanzten. Am frühen Nachmittag waren sie wieder am Sparhof angekommen.

„Wo ist Ernst?", fragte Eberhard.

Heini versuchte, die Sache zu erklären, aber sein Vater unterbrach ihn. „Ernst ist unser Gast! Was habt ihr mit ihm gemacht? Heute Abend wirst du der gesamten Gemeinschaft Rechenschaft darüber ablegen."

Den ganzen Nachmittag hoffte Heini auf die Rückkehr von Ernst. Vergebens. Bedrückt saß Heini beim Abendbrot, bevor er mit weichen Knien und wild pochendem Herzen zur Abendversammlung ging. Gleich zu Anfang stand er auf und erklärte, was vorgefallen war. Er kam aber nur bis zu seinem mitternächtlichen Gespräch mit Annemarie und Monika, als sein Vater explodierte: „Du hast dir also von zwei Mädchen vorschreiben lassen, was du zu tun hast?" Heini stand schweigend und beschämt da. „Was habt ihr mit unserem Gast gemacht?", wiederholte Eberhard.

Ernst humpelte am nächsten Tag auf den Sparhof, wobei er ständig seine Füße umsorgte. Während Heini sich reumütig für das Geschehene entschuldigte, begrüßte Annemarie ihn mit einem grimmigen Lächeln.

Im Sommer des Jahres 1932 leitete Heini das Landwirtschaftsteam, das überwiegend aus den vielen angekommenen Gästen zusammengesetzt war. Etliche dieser Gäste waren in die eine oder andere Richtung radikalisiert. Eines Morgens kam ein neuer Gast, ein nationalistisch gesinnter Pfarrer. Im Braunhemd grüßte er sie mit „Heil Hitler!"

Heini antwortete ihm mit einem schlichten „Guten Morgen", aber ein Mann des Teams, ein glühender Marxist, rief zurück: „Heil Moskau!" Die beiden Gäste starrten einander wütend an.

„Wie werden wir nur die ganze Woche zusammen beim Kartoffelhacken überleben?", fragte sich Heini. Er wusste, dass es in den Städten bei Straßenkämpfen zwischen paramilitärischen kommunistischen und nationalsozialistischen Gruppen schon Dutzende Tote gegeben hatte, und hier war nun je ein Vertreter der beiden verfeindeten Lager. Obwohl sie in den ersten Tagen ständig aneinander gerieten, mäßigten sie allmählich ihre Haltung. Am Ende der Woche teilten sie Zigaretten miteinander.

Heini fand das beachtlich, denn solche Freundschaften wurden in diesen Tagen immer seltener. Anderswo in Deutschland nahm die Polarisierung des Lebens in diesem letzten Jahr der Weimarer Republik immer furchterregendere Züge an. Über sechs Millionen Menschen waren ohne Arbeit, mehrere Großbanken waren bankrott gegangen und hatten Tausende Menschen um ihre Ersparnisse gebracht. An beiden Enden des politischen Spektrums erhielten die Extremisten enormen Zulauf, und Hitlers Nationalsozialisten gewannen immer mehr Einfluss.

Auf den ersten Blick erschien Fulda, wo Heini ab Herbst die Landwirtschaftsschule besuchen sollte, von diesen Entwicklungen weitgehend unberührt. Doch als seine Ausbildung anfing, war die öffentliche Stimmung schon am kippen, wie Heini feststellte, als er während einer Diskussion im Unterricht Dostojewski zitierte. Der Lehrer reagierte unerwartet scharf: „Was weißt du über Dostojewski? Weiß dein Vater, dass du so etwas liest?"

Der Mann war ein verdeckter Nazi-Aktivist, wie er selbst einige Monate später stolz verkündete. Aber jetzt wusste noch niemand davon, und seine Feindseligkeit verblüffte Heini, der mit leiser Stimme eingestand, zu Hause Dostojewskis Romane gelesen zu haben.

„Nun gut, Arnold, dann werden Sie uns morgen ein Referat über Ihren großartigen russischen Schriftsteller halten", forderte ihn der Lehrer auf.

Das überraschte Heini noch mehr. Seine Klassenkameraden waren ein recht ungehobelter Haufen, mehrheitlich Bauernsöhne. Die meisten hatten vermutlich noch nie von Dostojewski gehört. Offensichtlich wollte der Lehrer ihn lächerlich machen. Aber er willigte ein und stand am nächsten Tag vor der Klasse.

Heini begann sein Referat mit einem Abriss von Dostojewskis Leben. Er sprach zu der feixenden Klasse über die Sympathien zu linksgerichteten Bewegungen, die der Schriftsteller gehabt hatte. Er und seine Freunde hatten auf den Umsturz der Zarenmonarchie hingewirkt, bis sie verhaftet und zum Tod verurteilt wurden. „Er war bereits mit verbundenen Augen an einen Pfahl vor dem Erschießungskommando gefesselt worden, als ein Reiter im letzten Moment mit der Begnadigung angaloppiert kam. Diese Erfahrung, dem Tod gerade noch einmal entronnen zu sein, verwandelte Dostojewski. Er fing an, in der Unterschicht – den Ausgestoßenen, Krüppeln und Kriminellen – diejenigen zu erkennen, in denen der Funke Gottes manchmal am hellsten scheint. Seine Werke zeigen, dass selbst in den niederträchtigsten Charakteren noch etwas Gutes ist."

Kriminelle, Krüppel und die Unterschicht – das waren genau die Leute, die die Nazis ausmerzen wollten, wenn sie an die Macht kommen sollten. Ihrer Ansicht nach sollte ein junger Deutscher überhaupt keine Bücher über solche Menschen lesen.

Mittlerweile war das Gekicher verstummt und Heinis Klassenkameraden hörten ihm respektvoll zu. Sichtlich erbost, beschränkte sich der Lehrer auf einen scharfen Kommentar, als Heini zu seinem Platz zurückging: „Arnold, Sie hätten Künstler werden sollen, nicht Landwirt."

Am 30. Januar 1933 kehrte Heini nach dem Unterricht zu seiner Bude zurück, um schnell einen Happen zu essen und dann am Abend zu lernen. Wie gewöhnlich drehte er beim Essen das Radio an. Um etwa fünf Uhr abends wurde das Programm von der Durchsage unterbrochen: „Reichspräsident von Hindenburg hat Adolf Hitler zum neuen Reichskanzler ernannt."

Heini hielt beim Kauen inne. Das war eine bestürzende Wendung der Ereignisse. Erst vor einem Monat hatte Reichspräsident Hindenburg Hitlers Anspruch auf die Kanzlerschaft erneut zurückgewiesen. Und jetzt berief er seinen ehemaligen Gegner in die Regierungsverantwortung? Das ergab keinen Sinn. Heini beschloss, seinen Vater unverzüglich anzurufen. Der Sparhof hatte kein Radio, und man würde dort vielleicht noch stundenlang nichts von dieser Nachricht erfahren.

Ein langes Schweigen setzte ein, nachdem Heini seinem Vater die Nachricht übermittelt hatte. Endlich sagte Eberhard mit ernster Stimme. „Hitler als Kanzler? Der Reichspräsident hat keine Ahnung, welche Dämonen er heraufbeschwört."

12

Nazis

Fulda, 30. Januar 1933

Als sich am Tag von Hitlers Machtergreifung die Nacht über Fulda legte, befiel die ruhige Stadt ein Fieber. Heini hatte aus dem Fenster beobachten können, wie sich in der Straße unter seinem Zimmer eine Menschenmenge bildete, und beschloss hinauszugehen und die Sache näher zu erkunden. Er machte sich auf den Weg ins Stadtzentrum zum zentralen Platz vor dem Dom. Fulda war seit Hunderten von Jahren eine stark katholisch geprägte Stadt, auch während der Reformation, als die umliegende Gegend zum Protestantismus überging. Die Stadt hatte sich seitdem gegen jede von außerhalb kommende vermeintliche Irrlehre verteidigen können, einschließlich des Nationalsozialismus. Als Hitler begann, nach der Macht zu greifen, verspotteten die Einwohner Fuldas ihn als Demagogen und Sohn einer einfachen Hausangestellten. Naziuniformen auf den Straßen zu tragen, wurde verboten.

Aber in dieser Nacht marschierten braun- und schwarzuniformierte paramilitärische Gruppen Lieder schmetternd und Fackeln tragend durch die Straßen wie eine siegreiche Armee im Feindesland. Und genau das waren sie: SA- und SS-Einheiten von außerhalb der Stadt. Am Bonifatiusplatz hatten sie eine Bühne und Lautsprecher aufgebaut. Als Heini den Platz erreichte, schrie einer vom Rednerpult in die Menge: „Bereuen sollt ihr!" Das Echo seines Geschreis hallte zwischen Bischofspalais und Dom hin und her. „Bereuen sollt ihr und der NSDAP jetzt beitreten, solange Hitler noch milde gestimmt ist! Wart ihr gegen uns? Dann wisst, jetzt ist die Stunde der Gnade! Aber gebt Acht, der Tag der Abrechnung ist nahe!" Die Nazi-Kolonnen schrien ihm ihre Zustimmung entgegen und schwenkten ihre Hakenkreuzfahnen.

Und sie gewannen neue Anhänger. Vor dem Rathaus hatte sich eine Schlange gebildet, um zur Versammlung im Gebäude zu gelangen. Abgestoßen und gleichzeitig fasziniert, reihte sich Heini ein. Im Versammlungssaal standen in drei Reihen uniformierte Mitglieder der SA unterhalb der Rednerbühne. Auch hier bemühte der Redner auf der Bühne dieselbe nationale Erweckungssprache wie sein Kamerad auf dem Platz. „Bereut! Kriecht auf Knien zu Hitler! Das Tausendjährige Reich ist da!"

Außer den Uniformierten waren wenige der Anwesenden im Saal Parteimitglieder der NSDAP. Aber allen gemein war ihre lang gehegte stillschweigende Zustimmung zu Hitlers Plänen. Jetzt jubelten sie begeistert dem Redner zu, der die Sozialdemokraten, die Schmach des Versailler Vertrags und das Böse des Weltjudentums anprangerte. Es wurde gestampft, geklatscht, gesungen und geweint. Nachdem der Redner die Stimmung in der Menge genügend aufgepeitscht hatte, begann eine Gruppe von Männern das Deutschlandlied anzustimmen. In dieser Atmosphäre erhob die alte Hymne Anspruch auf die entehrten und verlorenen Teile des alten Kaiserreichs: *Deutschland, Deutschland, über alles!* In Ekstase schluchzend erhob sich die Menge wie ein Mann von ihren Plätzen.

Nur Heini blieb sitzen. Die überwältigende und elektrisierende Einmütigkeit der Menge ergriff ihn, obwohl sie ihn mit Angst und Schrecken erfüllte. „Diese Menschen sind bereit, für eine Sache zu sterben", dachte er, „vielleicht sind sie sogar williger als ich, ihr Leben zu opfern. Wenn sie doch nur auf der Seite der Liebe stünden! Die frühchristlichen Märtyrer starben für die Liebe. Aber dieser Haufen will aus Hass sein Leben opfern."

„*Aufstehen!*" zischte ihn jemand von hinten an, während das Deutschlandlied weiterging. Heini weigerte sich. An diesem Wahnsinn wollte er keinen Anteil haben. Aber das Gemurmel um ihn herum schwoll an zu einem kleinen Aufruhr, und Heini erkannte, wie eine Gruppe von Schlägertypen sich zielstrebig ihren Weg durch die Masse auf ihn zu bahnte. Heini erkannte, dass er in Gefahr war, verprügelt zu werden oder noch Schlimmeres, und verdrückte sich zum Hinterausgang der Halle, von wo aus er in die Dunkelheit der Nacht floh.

Als er seinem Vater am folgenden Wochenende von dem Erlebten erzählte, war Eberhard entsetzt: „Man hätte dich umbringen können! Du hast überhaupt nichts bei einer Nazi-Veranstaltung verloren. Ich verbiete dir, jemals wieder eine solche Versammlung zu besuchen." Die beiden standen vor dem Wohnzimmerfenster und blickten auf die Hügellandschaft der Rhön. Eberhard liebte die deutsche Landschaft mit der Inbrunst eines Romantikers, aber an diesem Tag schien ihm der Anblick Schmerzen zu bereiten.

Heini verstand die Sorgen seines Vaters. Jedermann spürte, dass sich Deutschland veränderte. Aber wie hätten sie wissen können, wie fürchterlich und weitreichend diese Veränderungen werden würden? Dies war das Land der *Wandervögel* – ein Land der Sonnenanbeter, linken Heißsporne, der Zionisten, Nudisten und Landstreicher. Auf der Welt gab es keine zweite Hauptstadt, die so liberal und freizügig war wie Berlin. Und selbst in den ländlichen hessischen Dörfern lebte und gedieh ein Geist der Toleranz. So fanden sich zwei Synagogen in unmittelbarer Nähe zu Sannerz, und nicht weit vom Sparhof gab es den Gehringhof, eine zionistische landwirtschaftliche Ausbildungsstätte für junge Juden, die nach Palästina umsiedeln wollten. Die beiden Gemeinschaften hatten sich auch schon gegenseitig besucht. Diese liberale Welt würde doch nicht einfach so auf Geheiß eines neuen Reichskanzlers verschwinden, dachte Heini.

Aber schon in den ersten Monaten von Hitlers Kanzlerschaft brannte der Reichstag, wurden linksgerichtete Parteien verboten und ein Boykott jüdischer Geschäfte angezettelt. Die Verletzung von Bürgerrechten war legalisiert sowie regionale und lokale Regierungen abgesetzt und durch gefügige Lakaien ersetzt worden. In unmittelbarer Nähe von Sannerz, im Dorf Sterbfritz, hatten Ortsansässige mit Verbindungen zur SA einen Juden tätlich angegriffen. Ohne Anlass hatten sie ihm die Hose herunter gerissen, ihn geschlagen und in einen Graben geworfen. Zur hämischen Freude der Angreifer musste er nackt durch das Dorf nach Hause laufen.

Heini schien es, als ob seine Heimat besessen sei. Wie er selbst später meinte: „Es war, als wenn die Armee des Teufels nur auf eine solche Öffnung gewartet hätte – diszipliniert und bereit zum Angriff. Jetzt war die Bresche geschlagen und sie überrannten alles."

In diesem Sommer verschwanden die Zigeuner. So lange sich Heini erinnern konnte, hatten sie in drei oder vier bunt bemalten Wagen im Herolzer Forst campiert. Das Lager war voller Kinder gewesen und hatte vor Hunden nur so gewimmelt. Und solange sie in der Gegend Arbeit finden konnten, blieben sie vor Ort, flickten Kessel, schliffen Scheren und erledigten andere kleine Reparaturen. Als Kinder waren Heini und Hardy begeistert ins Zigeunerlager gelaufen, wo sie mit den Männern ums Lagerfeuer saßen, geröstete Igel aßen, Geschichten lauschten oder den Geiger bewunderten, während seine Finger über die Saiten tanzten. Oft nahmen die beiden Brüder auch eines der Zigeunerkinder mit sich nach Hause, um es in den Genuss eines heißen Bades und frischer Kleidung zu bringen.

Jetzt aber waren die Zigeunerwagen von den Straßen verschwunden und das Lager war leer. Aber nicht nur die Zigeuner waren weg, auch die Landstreicher, mit denen sich Heini immer angefreundet hatte, waren nicht mehr da. Seit dem Ende des Weltkriegs hatten tausende Männer ihr Leben auf der Straße verbracht, aber jetzt waren sie, wie die Zigeuner, wie vom Erdboden verschluckt.

Wenige Deutsche wussten oder interessierten sich dafür, was die Behörden eigentlich mit den Landstreichern und Zigeunern gemacht hatten. Die Bevölkerung hatte sich in der Mehrheit hinter Hitler gestellt und war misstrauisch gegenüber allen Andersdenkenden. Auch gegenüber den Bewohnern des Sparhofs. Schon bald begannen die Nachbarn darüber zu tratschen, dass die Sparhof-Bewohner nie mit „Heil Hitler" grüßten und auch keine Hakenkreuzfahne an den nationalen Feiertagen aufhängten. Im weiteren Umkreis des Sparhofs machten Gerüchte über das „Kommunistennest" in der Rhön die Runde, was vermutlich auf Eberhards frühere Teilnahme an Arbeiterdemonstrationen und seine Freunde in den radikalen Kreisen zurückzuführen war.

Im April 1933 rückte die örtliche Polizei an, um nach „staatsgefährdendem Material" zu suchen. Ende Mai wurden die Bewohner des Sparhofs um fünf Uhr morgens von Gewehrsalven geweckt. SA-Truppen marschierten auf ihre Häuser zu und schossen, wie sich später herausstellte, mit Platzpatronen.

Eines Tages nahm Eberhard Heini beiseite und berichtete ihm von wiederholten Warnungen, die er erst kürzlich im Geheimen von Kontakten innerhalb der Regierung erhalten hatte. Man hatte ihm Details von Hitlers Geheimaktion gegen „unerwünschte Elemente" zugetragen. Heini wusste bereits in Umrissen von den Vorgängen: Es hatte eine Welle von Morden gegeben. Was ihm sein Vater aber nun berichtete, ließ ihn erbleichen. Innerhalb des nächsten Jahres sollten fünfzig neue Konzentrationslager errichtet werden. „Solltest du jemals in der Zeitung lesen, ich hätte Selbstmord begangen, glaub' dem nicht", warnte Eberhard.

„Wer erzählt dir das alles?", wollte Heini wissen.

„Je weniger du weißt, desto weniger kannst du verraten, solltest du einmal verhaftet werden", erwiderte sein Vater. Nur andeutungsweise ließ er Heini wissen, dass seine Quellen alte Freunde waren, die sich ihm unter hohem persönlichen Risiko anvertraut hatten.

Von Anfang an warnte Eberhard die Mitglieder des Sparhofs, dass weder er noch sie sicher davon ausgehen könnten, dass sie das Naziregime überleben würden. „Hitler hat in Deutschland den Galgen wieder aufgerichtet. Und jetzt gilt es, dass wir uns fragen, ob wir bereit sind, in diesem Jahre an diesem Galgen aufgehängt zu werden, in Fulda oder in Kassel oder in Berlin oder wo es sei, dieses Jahr noch gehängt zu werden."

Eberhard war der Meinung, die Gemeinschaft solle in Deutschland bleiben, bis sie tatsächlich vertrieben würde. „Wir werden ohne einen besonders starken Anlass nicht fliehen. Wir werden den uns hier angewiesenen Platz behaupten, bis der Ruf zum Aufbruch direkt von Gott eingegeben ist. Deshalb bauen und arbeiten wir weiter. Es ist von Bedeutung, wenn eine historische Tatsache vor die Welt hingestellt wird, die unvergesslich in die Blätter der Geschichte eingebrannt wird als ein Zeugnis der Wahrheit des Evangeliums."

Im Juli desselben Jahres feierte die Gemeinschaft Eberhards fünfzigsten Geburtstag. Nach dem Abendessen dieses Tages erhob sich Eberhard, um zu sprechen. „Mir ist am heutigen Tage besonders die Unfähigkeit und das ungeeignete eigene Wesen zum Bewusstsein gekommen, wenn ich daran denke, wie Gott mich schon in meinem 16.

Lebensjahr gerufen hatte und wie ich ihm im Wege gestanden bin, so dass vieles von dem, was Gott zweifellos durch seine Werkzeuge hat tun wollen, nicht hat getan werden können. Blicke ich auf die Jahre zurück, die Emmy und ich auf der Suche sind, so ist es ein Wunder, dass wir noch immer Teil dieser Gemeinschaft sein dürfen. Das ist nur aufgrund Gottes unendlicher Macht und Vergebung möglich.

Noch ein Punkt bewegt mich sehr: die Machtlosigkeit des Menschen, auch dessen, dem irgendein Auftrag anvertraut ist. Gott allein ist mächtig. Wir sind durchaus ohnmächtig. Auch zu dem Werk, das uns aufgetragen ist, sind wir ohne alle Macht in uns selbst. Wir können auch nicht einen einzigen Stein der Gemeinde einfügen, wir können auch nicht einen einzigen Schutz für die aufgebaute Gemeinde herstellen, nicht einen einzigen. Wir können auch nicht eine einzige Wirkung der großen Sache in die so riesengroße Welt der heutigen Menschen hineingeben aus eigener Macht. Wir sind durchaus machtlos.

Aber ich glaube, gerade das ist die einzige und tiefste Ursache, weshalb Gott uns berufen hat zu diesem Dienst, dass wir uns machtlos wissen. Es ist sehr schwer darzustellen, wie wir aller eigenen Macht entkleidet worden sind, wie die eigene Geltung niedergelegt worden ist, wie das alles abgebaut, abgerissen und weggetan worden ist. Und ich wünschte auch, dass dieser Abbau der eigenen Macht bis aufs Letzte gehen möchte. Das ist nicht so leicht erreicht, durchaus nicht, und wird nicht etwa durch einen einzelnen heroischen Entschluss geschaffen, durchaus nicht. Deshalb muss es immer wieder von Gott gewirkt werden. Nur in dem Grade, in dem alle eigene Macht unter uns wirklich abgebaut ist, wird Gott die Anrichtung Seines Geistes, den Aufbau Seiner Sache unter uns, durch uns, an uns und mit uns auch weiterhin tätigen, sonst auch wiederum keinesfalls."

Heini dachte erst später darüber nach, aber während sein Vater sprach, zeichnete sich immer mehr Enttäuschung auf dem Gesicht seiner Schwester Emy-Margret ab. Vielleicht hatte sie gehofft, dass ihr Vater die Gelegenheit für eine passende Festrede nutzen und die Erfolge der von ihm gegründeten Bewegung hervorheben würde. Was einst als zusammengewürfelter Haufen in Sannerz begonnen hatte, war mittlerweile zu einer etablierten und zunehmend internationalen Gemeinschaft von ungefähr 150 Mitgliedern herangewachsen, der sich Neuankömmlinge aus Skandinavien, der Schweiz und sogar der Türkei angeschlossen hatten. Auch wenn die Finanzlage nach wie vor prekär und das Essen knapp war, konnte die Gemeinschaft mittlerweile ein fortschrittliches Internat und Verlagshaus vorweisen und war dabei, die Grundlagen für einen modernen Landwirtschaftsbetrieb zu legen. Eberhard hatte also sicherlich vieles, auf das er stolz hätte sein können. Aber stattdessen sprach er ausgiebig von seinen Fehlern und seinem Versagen und von der Notwendigkeit, die eigene persönliche Macht aufzugeben. Bescheidenheit mochte ja eine Zier sein, aber wieso konnte ihr Vater nicht anerkennen, dass er eine charismatische und erfolgreiche Führungsperson war?

Die Zeit der Heuernte stand ins Haus und die Männer arbeiteten vom ersten Sonnenstrahl bis zur Abenddämmerung auf den Feldern, um zu mähen und das Heu auf Schwaden zu rechen. Auch die Frauen arbeiteten einige Tage lang mit und wendeten das Heu mit Holzrechen, bis es trocken genug war, um in die Scheune gebracht zu werden. Es war wunderbar, draußen auf dem Feld zu sein, zwischen Lerchengesang und Heckenrosen. Während er seine Sense schwang oder die Heubündel auf die Wagen wuchtete, waren Heinis Gedanken bei Grete.

Grete war im Frühjahr neu dazugekommen. Sie hatte zum Entsetzen ihrer Familie und Freunde ihr Philosophiestudium abgebrochen, um sich dem Sparhof anzuschließen. Mit Heini teilte sie die Begeisterung für die mittelalterlichen Mystiker, und die beiden konnten stundenlang darüber reden, was sie gerade lasen: Heinrich Seuse, Thomas von Kempen und vor allem Meister Eckhart.

Als er eines Tages seinen Vater allein in dessen Arbeitszimmer vorfand, vertraute sich Heini ihm an und erklärte, dass seine Beziehung zu Grete für ihn etwas Besonderes war. Eberhard gab seine Zustimmung, aber warnte ihn: „Sprich mit ihr nicht über Liebe und achte darauf, dass es keine Zärtlichkeiten oder Küsse gibt. Es ist zu früh für euch, um ans Heiraten zu denken."

Heini versprach es, war sich aber weiterhin sicher, dass Grete die Richtige für ihn war. Sonntags stand er jetzt früh auf, um mit ihr auf der *Weinstraße* zu wandern, bis zu einer Stelle weit vom Hof entfernt, wo sie zusammen lesen und sich unterhalten konnten. Einige Wochen lang war Heini glücklich. Aber Grete – eigentlich eine zurückhaltende junge Frau – wollte mehr und gab ihre Zurückhaltung immer mehr auf. Eines Tages kam Heini spät von der Feldarbeit zum Mittagessen. Kaum hatte er Platz genommen, da schob sie ihm kokett ihren eigenen Teller und Löffel zum Essen hin. Heini starrte sie peinlich berührt an, aber Grete bemerkte gar nicht, dass sie eine Grenze übertreten hatte.

Nach dem Essen nahm Heini Grete beiseite und erklärte ihr, dass ihre Freundschaft beendet sei: „Es tut mir leid, Grete, aber bitte verstehe: Es ist vorbei." Grete schlang daraufhin ihre Arme um ihn, doch Heini schob sie von sich und verließ den Raum. Monatelang sprachen die beiden kein Wort miteinander.

„Es ist nicht mehr länger tragbar, dass in Deutschland eine Gemeinschaft besteht, deren Ziele das Gegenteil des Nationalsozialismus sind und die für diese Ziele durch Wort und Schrift wirbt. Von diesen Zielen nenne ich nur die grundsätzliche Verneinung des privaten Eigentums, die Verneinung der Blut- und Rassegesetze, die Waffendienstverweigerung." So schrieb der nationalsozialistische Landrat in einem Bericht an die Gestapo 1936, in dem er die Auflösung des Sparhofs forderte. Für ihn waren diese Leute nicht nur verdeckte Kommunisten, sondern dazu auch noch Judenfreunde und Pazifisten. Es war genau die Sorte von Menschen, für die die Konzentrationslager errichtet worden waren.

Schon jetzt, im Jahr 1933, kamen Beamte der Naziregierung zu ähnlichen Schlussfolgerungen hinsichtlich des Sparhofs. Und es würde nicht lange dauern, bis sie diesem Nest von „idealistischen Kommunisten" ihre Aufmerksamkeit widmen würden.

Im Oktober 1933 verkündete Hitler Deutschlands Austritt aus dem Völkerbund und ordnete eine Volksabstimmung an, die vier Wochen später, am 12. November 1933, abgehalten werden sollte. Jeder stimmberechtigte Wähler hatte eine Frage zu beantworten, die weniger politisch als viel mehr religiöser Natur war: „Billigst du, deutscher Mann, und du, deutsche Frau, diese Politik deiner Reichsregierung und bist du bereit, sie als den Ausdruck deiner eigenen Auffassung und deines eigenen Willens zu erklären und dich feierlich zu ihr zu bekennen?"

Offiziell sollte die Stimmabgabe geheim stattfinden. Aber Eberhard war besorgt, dass der Sparhof beobachtet werden würde und besuchte deshalb zwei Wochen vor der Volksabstimmung den Landrat in seinem Büro, um ihn zu fragen, was passieren würde, wenn Mitglieder der Gemeinschaft die Stimmabgabe verweigerten oder mit Nein stimmten. Der Nazi-Beamte runzelte die Stirn: „Wissen Sie, was das bedeutet, Dr. Arnold? Es bedeutet Konzentrationslager."

Stark aufgewühlt verließ Eberhard das Amt. Auf dem Rückweg bat er den Fahrer, ihn noch auf der Straße abzusetzen. Oft ging er die letzten hundert Meter zu Fuß durch die Wälder und den Hügel hinab zum Hof. Aber an diesem Tag regnete es stark und als er den Grashang hinuntereilte, rutschte er aus und fiel. Alfred, der mit einer Sturmlaterne losgezogen war, um Eberhard entgegenzugehen, fand ihn stöhnend mit einem gebrochenen Bein am Boden liegen. Alfred rannte zurück, um Moni zu holen. Als sie am Ort des Unfalls ankam, wurde sie kreidebleich: Der Bruch war so schlimm, dass ein Stück Knochen durch die Haut hervortrat.

Sie trugen Eberhard nach Hause. Als Heini seinen Vater erblickte, sah er halbtot aus, mit einem blutigen, unnatürlich verdrehten Bein. Aber Eberhard dachte kaum an sein Bein, sondern voller Sorge an die Zukunft. Was sollte aus dem Sparhof werden und den ihm anvertrauten Seelen? Besonders sorgte er sich um die Pflegekinder. Noch in derselben Nacht berief er eine Mitgliederversammlung ein, die er von seinem Bett aus leitete. Trotz seiner großen Schmerzen – für einen Arzt war es zu spät in der Nacht – lag in seinen Worten Zuversicht und Überzeugung: „Wir müssen uns auf harte Zeiten einstellen oder selbst auf den Tod." Er schlug vor, dass sie versuchen sollten, Zeit zu gewinnen. Anstatt die Nazis mit einem Boykott der Volksabstimmung zu provozieren, würden sie wählen gehen, aber dem Wahlzettel etwas hinzufügen. Jedes Mitglied würde dieselbe Stellungnahme auf gummiertes Papier schreiben und auf den Wahlzettel kleben. Der sorgfältig formulierte Text stellte fest, dass man die Autorität der Regierung achte, aber nur Gott zur Treue verpflichtet sei.

So wurde es gemacht. Am Tag der Volksabstimmung blieb Heini zwar zu Hause, denn mit 19 Jahren war er noch nicht stimmberechtigt, aber er war nervös, besonders als übereifrige Wahlhelfer mit einer Wahlurne am Krankenbett seines Vaters erschienen.

Noch am Abend, während die Stimmen in einem Nachbarort gezählt wurden, rief Eberhard die Gemeinschaft zusammen.

„Es ist etwas Großes, wenn einzelne Menschen in der vollen Gemeinschaft der Einheit Christi stehen. Es ist etwas Größeres, wenn eine Gemeinde in täglicher Arbeit und im täglichen Zeugnis des Wortes und der Tat den Charakter des Reiches Gottes vor aller Welt hinstellen darf.

Es ist etwas Großes, wenn Menschen gewürdigt werden, um des Evangeliums willen ins Gefängnis geworfen zu werden oder getötet zu werden. Es ist etwas Größeres, wenn eine Gemeinde gerufen und gewürdigt sein darf, den aufgebauten und langsam und mühsam zugerichteten Platz ihrer gemeinsamen Arbeit zu verlassen, um in Ungewissheit hinaus zu gehen und so auf der Schwelle zwischen dem Haben und dem Nichtshaben, zwischen dem Sein und dem Nichtssein, abermals die vollkommene Einheit, den vollkommenen Frieden, vollkommene Gerechtigkeit und Brüderlichkeit, den festen Zusammenhalt des Reiches Gottes und der Gemeinde Jesu Christ zu beweisen.

Und es ist das Größte, wenn es einer solchen Gemeinde in einer solchen Stunde gegeben wird, nach dem Geist Jesu Christi die Feinde zu lieben und gerade die zu umfassen, die die Glieder der Gemeinde hinausstoßen wollen ins Elend und ins Nichts.

Es hat keinen Sinn, auf den Knien zu rutschen, Lieder zu singen und Hände zu falten und von diesem Kreuz zu lallen und zu winseln, wenn man nicht bereit ist, diesen Weg zu gehen bis zum letzten Schritt und zum letzten Atemzug. Das allein ist die Nachfolge Jesu Christi. Alles andere ist Lug und Trug.

Und so sind wir glücklich, wenn wir auch nicht wissen, ob wir gewürdigt werden bis zu diesen letzten Realitäten. Diese Realitäten als unmittelbar wirklich, als historisch möglich vor Augen zu sehen, das macht uns unbeschreiblich glücklich, denn Jesus hat gesagt: ‚Freut euch alsdann und springt, denn sie haben euern Namen ausgerufen als einen verfluchten und geschändeten Namen und haben darin gelogen.'"

Eberhard hoffte, dass ihre Hinhaltetaktik ihnen ein wenig Spielraum verschaffen würde. Und tatsächlich, drei Tage lang passierte nichts. Der vierte Tag brach grau und bedeckt an. Gegen acht Uhr machte sich Heini auf den Weg in den Stall, um die Pferde für den Arbeitstag fertig zu machen. Er hatte gerade einem der beiden Pferde das Geschirr angelegt und wollte das zweite holen, als Alfred völlig außer Atem in die Scheune gerannt kam: „Es sind zwei SS-Männer hier, und ich fürchte, sie sind auf dem Weg zu deinem Vater." Durch den Morgennebel konnte Heini zwei schwarze Gestalten auf dem Weg zum Haupthaus erkennen. In Windeseile band er das Pferd fest und lief los, um den beiden zu folgen. Mittlerweile war aber der gesamte Hof von bewaffneten

Männer umzingelt, die aus dem Nebel aufgetaucht waren wie aus dem Erdboden, oder, wie eines der Schulkinder später meinte – „wie ein Ameisenschwarm". Heini sah SS, Gestapo und örtliche Polizei.

Er rannte in die Richtung des Arbeitszimmers seines Vaters. „Halt, stehengeblieben!", bellte es von allen Seiten. Ein Uniformierter wedelte mit seinem Revolver und befahl Heini, sich zu der Gruppe von Männern zu stellen, die bereits in einer Ecke des Hofes zusammengetrieben worden war. Unter ihnen sah er Alfred und Arno und auch Friedel Sondheimer. Friedel war der geistig behinderte Sohn eines ortsansässigen jüdischen Rechtsanwalts, den Eberhard in die Gemeinschaft aufgenommen hatte. „An die Wand stellen, alle miteinander!" Zwei Wachen packten Heini und schubsten ihn gegen die Scheunenwand. Heinis Gedanken rasten. Hatte sein Vater ihm nicht erzählt, dass die SS geheime Hinrichtungen ausführte?

Heini bemerkte, dass Friedel sich weigerte, sich mit den anderen zusammen in eine Reihe zu stellen, und flehte ihn flüsternd an, den Befehlen zu gehorchen. „Nein!", beharrte Friedel: „Der Arbeitszuteiler hat mir aufgetragen, Feuerholz zu besorgen. Ich muss meine Arbeit machen." Heini musste bitten und betteln, bis Friedel endlich nachgab und sich zu den anderen stellte. Nachdem der Offizier seine Gefangenen einen bangen Moment, der ihnen wie eine Ewigkeit vorkam, stehen ließ, rief er endlich fünf seiner Leute zu sich, die die Gefangenen auf Waffen durchsuchten. Als sie nichts fanden, fluchten sie: „Fein, aber nachher kommt es um so schlimmer für euch!" Heini und die anderen wurden in die Schreinerei getrieben. Zwei Männer mit gezogener Pistole standen bei der Tür und einer an jedem Fenster. „Wo habt ihr die Waffen vergraben?", fragten sie wieder und wieder. „Wenn ihr sie freiwillig herausgebt, wird die Strafe milder ausfallen."

„Wir sind Christen, wir haben keine Waffen", erwiderte Heini. Die SS-Männer lachten schallend.

Stunden vergingen. Der Überfall hatte bereits im Morgengrauen begonnen und mittlerweile stand die Sonne hoch am Himmel. „Was wohl heute noch passieren wird?", fragte sich Heini: „Kommen wir doch ins Konzentrationslager oder vor ein Erschießungskommando?" Am schlimmsten aber war es, nicht zu wissen, was mit seinem Vater oder den anderen passiert war. Viele der Frauen hatten im Kindergarten oder in der Wäscherei gearbeitet, in Gebäuden, in denen sie jetzt alleine waren und sich vielleicht ausgeliefert vorkamen. Plötzlich betrat ein Gestapo-Inspektor die Schreinerei. Er grüßte die Gefangenen und begann, den Raum zu untersuchen. Heini ging auf ihn zu und bat, zu seinem Vater gehen zu können. Der Kommissar erkundigte sich nach seinem Namen. „Arnold", antwortete Heini. Der Mann grinste: „Sie habe ich gesucht." Er befahl zwei der Wachen, Heini ins Haupthaus zu begleiten.

Im Speisesaal verhörten die Gestapobeamten die Erwachsenen der Reihe nach, ihre Schreibmaschinen klapperten, während sie die gewonnenen Informationen auf die

Verhörbögen tippten. Stapel von Büchern und Berge an Papieren lagen auf den Tischen und quollen auf den Boden über. Nachdem sie kein Waffenversteck gefunden hatten, hatte die Gestapo alles zusammengetragen, was möglicherweise als Beweis verwendet werden konnte, besonders Bücher mit rotem Umschlag („sicherlich kommunistisch"), sowie Briefe aus dem Ausland. Heini hoffte, dass darin keine politischen Andeutungen waren. Gegen Deutschland gerichtete „Gräuelpropaganda" wurde schwer bestraft. An einem Tisch amüsierten sich zwei Gestapobeamte über jemandes persönliche Korrespondenz. Ein anderer Beamter brachte Tatas Kunstbände herein. „Pornografie", lästerte einer, als er Abbildungen klassischer Skulpturen durchblätterte.

Heini wurde in eine Ecke gebracht, wo bereits Sophie, Luise und eine weitere junge Frau, Liesel Wegner, bewacht wurden. Ein Beamter hielt die rote Fahne hoch, die Sophie vor vielen Jahren genäht hatte. „Du hast die gemacht?", brüllte er sie an und fing an, sie über den Sonnentrupp auszufragen, während einer seiner Kollegen alles auf seiner Schreibmaschine tippte. „Ihr seid Kommunisten, stimmt's?" Sophie verneinte. „Warum ist eure Fahne dann rot?", fragte er voller Verachtung. „Erzähl mir bloß nicht, du wüsstest nicht, was rot bedeutet!"

Liesel warf einen Blick auf seine Armbinde – rot mit einem schwarzen Hakenkreuz in einem weißen Kreis. Ängstlich brachte sie hervor: „Sie haben ja auch rot da." Der verhörende Beamte erwiderte nichts, sondern brach die Befragung abrupt ab.

Auch in dem Raum, in dem Eberhard lag, war ein Verhör in vollem Gange. Heini hörte Schreien und Beschimpfungen – und die Stimme seines Vaters, die ruhig und klar durch das Chaos hindurchklang.

Ein gewisser Inspektor Hütteroth war für den Einsatz verantwortlich. Er schien vor allem daran interessiert zu sein, Eberhard „heimtückische Angriffe auf den Staat" nachzuweisen. Eberhard war immer am ersten Mai mit den Kommunisten und Sozialisten für die Rechte der Arbeiter auf den Demonstrationen in der Landeshauptstadt mitgezogen, mit rotem Hemd und eine rote Fahne schwenkend. Auch wenn er niemals Mitglied einer Partei gewesen war, hatte man Eberhard dennoch immer einen Redepart bei den Demonstrationen zugeteilt. Jetzt zeigte Inspektor Hütteroth auf einen der SS-Wachmänner: „Dieser Mann schwört, Sie hätten zum Umsturz aufgerufen."

„Das ist eine Lüge!", donnerte Eberhard ihn an, und erhob sich, so weit sein geschientes Bein es zuließ. „Trauen sie sich auch, mir das ins Gesicht zu sagen? Das habe ich niemals getan!" Der SS-Mann blickte zu Boden und widersprach nicht. Und auch Inspektor Hütteroth hatte es die Sprache verschlagen, und er schloss sein Notizbuch.

Als nächstes inspizierte der Inspektor das Wohnzimmer der Arnolds. Auf einem der Möbelstücke entdeckte er ein Wappen. „Gibt es jemanden hier im Haus mit dem Namen von Hollander?", fragte er verwundert. Emmy blickte erschrocken auf. „Ja, das war mein Mädchenname. Mein Vater war Johann Heinrich von Hollander, Rechtsprofessor in Halle."

„Dann habe ich mitgeholfen, Ihren Vater zu Grabe zu tragen", erwiderte der Inspektor, plötzlich sehr nachdenklich. „Ich war einer der Studenten von Professor von Hollander." Er schlug seine Hacken zusammen und verließ den Raum.

Als um fünf Uhr nachmittags die Sonne unterging, marschierten die Eindringlinge wieder ab. Sie hatten niemanden festgenommen. Emmy seufzte. Die alten Möbel aus ihrem Familiennachlass, zerkratzt und abgenutzt, hatten sie wahrscheinlich vor der Verhaftung bewahrt! Die SS-Männer marschierten in Viererreihen davon, während Inspektor Hütteroth in einer großen Limousine abfuhr. Mitgenommen hatte er körbeweise Bücher, Manuskripte, offizielle Unterlagen und Protokolle sowie Kontoauszüge. Die Nachbarn, die zusammengelaufen waren, um zu sehen, wie viele Mitglieder des Sparhofs mit auf das Revier genommen würden, schauten enttäuscht drein und verschwanden.

An diesem Abend versammelte sich die Hausgemeinschaft im Wohnzimmer der Arnolds. Eberhard saß blass und geschwächt auf seinem Bett. Die Gemeinschaft des Sparhofs war noch so jung und unerfahren! Außer ihm und Emmy waren die meisten Mitglieder noch in ihren Zwanzigern. Wie sehr wollte er ihnen Gewissheit zusprechen, sie stärken und ermutigen. In diesem Moment würde die Gestapo alles, was sie mitgenommen hatten, akribisch durchsuchen. Obwohl es Moni in den ersten paar Minuten des Überfalls gerade noch gelungen war, einige politisch riskante Unterlagen in den Ofen zu stecken, würde es nicht lange dauern, bis sie die Beweise finden würden, die sie suchten. Denn auch, wenn er sich immer Mühe gegeben hatte, sich dem Staat gegenüber respektvoll zu verhalten – aus seiner Abneigung gegen die Nazis hatte er nie ein Hehl gemacht. Was würde jetzt passieren?

Von diesem Tag an sprach Eberhard oft über seinen Tod. „Ich kann nicht sterben, ehe alles in Ordnung gebracht ist", sagte er zu Heini und den anderen. Zweifellos dachte er dabei auch daran, wer die Bewegung nach ihm leiten könne. „Ich muss mich beeilen; ich werde nicht mehr lange leben."

Es war gegen Ende dieses schicksalsträchtigen Jahres, als Heini und Annemarie zueinander fanden, als ob sie sich noch nie vorher begegnet wären. Zunächst genossen sie schlicht die Gesellschaft des anderen. Aber ohne darüber zu sprechen, spürten sie beide eine sich vertiefende Freundschaft.

Nach seinen Erfahrungen mit Grete war Heini vorsichtig. Grete versuchte hin und wieder, mit ihm darüber zu sprechen, aber Heini weigerte sich. Jetzt entschloss sie sich, es noch ein letztes Mal zu probieren. Vielleicht hatte sie auch Heinis wachsendes Interesse an Annemarie bemerkt. Als Heini eines Abends spät sein Zimmer betrat, fand er Grete auf seinem Bett sitzend. Heini war entsetzt, denn Grete wusste, dass keine unverheiratete Frau auf dem Sparhof einfach das Zimmer eines Mannes betreten würde.

„Bitte, Grete, geh wieder! Du weißt doch, dass du hier nicht sein sollst", flehte er sie an.

Grete tat, als ob sie ihn nicht hören würde, und begann stattdessen Heini anzuflehen, sie wieder als seine Freundin anzunehmen. In diesem Moment öffnete sich die Tür, und da stand Eberhard auf seinen Krücken. „Es ist bereits elf Uhr nachts", meinte er nüchtern, „bringt euer Gespräch zu Ende und geht zu Bett."

„Ja, Vater." Heini klang unnatürlich beflissen. Grete rührte sich nicht vom Fleck. Eine halbe Stunde später kam Eberhard noch einmal den Flur entlang gehumpelt. „Heini, ich habe euch beide gebeten, euer Gespräch zu beenden. Geht zu Bett." Die Tür schloss sich wieder hinter ihm und dieses Mal befahl Heini Grete so deutlich, wie er nur konnte: „Du musst mein Zimmer verlassen. Bitte!" Sie rührte sich nicht.

Um Mitternacht war sie noch immer in Heinis Zimmer, mittlerweile außer sich und in Tränen. Um halb eins kam Georg, der Nachtwächter, mit einer Laterne vorbei. Eberhard hatte ihn geschickt. Georg tat so, als ob Heini nicht existierte und stellte sich mitten ins Zimmer. „Grete, ich gehe nicht fort, bis ich dich zu deinem Zimmer begleitet habe." Auf diese Aufforderung hin gab sie schließlich nach. Als Georg mit ihr zusammen durch die Tür hinaus ging, rief er: „Heini, du gehst bitte in die Küche."

Heini gehorchte. Was er dort vorfand, hatte er nicht erwartet. Auf Bitten seines Vaters hatte man ihm Spiegeleier gebraten und frischen Kaffee gekocht, und auch Georg war bald wieder bei ihm. „Wenn du fertig gegessen hast, gehe bitte zu deinem Vater ins Arbeitszimmer. Er erwartet dich."

Es war beinahe ein Uhr nachts, als Heini die Tür zum Zimmer seines Vaters öffnete. In der Dunkelheit konnte er gerade so seinen Umriss auf dem Feldbett ausmachen. Sein Vater setzte sich auf und musterte ihn fragend, aber ohne ein Wort des Vorwurfs. „Heini, das musstest du selber durchstehen. Ich konnte dir dabei weder helfen noch eingreifen. Aber ich habe die ganze Zeit für dich gebetet."

13

Silum

Liechtenstein, April 1934

Trotz der Sonnenstrahlen, die durch das Fenster strömten, fröstelte Heini in seinem Bett, denn auf dieser Höhe war der April immer noch recht kühl. Feuerholz lag aufgestapelt in der Ecke, aber im Ofen brannte kein Feuer. Viel zu teuer war das Heizmaterial, als dass man es einfach so aufgebraucht hätte. Sie mussten noch stehende Bäume an abgelegenen Berghängen kaufen, sie fällen, zersägen und dann mit Handkarren nach Hause bringen. Heini war fast 1,90 Meter groß, seine Bettdecke war zu kurz und ein Luftzug wehte durch den Raum. Aber warum klagen? Die Hütte war ja eigentlich nur für den Sommer gebaut worden, wenn die Almhirten ihre Herden aus dem Tal zum Weiden herauf brachten.

Bevor die Herden kamen, würden allerdings noch Monate vergehen. Jetzt waren noch Schneeverwehungen an den Wänden der Hütte. Heini fieberte. Seit sie vor ein paar Tagen vom Sparhof her angekommen waren, hatte er das Bett hüten müssen. Die letzten Tage waren lang und anstrengend gewesen. Doch das Leben hier hatte auch Schönes zu bieten, wie das Alpenglühen am Morgen und am Abend beim Sonnenuntergang, das die weißen Gipfel um sie herum in leuchtend rote Türme und Zinnen verwandelte. Und er hatte die Zeit gehabt, um zu lesen – Augustinus und Meister Eckhart – oder einfach nur dazuliegen und über die Flut der Ereignisse nachzudenken, die ihn hierher gebracht hatten.

Unterhalb von Heinis Hütte stand ein kleines Chalet, ein Sommerhotel, das der Sparhof angemietet hatte, nachdem man die Kinder so plötzlich aus Deutschland hatte evakuieren müssen. Die Probleme hatten in den letzten Tagen des Jahres 1933 mit einer Anweisung der Schulbehörde, dass der Sparhof seine Schule zu schließen habe, begonnen. Kurz davor hatte der Fuldaer Schulrat mit Entsetzen festgestellt, dass die Kinder gravierende Bildungsmängel hatten, zwar nicht beim Lesen, Schreiben und Rechnen, dafür aber umso schwerwiegender in völkischem Liedgut und politischer Bildung. Umgehend war ein Nazi-Lehrer abgestellt worden, um diesem Missstand abzuhelfen, allerdings hielt er keine einzige Unterrichtsstunde. Bis die Weihnachtsferien vorbei waren, hatten alle „seine" Schüler das Land verlassen.

In Silum im Fürstentum Liechtenstein waren sie wieder zusammengetroffen. Annemarie hatte sie als Lehrerin begleitet und nach und nach kamen nun auch einige andere Erwachsene über die Grenze. Heini war geschickt worden, um die Jungen in Sport und Werken zu unterrichten. Dann war Eberhard sogar eigens aus Deutschland angereist, um sie zu besuchen.

Heini allerdings war seit seiner Ankunft in Silum durchgehend krank gewesen. Da er kaum Besucher hatte, freute er sich umso mehr, als er Schritte vor seiner Tür hörte. Es war sein Vater, der nun in die Hütte humpelte. Heini versuchte sich vorzustellen, wie er sich den Hang hinauf gequält haben musste. Der Anstieg war steil und sein Vater war im vergangenen Jahr deutlich gealtert. Seit dem Überfall der SS war er unermüdlich auf den Beinen gewesen, hatte Ämter und Regierungsstellen besucht, eine Flut von Petitionen geschrieben, die Evakuierung der Kinder arrangiert und die verunsicherten Kreditgeber des Sparhofs beschwichtigt. Die Nazis versuchten, den Sparhof in die Zahlungsunfähigkeit zu treiben, und waren fast am Ziel. Alle Zuschüsse und staatlichen Unterstützungen für die Landwirtschaft und die schulische Arbeit waren gestrichen worden und das Sammeln von Spenden war ebenso verboten worden wie der Verkauf von Büchern und anderen Waren.

Unter diesem Druck hatte der Vater seinen Körper über Gebühr beansprucht. Es war bereits ein halbes Jahr vergangen, seit er sich das Bein gebrochen hatte, doch der Knochen heilte einfach nicht. Obwohl der Bruch fortwährend schmerzte, bestand er auf einem Gehgips, mit dem er ständig unterwegs war.

Als er seinen Sohn erblickte, meinte Eberhard: „Du zitterst ja richtig. Hier ist es auch eiskalt drinnen." Sein gebrochenes Bein hinter sich her ziehend, bückte er sich nach einem Beil und fing an, Kleinholz zum Anzünden zu spalten. Heini beobachtete ihn, wie er sich umständlich hinkniete und den Ofen anzündete. Langsam wurde es wärmer in der Hütte.

Eine Weile plauderten die beiden über Alltägliches, Eberhard mit seinem Kinn auf die beiden Krücken gestützt und Heini fest im Blick. Dann hielt er inne. „Sag mal Heini, hast du dich eigentlich schon entschieden, wen du heiraten willst?"

„Ja, Papa, Annemarie."

Ein Ausdruck der Freude breitete sich über das Gesicht seines Vaters aus: „Annemarie? Wenn dem so ist, kannst du dir des Segens deiner beiden Eltern gewiss sein." Er strahlte. „Aber Heini", sagte er, und schaute seinen Sohn direkt in die Augen, „versprich mir, dass du die Dinge nicht überstürzt." „Gib Annemarie Zeit. Gewissheit kommt nicht über Nacht. Ich rate dir, mit ihr nicht über eine Hochzeit zu reden, bis du nicht mindestens einundzwanzig bist."

Heini nickte, auch wenn einen Moment lang ein Zweifel in ihm aufkam: „Acht ganze Monate, das ist eine lange Wartezeit." Aber im gleichen Augenblick unterdrückte er den Gedanken. So saßen Vater und Sohn wortlos und glücklich zusammen, während das Kiefernholz im Ofen knackte und spratzte. Schließlich stand Eberhard, auf seine Krücken gestützt, wieder auf und humpelte hinaus.

Kurz danach kehrte er nach Deutschland zurück, während Heini, von der Grippe genesen, seine neue Arbeit antrat. Neben dem Unterricht hatte er die Kinder auch an den Nachmittagen zu betreuen. Mittlerweile war es Mai geworden und die Alpenwiesen erblühten an den Stellen, wo der Schnee geschmolzen war. Eine Pracht an Erika, Veilchen, kleinen Wiesenorchideen und eine Überfülle an Krokussen verwandelte die Almen in farbenfrohe Teppiche. Wann immer Heini und Annemarie gemeinsame Zeiten fanden – was selten war, denn sie mussten beide gleichzeitig von ihren Pflichten als Lehrer frei sein –, bestiegen sie zusammen die umliegenden Berge. Auf der nahegelegenen Helwangspitze erlebten sie Mondaufgänge und lauschten dem nie endenden Rauschen der Samina, die sich durch die enge Schlucht unter ihnen schlängelte.

Jedes junge Paar ist bemüht, die gemeinsame Zeit, so gut es geht, zu schützen und für sich frei zu halten. Heini und Annemarie hatten jedoch noch einen anderen Grund, warum sie Silum bei jeder sich bietenden Gelegenheit entflohen: alle Anwesenden schienen so niedergedrückt zu sein. Hannes Boller, ein ehemaliger Pfarrer mittleren Alters, spielte dabei eine wichtige Rolle. Bei seiner Abreise hatte ihm Eberhard die Verantwortung für die Gruppe in Silum übertragen. Am Anfang war Hannes noch enthusiastisch gewesen, aber diese Begeisterung war bald einem Hang zum nervösen Moralismus gewichen. Hannes überwachte die überwiegend jungen Mitglieder von Silum mit übertriebenem Eifer. Er beaufsichtigte ihre Wanderungen, erstellte Listen „unchristlicher" Lieder, die nicht gesungen werden durften, und zensierte sogar ausgehende Briefe.

Anfangs war seine Pedanterie nur lästig, aber seine ständigen Ermahnungen bedrückten den gesamten Haushalt zunehmend und eine niedergeschlagene Grundstimmung machte sich breit. Dazu kam, dass jede neue Nachricht aus Deutschland ihre mutigen Träume einer besseren Welt förmlich verhöhnte. Erst im Juni 1934 waren Hunderte von möglichen Konkurrenten Hitlers in der „Nacht der langen Messer" ermordet worden. Manche in Silum dachten sich nur noch: „Europa fährt zur Hölle. Warum sollen wir uns dann wegen eines persönlichen Konflikts verausgaben? Lieber einfach damit leben und versuchen, miteinander auszukommen."

Nicht jeder empfand so. So sträubte sich beispielsweise Annemarie gegen die Vorstellung, ihre Familie verlassen zu haben, nur um vor einem Pfarrer zu kriechen. Sie und andere hatten ihre wahre Freude daran, Hannes aufzuziehen. So schmetterten sie die Wanderlieder, die er verboten hatte, wann immer er sie auf ihren Wanderungen als Aufseher begleitete. Wenn er eine seiner Sonntagspredigten herunterleierte, warfen sie Papierbällchen. Und nachdem er frühere Nachtruhe verordnet hatte, feierten sie bis tief in die Nacht hinein, mit Streichen, Liedern und Durchwaten des großen Wassertrogs, der auf der Weide stand.

Heini machte zwar bei den Späßen mit, innerlich aber war er hin und her gerissen. Denn was immer Hannes auch falsch machte, er war immerhin der Stellvertreter seines Vaters. Sollte ihn Heini da nicht unterstützen? Und vielleicht hatte Hannes ja sogar auch Recht. Denn wer konnte schon den Tugenden, die er ständig predigte, ihre Bedeutung absprechen: Disziplin, Respekt, Pflichtbewusstsein und eine besonnene christliche Lebensführung?

Heini rang mit sich selbst. Sein Herz sagte ihm, dass Hannes ein frömmlerischer Wichtigtuer war, aber sein Kopf sagte ihm, dass einer, der so gut zu sein schien, einfach nicht falsch liegen konnte. Nach und nach erschien alles fragwürdig und zweifelhaft und er wollte sich vor allem aus dem Konflikt heraushalten. Deprimiert zog er sich immer mehr in sich zurück und träumte von der Vergangenheit. Wie einfach und klar ihm da alles erschienen war: Er würde in die Welt hinausgehen und den Armen Hoffnung geben! Jetzt erschienen ihm diese Sehnsüchte vermessen. Sie würden niemals wahr werden. Hier in Silum erfuhr er endlich, wer er wirklich war: Er war ein Versager.

Vielleicht wäre es ja das Beste, seine alten Träume fahren zu lassen und sich mit Annemarie irgendwo niederzulassen. Irgendwie fühlte sich das nach Verrat an, aber in Anbetracht des Wahnsinns um ihn herum – war da nicht ein ruhiges, rechtschaffenes Leben ausreichend? Die Vorstellung war verlockend. „Ich frage Annemarie jetzt, ob sie mich heiraten will", dachte er sich, „Es ist Unsinn, zu warten, bis ich einundzwanzig bin." Ein paar Tage später ging Heini zu Hannes und erzählte ihm von seiner Liebe zu Annemarie und dass er hoffe, sie bald heiraten zu können. Von dem Versprechen, dass er seinem Vater gegeben hatte, erwähnte er nichts.

Eine kleinere Katastrophe verhinderte Schlimmeres. Eines Sonntagabends, als sich die Silumer Gemeinschaft für eine Versammlung zusammengefunden hatte, betrat Hannes steif und sichtlich verletzt den Raum, gefolgt von Annemarie und ihrer Freundin Marianne Zimmermann, beide mit betretenen Mienen. Hannes kündigte an, dass es einen schockierenden Zwischenfall gegeben hatte: Annemarie und Marianne hatten mit den Kindern einen Ausflug nach Vaduz, der Hauptstadt des Fürstentums, unternommen und waren dann mit ihnen *schwimmen gegangen* – und zwar im Springbrunnen des Fürstenparks. Für Hannes war es der Gipfel der Verantwortungslosigkeit, besonders für eine Gruppe politischer Flüchtlinge. Es könnte zu einem öffentlichen Skandal kommen! Wer wüsste schon, wie die Regierung darauf reagieren würde? Er teilte der Versammlung ferner mit, dass er mit Eberhard telefoniert hatte und ihn gebeten hatte, mit Emmy zusammen nach Silum zu kommen. Man erwarte sie in den nächsten Tagen.

Und Eberhard kam, aber mit Folgen, die Hannes nicht beabsichtigt hatte: Wenige Tage später entband Eberhard Hannes zur Erleichterung aller von seinen Pflichten. Um allerdings auch jeglichen Schwierigkeiten mit den Liechtensteiner Behörden vorzubeugen, schlug Eberhard weiterhin vor, dass Annemarie und Marianne das Fürstentum verlassen und zurück auf den Sparhof ziehen sollten.

Nach Annemaries Abreise blieb Heini unglücklich zurück. Für ihn war eine Welt zusammengebrochen. Er machte sich schwere Vorwürfe, warum er so weit vom Glauben seiner Kindheit abgekommen war. Warum war das Feuer, das einst bei seiner Bekehrung in ihm gebrannt hatte, erloschen? Tageweise verfiel er in düstere Selbstbetrachtung: „Ich bin in allem ein Versager. Mir kann man nichts anvertrauen. Ich weiß nicht, wie es weitergehen soll." Heini begann, sich selbst zu hassen.

Eberhard, der in Silum geblieben war, bemerkte Heinis Niedergeschlagenheit. Er war beunruhigt. Sein Sohn schien zu glauben, dass es irgendwie verdienstvoll sei, sich selbst zu quälen. Vielleicht versuchte er, sich zu läutern oder wollte seine Standhaftigkeit unter Beweis stellen. Aber weil es sein eigener Sohn war, konnte Eberhard nicht zulassen, dass Heini damit weitermachte: „Damit eine eiternde Wunde heilen kann, muss der Eiter entfernt werden." Und so forderte Eberhard Heini eines Abends während einer Versammlung auf, allen mitzuteilen, was ihn beschäftigte.

Heini stand auf und begann eine Rede, die er seit langem vorbereitet hatte. „Ich trage Mitschuld für alles Falsche, was hier passiert ist. Aufgrund meiner vielen Fehler bin ich nicht geeignet, erzieherisch tätig zu sein. Ich bitte darum, von der Arbeit an der Schule entbunden zu werden."

Da erhob sich Eberhard zu seiner vollen Größe: „Heini, du leidest an Selbstverliebtheit. Denkst du, dass du bei Gott Punkte sammelst, wenn du dauernd von deinen Fehlern sprichst? Wir wissen, dass wir alle Versager sind, deshalb schauen wir nach vorne und machen uns an die Arbeit. Dein Demutstheater ist nicht echt. Du verdrehst das, was dir durch deine Jugend gegeben ist. Das ist alles, wohin deine melancholische Spiritualität dich gebracht hat."

Heini war wie gelähmt, aber sein Vater war noch nicht am Ende: „Heini hat vollkommen den Weg verloren. Warum? Weil er unbedingt heiraten will, komme was wolle. Als ich das letzte Mal hier war, hattest du mir versprochen, dass du dich erst verloben wirst, wenn du einundzwanzig geworden bist. Jetzt aber versuchst du unsere Abmachung zu hintergehen. Du hast dein Wort gebrochen. Hannes hat mir erzählt, dass du zu ihm gegangen bist, um die Dinge in Gang zu bringen!"

„Aber Papa", protestierte Heini leise: „Ich habe Hannes nur gesagt, dass ich gerne…"

„Du hast Hannes hinters Licht geführt! Du hast das Wichtigste, was ich dir gesagt hatte, vergessen: dass du Annemarie Zeit geben sollst. Du hast mein Vertrauen mit

Füßen getreten. Und Heini, erklär mir eines: Warum hast du Hannes niemals zur Rede gestellt, wenn du doch wusstest, dass er sich wie ein Tyrann benimmt? In der Taufe hast Du dich zur direkten Anrede verpflichtet. Warum hast du dein Wort nicht gehalten?"

„Aus Feigheit."

„Das ist unmöglich. So eine Feigheit gibt es gar nicht. Weil du eitel bist, weil du keine unangenehme Situation willst, weil du nicht Mensch unter Menschen sein willst. Du willst immer einen Nebeldunst von Heiligkeit. Das ist deine Feigheit. Deine Heiligkeit steht dir höher als die Wahrhaftigkeit des brüderlichen Umgangs."

Heini stand da und starrte seinen Vater an, blankes Entsetzen im Gesicht. Er hatte seinen Vater laut werden hören, aber noch niemals so. Die Gesichter um ihn herum verwischten und nur das Angesicht des Vaters blieb klar und deutlich.

„Heini, ich gebe dir den Rat, ganz kindlich zurückzukehren an den Anfang des Weges, damit das geschieht, was so oft gesagt wurde – aller Eitelkeit vollständig zu entsagen und sie ganz in den Tod Christi zu geben. Das sind die ersten Schritte zur Auferstehung, indem du dich nicht mehr mit dir selbst beschäftigst, sondern mit der großen Sache des Reiches Gottes. Denn bist du jetzt die Person, die du sein wolltest, als du elf warst und voller Träume für die Zukunft? Heini und seine kleingeistigen Pläne für eine kuschelige Ehe müssen hinter den größeren Fragen verschwinden. Der kleine Heini muss verschwinden hinter dem: Was wird aus dem Reich Gottes, aus der himmelschreienden Ungerechtigkeit, aus dem Hitlerdeutschland, aus Sowjetrussland, was wird aus all dem? Was ist deine Verantwortung angesichts dieser Dinge? Du hast einen gesunden Leib und eine gesunde Seele, du hast Gaben und Kräfte. Nutze sie. Du hast deine Gaben oft an den Kindern bewiesen. Du lebst im chronischen Selbstmord.

Warum liegt dir soviel an deinem Erfolg? Es ist ein Zurechtmachen vor Gott. Man denkt: es geht uns nicht mehr recht gut. Dann müssen wir ein tieferes Sündenbewusstsein haben. Wir müssen uns noch niedriger machen, dass Gott sich unser erbarmt. Das ist eigenes Werk! Wir dürfen uns nicht zurecht machen vor Gott! Heini, du bist nicht einverstanden mit deinem Wesen und deiner Umgebung, mit dem dir gegebenen Schicksal. Dann denkst du, Gott zu zwingen, dass er dir zu Diensten sein wird. Du willst Gott zu deinem Maulesel machen."

In dem folgenden Schweigen war nur noch das Ticken der Uhr und Eberhards rasender Atem zu vernehmen. Eberhard schien auf etwas zu warten, aber dann sagte er direkt auf Heini zu: „Heini, du musst erkennen, wie verloren du bist. Was du heute Abend hier gesagt hast, kommt direkt aus dem Abgrund."

Die Versammlung wurde beendet und Heini war wie benommen. Wie durch eine dicke Glasscheibe hindurch sah er seinen Vater auf sich zu humpeln. Er fragte ihn: „Wie ist das möglich, Heini?" Das Gesicht des Vaters war nicht mehr zornig, sondern nur noch verwundert. „Wie konntest du es so weit kommen lassen? Konnten wir von dir nicht mehr erwarten? Nach deiner Kindheit, dem Sonnentrupp und allem, was wir zusammen erlebt haben? Warum hast du mir nicht erzählt, was hier vorging?" Heini stand da wie ein Häufchen Elend und sagte nichts.

„Heini, warum bist du so?"

„So bin ich eben."

„Was?", schrie Eberhard auf. Blitzartig war er wieder voller Energie: „Weißt du überhaupt, was du da sagst? Du beschuldigst Gott! Du beschuldigst deine Mutter! Du beschuldigst mich!" Den tiefen Schmerz auf dem Gesicht des Vaters sollte Heini für den Rest seines Lebens nicht mehr vergessen.

Heini zitterte in der Pause, die nun folgte, bevor Eberhard leise und mit tiefem Schmerz in seiner Stimme zu ihm sagte: „Du bist der Sohn, in den ich die größten Hoffnungen gesetzt hatte. Und jetzt sagst du so etwas zu mir?" Heini konnte nicht antworten. Sie traten hinaus in die Nacht, Eberhard auf seinen Krücken, und gingen den Fußpfad entlang, der zum Chalet verlief. Über den Berggipfeln erstreckte sich die unendliche Weite des Sternenhimmels. Tausend Meter unter ihnen konnten sie den Verlauf des Rheins ausmachen. Die Lichter der Dörfer und Siedlungen entlang der Ufer leuchteten wie von einer anderen Welt. Plötzlich fragte Eberhard: „Hast du dir jemals Gedanken gemacht über all die Leute, die da unten leben, über ihre Liebe und ihr Leiden und ihre Sünden? Hast du dich jemals gefragt, welche Bedeutung ein jedes ihrer Leben haben könnte? Hast du jemals an den Tag gedacht, an dem die Gottesherrschaft über diese Welt hereinbrechen wird und jedes kleine Haus da unten in dem Tal mit Licht geflutet sein wird? Hat irgendetwas davon dich jemals betroffen oder verunsichert? Oder hast du immer nur an dein eigenes Glück mit Annemarie gedacht?"

Heini antwortete, nein, darüber hatte er noch nie wirklich nachgedacht.

„Wo ist dann deine Christlichkeit?", erwiderte sein Vater scharf.

Sie standen nebeneinander, ihre Blicke ins Tal gerichtet. Ein Frösteln ergriff Heini. Allmählich dämmerte ihm, um was es eigentlich ging. Sein Vater war dabei, ihn vor etwas zu bewahren, das weitaus schlimmer wäre, als in Elend, Versagen oder sogar in Sünde zu leben. Er bewahrte ihn vor der Sünde, seinem als Kind gegebenen Versprechen untreu zu werden. Er bewahrte ihn davor, sich für die Behaglichkeit frommer Selbstgefälligkeit zu entscheiden, anstatt sich auf ein gewagtes Abenteuer einzulassen. Davor, seine Berufung zu verleugnen. Davor, vom Glauben abzufallen.

Als Heini das alles merkte, wurde er von tiefer Dankbarkeit erfüllt. Es war überwältigend zu spüren, wie stark die Liebe seines Vaters für ihn war.

Die beiden machten sich auf den Rückweg. Als sie sich voneinander verabschiedeten, um zu Bett zu gehen, sagte Eberhard: „Vergiss diese Nacht niemals."

14

Annemarie

Zürich, 21. Dezember, 1934

Ein halbes Jahr war vergangen. Heini wohnte mittlerweile in Zürich, wo er gerade im Begriff war, sein erstes Semester an der Kantonalen Landwirtschaftsschule Strickhof-Zürich abzuschließen. Annemarie war nach einigen Monaten am Sparhof nach Silum zurückgekehrt. Wenn Heini zu Hause in Silum war, gingen die beiden das Wochenende über wandern. So sehr sie die Gesellschaft des anderen genossen, scheuten sie doch davor zurück, sich ihre gegenseitige Liebe einzugestehen. Sie waren einfach nur Freunde.

Weihnachten stand vor der Tür und Heini war noch immer in der Schule. In zwei Tagen würde er seinen einundzwanzigsten Geburtstag feiern. Um die Mittagszeit wurde den Studenten die Post ausgeteilt. Heini hatte einen Brief von seinem Vater bekommen – und noch dazu einen langen, gemessen am Umfang des Umschlags. Nervös riss er ihn auf und überflog den Inhalt mit steigender Begeisterung.

„Mein vielgeliebter Heini", schrieb sein Vater: „Bitte lasse das Klagen über Deinen Charakter. Es gibt nur einen guten und wahren Charakter, der uns helfen wird und einen festen Charakter geben kann… Du hast den Segen deiner Eltern, solltest Du Dich entscheiden, um Annemaries Hand anzuhalten. Eure Verlobung soll zu Gottes Stunde stattfinden. Du wirst den besonderen Segen Deiner Eltern haben für Eure ganze Zukunft und Eure vielleicht kommenden Kinder. Baut Eure Familie gemeinsam auf, fest und sicher auf dem Felsen der Kirche Christi, so dass bis in künftige Generationen hinein kein irdischer Sturm sie erschüttern kann."

Heini war überglücklich. Wenn er gekonnt hätte, hätte er seinem Vater unmittelbar geantwortet, aber die wenigen freien Minuten waren bereits wieder verstrichen.

Auf dem Strickhof gab es grundsätzlich keine freie Zeit. Der Tagesablauf war extrem anspruchsvoll und mit militärischer Disziplin einzuhalten. Die Schule war eher eine Kadettenanstalt als eine Berufsschule.

Der Start in dieses reglementierte Kasernenleben war für Heini steinig genug gewesen. Als er am ersten Tag seinen Reisekoffer zum Schlafquartier schleppte, merkte er, dass es nicht in Zimmer unterteilt war, sondern aus einem riesigen Schlafsaal bestand, vollgestellt mit Reihen von eisernen Bettgestellen. Seine Mitbewohner waren fast ausschließlich Schweizer Bauernsöhne. Nachdem sie Heinis Unbehagen registriert hatten, boten sie an, ihm einige Überlebenstechniken beizubringen. Als erstes, sagten sie, müsse er lernen, wie man das Bett zu machen hatte. Jeden Morgen kam der Ausbilder in den Schlafsaal, um alle Betten zu inspizieren. Wenn er eine falsch gefaltete Decke oder ein zerknittertes Kopfkissen fand, riss er das gesamte Bettzeug des Delinquenten heraus, warf es auf den Boden, und verdonnerte den Bestraften zum Sonntagsdienst im Kuhstall.

Nach diesen drastischen Warnungen machte Heini am folgenden Morgen sein Bett mit großer Sorgfalt und folgte den anderen in den Speisesaal. Er freute sich darauf, möglichst viele seiner neuen Klassenkameraden kennenzulernen. Vielleicht würde er auch auf Interesse stoßen, um eine Art studentischen Sonnentrupp ins Leben zu rufen. Er bekam seine Frühstücksportion, setzte sich hin und stellte sich den Tischnachbarn vor. Das von ihm erhoffte Gespräch fand allerdings nicht statt. „Was haben wir denn hier? Noch so einen lärmenden Deutschen?" Die Stimme des Ausbilders erschallte durch den ganzen Raum. „Er redet ja genauso viel wie Hitler. Wir müssen beiden einen Maulkorb verpassen." Heini blickte um sich und stellte fest, dass alle anderen schweigend ihren Haferbrei aßen. Offensichtlich waren Gespräche bei Tisch, wie so vieles anderes am Strickhof, strengstens verboten.

Im Laufe der Zeit gewöhnte sich Heini an die vielen Verbote, nicht aber an die fehlende Privatsphäre. Er sehnte sich danach, auch nur ein paar Minuten für sich zu haben. Aber es sollte nicht sein: essen, anziehen, lernen, arbeiten, schlafen, alles geschah als Teil der Herde. Seine Mitschüler waren freundlich, aber eher schlicht, und, wie Heini meinte, übermäßig patriotisch. „Die Schweizer sind so stolz auf ihre Berge, dass man den Eindruck hat, sie hätten sie selbst gemacht", pflegte er zu sagen.

Der Unterricht begann morgens um halb sechs mit praktischer Arbeit auf dem Feld, gefolgt von Frühstück, dem formellen Aufstellen in Reih und Glied und einem Anwesenheitsappell – alles schweigend. Der Tag war mit Arbeit durchgetaktet bis abends um sieben, nur unterbrochen von einer Stunde Pause am Mittag. Nach dem Abendessen folgte die obligatorische stille Studierzeit, bis zum Zapfenstreich um halb zehn. Außer an den Sonntagen und in den dreiwöchigen Ferien hatten alle Tage denselben Ablauf.

Es fiel Heini schwer, den Tag über im Klassenzimmer zu sitzen. Die landwirtschaftlichen Fächer bereiteten ihm in der Regel Freude, aber Naturwissenschaften,

Wirtschaft und Literatur, zusammen mit den Grundlagen von Betriebswirtschaft und Buchhaltung waren ein harter Brocken für ihn. Annemarie gegenüber beschwerte er sich über den „seelenzermürbenden" Drill, wohl wissend, dass er von seinem Vater auf diesem Gebiet kein Mitleid zu erwarten hatte. So radikal Eberhard in anderer Hinsicht war, das altmodische Ziel der Landwirtschaftsschule, Männer mit festem Charakter und einer disziplinierten Haltung hervorzubringen, hatte seine volle Unterstützung.

Mit dem Brief des Vaters in der Tasche bestieg Heini am Morgen des 23. Dezember den Zug, der ihn aus Zürich hinaus durch die Berge in östlicher Richtung nach Liechtenstein brachte. Als die Bahn die Steigungen erklomm, dachte er voll Vorfreude daran, was wohl als Nächstes passieren würde, vielleicht schon an diesem Abend. Die Zugfahrt schien sich unendlich zu dehnen, und dann kam noch eine Busfahrt und schließlich der lange Marsch den Berg hinauf. Noch nie war ihm die Reise so lang vorgekommen. Als er endlich den letzten Anstieg nach Silum hinaufgestapft war und die Tür des Chalet geöffnet hatte, waren schon fast alle im Bett. Zum Glück waren Annemarie und Emy-Margret noch auf und packten Weihnachtsgeschenke für die Schulkinder ein. Annemarie begrüßte ihn kurz – etwas zu kurz, wie er fand – und sagte dann, dass sie noch viel zu erledigen habe und bis spät in die Nacht beschäftigt sein würde. Er ignorierte den Wink mit dem Zaunpfahl und stand noch eine Weile in der Tür. Er versuchte, ein Gespräch anzufangen, aber ihre Antworten waren einsilbig. Enttäuscht ging er zu Bett.

Am nächsten Tag war Heiligabend, und als Heini aufgestanden war und sich angezogen hatte, war Annemarie bereits lange auf den Beinen und machte in einem Hinterzimmer die Geschenke fertig. Sie verbrachte den ganzen Tag dort und unterhielt sich mit Emy-Margret. Heini kam oft vorbei, um seine Hilfe anzubieten, aber sie winkte jedes Mal ab: „Alles läuft gut, wir sind fast fertig, danke!" Heini war bedrückt. Heiligabend stand unmittelbar bevor, und wann sollte er dann in dem ganzen Trubel die Gelegenheiet finden, um mit ihr unter vier Augen zu reden?

Am Abend fand die Bescherung für die Kinder statt: ein Tannenbaum mit Kerzen, Weihnachtslieder, und Durcheinander und Aufregung, als Puppen, Bücher, Beile und Schlitten bewundert wurden. Im Raum war es laut und heiß. Heini bemerkte, wie erschöpft Annemarie aussah, und schlug ihr vor, mit ihm ein wenig frische Luft zu schnappen. Sie nahm die Einladung gerne an und die beiden schlüpften aus dem Haus.

Vor der Bescherung hatte Annemarie eine kleine Überraschung in ihrem Zimmer gefunden. Auf ihrer Kommode brannten zwei weiße Kerzen und auf ihrem Nachttisch waren eine Karte und Pralinen. „Die Geschenke in meinem Zimmer waren sehr schön", sagte sie zu ihm, aber Heini schien ihren Dank kaum zur Kenntnis zu nehmen. „Mir macht es nichts aus, wenn es dir nicht so wichtig ist", fuhr sie fort, „aber sagen muss ich es dir schon. Deine Überraschung hat mich sehr glücklich gemacht." Immer noch kam keine Reaktion; er schien mit seinen Gedanken woanders zu sein. „Wie seltsam er sich heute Abend benimmt", dachte sie.

Nachdem sie einige Minuten lang den Berg hinaufgestiegen waren – die Häuser nicht mehr in Sicht –, bog Heini ab und begann auf einem anderen Pfad bergab zu gehen, der sich in Serpentinen zum Fuß des Berges hin wand. Der Schnee war jetzt mehr als knietief und jeder Schritt war anstrengend. Urplötzlich, so als ob er gerade erst bemerkt hätte, dass Annemarie neben ihm war, begann Heini ihr von seinen Schulfreunden zu berichten. Sie erzählte ihm von den vorausgegangenen Wochen in Silum, hatte aber den Eindruck, dass er ihr wieder nicht zuhörte. „Heini, ich muss jetzt zurück", meinte Annemarie, „die Kinder müssen ins Bett gebracht werden."

„Aber unser Spaziergang war doch so kurz!" Heini klang so schmerzerfüllt, dass sie schnell hinzufügte: „Du hast Recht. Ein paar Minuten haben wir noch."

Der Weg wurde schmaler. Auf der einen Seite erhob sich die nackte Felswand, während die andere Seite steil nach unten abfiel. Unter ihren Stiefeln knirschte der Schnee, aber alles andere war in Stille gehüllt. Sie hörten auf zu reden. Weit unter ihnen schlängelte sich der Fluss zwischen glitzernden Lichtern hindurch. „Es sieht wie Weihnachten aus", dachte Annemarie.

Sie kamen an eine kleine, von Tannen schützend gesäumte Mulde. Schon seit einigen Minuten spürte Annemarie, dass ihr Heini etwas Wichtiges sagen wollte. Sie wartete gespannt und besorgt. „Was immer es ist, er muss es sagen", dachte sie sich. Sie setzte sich auf einen Felsvorsprung, während Heini schweigend stehen blieb. Endlich begann er zu sprechen.

„Ich muss dich etwas Wichtiges fragen." Er fing an, von dem Sommertag zu reden, als sie das erste Mal den Sparhof besucht hatte und sie zusammen spazieren gegangen waren. „Seither sind wir Stück um Stück zueinander geführt worden. Jedes Ereignis, ob fröhlich oder traurig, hat uns einander näher gebracht..." Annemarie hörte Heini nicht mehr. In ihr war ein Sturm losgebrochen und sein Tosen übertönte alles andere. Jetzt war der Moment der Entscheidung gekommen. Sie wollte ihn aufschieben, aber das ging nicht. Und warum sollte sie es auch versuchen? Alles, was im letzten Jahr passiert war – selbst die schwere Trennung im Sommer –, hatte sie nur näher zueinander geführt.

Annemarie wurde sich bewusst, dass sie gerade eine äußerst wichtige Entscheidung getroffen hatte. Heinis Stimme drang wieder zu ihr durch. „... deswegen ist es meine größte Bitte, dass wir uns gemeinsam auf den Weg machen, vereint für den Rest unseres Lebens, nicht um unserer selbst willen, sondern im Dienst an der ganzen Welt. Ich wollte dich fragen, ob du genauso empfindest. Du musst mir nicht heute Nacht antworten."

Regungslos blieb Annemarie sitzen. Nach einer Weile sagte er, dass er ihr gerne einen Brief seines Vaters vorlesen wollte. Annemarie nickte stumm. Heini holte zwei

Kerzen aus seiner Tasche, eine rote und eine weiße. Mit zitternden Händen versuchte er sie im kalten Wind anzuzünden. Nachdem er mehrere Streichhölzer verbraucht hatte, brannten sie endlich, und er las ihr den Brief seines Vaters vor.

Danach schwiegen sie wieder. Der Wind rauschte durch die Tannen und die beiden Kerzen flackerten. Annemarie wollte etwas sagen, aber es ging nicht. Als es ihr schließlich gelang, war ihre Stimme kaum zu hören: „Ich glaube auch, dass alles so geführt wurde."

Sie beteten gemeinsam und Heini bat sie, den Brief des Vaters noch einmal vorlesen zu dürfen. Der Wind hatte die Kerzen gelöscht, so dass er sie wieder anzünden musste. „Sie werden uns ein Symbol sein: Die rote für die Liebe, die weiße für die Reinheit."

Als sie zum Chalet zurückkamen, trennten sie sich. Annemarie eilte in ihr Zimmer, überwältigt vor Freude. Dann stand Hardy vor der Tür und rief sie, und Hans strahlte vor Freude und schüttelte ihr die Hand. Emy-Margret steckte ihr eine Weihnachtsrose ans Kleid. „Komm! Heini hat uns gesagt, dass ihr euch verlobt habt! Das müssen wir feiern!"

15

Der Abschied

Strickhof, 3. Januar 1935

Am ersten Tag des neuen Halbjahres schwänzte Heini die Nachmittagsstunden. Er wollte allein sein und über Annemarie nachdenken. So viel war passiert, seit er Zürich vor zehn Tagen verlassen hatte. Weihnachten, ihre Verlobung und dann ihr gestriger Tag zusammen. Sie waren am Ufer des Walensees spazieren gegangen. Zunächst war alles heiter gewesen, zusammen mit Sophie und Christian, die sich auch erst kürzlich verlobt hatten. Am Nachmittag aber war der Himmel grau gewesen und der dunkle See mit seinen eisigen Wellen, die gegen das Ufer schlugen, hatte irgendwie schwermütig gewirkt. Und dann hatten sie sich voneinander verabschieden müssen. „Jetzt beginnt wieder dieser seelenlose Drill", dachte er düster. „Hier sitze ich auf dem Strickhof, anstatt mit Annemarie auf Wanderungen zu gehen."

Aber er konnte hier nicht einfach herumsitzen und mit seinem Schicksal hadern. Er versuchte, über den Sinn seiner landwirtschaftlichen Ausbildung nachzudenken, den sein Vater ihm immer wieder eingeprägt hatte: Nicht nur als Vorbereitung auf seine eigene Zukunft, sondern um für das Reich Gottes zu arbeiten. Oft dachte er über die Vision seines Vaters nach: „Alle Bewegungen der vergangenen Jahrzehnte, die heute nicht mehr weiter können, müssen hineinmünden in eine radikale Erweckung der Massen, die zur sozialen Gerechtigkeit und zur Gotteseinheit, also zur Gemeinde, zum Reich Gottes und zur wirklich ausgelebten Bruderschaft führt. Wir haben also unseren kleinen Bruderhof in diese gewaltige Aufgabe hineinzustellen und uns selbst aufzuopfern. Wir dürfen der Zeit nicht nachtrauern, in welcher wir ein kleiner Kreis vertrauter Menschen waren oder noch sind. Wir müssen vielmehr bereit sein, uns in der Massenbewegung einer großen Geistesausgießung zu verbrennen, in ihr also aufzugehen."

Heini wusste, dass sein Vater den Tag erwartete, an dem Tausende sich aus der geistigen Leere ihres Lebens befreien und beginnen würden, wie die ersten Christen in Gemeinschaft zu leben – ganz so, wie sie es in Silum und auf dem Sparhof versuchten. Diese zukünftigen Gemeinschaften würden Mitglieder brauchen, die in möglichst vielen Bereichen Fähigkeiten mitbrachten. Deswegen war er, Heini, zum Strickhof geschickt worden; deswegen war Hardy in Tübingen in der Lehrerausbildung und Hans-Hermann bereitete sich auf ein Medizinstudium vor – obwohl die Gemeinschaft kaum genug Geld hatte, um ausreichend Essen auf den Tisch zu stellen. Nachdem er sich die Bedeutung seiner Aufgabe wieder bewusst gemacht hatte, stand Heini auf und suchte seine Schulbücher. Es gab Arbeit zu tun.

Im mechanischen Rhythmus des Strickhofs vergingen zwei Monate. Außer durch Annemaries Briefe gab es kaum ein Entrinnen aus der Monotonie. Sie hatte ihm bereits über ein Dutzend Mal geschrieben, und er antwortete immer so schnell wie möglich. Die Zeit war stets knapp, aber einen privaten Rückzugsort zum Schreiben zu finden, war noch schwieriger. Im Schlafsaal konnte er nicht schreiben, dort hätten ihm die anderen Schüler über die Schulter geschaut und sich erbarmungslos über seine Briefe lustig gemacht. Zuletzt hatte er sich öfter nach dem Zapfenstreich in den Heizungskeller der Schule geschlichen, wo er ungestört bis in die Morgenstunden hinein schreiben konnte.

Mitte März kam sein Vater nach Zürich. Mühsam stieg Eberhard mit seinem Gehgips aus dem Zug. Heini hatte dem Besuch voller Vorfreude entgegengefiebert, denn es war die erste Gelegenheit seit der Verlobung, um mit dem Vater zu reden. Es gab unendlich viel zu besprechen. Vater und Sohn umarmten sich stürmisch. Aber Eberhard hatte kaum Zeit, um mit ihm zu reden, weil zwei weitere Mitglieder des Sparhofs Eberhard zu einem wichtigen Termin begleiteten. Die Nazis schnürten der Gemeinschaft in Deutschland zunehmend die Luft ab, deshalb mussten die drei ihre Zeit in der Schweiz dafür verwenden, Spenden und Unterstützung einzuholen und alte Freunde wie Leonhard Ragaz, einen der Väter des religiösen Sozialismus, zu treffen.

Den ganzen Nachmittag und Abend wartete Heini ungeduldig auf die Rückkehr seines Vaters und der anderen in der Wohnung, die sie zum Übernachten angemietet hatten. Um neun Uhr endlich kehrten sie zurück, ausgelaugt und erschöpft. Die Schweizer Freunde, auf die sie gezählt hatten, waren erst kühl und distanziert und dann feindselig gewesen. Die sechsstündige Unterredung war zu einer reinen Katastrophe geworden.

Während des Abendessens war Eberhard dennoch unbeschwert, neckte Heini wegen Annemarie und bestellte ein Stück Kuchen zum Nachtisch. Er ermutigte Heini, in den nächsten Schulferien mit seiner Verlobten deren Mutter in Thüringen zu besuchen.

DER ABSCHIED

Nach dem Essen allerdings wurde Eberhard ernst. Hitler, sagte er, sei im Begriff, die allgemeine Wehrpflicht wieder einzuführen.

Heini wusste seit Monaten, dass diese Möglichkeit bestand. Sein Vater erhielt politische Informationen aus einer Vielzahl verschiedener Quellen. Dazu gehörte auch Heinrich von Gagern, gläubiger Katholik und alter Freund der Familie. Von Gagern war Landrat von Fulda gewesen, aber als die Nazis an die Macht kamen, war er nach Melsungen in der Nähe von Kassel versetzt worden, wo man ihn besser unter Kontrolle zu haben glaubte. (Sein Nachfolger in Fulda war ein linientreuer Parteigenosse.) Verlässliche Nachrichten in dieser wichtigen Frage zu erhalten war so schwierig, dass Emmy die weite Reise auf sich nahm, um die Frau des Landrats zu besuchen, vorgeblich „zum Tee". Laut Frau von Gagern konnte die Wehrpflicht jeden Tag in Kraft treten. Wehrdienstverweigerung würde ohne pardon als Landesverrat geahndet und mit Tod oder lebenslanger Haft bestraft werden, in den meisten Fällen wohl mit der Todesstrafe.

Während sein Vater sprach, begriff Heini, wie schwer die Verantwortung auf ihm lastete. Sollte sich die Warnung von Gagerns bewahrheiten, wäre jeder junge Mann des Sparhofs in ernster Gefahr. Die Gebote „Du sollst nicht töten" und „Liebet eure Feinde" galten für sie unter allen Umständen, und sie würden deswegen niemals Militärdienst leisten – auch nicht als Sanitäter oder im Arbeitsdienst.

Die Hartnäckigkeit, mit der die Gemeinschaft des Rhönbruderhofs dieser Haltung treu blieb, war anderen, ähnlichen Gemeinschaften lange unverständlich gewesen. Die meisten christlichen Dissidenten – wie etwa der Pfarrernotbund – betrachteten es weiterhin als ihre gottgegebene Pflicht, in den Streitkräften zu dienen. Ein typischer Vertreter dieser Haltung war beispielsweise der Pfarrer Martin Niemöller, der mutig seine Stimme gegen die Nazis erhob und später als Überlebender der Konzentrationslager berühmt wurde. Als Mitglieder des Bruderhofs ihn in seinem Haus aufsuchten und um Solidarität baten, weigerte er sich sogar, ihnen die Hand zu geben, und erklärte: „Ich bin stolz, im letzten Krieg als U-Boot-Kommandant gedient zu haben. Wenn Hitler mich auf meinen Posten zurückberuft, werde ich gehen." Trotz seiner Ablehnung der nationalsozialistischen Politik war der Militärdienst für Niemöller eine christliche Pflicht (später änderte er diese Ansicht). Aber Heini und die anderen wehrpflichtigen Gemeinschaftsmitglieder hielten an ihrem Glauben fest, dass Jesus Gewaltfreiheit gelehrt hatte. Diese Haltung teilte auch Dietrich Bonhoeffer, den Hardy im Jahr zuvor in London kennengelernt hatte. Sie waren entschlossen, nicht zu töten – nicht für Hitler und nicht für irgendjemand anderen.

Viel zu schnell war das Essen vorüber und Heini hoffte, dass ihn die anderen jetzt mit seinem Vater alleine lassen würden. Aber die Zeit drängte schon wieder, und Eberhard musste seine Aufzeichnungen und Korrespondenz noch mit den anderen durcharbeiten. Er arbeitete durch bis ein Uhr nachts. Als er aufstand, um ins Bett zu gehen, entschuldigte er sich bei Heini, dass sie noch immer nicht richtig miteinander gesprochen hatten. „Komm morgen früh als allererstes, dann können wir reden." Sie verabschiedeten sich und Heini ging zurück zum Strickhof.

Am nächsten Morgen stand er sehr früh auf und machte sich voll Freude auf den Weg zur Unterkunft seines Vaters. Dort angekommen, fand er die Zimmer leer vor. Wie Heini später erfuhr, hatte sein Vater wegen dringender Angelegenheiten einen früheren Zug nehmen müssen. „Warum darf ich nie mit meinem Vater zusammen sein?", dachte Heini bitter. „Jede Gelegenheit scheint im letzten Moment weggeschnappt zu werden."

Heini war noch immer niedergeschlagen, als er vier Tage später, am 16. März 1935, die schicksalsschwere Nachricht bekam, dass Hitler die allgemeine Wehrpflicht wieder eingeführt hatte. Hitlers Schritt überraschte sowohl Europa als auch die Vereinigten Staaten und löste einen Sturm diplomatischer Streitigkeiten aus. Schließlich hatte der Versailler Vertrag Deutschland die Wiederaufrüstung ausdrücklich untersagt. Für Heini allerdings war die Angelegenheit erschreckend einfach. Sobald das neue Gesetz in Kraft trat, würde er nicht mehr zum Sparhof oder überhaupt nach Deutschland zurückkehren können, ohne Gefahr zu laufen, festgenommen zu werden. Er würde heimatlos werden, gerade in einer Zeit, als Hitlers langer Arm auch nach der vorübergehenden Heimat des Bruderhofs in Liechtenstein zu greifen begann. Nur zwei Kilometer von Silum entfernt lag das Bergdorf Gaflei, wo sich deutsche Nationalsozialisten versammelten. Gerüchte machten die Runde, dass die Nazis nachts Juden entführen und einen Pfad den Berg hinauf zu einem Felsvorsprung schleppen und auf finstere Weise verschwinden lassen würden. Die Nazis waren auch bei Tag aktiv, denn das Fürstentum hatte eine eigene aktive und wachsende nationalsozialistische Partei. Eine ihrer ersten Aktionen war, die Gegend von „Fremden" zu reinigen – einschließlich der wenigen ansässigen Juden und der pazifistischen Flüchtlinge in Silum.

Als der Sommer anfing, waren es aber nicht die Nazis, die die größte Herausforderung für Silum darstellten. Es gab interne Probleme, und als Eberhard und Emmy im Juni auf Besuch vom Sparhof kamen, kam es zum offenen Konflikt.

Eberhard war bestürzt über das, was er vorfand, denn wie im Jahr zuvor war die Gemeinschaft dabei, in sich zusammenzufallen, dieses Mal unter dem Vorwand der Effizienz – nicht der Frömmigkeit – und dieses Mal war es nicht Hannes, sondern sein Nachfolger, Hans Zumpe, der die Hauptverantwortung dafür trug. Die grundsätzlichen Probleme waren aber wieder die selben.

In einer ganzen Reihe von Versammlungen stellte Eberhard Hans und seine Mitarbeiter zur Rede. „Ihr benehmt euch wie Beamte!", warf er ihnen vor. „Ist das der Sinn unseres gemeinschaftlichen Lebens? Für Menschenherrschaft, Bonzentum und Beamtentum?"

Eberhards Zuhörer begannen sich zu schämen, als sie erkannten, wie weit sich ihre Gemeinschaft von dem entfernt hatte, was sie hätte sein sollen. Viele weinten, aber Hans blieb unbeeindruckt. Eberhard flehte seinen Schwiegersohn an, doch zu erkennen, was er getan hatte. Der aber weigerte sich, irgendeine Schuld einzugestehen.

Die Sturheit von Hans traf Eberhard ins Mark, und in höchster Erregung drang er bei einer weiteren Versammlung auf ihn ein: „Soll ich dir sagen, wie ich es sehe, Hans? Deine Hartherzigkeit zerstört die Gemeinschaft. Du erwiderst ihre Liebe mit einem Schlag ins Gesicht. Selbst Emmy und ich, die dich wie Eltern lieben, können dein Herz scheinbar nicht erweichen. Du herrschst hier wie ein König! Das ist aber noch nicht alles: Mir ist aufgefallen, dass du dich von den Frauen verehren lässt!"

Bei diesen Worten protestierte Emy-Margret zuerst. Dann fiel sie in Ohnmacht. Die Versammlung aber ging weiter. Erst nach Stunden wurde Hans endlich zugänglich und sagte, dass er sein Versagen erkenne und dass er sich für das Leid, das er seinen Mitarbeitern zugefügt habe, entschuldige. Sofort umarmte ihn Eberhard und erklärte die Sache für erledigt. Dennoch schlug er in den folgenden Tagen vor, alle formalen Titel ein Jahr lang auszusetzen. „Der Gedanke der echten Führung ist besudelt worden. Wir haben hier keine festen Posten, sondern nur Dienste, die aus dem Strom der Liebe erwachsen. Ich bin bereit, ohne einen Anspruch Wortführer zu sein oder eine Titulierung zu haben, einfach mit euch zu leben. Wenn der Ausdruck ‚Wortführer' als Titel empfunden wird, lege ich ihn nieder; als gesellschaftlicher Rang sage ich ihm hiermit als einem Teufelswerk ab."

Kurz danach kam Heini für ein Wochenende nach Silum, um seine Eltern zu sehen. Heini wusste nichts Näheres von der Konfrontation zwischen seinem Vater und Hans. Er erkundigte sich auch nicht weiter danach, da sich die beiden ja wieder versöhnt hatten. Dennoch war er sich weiterhin seiner eigenen Beziehung zu Hans unsicher, da es im vergangenen Jahr viele Spannungen gegeben hatte. Hans kannte Heinis Neigung, sich über seine Schwächen Sorgen zu machen, und spottete über seine „Gefühlsduselei". Als Heini mit seinem Vater alleine war, meinte Heini: „Ich wollte, ich hätte gar keine Gefühle und wäre wie Hans."

Eberhard zuckte zusammen: „Sag niemals so etwas! Die Gemeinschaft kann eine solche Person ertragen, aber nicht mehr. Gott sei Dank, hat er dir ein fühlendes Herz gegeben. Hauptsache ist, dass die Gefühle auf ein ehrliches Ziel hin ausgerichtet sind."

Im September desselben Jahres intensivierten die Nationalsozialisten ihre Anstrengungen, alle Ausländer aus Liechtenstein zu vertreiben. Sie gingen von Haus zu Haus und sammelten eine beachtliche Zahl an Unterschriften.

Heini hatte gerade eine Woche Urlaub und konnte seine Eltern begrüßen, als sie nach Silum kamen, um der Gemeinschaft in ihrer Not beizustehen. Auch wenn die Umstände alles andere als glücklich waren, freute er sich riesig über das Wiedersehen.

Unmittelbar nach seiner Ankunft im Fürstentum hatte Eberhard einen Termin beim Regierungschef des Fürsten, dem Katholiken Dr. Josef Hoop, der dem Nationalsozialismus misstrauisch gegenüberstand. Dr. Hoop hörte Eberhard verständnisvoll zu und versprach, nach Kräften zu helfen. „Wenn diese Leute allerdings genug Unterschriften sammeln, sind mir die Hände gebunden und ich kann nichts machen, um Sie zu retten", meinte er. „Sie müssen direkt mit den Menschen reden." Er arrangierte eine Gelegenheit für Eberhard, in einem Dorf nahe Silum im Anschluss an die Sonntagsmesse öffentlich zu sprechen.

Es war ein eisiger Oktobersonntag, als Heini und seine Brüder ihren Vater den Berg hinab brachten, damit er seine Rede halten konnte. Eberhard konnte den steilen Abstieg nicht mehr alleine bewältigen, nachdem er sein verletztes Bein schon weit überstrapaziert hatte. Im vorausgegangenen Jahr hatte er viele anstrengende Reisen zu nationalsozialistischen Amtsträgern in Fulda, Kassel und sogar Berlin unternommen, um der Gestapo die Position des Bruderhofs mitzuteilen. Die vielen Zugreisen und Taxifahrten hatten die Heilung des Beines verhindert, und jetzt war es so krumm verwachsen, dass ihn die Ärzte warnten, es könne jederzeit wieder brechen.

Jetzt saß Eberhard auf einem zweirädrigen Karren, den seine Söhne den Berg hinab manövrierten. Nach Triesenberg ging es steil bergab und die jungen Männer mussten ihre ganze Kraft aufbringen, um den Karren abzubremsen. Ihr Vater stöhnte bei jeder Erschütterung auf. Sie erreichten das Dorf genau in dem Moment, als die Sonntagsmesse zu Ende ging. Da keiner die Sensation verpassen wollte, blieb praktisch die gesamte Kirchengemeinde und versammelte sich auf dem kleinen Platz vor der Kirche. Eberhard humpelte zu einer kleinen Erhebung auf dem Platz und blickte, auf seine beiden Krücken gestützt, auf seine Zuhörer. Einige hundert Dorfbewohner starrten den Redner misstrauisch an.

„Verehrte Bürger, liebe Brüder und Schwestern", begann Eberhard. Sofort wurde er von Pfeifen und Buhrufen übertönt. Selbst Steine flogen in seine Richtung, doch keiner traf ihn. Eberhard setzte erneut an: „Verehrte Bürger von Liechtenstein, liebe Brüder und Schwestern…" Erneut Aufruhr und fliegende Steine. Heini konnte sehen, dass es nicht die Dorfbewohner waren, die seinen Vater unterbrachen. Sie standen ruhig mit unbewegten Gesichtern da. Die Störenfriede kamen vom hinteren Teil der Menge, wo sich eine Bande junger Nazisympathisanten versammelt hatte. Jedes Mal, wenn Eberhard ansetzte zu reden, pfiffen und schrien sie ihn nieder.

Wut und Empörung stiegen in Heini hoch. Er sah zu seinem Vater hin, besorgt um dessen Sicherheit. Auch wenn er zunächst ruhig geblieben war, hatte Eberhard nun sichtlich genug. Er richtete sich auf und blickte über die Menge hinweg. „Warum versteckt ihr euch da hinten?", dröhnte er sie mit so lauter Stimme an, dass selbst der verschlafenste Dorfbewohner aufwachen musste. „Warum bleibt ihr wie Feiglinge da hinten? Wenn ihr etwas gegen mich habt, dann habt wenigstens den Anstand, hier nach vorne zu kommen und es mir ins Gesicht zu sagen."

Die Krawallmacher johlten nur und für einen Moment war unklar, was als Nächstes passieren würde. Aber Eberhards Offenheit beeindruckte die älteren Dorfbewohner so sehr, dass sie sich verärgert zu der Bande umdrehten, in der einige ihre eigenen Söhne sahen. „Seid still! Verschwindet!", riefen sie, „Wir möchten hören, was Dr. Arnold zu sagen hat."

Mürrisch gehorchten die jungen Männer. Wer blieb, war nun aber doppelt aufmerksam. Eberhard begann ein weiteres Mal, und als er zu Ende gesprochen hatte, war Triesenberg auf seiner Seite. In einem örtlichen Referendum, das einige Tage später abgehaltenen wurde, scheiterte der Versuch, den Bruderhof auszuweisen.

Freitag kam und Heini wusste nicht, wo die Woche geblieben war. Morgen würden seine Eltern nach Deutschland zurück reisen. Am Nachmittag desselben Tages erfasste Heini eine Vorahnung, die ihn nicht mehr los ließ, auch wenn sie nur von einem kleinen Zwischenfall ausgelöst wurde. Es war während einer Theatervorstellung der Schulkinder im Speisesaal, als Heini seinen Vater während der Vorführung beobachtete. Eberhard, der immer große Freude an solchen Aufführungen gehabt hatte, saß zusammengesunken auf seinem Stuhl. Seine Augen waren geschlossen und seine Gesichtszüge fahl und erschlafft. Heini wusste nicht, was mit ihm los war. Plötzlich kam ihm der Gedanke: „Meint er etwa, dass er uns nicht wiedersehen wird?" Er wusste, dass der Grenzübertritt am nächsten Tag gefährlich war – die Gestapo hatte seit mehr als zwei Jahren Grenzübergänge für politisch motivierte Verhaftungen genutzt. In den letzten Monaten waren vermehrt Priester, Pastoren und Mitglieder religiöser Orden verschwunden.

Als Heini seinen Vater am Abend wiedersah, schien es ihm, als hätte er sich getäuscht. Eberhard hielt eine Abschiedsrede, und aus seiner Stimme klang Überzeugung. In bildhafter Sprache brachte er das Buch der Offenbarung zum Leben. An einer Stelle beschwor er die Vision des Tieres aus dem Abgrund: Ein furcherregendes Monster, das aus den Tiefen des Meeres hervorkriecht und die Menschheit in die Katastrophe führt. Alle Menschen der Erde werden gezwungen, ihm zu huldigen. Die kleine Schar, die sich weigert, ihm zu gehorchen, wird gefangen genommen und dann ermordet. Eberhard musste keine Parallelen mehr ziehen zwischen dem Monster und dem Hitlerregime, das mordete, Konzentrationslager baute und eine Art von Anbetung einforderte: „Alle Welt verbeugt sich vor diesem tierischen Wesen; sie beten das tierische Staatswesen an und rufen: Wer gleicht diesem Raubtier, und wer kann den Kampf wagen? Und so empfängt dieses Tierwesen ein Maul, das mehr reden kann als alle anderen Münder auf der Erde, voll Stolz und Lästerung. Alle Menschen, die kleinen Leute und die großen, die reichen wie die armen, die freien Männer wie die

Sklaven und Proletarier, alle werden dahin gebracht, das Zeichen des Götzendienstes auf ihrem Arme oder auf ihrer Stirn zu tragen. Und keiner darf kaufen und keiner verkauft. Keiner darf leben, der nicht das Zeichen des Tieres an sich trägt, das Zeichen der Staatsmacht, des Gefängnisses und des blutigen Schwertes! Wisst ihr, was das Zeichen des Tieres ist? Es ist das Zeichen des Menschen und der Vergötzung des Menschen!

Hier gilt es, dass die heiligen Glieder der Gemeinde Standhaftigkeit und Treue beweisen. Doch am Ende wird das Lamm siegen. Denn es ist der Herrscher aller Herrscher und der König aller Könige. Selbst wenn wir sterben werden, gehört der letzte Sieg Gott."

Am folgenden Morgen traf Heini seinen Vater auf der Veranda des Chalets. Sie plauderten entspannt miteinander und warteten auf Emmy. Nebeneinander stehend lehnten sie sich an das Geländer und blickten über die Weite des Tales. Es war ein herrlicher Ausblick von den hohen leuchtenden Gipfeln bis hin zu den kleinen Flecken der Felder entlang des Rheins. In der trockenen Herbstluft stach jedes Detail scharf hervor. Plötzlich packte Heinis Vater ihn an der Schulter, umarmte ihn fest und küsste ihn mehrmals. Dann kam Emmy aus dem Haus und es war Zeit zu gehen.

16

Vier Uhr

Zürich, November 1935

Im Brief seiner Mutter stand, dass sein Vater eine Operation gehabt hatte, um sein Bein wieder zu richten. Seit einigen Wochen wusste Heini, dass diese Operation anstand. Auch den Chirurgen kannte er: Paul Zander, der ihn und Hardy auf ihrer Fahrradtour zu Tata in Fidaz vor vier Jahren beherbergt hatte.

Nach zwei Jahren im Gehgips konnte Eberhard es kaum mehr erwarten, endlich sein linkes Bein wieder vollständig zu gebrauchen. „So kann man doch nicht leben", hatte er oft geseufzt. Dass ihn die Operation zwingen würde, sich weitere drei Wochen im Krankenhaus in Darmstadt zu erholen, könnte sogar ein Segen sein, dachte sich Heini. Vielleicht könnte er sich endlich einmal ein wenig von dem Stress erholen, ständig Gläubiger zu vertrösten und Nazi-Beamte zu besuchen.

Aber beim Weiterlesen wurde ihm klar, dass das, was als einfache Operation zur Verkürzung des Knochens geplant gewesen war, eine schlimme Wendung genommen hatte. Der Knochen war durch die Überbelastung während des Heilungsprozesses so verhärtet, dass Dr. Zander zehn Meißel gebrochen waren. Anstatt der üblichen sechs oder acht Schläge musste er fast zweihundert Mal schlagen. Während der ganzen Operation war Eberhard bei vollem Bewusstsein (nur das Bein war örtlich betäubt), und weil die gesamte Prozedur so viel länger gedauert hatte als geplant, war die Betäubung schon am Abklingen gewesen, als Dr. Zander noch am Operieren war. Nachdem alles vorbei war, erzählte er Emmy: „Sie haben mich zerhackt und in Stücke gesägt." Er sei sehr blass und leide unter extremen Schmerzen, schrieb sie. Aber Dr. Zander hätte gesagt, dass das nach der Operation zu erwarten war.

Kurz nachdem er den Brief erhalten hatte, stattete ihm Hardy einen Überraschungsbesuch ab. Auch er war jetzt zum Studium in Zürich (seine Weigerung, den Hitlergruß zu leisten, hatte ihn in Tübingen in Schwierigkeiten gebracht), aber er kam nur sehr selten von der Universität zum Strickhof. Hardy hatte im letzten Jahr Edith Boecker, eine Theologiestudentin aus Hamburg, geheiratet und das junge Paar lebte abwechselnd in Silum und Zürich. Heini wunderte sich, was Hardy wohl gerade jetzt zu ihm gebracht hatte. Hardy machte keine Umschweife: „Ich habe ein Telegramm bekommen. Zander muss Papas Bein unterhalb des Knies amputieren."

Hardy fuhr fort, dass die Operation Dr. Zander zufolge nur fünfzehn Minuten dauern würde und vollkommen ungefährlich sei. Der Arzt habe sogar gesagt, dass der Vater mit einer Prothese viel besser würde laufen können.

Diesen Abend verbrachte Heini mit Hardy in dessen Wohnung. Auch Hans-Hermann war bei ihnen. Die drei Brüder sprachen über die ernste Wendung, die die Sache genommen hatte, und beschlossen, sobald wie möglich nach Deutschland zu reisen, um ihrem Vater beizustehen. Natürlich bestand durch den neuen Erlass zur Wehrpflicht Gefahr – wenn es aber je einen Moment gegeben hatte, den Grenzübertritt zu wagen, dann jetzt. Hardy rief in Silum an. Hans und Emy-Margret hatten schon ein Taxi bestellt, das sie direkt nach Darmstadt bringen würde. Hardy fragte, ob sie die drei mitnehmen könnten. „Dein Vater hat mich angewiesen, dass ihr in Zürich bleiben sollt", teilte ihm Hans mit. „Unter keinen Umständen soll einer von euch sein Leben riskieren und nach Deutschland einreisen." Enttäuscht gehorchten die drei. Heini dachte nicht daran, dass sein Vater ernsthaft in Gefahr sein könnte.

Vielleicht hätte er anders gehandelt, wenn er gewusst hätte, was Hans wusste: Dass aus Sicht seines Vaters nur noch wenig Zeit blieb. Erst in der vorigen Woche hatte Hans ein letztes Testament in der Form eines langen Briefes von Eberhard erhalten. Eberhard hatte es im Krankenhaus in Darmstadt verfasst und an Hans und Emy-Margret adressiert. Dieses außergewöhnliche Dokument beschrieb die wesentlichen Punkte seiner Vision für den Bruderhof und gab Hinweise, wie diese Vision zu erfüllen sei, „wenn ich nicht mehr unter euch bin". Es war offenkundig von jemandem geschrieben worden, der sich auf den Tod vorbereitete.

Bei Erhalt des Dokumentes hatte Hans zu Emy-Margret gesagt: „Papa hat einen Abschiedsbrief geschrieben." Gegenüber dem Rest der Familie aber sagte er nichts, obwohl ihn Hardy, Heini und Hans-Hermann regelmäßig unter der Woche anriefen, um sich nach ihrem Vater zu erkundigen. Auch verschwieg er ihnen, dass ihre Mutter und Moni ihn aus dem Krankenhaus in Darmstadt angerufen hatten, um ihm mitzuteilen, dass Eberhards Zustand kritisch war.

Die Amputation wurde auf Freitagnachmittag, den 22. November 1935 angesetzt. In Zürich gingen die Brüder Heini, Hardy und Hans-Hermann planmäßig in ihre Vorlesungen. Ihnen war kein Grund bekannt, warum sie sich um ihren Vater sorgen sollten, und sie waren zuversichtlich, dass die Operation gut verlaufen würde. Natürlich hatten sie auch keinerlei Vorkehrungen getroffen, um sich im Notfall gegenseitig zu verständigen. Heini besuchte eine Vorlesung über Forstwirtschaft, die von zwei bis vier Uhr ging. Kurz vor dem Ende der Vorlesung schlief er an seinem Platz ein und begann zu träumen. Er spürte, wie sein Vater auf ihn zukam und ihm etwas unendlich Wichtiges mitteilte. In diesem Moment wachte Heini auf. Die Glocke schlug vier Uhr. Später erfuhr er, dass dies die Todesstunde seines Vaters gewesen war.

Mit einem überwältigenden Gefühl der Nähe seines Vaters stand Heini auf und trat mit den Klassenkameraden auf den Flur. In diesem Moment kam eine aufgeschreckte Sekretärin auf ihn zu und überreichte ihm ein Telegramm: „Amputation abgeschlossen. Äußerste Lebensgefahr. Gebete nötig."

Heini konnte nicht glauben, was er las. Das konnte nicht wahr sein. Er richtete ein panisches Stoßgebet zum Himmel und rannte aus dem Schulgebäude auf die Straße. Er musste seine Brüder finden. Die Schule von Hans-Hermann war nicht weit. Als er die Steinstufen des Haupteingangs hinaufrannte, stieß er direkt auf Hans-Hermann und reichte ihm das Telegramm.

Gemeinsam liefen sie zur Universität, wo sie wild durch mehrere Gebäude rannten, in Vorlesungssäle stürzten und riefen: „Hat jemand Hardy oder Edith Arnold gesehen?" Zu guter Letzt fanden sie die beiden in der hinteren Ecke der Bücherei, tief in ihre Bücher versunken. Heini hielt ihnen das Telegramm entgegen.

„Wir müssen in Silum anrufen", beschlossen sie. Sofort machten sie sich auf den Weg zur Wohnung von Hardy und Edith. Keiner von ihnen dachte daran, dass ihr Vater schon nicht mehr am Leben sein könnte. Hardy ließ sich mit Silum verbinden, wo Alfred den Anruf entgegen nahm. Sie wollten den aktuellen Stand der Dinge wissen, aber Alfred weigerte sich. Er meinte nur: „Kommt sofort nach Hause. Ganz egal, was es kostet – nehmt ein Taxi."

Auf der ganzen Fahrt nach Liechtenstein kämpfte Heini mit seiner Angst. Sein ganzes Leben hatte er davon geträumt, als Erwachsener gemeinsam mit seinem Vater zu leben, an seiner Seite mit ihm zu arbeiten und ihn als Mitstreiter in der Sache zu unterstützen. Und jetzt... es durfte nicht sein. Die letzten zwei Jahre hatte er ihn kaum gesehen, und jetzt, in der Stunde seiner größten Not, hatte er nicht einmal für ihn gebetet.

Mittlerweile war das Taxi in Silum angekommen und sie stiegen aus. Es hatte geschneit. Annemarie wartete zusammen mit Alfred an der Straße. Für einen Moment standen sie sich wie Fremde gegenüber.

Dann ergriff Alfred das Wort: „Ich muss euch sagen, dass euer Vater nicht mehr unter uns ist." Das war alles. Heini konnte weder denken noch sprechen und auch Hardy war still. Aber Hans-Hermann ging auf Alfred los. Am ganzen Körper zitternd, schrie er: „Du lügst! Du lügst, du lügst!"

17

Der letzte Brief

Heinis Vater wurde am folgenden Montag auf einem windgepeitschten Hügel oberhalb des Sparhofs beerdigt. Der Tag war so erdrückend trostlos, dass noch Jahrzehnte später keiner in der Familie darüber sprechen wollte. Weder Heini noch Hardy oder Hans-Hermann konnten an der Beerdigung teilnehmen. Sie gehorchten ihrem Vater selbst nach dessen Tod und blieben außerhalb der deutschen Grenzen. Angesichts der politischen Umstände war ihnen wenig anderes übrig geblieben, auch wenn ihr persönlicher Schmerz grenzenlos war. Ihre tapfere, aber geschwächte Mutter Emmy musste ohne sie die schwerste Stunde ihres Lebens durchstehen und am Grab ihres Mannes stehen.

Am Almbruderhof in Silum gedachten die Mitglieder Eberhards in einem Gottesdienst zur Stunde seiner Beerdigung. Es war Hardys Idee gewesen. Sechs junge Männer trugen einen Kiefernstamm als Symbol für seinen Sarg den Berg hinauf. Die restlichen Mitglieder folgten schweigend und nur das Geräusch ihrer Schritte auf dem festgetretenen Schnee war zu hören.

Während des Aufenthalts in Liechtenstein erfuhren Heini und seine Brüder auch vom letzten Brief ihres Vaters an Hans und Emy-Margret. Heini las den Brief wieder und wieder und tagelang gingen ihm die Worte durch den Kopf: „Alle müssen für die Größe der Sache gewonnen werden!" „Die Hauptsache ist und bleibt der Glaube an die Größe Gottes!"

Eberhards Brief benannte niemanden, der seine Stelle als Wortführer übernehmen sollte, aber er drückte sein Vertrauen auf Hans aus. Im Brief schrieb Eberhard von seinen Sorgen und Vorschlägen für die unmittelbare Zukunft. „Für eine baldige Zukunft rate ich Dir zu einem tiefen Zusammengehen mit Georg, Hardy, Heini und Hans-Hermann und ähnlichen geistigen Elementen, damit es nicht zur geistigen Verkümmerung kommt. Dich selbst aber bitte ich, die klare Linie – im Verein mit Mama und Emy-Margret –, die unveränderte Glaubens- und Geistesrichtung zu halten."

Weil Hans Eberhards engster Mitarbeiter gewesen war, erschien es nur natürlich, dass er jetzt seine Rolle übernehmen sollte. „Wir möchten dich vollkommen unterstützen und der Sache mit all unseren Kräften dienen", bekundete Heini in einem Brief an Hans. Auch Hardy und Hans-Hermann empfanden so. Ebenso ihre Mutter.

In diesem Dezember erinnerte sich Heini immer wieder an einen Traum, den er vor mehreren Wochen gehabt hatte. Er sah eine trostlose Wüste, über die ein gewaltiger Sturm hinwegfegte. Da erblickte er eine einzelne Gestalt, die vom Horizont her auf ihn zukam. Vom Sturm hin- und hergeworfen, taumelte die Gestalt langsam auf zwei Krücken auf ihn zu. Als sie näher gekommen war, erkannte Heini seinen Vater. Sein Gesichtsausdruck war der eines gebrochenen Mannes, alleine und verlassen.

Als er diesen Traum geträumt hatte, hatte sein Vater noch gelebt, die Arbeit am Sparhof geleitet, Artikel verfasst und sein Arbeitszimmer mit Zigarettenrauch gefüllt. Nun war er tot.

„Papa starb mit gebrochenem Herzen", erzählte ihm seine Mutter, als sie wenige Tage nach Eberhards Beerdigung nach Silum kam. „Er litt unerträglich, weil der Sparhof jeden Tag mehr auseinanderzufallen schien."

Die Hauptursache dafür war die unnatürliche Teilung der Gemeinschaft, die ihnen durch die Verfolgung aufgenötigt worden war. Alle Schulkinder und wehrpflichtigen Männer waren nach Silum geflohen. Ihre Familien waren ihnen nachgezogen, während die nicht-deutschen Mitglieder, die nicht wehrpflichtig waren, auf dem Sparhof blieben. Es gab zu wenige Männer für die schwere Feldarbeit, und unerfahrenen Mitgliedern war Verantwortung übertragen worden, der sie nicht gewachsen waren. Es gab weniger Essen, Brennholz und Geld als je zuvor und die Schikanen nahmen ständig zu. Einfach durch eines der benachbarten Dörfer zu gehen, war zum Spießrutenlauf geworden. Ein Dorfbewohner nach dem andern schrie „Heil Hitler", gefolgt von Drohungen und Flüchen, weil die Antwort ausblieb. Wie lange würde es noch dauern, bis die SS den Sparhof wieder überfallen würde?

Durch diese Belastungen war die Gemeinschaft auf dem Rhönbruderhof matt und mutlos geworden. Eine aus Verzweiflung geborene Apathie hatte den ganzen Hof erfasst und lastete auf ihm wie ein Fluch. Dem Versuch weniger, sich dagegen aufzubäumen, stand die Resignation und der Pessimismus vieler gegenüber.

Es war dieser Zustand, berichtete Emmy ihren Söhnen, der Eberhard das Herz gebrochen hatte. Während seines Krankenhausaufenthalts hatte er darum gerungen, wie er die Gemeinschaft wieder aus diesem Sumpf heraus bringen könnte. Aber alle seine Versuche waren gescheitert. Am schlimmsten aber war, dass Eberhard seine letzten wachen Momente, bevor er für die Amputation seines Beines betäubt wurde, in dem Gefühl verbrachte, verloren und vollkommen alleine gelassen zu sein. Nach der Operation war er nicht wieder aufgewacht.

Emmy war gefasst, als sie ihren Söhnen all dies erzählte. Vielleicht aus einer inneren Stärke heraus, vielleicht, weil die Tragweite ihres Verlustes für sie noch nicht fassbar war. Heini aber fühlte die Wucht seiner Trauer von Anfang an. Es war anders als beim Tod von Tata. Ihr Verlust hatte ihn tief getroffen, aber damals hatte ihm seine Trauer von neuem Kraft und Sinn verliehen. Davon war jetzt nichts zu spüren. Sein Traum des einsamen Wanderers in der Wüste beunruhigte und quälte ihn fortwährend. Warum nur hatte er den Traum nicht früher verstanden? Wenn er seinen Vater wirklich geliebt hätte, wäre er dann nicht sofort nach Darmstadt aufgebrochen? Ebenso schmerzte Heini der Umstand, dass der Tod des Vaters so zufällig erschien. So tapfer und wagemutig, wie sein Vater gewesen war, passte dieser Tod so gar nicht zu dem Bild, das Heini von ihm hatte. Er hatte sich immer vorgestellt, dass der Vater durch einen SS-Mörder oder im Konzentrationslager umkommen würde. Ein Märtyrertod hätte wenigstens einen Sinn ergeben.

Emmy erzählte ihren Söhnen auch, wie Eberhard sie zwei Tage vor seinem Tod – am Buß- und Bettag – gefragt hatte: „Hast du in der Zeitung gelesen, ob Dr. Goebbels Buße getan hat?"

„Ebbo", hatte sie ihm besorgt zugeflüstert, während sie sich vorsichtig umblickte, ob ihn die anderen Patienten im Zimmer gehört haben könnten. Einer von ihnen war Polizist. Sie musste ihrem Mann Einhalt gebieten, bevor er etwas Gefährliches sagen würde. Aber Eberhard ließ nicht locker: „Goebbels wird für jedes unnütze Wort, das er gesprochen hat, Rechenschaft ablegen müssen."

„Jeder muss das tun", meinte Emmy, weil sie mittlerweile bemerkt hatte, wie sich der Polizist offensichtlich interessiert zu ihnen umgedreht hatte.

„Emmy!" Eberhards Stimme wurde vernehmbar lauter. „Wir müssen die Dinge doch beim Namen nennen! Wird Goebbels für jedes unnütze Wort, das aus seinem Mund gekommen ist, öffentlich Buße tun? Gott wird ihn zur Rechenschaft ziehen."

Emmy war mittlerweile in heller Aufregung. Was würde er als nächstes sagen? Aber der Polizist lächelte und meinte: „Machen Sie sich keine Sorgen. Vom Herrn Doktor können wir viel lernen. Er ist ein sehr guter Mann."

◆ ◆ ◆

Eine Woche nach der Beerdigung war Heinis Befreiung vom Unterricht abgelaufen und er musste nach Zürich zurück. Sein Schmerz war sehr tief. „Meine allerbeste Annemarie", schrieb er vom Strickhof: „Ich kann mich sehr in dich hinein fühlen, dass du dich so ausgesprochen kraftlos und müde fühlst. Dieses Erlebnis, diese Tatsache ist und bleibt zu schwer, als dass man von sich aus darüber hinweg kommt. Und sollte dies doch möglich sein, so ist es nur durch eine ganz gefährliche Verhärtung des Herzens möglich. Aber doch gibt es einen Weg, den Blick auf Christus, den Blick in die Zukunft. Für mich gibt es eigentlich nur eines der beiden Extreme, entweder Stunden des Schmerzes und der Trostlosigkeit oder Stunden des besonderen Glaubens für Gottes Zukunft und für die Zukunft der Sache. Es ist natürlich ganz maßlos schwer, dass es gerade so sein muss, dass er gerade so sterben musste, und dass man doch eigentlich ahnungslos war. Und wie unendlich ich ihn geliebt habe. Er war mein Vater und war doch viel mehr für mich, als ein noch so guter Vater für seinen Sohn bedeuten kann. Dies ist mir jetzt hier auf dem Strickhof so klar geworden an den dummen, menschlich ganz rührend gemeinten Erklärungen, welche aber dem, was dies für mich bedeutet, so unendlich fern stehen."

Tatsächlich war die Lage am Almbruderhof in Silum ebenso düster, wie Heini durch seine Mutter erfuhr, die nach Zürich gereist war, um bei ihren Söhnen zu sein. Kaum war ein Monat seit Eberhards Tod vergangen, handelte Hans den Anweisungen entgegengesetzt, die Eberhard in vielen kleinen und großen Dingen gegeben hatte. Anstatt seine trauernde Schwiegermutter zu unterstützen, war er ihr gegenüber schroff und drängte sie an den Rand. Und als ob das noch nicht genug wäre, verwendete er einzelne, aus ihrem Kontext gerissene Sätze aus Eberhards Abschiedsbrief, um seinen Führungsanspruch zu untermauern und gegen diejenigen vorzugehen, die ihn hinterfragten.

Erst vor wenigen Monaten hatte Eberhard Hans vor dessen Neigung gewarnt, „wie ein König zu herrschen", und Hans hatte versprochen, sich diese Warnung zu Herzen zu nehmen. Das schien er jetzt gänzlich vergessen zu haben. Er betrachtete sich eindeutig als Nachfolger seines Schwiegervaters, obwohl Eberhard diesen Begriff nie verwendet hatte, und ließ sich auf dem Sparhof bei einer Zeremonie im Schein von Fackeln offiziell als der Wortführer des Bruderhofs einsetzen.

Seine Selbstherrlichkeit zeigte sich aber auch auf schlimmere Weisen, wie Heini aus Annemaries Briefen entnehmen konnte. Im Januar hatte er einen jungen Mann der Gemeinschaft angeschnauzt, weil er dummerweise vertrauliche Informationen an Nachbarn verraten hatte. Dabei ohrfeigte er ihn so kräftig, dass die Leute im Nebenraum das Klatschen hörten. Der junge Mann wagte es nicht, sich zu verteidigen, sondern winselte „*Jawohl!*" bei jedem Schlag.

Emmys Bemühungen, bei Hans Gehör für ihre Sorgen zu finden, fruchteten nicht. Daher beschlossen Hardy, Heini und Hans-Hermann, ihn direkt zu konfrontieren. Sie hatten den Eindruck, dass sie keine andere Wahl mehr hatten. Hans benutzte den letzten Brief des Vaters schamlos, um seinen Führungsanspruch geltend zu machen. Gleichzeitig ignorierte er völlig, was der Brief über Seelsorge sagte, ganz zu schweigen von Eberhards Anweisung, dass Hans eng mit Emmy und den anderen Gemeinschaftsmitgliedern zusammenarbeiten solle. In einem Telefonat mit ihrer Schwester

Emy-Margret in Silum brachten die drei Brüder zum Ausdruck, dass sie mit der Richtung, die sie und Hans eingeschlagen hatten, nicht einverstanden waren: „Ihr missachtet unsere Mutter." Emy-Margret reagierte empört und beschuldigte sie, „Mamas Schwäche zu unterstützen". Später riefen sie noch einmal an, und dann – zunehmend entzürnt – noch einmal. Hans weigerte sich jetzt, zum Telefon zu kommen. Aber den Mitgliedern in Silum machte er seine Absichten unmissverständlich klar: Er habe nicht vor, sich mit Emmy zu beraten oder Eberhards Wünsche zu befolgen. Er meinte: „Die tote Hand herrscht nicht mehr."

Nach einem weiteren Telefonat zwischen Zürich und Silum, das in wütendem Geschrei endete, informierte Hans die Mitglieder in Silum von dem Streit. Die drei Brüder, erklärte er, hätten die Einheit der Bruderschaft verletzt und müssten dafür zurechtgewiesen werden. Emy-Margret schloss sich dem an und meinte, so schmerzhaft es für sie sei, könne sie nicht anders als Hans zustimmen, dass ihre Brüder und ihre Mutter im Unrecht seien. Keiner der beiden erwähnte, worum es der Gruppe in Zürich ging. Und nicht einer fragte danach.

Als Nächstes wurde Georg vom Sparhof nach Silum gerufen. Georg und Moni waren nach Eberhards Tod mit der Leitung des Sparhofs betraut worden. Zunächst war auch Georg mit Hans' Vorgehen unzufrieden und fragte ihn: „Hätte man sie nicht wenigstens anhören sollen?"

Hans explodierte. „Du fällst mir in den Rücken!" Georg gab nach und alle stimmten zu, dass Emmy und ihre drei Söhne ihre Kritik unverzüglich einzustellen hätten. Annemarie, Alfred, und Arno wurden nach Zürich gesandt, um ihnen die Entscheidung der Bruderschaft mitzuteilen. Weder für Heini noch für die anderen war das akzeptabel. Annemarie warf Heini vor, dass er einfach nur rebellisch sei, und plötzlich schrien sie sich gegenseitig an. „Wenn du meinen Vater nicht respektierst, will ich nichts mit dir zu tun haben." Er riss sich den Verlobungsring vom Finger und schmiss ihn Annemarie vor die Füße, drehte sich um und ließ sie stehen.

Alle vier Arnolds eilten nach Silum, wo Emmy eine private Unterredung mit Hans verlangte. Er aber weigerte sich, Emmy oder seine Schwäger zu treffen und stellte ihnen stattdessen ein Ultimatum: Entweder akzeptiert ihr meine Leitung ohne weiteres Hinterfragen oder ihr seid Aufrührer. Heini und Hardy waren außer sich und gingen von einem zum anderen und flehten darum, doch wenigstens ihre Sichtweise anzuhören.

Diese verfahrene Situation hielt fünf Tage lang an, bis Heini und seine Brüder nachgaben. Sie hatten den Tod ihres Vaters noch nicht verkraftet und hatten den Willen verloren, alleine weiterzukämpfen. Außerdem erinnerte sich Heini an seine wütenden Worte am Telefon. Wenn sich nun wegen ihm die ganze Gemeinschaft spalten würde? Er beschloss nachzugeben. Am Ende nahmen alle drei Brüder alles, was sie gesagt hatten, zurück und entschuldigten sich dafür.

Aber Hans war noch nicht bereit, zu vergeben. Im Namen der Gemeinschaft sprechend (so behauptete er), befahl er Hardy und Hans-Hermann, ihre Ausbildung abzubrechen. Heini schickte er in Ungnade zurück nach Zürich. Immer wieder kam er darauf zurück, wie die drei Brüder wütend geworden waren, und verbreitete, dass man ein Auge auf sie haben müsse: „Sie sind emotional labil und aufsässig, besonders Heini." Die Anliegen, die sie ehrlich zur Sprache hatten bringen wollen, wurden als unverhohlener Griff nach der Macht ausgelegt, als Versuch gewertet, die Leitung des Bruderhofs zu übernehmen – was die drei niemals im Sinn gehabt hatten. Von jetzt an waren die drei gebrandmarkt.

Heini und Hardy fügten sich – was hätten sie anderes tun sollen? Hans-Hermann, der Jüngste der drei, war am Boden zerschmettert. Und Emmy, die eben erst ihren Mann verloren hatte, trug jetzt ein doppeltes Leid. Bisher hatte sie sich um die Gemeinschaft immer wie um ihre eigene Familie gekümmert und war im Gegenzug wie eine Mutter respektiert worden. Nach diesen Vorfällen begegneten ihr allerdings viele nicht mehr mit derselben Wärme und demselben Respekt.

18

Flüchtlingshochzeit

Heini war beim Lernen für seine Ausbildung ins Hintertreffen geraten und die Abschlussprüfungen standen in wenigen Wochen bevor. Wie benommen setzte er sich vor seine Bücher. Als sein Vater noch lebte, war Heinis Kindheitstraum, ein Wanderprediger im Stil eines Franz von Assisi oder eines Rachoff zu werden, ein beständiger, wenn auch vager Ansporn gewesen. Jetzt war sein Vater tot, und mit ihm schienen auch Heinis Träume gestorben zu sein.

Bevor er zurück nach Zürich aufgebrochen war, hatten sich Heini und Annemarie wieder versöhnt. Sie hatten sich gegenseitig um Verzeihung gebeten, hatten miteinander geweint und alles, was zwischen ihnen gestanden hatte, war dahingeschmolzen wie Schnee in der Sonne. Später schrieb sie ihm: „Mein geliebter Heini! Ich bin ja so unsagbar froh und dankbar gegen Gott, dass wir wieder so ganz vereinigt sind. Es ist alles wie neu. Hast du den Ring schon wieder angesteckt? Heini, denk nicht mehr an die alten Sachen, ich tue es auch nicht … nicht der kleinste Stachel davon ist in meinem Herzen zurückgeblieben." Als Hochzeitstermin schlug Annemarie Ende April vor.

Heini würde jedoch nicht so lange warten müssen. Die Abschlussprüfungen am Strickhof waren auf Mitte März angesetzt, und er plante, anschließend nach Silum zurück zu ziehen. Aber genau in diesen Tagen erließ Hitler ein neues Gesetz, wonach sich alle im Ausland lebenden deutschen Männer zum Wehrdienst melden mussten. Sofort informierte die Liechtensteiner Regierung den Almbruderhof, dass man keine deutschen Kriegsdienstverweigerer mehr dulden könne. Wer trotzdem bliebe, würde verhaftet und ausgeliefert werden. Die Liechtensteiner Streitkräfte bestanden aus sieben Polizisten und konnten sich keinen Konflikt mit dem großen Nachbarn im Norden leisten. „Die gewaltige Liechtensteiner Armee", scherzte Heini, „besteht aus vier Generälen und drei Gefreiten."

Der Almbruderhof reagierte umgehend und schickte eine Gruppe nach England und Schottland, um ein geeignetes Anwesen zu finden. (Bereits 1934 hatte die Gemeinschaft ihre ersten englischen Mitglieder aufgenommen und die pazifistischen Kreise Großbritanniens zeigten zunehmendes Interesse.) Bald war Ashton Fields Farm gefunden, ein Bauernhof mit etwa achtzig Hektar Land in der Nähe von Cirencester, in einer Gegend, die Cotswolds genannt wird.

Inzwischen hatte Heini sein Examen bestanden und kehrte zum Almbruderhof nach Silum zurück. Die Frist, Liechtenstein zu verlassen, lief in zwei Wochen ab. Deswegen kamen er und Annemarie überein, dass sie die Hochzeit auf den 24. März 1936, einen Dienstag, vorziehen sollten.

Unter den Hochzeitsgästen befand sich auch Annemaries Mutter. Das hatte niemand zu hoffen gewagt: Hedwig Wächter war eine kultivierte Witwe, die ihr Leben im Dienst der Reformpädagogik gelebt hatte und das Internat in Keilhau leitete. Diese angesehene und weithin bekannte Schule war vor über hundert Jahren von einem Verwandten der Wächters, Friedrich Fröbel – dem geistigen Vater des Kindergartens –, gegründet worden und wurde mittlerweile in der dritten Generation von der Familie Wächter geleitet. Alle hatten gehofft, dass Annemarie diese Tradition weiterführen würde, aber dann war die Katastrophe (so sah es die Familie) geschehen und Annemarie hatte sich einer seltsamen Kommune angeschlossen.

Für Hedwig Wächter war dieser Bruch äußerst schmerzhaft, denn ihre Tochter war ihr immer besonders nahe gewesen. Annemarie hatte bei ihrem letzten Besuch im Haus ihrer Eltern das Verhältnis als so angespannt empfunden, dass sie geradezu geflohen war. Sie hatte heimlich ihre Sachen gepackt und war zum Bahnhof geschlichen. In letzter Zeit allerdings hatte ihre Mutter sich ein wenig mit dem Verlobten ihrer Tochter angefreundet. Unmittelbar nach ihrer Verlobung hatte Heini ihr geschrieben und sie um ihren Segen gebeten. Obwohl Hedwig Wächter ihm nicht wirklich darauf geantwortet hatte, hatte sie sich mit Annemarie versöhnt und ihre Entscheidungen akzeptiert. Jetzt verkraftete sie diese etwas ungewöhnliche Heirat gut, auch wenn es nicht gerade das war, was sie für ihre jüngste Tochter vorgehabt hätte. Es blieb aber gar keine Zeit mehr für weitere Auseinandersetzungen: Alles musste so schnell gehen, dass selbst Heinis Brüder nicht teilnehmen konnten. So schlängelte sich der Hochzeitszug an einem wunderbaren Frühlingstag durch die Almen von Silum hoch über dem Rhein, und Georg Barth traute das Paar. Gleich nach der Hochzeitszeremonie machten sich die beiden auf nach Zürich, von wo aus sie über Frankreich nach England zum neuen Hof der Gemeinschaft reisen wollten.

Aber bereits in Zürich gab es Probleme: Der französische Konsul merkte, dass Heinis Pass fast abgelaufen war und weigerte sich, ein Visum auszustellen, wenn der Pass nicht verlängert würde. Heini aber wagte nicht, das deutsche Konsulat zu betreten, um eine Verlängerung zu beantragen. Die deutschen Beamten würden sicherlich sofort bemerken, dass er sich nicht zum Wehrdienst gemeldet hatte. Es war nicht schwer, sich vorzustellen, welche Konsequenzen das nach sich ziehen würde. Die Gestapo hatte schon einige Deutsche in Konsulaten und Botschaften festgenommen und über die Grenze gebracht, um sie in den Konzentrationslagern verschwinden zu lassen.

Die beiden gingen in ein Café vor dem Konsulat, um zu überlegen, welche Möglichkeiten ihnen blieben. Sollten sie versuchen, die französische Grenze illegal zu überqueren? Es wäre nicht allzu schwer gewesen, nach Frankreich zu kommen, aber weil man sie mit Sicherheit in Calais oder Dieppe bei dem Versuch, eine Fähre nach England zu bekommen, schnappen würde, bestünde immer noch die Gefahr, nach Deutschland deportiert zu werden. Stundenlang überlegten und diskutierten sie. Plötzlich stand Annemarie auf, nahm Heinis Pass vom Tisch und marschierte damit geradewegs ins Konsulat. Heini sah mit einer Mischung aus Angst und Stolz zu. Zehn Minuten später kam sie wieder heraus, strahlend und den Pass stolz in der Hand schwenkend.

„Wie hast du denn das geschafft?", fragte Heini voll Bewunderung. „War ganz einfach", meinte sie. Sie war schnurstracks zum Konsulatssekretär gegangen und hatte ihm den Pass unter die Nase gehalten – das war riskant, denn er hätte ihn konfiszieren können. Sie wusste das und war direkt zur Sache gekommen: „Wir sind frisch verheiratet und auf unserer Hochzeitsreise. Hier haben sie unsere Heiratsurkunde als Beweis. Wir möchten Freunde in England besuchen. Wären Sie bitte so freundlich, den Pass meines Mannes zu verlängern?" Der Beamte hatte sich zunächst geweigert, weil ihm aufgefallen war, dass Heini sich nicht zum Wehrdienst gemeldet hatte. Dann aber war er unsicher geworden. Diese junge Dame vor ihm war so schneidig, so eine echt deutsche Grete! „Das ist gegen die Vorschriften", hatte er gemurmelt, während er durch den Pass blätterte, „aber für eine Hochzeitsreise…" Und dann hatte er mit einem höflichen Lächeln seinen Stempel auf den Pass gedrückt.

Der Zug von Zürich nach Paris erreichte die französische Hauptstadt bei Anbruch der Dämmerung. Am folgenden Tag überquerten sie ohne Zwischenfälle den Ärmelkanal und machten sich in England auf den Weg zur Ashton Fields Farm. Dort begrüßte sie Alfred, der wie Heini und andere deutsche Gemeinschaftsmitglieder im wehrpflichtigen Alter nach England geflohen war. Jetzt waren sie hier, um zu helfen, den neuen Bruderhof in England aufzubauen.

Ashton Fields Farm sah aus wie eine Mischung aus einem heruntergekommenen mittelalterlichen Herrenhaus und einem Pioniergehöft im wilden Westen. Nachdem sie die Landstraße verlassen hatten, fuhren Heini und Annemarie entlang endloser, heckengesäumter Felder. Dann durchquerten sie mehrere schlammige Plätze (für Hühner, Enten, Rinder und Schweine) mit Stroh- und Misthaufen und unordentlich herumstehenden, rostenden Gerätschaften. In der Mitte standen einige heruntergekommene Gebäude mit spitzen, schiefergedeckten Dächern. Alfred zeigte ihnen das

Haus, in dem sie wohnen sollten. Heini fiel auf, dass die Fensterscheiben zerbrochen waren, die meisten Türen schief in den Angeln hingen, aber auch, dass in jedem Raum ein Kamin war. Annemarie fielen die verwilderten Gärten auf, die schon jetzt mit Löwenzahn und gelben Primeln übersät waren.

Heini liebte diesen Ort vom ersten Moment an. Hier konnte er sein am Strickhof erworbenes Können anwenden. Was machte es da schon, dass er und Hans-Hermann die Kühe im Stall mit einer Segeltuchplane vor abbröckelndem Mauerwerk schützen mussten? Die nächsten sechs Wochen arbeitete er Vierzehn-Stunden-Tage, um die Felder mit einem uralten Traktor, der immer ewig brauchte, bis er ansprang, für die Frühlingssaat herzurichten.

Als es Mai wurde, nahmen sich die beiden endlich eine Woche Zeit für echte Flitterwochen und reisten ans Meer nahe der Ortschaft Minehead. Dort gab es Klippen, die senkrecht ins Meer abfielen, und abgelegene Dörfer aus weißen Steinhäusern mit reetgedeckten Dächern. Auf ihren Spaziergängen sprachen sie stundenlang über Heinis Vater und Tata. Manchmal erzählte Annemarie Heini von ihrer Ankunft am Sparhof am Tag von Tatas Tod, und manchmal erinnerte Heini sie an einen Traum, den er gehabt hatte.

„Es war ein paar Wochen nach Papas Tod. Ich sah einen weißen Turm, wie aus großer Entfernung. Dann sah ich darin Papa und Tata, die nebeneinander saßen. Sie zeigte Papa ein Buch, in das sie beide völlig vertieft waren. Die Seiten darin waren nicht bedruckt, sondern enthielten lebendige Bilder. Ich wollte sie betrachten, konnte aber nicht viel sehen. Ich konnte eine südländische Landschaft mit Palmen ausmachen; mir schien es, als ob die beiden gerade das Leben Jesu sahen, wie er auf der Erde wandelte. Papa staunte darüber, zu erfahren, wie Gott den Lauf der Geschichte geführt hatte. ‚Alle diese Zusammenhänge! Alle diese wunderbaren Zusammenhänge!' rief er immerfort."

Heini schaute auf zu Annemarie und war erfüllt von Liebe zu ihr. Hier waren sie endlich vor Nazis in Sicherheit und ihr ganzes gemeinsames Leben lag vor ihnen. Hier würden sie nichts zwischen sich kommen lassen. In diesem wunderbaren neuen Land, im Mai, war die Welt wieder voller Hoffnung.

19

Emmy Maria

England, Juli 1938

Heini saß im Zug auf dem Heimweg von Birmingham. Die letzten vier Wochen waren hektisch gewesen, von früh morgens bis spät abends hatte ihn die Arbeit am neuen Bruderhofhaus in Birmingham in Anspruch genommen. Jetzt aber war er mit seinen Gedanken auf dem Bauernhof in Ashton Fields. Durch das Zugfenster sah er die steilen Dächer der aus Stein gebauten Scheunen vorbeihuschen, umgeben von vielen kleinen Weiden und Feldern. Es sah aus wie in Ashton Fields. Er fragte sich, was die Brüder und Schwestern, die in der Landwirtschaft arbeiteten, während seiner Abwesenheit wohl erreicht hatten.

In nur zwei Jahren hatten sie das Anwesen in ein Musterbeispiel fortschrittlicher Landwirtschaft verwandelt. Zweihundert Menschen lebten von den Erzeugnissen eines Hofs, der ehemals ein Familiengehöft gewesen war. Selbst die Nachbarn, die Neuankömmlingen gegenüber generell ablehnend waren, mussten anerkennen, dass diese Deutschen mit sehr wenig Geld Erstaunliches geleistet hatten.

Aber der Hof war nicht der Grund für Heinis Heimreise. Er fühlte in seine Hemdtasche und zog einen Brief heraus. Er war vor einer Woche geschrieben worden, am 17. Juli, in Annemaries Handschrift. „Mein herzgeliebter Heini!", schrieb sie. „Wie geht es dir mit deiner Arbeit in Birmingham? Wie überglücklich werde ich sein, wenn du wieder zu Hause bist. Mir selber geht es gut, auch wenn ich nicht mehr ganz so beweglich bin. Die Hebamme war da und hat mich heute untersucht. Sie meinte, das Baby wäre ziemlich klein. Dann ist es umso niedlicher! Ich spüre, wie das Baby kraftvoll tritt und kickt. Das tröstet mich, denn es erinnert mich an dich."

Diesen letzten Monat war Heini jeden Morgen voll Unruhe aufgewacht, besorgt, er könne die Geburt des Kindes verpassen, auch wenn es erst im August zur Welt kommen sollte. Er hatte sogar darum gebeten, in dem Bruderhofhaus in Birmingham ein Telefon installiert zu bekommen, was alles andere als leicht war, denn die Hausverwalter waren Pazifisten, die großen Wert auf ein einfaches Leben legten. Jetzt gab es ein Telefon im Haus, aber niemand hatte angerufen. Er hatte beschlossen, eine Auszeit zu nehmen und die Geburt des Kindes zu Hause abzuwarten.

In Kemble, einem Dorf etwa fünf Meilen von Ashton Fields, stieg Heini aus dem Zug. Ein Pferdefuhrwerk erwartete ihn bereits. Als er auf das Gelände des Bruderhofs kam, sah Heini sich aufgeregt um. Nicht weniger als drei neue Gebäude wurden gerade errichtet.

Es war kaum zu fassen, was hier in den letzten zwei Jahren alles passiert war. Seit dem Frühling gab es keinen Almbruderhof in Silum mehr. Die letzten Mitglieder waren am selben Tag aus Liechtenstein geflohen, als deutsche Truppen auf der anderen Seite der Berge in Österreich einmarschierten.

Bereits im Frühjahr 1937 war der Sparhof geschlossen worden. In einer Razzia hatten Dutzende Gestapo- und SS-Männer den Bruderhof gestürmt, allen Anwesenden verboten, sich zu entfernen und alle Gebäude in Beschlag genommen. Ein Gestapo-Kommissar hatte daraufhin den offiziellen Befehl vorgelesen, wonach der Sparhof wegen seiner feindseligen Haltung gegenüber dem nationalsozialistischen Staat mit sofortiger Wirkung aufgelöst würde. Das gesamte Vermögen der Gemeinschaft wurde beschlagnahmt – Grundstücke, Gebäude, Dokumente und persönliche Wertgegenstände.

Die Bewohner entgingen um Haaresbreite einer Katastrophe. Zwei Gäste aus Nordamerika, hutterische Prediger, mit denen Eberhard sich 1930 angefreundet hatte, waren nach Europa gereist, um dem Sparhof einen Gegenbesuch abzustatten, und befanden sich zufällig am Tag des Überfalls auf dem Gelände. Ihre Anwesenheit beunruhigte die Gestapo-Beamten genug, um ihre Gefangenen nicht gleich ins Gefängnis oder ins Konzentrationslager zu schicken, sondern ihnen zu befehlen, Deutschland innerhalb von achtundvierzig Stunden zu verlassen. (Zwei Tage später wurden die so Vertriebenen von bewaffneten Wachen an die Grenze gebracht.) Drei Verantwortliche des Sparhofs wurden dennoch festgenommen und eingesperrt, allerdings wurden auch sie nach nur zehn Wochen wieder freigelassen – unter Umständen, die wie ein Wunder erscheinen.

Kurz darauf musste Hans die Leitung des Bruderhofs niederlegen, nachdem er auf hinterhältige Weise versucht hatte, die Ernennung von Georg und Hardy zu Seelsorgern zu verhindern. (Bis dahin hatte Hans das alleinige Sagen gehabt und hatte niemanden einbezogen oder um Rat gefragt.) Als er zur Rede gestellt worden war, hatte er versucht, sich herauszuwinden, und es war klar geworden, dass er log. Je mehr er sich wand und argumentierte und erklärte, desto offensichtlicher wurden seine Lügen und seine Arroganz. Schließlich hatte die Gemeinschaft fast einstimmig beschlossen, ihn von seiner Verantwortung zu entbinden.

Als die beiden hutterischen Prediger davon hörten, dass Hans abgesetzt worden war, begrüßten sie den Entschluss mit Nachdruck: „Er war ein törichter und unwürdiger Gemeindeleiter und sollte nicht wieder in die Gemeinschaft aufgenommen werden, ohne ernsthaft Reue gezeigt zu haben", schrieben die beiden erfahrenen Prediger. Sie fügten hinzu, dass ihrer Meinung nach Hans auch in Zukunft nicht mehr mit Leitungsaufgaben betraut werden sollte, „weil er sein Amt so sehr missbraucht hat".

Jetzt aber blühte Ashton Fields auf. Unzählige, vor allem junge Gäste kamen vorbei. Über Europa brauten sich die Sturmwolken eines neuen Konflikts zusammen, und Veteranen des Ersten Weltkriegs riefen mit erneuter Dringlichkeit zum Frieden auf. Zehntausende schlossen sich der wachsenden Friedensbewegung an. Die Radikaleren unter ihnen, denen ein reiner Aktionismus nicht mehr ausreiche, machten sich auf die Suche nach neuen Lebensweisen und überall in Großbritannien schossen neue Gemeinschaftsprojekte und Siedlungen aus dem Boden.

Neben denen, die ernsthaft am Gemeinschaftsleben interessiert waren, besuchten ganze Busse voller Touristen Asthon Fields an den Wochenenden. Es kamen Studenten und Mitglieder des Arbeiterbildungsverbandes, der Friedensvereinigung und des Versöhnungsbundes – manchmal Hunderte auf einmal. Es kamen Kommunisten, Sozialisten, Agnostiker, Atheisten und andere, die genug hatten von den leeren Versprechungen der großen Amtskirchen. Ihre hitzigen Debatten erinnerten Heini an seine Kindheit in der Villa in Sannerz.

Jetzt war er an der Reihe, diesen Menschen zu dienen, so wie sein Vater es früher gemacht hatte. Nur wenige Wochen zuvor hatte ihn die Gemeinschaft gebeten, ihr als Seelsorger zu dienen, gemeinsam mit Hardy, Georg und anderen. In den Gesprächen, die dieser Entscheidung vorausgingen, hatte Sophie sich erinnert, wie er schon als Kind die Gabe hatte, sich um andere Menschen zu kümmern: „Ich bin immer davon ausgegangen, dass er dazu berufen ist." Heinis Mutter Emmy war weit weniger begeistert gewesen. Sie wusste nur zu gut, was für Belastungen mit einer Führungsaufgabe einhergehen, und hatte die Gemeinschaft gebeten, jemand Älteren zu finden – schließlich war Heini erst fünfundzwanzig. Da aber alle Mitglieder einmütig waren, hatte auch sie schließlich eingewilligt und Heini war ernannt worden.

Heini hatte diese Verantwortung nie angestrebt und sie belastete ihn. In einem Brief an Hardy schrieb er: „Es erschreckt mich häufig zutiefst, wenn ich mich selber betrachte und was die Bruderschaft mir auferlegt hat: den Dienst am Wort. Manchmal kann ich die Gnade kaum fassen, die mir gewährt wird, nämlich Jesus zu dienen. Er ist mir Trost und Freude, er gibt mir meine Stärke. Dieser Glaube ist unsere Unterstützung. Es ist reine Gnade."

Emmy war überglücklich, ihre Familie endlich wieder vereint zu sehen. Und sie freute sich, dass Heini rechtzeitig zur Geburt des neuen Babys aus Birmingham heimgekommen war. Jetzt, wo sie alle wieder zusammen waren, gab es nichts weiter zu tun, als zu warten.

Das Baby ließ sich nicht zur Eile drängen. Der Juli verging und der August brach an. Während der heißen Sommerabende saßen sie lange zusammen und überlegten. Wo sollte es passieren? Zu Hause, entschied Annemarie. Junge oder Mädchen? „Zuerst war ich mir nicht so sicher", meinte Annemarie, „aber jetzt glaube ich, dass es ein Mädchen wird." Ende Juli kam auch Frau Wächter aus Deutschland. Sie wollte Annemarie nach der Geburt beistehen.

In der Nacht des 14. August erzählte Annemarie Heini, wie sie zwei Sternschnuppen am Himmel beobachtet hatte. Majestätisch waren sie vorbeigerauscht: „Wie eine Kinderseele und sein Schutzengel", sagte sie zu Heini, als sie ins Bett gingen. Stunden vor dem Morgengrauen weckte sie ihn wieder: „Die Wehen haben eingesetzt. Noch nicht oft, aber ganz regelmäßig." Heini zog sich schnell an und rannte los, um seine Mutter und Moni zu wecken.

Bei Tagesanbruch wurde eine Hebamme gerufen, wie es das britische Gesetz verlangte. In dem Moment, als sie auftauchte, übernahm sie das Kommando. Ihr erster Befehl lautete: „Keine Väter erlaubt" und ohne Zögern warf sie Heini aus dem Haus. Dieser war tief enttäuscht – so hatte er sich die Geburt seines ersten Kindes nicht vorgestellt – und schlich hinaus. Draußen setzte er sich auf eine Bank unterhalb Annemaries Fenster im zweiten Stock. Frau Wächter war auch dort, und sie saßen beisammen und hörten zu, wie die Wehen stärker wurden. Frau Wächter rang die Hände. Heini empfand etwas wie Schuldgefühle und schwor sich, Annemarie von jetzt an viel zärtlicher und viel liebevoller zu behandeln. Er wusste mit einer plötzlichen Klarheit, dass Annemarie eine wunderbare Mutter sein würde.

Der Morgen zog sich in die Länge. Schließlich konnte Heini es einfach nicht mehr ertragen. Er sprang von der Bank auf und rannte nach oben. Die Hebamme tolerierte seine Anwesenheit für einige Minuten, bevor sie ihn wieder des Zimmers verwies. Aber Heini war bald wieder da. Annemaries stiller Kampf ging den ganzen Tag bis in den Abend hinein. Als klar wurde, dass es Probleme gab, rief man Dr. Winter aus Cirencester herbei. Er teilte Heini mit, dass eine Geburtszange zum Einsatz kommen musste. Um 21.40 Uhr wurde das Kind geboren.

Heini war bei ihr, als das Baby zur Welt kam. Es war ein Mädchen, und sie gaben ihm den Namen Emmy Maria. Heini stand mit offenem Mund da, fassungslos und überwältigt vor Freude: Er war Vater geworden!

Das Baby war winzig und wog kaum 2300 Gramm. Aber vom ersten Moment an war Emmy Maria voller Neugier auf die Welt. Ihre großen dunklen Augen schauten sich lebhaft um. Annemarie musste lachen, weil die Kleine dauernd ihre Zunge herausstreckte und wieder zurückzog.

Die ersten zwei Wochen schlief Annemaries Mutter neben dem Neugeborenen und kümmerte sich um Annemarie. Heini schlief allein in einem anderen Zimmer. Als seine Schwiegermutter wieder abreiste, freute er sich umso mehr, wieder bei Annemarie zu sein und mit ihr allein reden zu können. Am liebsten mochte er die Abende, wenn sie gemeinsam mit ihrem Baby zusammen saßen. Wenn Annemarie einschlief, blieb er wach, um sicher zu gehen, dass es Emmy Maria weder zu heiß noch zu kalt wurde. Jeder Tag brachte ihnen neue Freuden. Eines Sonntagnachmittags pflückten sie mehrere Sträußchen von Vergissmeinnicht, deren blaue Blümchen Annemarie zu einem Kranz flocht. Voller Stolz setzte sie ihn Emmy Maria auf den Kopf: „Dein erstes Blumenkränzchen!"

Heinis „Elternzeit" dauerte fünf Wochen. Mitte September bat ihn die Gemeinschaft, nach Birmingham zurückzukehren, um mit Gleichgesinnten und Suchenden in Kontakt zu treten und Mittel aufzutreiben, um die Bruderhofsiedlung in England weiter aufzubauen.

Heini liebte seine Arbeit und ging ganz in ihr auf. Die Menschen, denen er begegnete, erwiderten seine liebevolle Zuwendung: seine unbefangene Art, sein gebrochenes Englisch mit starkem deutschen Akzent, und vor allem sein echtes Interesse an dem, was sie zu sagen hatten. Sein Terminkalender war voll mit unzähligen öffentlichen Ansprachen, Kirchenveranstaltungen und Gartenfesten. Er genoss es, immer neue Kreise kennenzulernen: Quäker, Sozialarbeiter, Vegetarier, Tolstojaner, Anhänger von Gandhi oder Mitglieder der britischen Friedensvereinigung. Diese Organisation gab an, Hunderttausende von Mitgliedern zu haben, die alle schriftlich erklärt hatten, sich jedem Krieg zu verweigern.

Es gab aber auch Momente, in denen Heini der Idealismus der gebildeten Mittelschicht zu viel wurde und er sich nach Begegnungen mit einfacheren Leuten sehnte. Dann ging er in ein Arbeiterlokal um die Ecke. Die meisten Stammgäste dort waren Sozialisten, und wenn sie merkten, dass er kein Geld hatte, legten sie zusammen, um ihm ein Bier zu spendieren.

Andere Abende führten Heini an einen Ort, der ihn an seine Kindheit erinnerte, als sein Vater ihn und seine Geschwister zu den Erweckungsversammlungen der Heilsarmee mitgenommen hatte. „Die Zitadelle", wie der Versammlungsraum der Heilsarmee in Birmingham genannt wurde, war berühmt für ihre Blaskapelle. Hier fand Heini viele Freunde sowohl unter den Offizieren der Heilsarmee, die den Ort unterhielten, als auch unter den Obdachlosen, entlassenen Häftlingen und Alkoholikern, die dort zusammenkamen. Ausgelassen sang er ihre Lieder mit und kannte bald den Text dieser Erweckungslieder mit ihren sozialen Akzenten auswendig. Wenn der Gottesdienst seinen Höhepunkt erreichte, die Posaunen schmetterten und die Tubas ihr umpfta-umpfta machten, sang er die englischen Lieder aus voller Kehle mit: „I am not under law but under grace!" „Salvation for all!"

Alle zwei Wochen – oder auch jede Woche, wenn er es einrichten konnte – fuhr Heini nach Ashton Fields, um Annemarie und Emmy Maria zu besuchen. Emmy behauptete, dass Vater und Tochter sich ähnelten. „Mit ihrer Stupsnase sieht sie genauso aus wie du als Baby." Annemarie teilte ihre Freude, aber sie beobachtete Emmy Maria auch mit stiller Sorge. Wenn das Kind doch nur stärker werden würde! Auch Heini war besorgt, seitdem er Monis Gesichtsausdruck gesehen hatte, als sie das Baby zwei Tage nach der Geburt untersuchte. Moni hatte den Arzt zu Rate gezogen, der zwar beschwichtigte, aber dennoch von einem korrigierenden Eingriff sprach, der später erfolgen sollte. Die ersten sechs Wochen schien das Baby sich gut zu entwickeln.

Anfang Oktober allerdings bekam Emmy Maria Fieber und ließ sich nicht mehr stillen. Annemarie flehte Heini an, sofort nach Hause zu kommen. Als er seine Tochter erblickte, war er verwirrt; das Kind erschien ihm lebendiger als je zuvor und stützte sich in seinem Gitterbett auf seine kleinen Arme. Es bestand aber auch kein Zweifel, dass es Gewicht verlor.

Wenn sie weinte, holte Heini sie ins Bett neben sich, um sie zu beruhigen. Meistens funktionierte das und er freute sich: „Schau nur, wie sie auf jedes Anzeichen von Liebe reagiert! Sie muss so eine zarte Seele haben." Oft saß er neben ihrem Bettchen, schaute ihr ins Gesicht und sprach mit ihr.

Wenn Heini nicht im Haus war, sang Annemarie für sie oder zog die Spieluhr auf, die er in Birmingham besorgt hatte. Sobald die ersten Klänge ertönten, hörte das Baby auf zu weinen.

Im November bekam Emmy Maria Bronchitis und einen schweren inneren Infekt. Sie erbrach ihre Milch und lachte und gluckste nicht mehr. Moni rief Dr. Winter aus Cirencester. Nachdem er das Baby untersucht hatte, sagte er mit ernster Miene: „Bringt sie ins Krankenhaus, damit wir sie beobachten können."

Heini sackte auf dem unbequemen Krankenhausstuhl zusammen, er konnte nicht glauben, was die Oberschwester ihm gerade gesagt hatte: „Ihr Baby wird wahrscheinlich den morgigen Tag nicht mehr erleben. Sie wissen ja, wir können da nichts mehr machen." Und dann fügte sie ziemlich nüchtern hinzu: „Die Mutter muss nicht mehr zu Besuch kommen. Wir informieren Sie, wenn alles vorbei ist."

Heini versuchte, seine Panik in den Griff zu bekommen. „Sie ist nur die Oberschwester, der Arzt wird es besser wissen", versuchte er sich einzureden. Dann verlangte er, seine Tochter zu sehen.

„Es könnte Sie belasten, Herr Arnold. Aber ... nun gut, kommen Sie mit."

Das erste, was Heini sah, als er an Emmy Marias Bettchen trat, war der leuchtende Apparat mit Kochsalzlösung an ihrem Kopfende. Emmy Maria weinte und schrie, aber als sie ihren Vater erkannte, beruhigte sie sich, sah ihn an und blickte ihm direkt in die Augen. Heini fiel auf, wie transparent ihre Haut wirkte – wie weißes Wachs – und dass darin ein Netz aus feinsten blauen Äderchen sichtbar war. Sie war so dünn geworden! Es traf ihn wie ein Schlag: Es könnte wirklich sein, dass sie stirbt. Er wischte eine Träne weg und ging ins Wartezimmer, um Annemarie zu holen, die sich dort ausruhte. Als er ging, folgten ihm Emmy Marias hellwache Augen, groß und flehentlich. Sie sah so einsam aus, dachte er, ein winziger Körper in einem Meer weißer Laken.

Am Nachmittag bestätigte Dr. Winter ihre schlimmsten Befürchtungen. Die Infektion hatte sich ausgebreitet und man konnte nichts mehr machen. Heini erklärte, dass sie in diesem Fall Emmy Maria mit sich nach Hause nehmen würden. Der Arzt bat um einen weiteren Tag im Krankenhaus, doch am nächsten Tag entließ er das Baby und Heini rief ein Taxi. Zwei Krankenschwestern packten das Baby in Tücher ein und halfen ihnen ins Taxi, dann legten sie Emmy Maria auf Annemaries Schoß. „Aber sie ist doch noch so warm und lebendig!" rief Annemarie, während die beiden Schwestern verlegen schauten. Eine der beiden flüsterte Heini zu: „Sie können von Glück reden, wenn sie die Heimfahrt überlebt."

Als sie in Ashton Fields ankamen, trug Moni das Baby in Heini und Annemaries Zimmer. Emmy und der Rest der Familie folgten, viele andere kamen hinterher. Schon bald war der kleine Raum voller Menschen. Sie zündeten Kerzen an und sangen Weihnachtslieder. Heini sprach ein Gebet. Sie sangen bis spät in die Nacht, bis einer nach dem anderen sich verabschiedete und zurückzog. Heini und Annemarie blieben wach bei ihrem Baby.

Die nächsten vier Tage blieben die drei unzertrennlich zusammen. Hin und wieder schliefen Heini oder Annemarie ein wenig, aber einer der beiden blieb immer wach und passte auf Emmy Maria auf. Emmy und Moni kamen regelmäßig vorbei und Hardy und Hans-Hermann hielten gemeinsam mit ihnen die Nachtwache. Andere Mitglieder der Gemeinschaft kamen vorbei und brachten Essen und Sträuße von Wiesenblumen oder boten sich an, im Haushalt auszuhelfen. Schulkinder brachten selbstgemalte Bilder vorbei und Marianne Zimmermann, eine enge Freundin aus den Silumer Tagen, wachte die ganze Nacht im Flur, nur für den Fall, dass man sie benötigte. Das Baby war eingebettet in eine Atmosphäre des Mitgefühls und der Fürsorge – aber nicht nur das: sie schien von ihr auszugehen und die gesamte Gemeinschaft zu einen.

Die Zeit verging und Emmy Maria wurde immer schwächer. Sie schien kaum mehr zu reagieren, wenn ihre Eltern sie streichelten, sondern lag nur noch mit halb geöffneten Augen da und atmete flach. Hin und wieder regte sie sich, weinte, und wenn Annemarie sie mit einer Pipette fütterte, schmatzte sie vor Freude mit ihren Lippen.

Manchmal, wenn sie schlief, lag ein Lächeln auf ihrem Gesicht. Als Dr. Winter zu einem Hausbesuch kam – dieses Mal nur als Freund –, staunte er über ihre Ausdauer und meinte: „Sie muss einen starken Lebenswillen haben."

Ihr Zustand verschlechterte sich. Ihr Gesicht war schrecklich schmal geworden und das einzige Lebenszeichen waren ihre Augen. „Je schwächer ihr Körper wird, desto mehr zeigt sich die Seele", dachte sich Annemarie. Emmy Maria konnte den Schleim nicht mehr abhusten, der sich in ihrer Luftröhre ansammelte, und jeder Atemzug war angestrengt und rasselnd. Moni versuchte, ihre Atmung mit Wasserdampf und Menthol anzuregen, aber selbst die höchsten Dosierungen halfen nicht.

Am Abend verlor Emmy Maria das Bewusstsein und die nächsten achtzehn Stunden kämpften nur noch ihre Lungen weiter. Heini saß die ganze Zeit an ihrem Bettchen und befeuchtete ihre Lippen mit Wasser. Als Heini ihre Händchen anfasste, waren sie kalt geworden. Annemarie nahm sie hoch und hielt sie lange fest in ihren Armen.

Am 21. November um acht Uhr abends erwachte Emmy Maria plötzlich aus ihrem Koma und öffnete ihre Augen weit. Nachher bezeugten alle, die es miterlebt hatten, wie außergewöhnlich es gewesen war: Wie sie zuerst ihre Mutter, in deren Armen sie lag, ruhig angesehen hatte, dann ihren Vater, dann wieder die Mutter, hin und her. In ihren leuchtenden, klaren Augen lag weder Schmerz noch Leid. Sie leuchteten mit einem überirdischen Glanz – als brächten sie eine Botschaft aus einer anderen Welt, dachte ihre Mutter. Dann hob Emmy Maria ihre Ärmchen und reckte den Kopf – und das Licht ihrer Augen erlosch. Ihre Atmung hörte eine oder zwei Minuten später auf und Emmy schloss ihr die Augen.

Heini trug den Sarg, den Fritz aus Ulmenholz gezimmert hatte. Er ging an der Spitze des Beerdigungszuges mit Annemarie an seiner Seite. Trauer überfiel ihn in riesigen, überwältigenden Wellen. In diesem Sarg lag ihr erstgeborenes Kind. Sie hatte das Leben so geliebt und sie hatten so unablässig für sie gebetet und Gott angefleht, sie zu retten. Sie hatten nicht glauben können, dass er sie zu sich nehmen würde. Und doch hatte er es getan.

Nach der Beerdigung reisten sie für eine Woche in ein Ferienhäuschen am Meer: Ein Ort der Einsamkeit und Stille zwischen dem unendlichen Horizont des Meeres und dem Heidekraut. Trotz ihrer Erschöpfung konnte Annemarie einfach nicht schlafen. Heini versuchte, sie zu trösten, aber auch ihn quälte sein Schmerz. Warum hatte Gott ihre Gebete nicht erhört und ihr Baby gerettet?

Aber durch ihren Schmerz wuchsen sie noch enger zusammen, als ob sie durch das Licht im letzten Blick ihrer Tochter zusammengeschweißt worden waren. Die Weite des Meeres erinnerte sie an die Ewigkeit – und war es nicht die Ewigkeit, die sie durch ihre Augen hatten erahnen können?

Wenn sie miteinander spazieren gingen, redeten oder weinten, begannen sie, Emmy Marias letzte Momente als einen Aufruf wahrzunehmen, einen Ruf, erneut zu glauben. Heini schrieb in sein Tagebuch: „In dieser Stunde, als du, geliebtes Emmylein, von uns genommen warst, gelobte ich und bat dich im Herzen, sage es Jesus: Niemals will ich dem Finsteren dienen, niemals dem Tod. Und deine Augen, in Himmelsglanz leuchtend, sahen uns an. Was sagtest du uns? Du warst kein Kind der Erde mehr. Ein Kind des Himmels warst du schon."

20

Heliopher

Im Dezember, drei Wochen, nachdem Heini und Annemarie von ihrem Aufenthalt am Meer zurückgekommen waren, erkrankte Heini an einer Niereninfektion. Es war das dritte Mal in den vergangenen drei Jahren. Am Weihnachtstag fesselten ihn Fieber und Rückenschmerzen für mehrere Tage ans Bett. Heini starrte an die Decke und hatte nichts als Trauer, um sich abzulenken. So verbrachte er Stunden damit, nachzudenken. Der Schmerz, den der Tod von Emmy Maria verursacht hatte, war unvorstellbar. Über seinen persönlichen Schmerz hinaus wusste er, dass Millionen von Menschen unsäglich unter Hitlers Diktatur litten. An Hans-Hermann schrieb er: „Ganz schrecklich ist ja immer wieder die Frage der Flüchtlinge und der Judenverfolgung. Es lässt einen nicht in Ruh. Wir dürfen ja nicht unbarmherzig oder abgestumpft gegen eine solche grauenvolle Not werden. Dabei erfahren wir ja auch nur einen so geringen Bruchteil von dem, was alles mit den Menschen geschieht. Und wir können ja auch nur so sehr wenig tun. Was nur aus alledem werden soll?"

Oft fühlte er sich angespannt und von Versuchungen umgeben. Wenn er doch nur ein einziges Mal mit seinem Vater reden, an die Tür seines Arbeitszimmers klopfen könnte! „Komm rein!", würde sein Vater rufen und kurz von seinem Schreibtisch aufblicken. Heini würde sich in die Rauchschwaden setzen und ihm alles erzählen. Und sein Vater würde ihm sagen ... Was würde er sagen? Heini wusste es nicht.

Dem Arbeitszimmer des Vaters am nächsten war er beim Lesen. Heini wählte ein Buch, von dem er wusste, dass sein Vater es sehr geschätzt hatte: Die Biografie Johann Christoph Blumhardts. Seine gesamte Kindheit hindurch hatte Heini seinen Vater von Blumhardt reden hören – und Jahre später hörte er, wie andere von Blumhardts Einfluss auf Karl Barth und Dietrich Bonhoeffer sprachen. Er selbst aber hatte noch nicht viel über ihn gelesen.

In der Erzählung seines Biografen Friedrich Zündel beginnt die Lebensgeschichte Blumhardts ziemlich verschlafen. Zündel beschreibt in vielen Details Blumhardts frühes Leben als rechtschaffener junger Pfarrer der lutherischen Landeskirche, der mit seiner Ehefrau, einer Missionarstochter, in Möttlingen, einem Dorf in der Nähe von Stuttgart, lebt. 1842 dann erfährt das Leben dieses Pfarrers eine überraschende Wende. Seit seiner Ankunft in Möttlingen vor vier Jahren hatte Blumhardt gespürt, dass bei einer jungen Frau in der Gemeinde, Gottliebin Dittus, etwas unheimlich und ungesund ist. Besonders in letzter Zeit gehen beunruhigende Geschichten über sie um. Hinter vorgehaltener Hand wird geflüstert, es würden ungewöhnliche Dinge in ihrem Haus passieren: seltsame Geräusche und Lichter, Erscheinungen und andere übernatürliche Anzeichen. Zunächst versucht Blumhardt, die Gerüchte zu ignorieren. Er ist ein bodenständiger Mann, der alle Sensationsmacherei verachtet. Seine größte Sorge sind die sinkenden Besucherzahlen in den Gottesdiensten. Er weigert sich, die Sache näher zu erforschen oder Gottliebin auch nur zu besuchen. „Diese Dinge überlässt man am besten einem Arzt", behauptet er.

Doch wenig später ist es gerade der Arzt des Dorfes, der Blumhardt wegen seiner übermäßigen Vorsicht tadelt. „So wie man das Mädchen leiden lässt, könnte man meinen, das Dorf habe keinen Pfarrer", ermahnte er Blumhardt. Die Angelegenheit ist dabei, sich zu einem öffentlichen Skandal zu entwickeln, und neugierige Besucher fangen an, sich im Gasthaus gegenüber von Gottliebins Haus einzuquartieren. Schließlich fängt Blumhardt an, die junge Frau zu besuchen – und kommt zu der Überzeugung, dass sie von einem Dämon besessen ist. Er hat jedoch keine Ahnung, wie er ihr helfen könnte. Eines Tages, als Gottlieblin nach einem ihrer häufigen und unerklärlichen Anfälle hilf- und bewusstlos auf dem Boden liegt, ruft Blumhardt in seiner Verzweiflung laut aus: „Herr Jesus, hilf mir! Wir haben genug gesehen, was der Teufel vermag. Jetzt möchten wir sehen, was Gott vermag!" Mit diesen Worten läutet er eine Gebetskampagne ein, die in den folgenden zwei Jahren das gesamte Dorf erfasst und deren Auswirkungen weithin spürbar sind.

Der Kampf zieht sich über Monate hin, mit blasphemischen Ausbrüchen, grotesken Krämpfen, gewalttätigen Wutanfällen und Selbstmordversuchen. Im Dezember 1842 erreicht er seinen Höhepunkt. Das Blatt wendet sich, als die junge Frau mit einer fremden Stimme ruft: „Jesus ist Sieger!" – und plötzlich geheilt ist.

Innerhalb von Tagen verwandelt sich ganz Möttlingen: Alkoholiker werden nüchtern (und bleiben es), Betrüger entschädigen ihre Opfer und unglückliche Ehen wandeln sich zum Besseren. Selbst Ehebrecher bitten ihre betrogenen Ehepartner um Vergebung und ein Mordfall wird aufgeklärt. Aus dem ganzen Umkreis kommen Berichte, dass Menschen mit physiologischen Behinderungen, Epileptiker und psychisch Kranke geheilt wurden. Blumhardt, dem man das alles zuschreibt, ist genauso überrascht wie jeder andere, weist aber jede Verbindung zu sich selbst zurück, und lehnt es entschieden ab, eine Sensation aus den Geschehnissen zu machen. Dennoch wird in der Presse über die ungewöhnlichen Ereignisse berichtet. Es dauert nicht lange, bis man von ihnen als von der Erweckung in Möttlingen spricht.

An dieser Stelle hatte Heini erst die Hälfte der Biografie gelesen, aber schon begann das Buch auf ihn zu wirken wie nur wenige andere zuvor. Es kam ihm fast so vor, als würde er über seinen Vater lesen. Nicht nur die Geschichte Blumhardts bewegte ihn tief, sondern auch das Gefühl, dass hier ein großer Bogen zu seiner eigenen Geschichte geschlagen wurde. So vieles von dem, was in Möttlingen passiert war, hatte sich auch in Sannerz ereignet. Und wer wollte behaupten, dass es nicht wieder passieren könnte?

Zum dritten Mal in seinem Leben fühlte er sich von einer Kraft überwältigt, die er sich nicht erklären konnte, die aber tiefer und wirklicher und umfassender war als alles, was durch Nerven oder Emotionen hervorgerufen werden kann. Es war, als sei in seiner Seele die Morgendämmerung angebrochen und er konnte in ihrem Licht das Leiden des Mannes von Golgatha sehen und spüren – und ebenso seine unermessliche Pein und Einsamkeit. Er weinte.

In den folgenden Wochen zog noch eine andere mit seinem Vater verbundene Geschichte Heini in ihren Bann: eine Erzählung des russischen Schriftstellers Maxim Gorki, an die er sich aus seiner Kindheit in Sannerz erinnerte und von der Hardy in der Dezemberausgabe 1938 der Gemeinschaftszeitschrift „The Plough" eine volkstümliche Nacherzählung veröffentlicht hatte. Gorkis Geschichte hatte Heini schon immer auf die gleiche Weise fasziniert wie die Geschichten von Rachoff und dem Sadhu, dieses Mal aber erschien sie ihm fast wie eine Prophezeihung.

Vor langer Zeit, so geht die Legende, lebte einst ein Volk verloren in einem riesigen, finsteren Wald. Die Bäume des Waldes standen so dicht, dass die Sonne nicht durch ihre miteinander verschlungenen Zweige hindurchscheinen konnte. Wilde Tiere stellten den Bewohnern nach, vor allem denen, die sich zu weit vom Schutz der anderen oder vom Schutz ihrer Häuser entfernten. Sie alle lebten in ständiger Todesangst und mit der Zeit machte sich die Finsternis auch in ihren Herzen breit und würgte sie. Bald schon konnten sie sich nicht mehr lieben, sondern hassten und mordeten einander. Trotzdem waren sie gezwungen zusammenzubleiben, denn alleine hätte keiner von ihnen überleben können. Jahre vergingen, und sie verloren jede Hoffnung, jemals den Weg aus dem dunklen Wald heraus zu finden. Nur hin und wieder fingen die Augen der Ältesten durch einen letzten schwachen Schimmer der Erinnerung an glückliche, sonnige Jugendtage an zu leuchten. Die Jüngeren aber verspotteten diese Erinnerungen als Tagträumerei. Sie konnten nicht an ein Licht glauben, das sie nie selbst gesehen hatten.

Im Volk aber lebte ein junger Mann mit dem Namen Heliopher, den das Elend seines Volkes traurig stimmte und der sich überlegte, wie es Rettung finden könnte. Eines Tages ging er alleine los, um die Sonne zu suchen. Er wanderte durch den pfadlosen

Wald, durch Dornengestrüpp hindurch, den wilden Tieren ausgesetzt und gegen seine eigene Verzweiflung kämpfend. Oft dachte er, er könne nicht mehr weitergehen, er müsse vor Erschöpfung zusammenzubrechen – von allen für immer vergessen.

Doch eines Tages erblickte er ein seltsames Schimmern. Er fing an zu laufen, dem Licht entgegen. Es wurde heller und heller, und plötzlich brach er aus dem Dickicht des Waldes heraus in ein Land voller wunderbarer Farben. Er blickte nach oben und sah zum ersten Mal die Sonne. Überwältigt fiel Heliopher nieder und verlor das Bewusstsein. Als er wieder erwachte, lag er auf einer grünen Wiese, umgeben und beschützt von Menschen, die ganz anders waren, als er es gewohnt war. Sie waren stark, aber sanftmütig. Sie lebten nicht nur zusammen, sondern hatten einander aufrichtig lieb. In ihrer Gegenwart wurde es Heliopher leicht ums Herz und er wurde von Freude erfüllt.

Aber seine Freude war noch nicht vollkommen. Es quälte ihn, an sein eigenes Volk im finsteren Wald zu denken. Schließlich entschloss er sich, in den Wald zurückzugehen, um sein Volk zu finden. „Kommt, Brüder und Schwestern", sagte er, „ich werde euch zum Licht führen." Zunächst waren die Leute misstrauisch und murrten, und die Jüngeren glaubten ihm nicht und lachten ihn aus. Doch je mehr er erzählte, desto neugieriger wurden sie und ein großes Verlangen, die Sonne zu sehen, erwachte in ihnen. Schließlich waren sie bereit, ihm zu folgen.

Der Weg durch den dunklen Wald war lang und mühsam und erforderte Selbstlosigkeit und Ausdauer. Das Volk begann zu murren und manche sagten leise: „Er hat uns in die Irre geführt, wir sollten ihn töten."

Heliopher wusste, was sie dachten, und erinnerte sie an das, was vor ihnen lag: das Land der Sonne, voller Licht und Liebe. Aber sie erwiderten: „Du Lügner! Es gibt kein Licht und keine Sonne. Lasst uns nach Hause zurückkehren. Wir wollen finsterer werden als der Wald und grausamer als das wildeste Tier. Wenn wir schon nicht aus dem Wald hinauskönnen, wollen wir doch wenigstens Herrscher darin sein!" Heliopher flehte sie an, weiterzugehen, aber sie hörten nicht auf ihn, sondern schwangen ihre Arme wütend umher und schrien voller Verzweiflung: „Es gibt kein Licht! Es gibt keine Sonne!"

Als sie ihn angreifen wollten, schrie Heliopher auf: „Folgt mir nach!" und mit seinen Händen riss er sich die Brust auf und nahm sein eigenes Herz heraus, das so vor Liebe brannte, dass es die Dunkelheit um sie herum erhellte. Er hielt es hoch erhoben in beiden Händen, schritt voran und führte das verwunderte Volk aus dem Wald.

Als sie das Land der Sonne betraten, tanzten die Leute in den Strahlen der Sonne und Liebe füreinander keimte in ihren Herzen auf. Als Heliopher aber an den Waldesrand kam, stürzte er und blieb ausgestreckt liegen, ein gebrochener Mensch. Noch im Tod hielt er sein leuchtendes, pulsierendes Herz fest in den Händen.

Heini musste immer wieder an die Bilder dieser Geschichte denken. In schlaflosen Nächten dachte er über ihre Bedeutung nach. Es war ein Gleichnis von Jesu aufopfernder Liebe. Was aber bedeutete sie für sein eigenes Leben?

21

Primavera

Ashton Fields Farm, Oktober 1940

Heini hörte den Bomber im Anflug. Drei Monate, nachdem die regelmäßigen Bombenangriffe angefangen hatten, kannte jeder das charakteristische, unheilverkündende Dröhnen. Seit Kurzem kamen die deutschen Bomber jede zweite oder dritte Nacht. Normalerweise drehten sie nach Osten in Richtung London ab, wo sie bis zum Jahresende dreiundzwanzigtausend Zivilisten töten würden. Manchmal flogen sie auch in nördlicher Richtung weiter zu den Fabriken in den englischen Midlands. Auch wenn Ashton Fields weit genug von dem Feuerschein, den die Bombenangriffe am Horizont hinterließen, entfernt lag, war es dennoch alles andere als ein sicherer Ort, denn in der unmittelbaren Umgebung befanden sich nicht weniger als fünf Stützpunkte der Royal Air Force.

Dann kam es, direkt über ihr Dach hinweg. Ein langgezogenes Zischen, das mit einem grellen Lichtblitz in einem nahegelegenen Feld endete: Eine Brandbombe. Zum Glück richtete sie keinen Schaden an. Dennoch erschrak Heini heftig. In einem Nachbardorf hatte eine solche Bombe erst vor Kurzem einen Mann getötet.

Die Bombenangriffe machten den Kindern Angst, aber Heini und die anderen Erwachsenen hatten eine viel größere Sorge: Eine deutsche Invasion. In den vorausgegangenen Monaten hatten die deutschen Truppen ein Land nach dem anderen überrannt: Luxemburg, Belgien, die Niederlande, Frankreich, Dänemark und Norwegen. Großbritannien schien als nächstes an der Reihe zu sein. Als Heini in dieser Nacht schlaflos im Bett lag, hörte er das Dröhnen der Flugzeuge und in der Ferne Explosionen. In seinem Kopf spielte sich ein Schreckensszenario ab: Die *Wehrmacht* überquert den Ärmelkanal und marschiert in Wiltshire und Ashton Fields ein. Annemarie, er und die anderen deutschen Mitglieder des Bruderhofs werden gefangen genommen und in ein Konzentrationslager verschleppt oder gleich als Verräter erschossen. Roswith, ihre einjährige Roswith, deren Geburt vor einem Jahr so viel Freude in ihr Leben zurück gebracht hatte – ein Waisenkind.

Solche Ängste waren nicht unbegründet. Nach dem Krieg fielen den Alliierten Dokumente in die Hände, die Hitlers Pläne für die Besetzung Großbritanniens enthielten. Sie zeigten, dass die SS sechs Kommandoeinheiten vorbereitet hatte, um das Land sofort nach der erfolgreichen Invasion zu durchkämmen und alle Gegner des Nationalsozialismus, einschließlich der deutschen Emigranten, zu verhaften.

Tagsüber verflogen solche Alpträume, allein schon, weil es so viel Arbeit zu erledigen gab. Nach wie vor kamen Gäste in Scharen und jeden Monat erklärten Dutzende ihre Absicht, zu bleiben. Der Bruderhof hatte außerdem zwanzig jüdische Flüchtlinge aus Österreich aufgenommen, darunter drei Kinder, die mit den *Kindertransporten* in Sicherheit gebracht worden waren, und suchte Förderer, um noch mehr aufnehmen zu können. Dreißig Mitglieder der zionistischen Jugendorganisation *Hashomer Hatzair* waren für ein Jahr auf den Bruderhof gekommen, um eine landwirtschaftliche Ausbildung zu machen, bevor sie nach Palästina wollten, um dort einen Kibbuz zu gründen. Für alle diese neuen Bewohner mussten Wohnräume errichtet und Essensrationen gestreckt werden. Heini war ständig damit beschäftigt, neue Hilfskräfte für die Landwirtschaft auszubilden. Es schien, als käme jeder Zuwachs für die Gemeinschaft entweder direkt aus der Stadt oder von der Universität.

Nicht jedem Besucher gefiehl das raue Landleben. Wer keinerlei Erfahrung in Landwirtschaft oder Bau mitbrachte, arbeitete normalerweise in der Gemüseküche, einem kleinen, kalten Raum, wo eine schier unendliche Flut an Pastinaken, Steckrüben und Karotten gewaschen werden musste. Einmal fragte Hardy eine Frau, die zu Gast gewesen war und nun wieder nach Hause zurückkehren wollte, ob sie sagen könne, was sie über ihren Besuch dachte. Sie antwortete: „Ja, mit einem Wort: *Rüben!*"

Die Gemeinschaft hatte auch mit größeren Herausforderungen zu kämpfen. Seit dem Frühjahr hing die Bedrohung einer Internierung wie ein Damoklesschwert über ihnen. Als *enemy alien*, Angehörige von Feindstaaten, bestand für sie stets die Gefahr, festgenommen und in einem Internierungslager gefangen gehalten zu werden. Die meisten in England lebenden Deutschen waren bereits vor Monaten festgenommen worden. Heini, Annemarie und die anderen deutschen Gemeinschaftsmitglieder waren diesem Schicksal bisher nur entgangen, weil ihre Pässe mit dem Vermerk *Refugees from Nazi Oppression* gestempelt worden waren. Aber auch für sie galt eine Ausgangssperre nach 21.30 Uhr und sie wussten genau, dass ihnen ihr Ausnahmestatus jederzeit entzogen werden konnte.

In jedem Fall standen sie unter Beobachtung, wie die junge Engländerin Freda Bridgwater im Mai des vorherigen Jahres feststellen musste. Acht Tage nach ihrer

Eheschließung mit einem deutschen Bruderhofmitglied wurde sie festgenommen und auf der Isle of Man als *enemy alien* interniert.

Als dann im Sommer die Häufigkeit und Intensität der Bombenangriffe zugenommen hatte und Misstrauen und Angst vor Ausländern wuchsen, waren einige Nachbarn feindselig geworden. Örtliche Zeitungen veröffentlichten regelmäßig Leserbriefe, in denen die „German Peace Community" offen angegriffen wurde. Die Gerüchteküche brodelte: „Die Deutschen in Ashton Fields spionieren unsere Luftwaffenstützpunkte aus", „sie kaufen Felder als Landeplätze für Fallschirmspringer! Sie wollen die Invasion unterstützen!"

Die Gerüchte drangen bis ins Parlament nach Westminster. Das House of Lords, das britische Oberhaus, erörterte die Möglichkeit, Wachen in Ashton Fields einzuquartieren, und im Unterhaus, dem House of Commons, wollte ein gewisser Captain Alan Graham wissen, warum die „German Peace Community" noch nicht interniert worden sei. Verschiedene örtliche Gerüchte hatten zu seiner Frage geführt, darunter der Verdacht, dass „die Deutschen Beobachtungstürme errichten" würden – in Wirklichkeit ein Baumhaus, das die Schulkinder der Gemeinschaft gebaut hatten.

Zu Captain Grahams Verwunderung erhoben sich Stimmen, die den Bruderhof verteidigten. Darunter war Lady Astor, eine in Amerika geborene Gräfin, die zehn Jahre zuvor als erste Frau im Parlament Geschichte geschrieben hatte. „Ist es nicht vielmehr so", erwiderte sie, „dass diese nach dem letzten Krieg gegründete Gemeinschaft sich ausschließlich dem Christentum verschrieben hat und dass ihre Mitglieder diesem Land keine Last, sondern eine große Bereicherung sind?" Captain Graham konnte seine Vorwürfe nicht konkretisieren, so dass man die Angelegenheit auf sich beruhen ließ. (Die anderen Parlamentarier wussten nicht, dass Lady Astor Sympathien für den Bruderhof hegte, seit sie von seiner Vertreibung aus Nazi-Deutschland erfahren hatte. Bislang hatte sie die Belange der Gemeinschaft nur privat unterstützt.)

Schwieriger war es für die Gemeinschaft in Ashton Fields, Fürsprecher in der direkten Umgebung zu finden. Eines Nachts kamen betrunkene Soldaten des Heimatschutzes auf das Gelände, durchsuchten die Ställe und Häuser – und forderten einen Obstbaum auf, die Hände zu erheben, ansonsten würde er erschossen. Regionalzeitungen riefen zu einem Boykott von Milch und Eiern der Gemeinschaft auf, worauf die meisten Kunden fernblieben. Jemand hörte zufällig, wie zwei Raufbolde in der Kneipe des Dorfes Pläne schmiedeten, die landwirtschaftlichen Gebäude in Brand zu setzen (was dann verhindert wurde). „Ist es nicht an der Zeit, England zu verlassen?", fragten sich Heini und einige andere.

Im Juni schrieb die Gemeinschaft an das House of Lords mit der Bitte um Erlaubnis, nach Kanada auswandern zu dürfen, und in den folgenden Monaten prüften sie auch andere Länder auf die Möglichkeit, dort Zuflucht zu finden, darunter Jamaika, Neuseeland, Australien und Südafrika. Im August schickten sie zwei Repräsentanten nach

New York, um herauszufinden, ob die Vereinigten Staaten sie aufnehmen würden. Eleanor Roosevelt setzte sich für sie ein, aber es half nicht, und ein Land nach dem anderen erteilte den Asylsuchenden eine Absage. Auf dem Höhepunkt des Krieges wollte niemand etwas mit einer Gruppe von Pazifisten aus aller Herren Länder zu tun haben.

Im Herbst schließlich fanden sie ein Land, das bereit war, sie aufzunehmen. Es war Paraguay, das den meisten so unbekannt war, dass sie auf Landkarten nachschauten, wo genau in Südamerika sich dieses Land befand. Aber Paraguay bot noch mehr als nur eine Bleibe. Das Land versprach ihnen drei außerordentliche Privilegien: Religionsfreiheit, Bildungsfreiheit und Befreiung vom Militärdienst.

Das britische Innenministerium, genannt Home Office, stellte die erforderlichen Ausreisegenehmigungen aus. Das war ausgesprochen großzügig angesichts der Tatsache, dass sich das Land im Belagerungszustand befand und sich verzweifelt gegen eine Luftwaffe wehrte, die zehnmal so groß wie die eigene war. Im Lauf des folgenden Jahres gewährte die Regierung dreihundertfünfzig Menschen aus Ashton Fields die Ausreise, darunter drei Ärzte und viele gesunde junge Männer.

In der Nacht des 10. November flog die deutsche Luftwaffe schwere Angriffe auf Coventry, hundert Kilometer nördlich von Ashton Fields. Die ganze Nacht über war das Aufblitzen der Explosionen zu sehen. Drei Tage später, während Coventry noch brannte, setzten bei Annemarie die Wehen ein. Das Baby, das sie zur Welt brachte, war ein Junge. Zum Andenken an Blumhardt nannten sie ihn Johann Christoph. Als Rufname setzte sich Christoph durch. Die ersten Tage seines Lebens hindurch fielen die Bomben vom Himmel. Manche schlugen so nahe ein, dass die Wände des Krankenhauses bebten.

Als Annemarie mit Christoph nach Hause kam, herrschte in Ashton Fields hektische Aktivität. Alles wurde in riesige Kisten verpackt: Bettzeug, Küchengeräte, Bücher, Druckmaschinen und landwirtschaftliches Gerät. In einem winzigen Büro arbeiteten Schreibkräfte fieberhaft daran, einen immer kleiner werdenden Haufen von Formularen und Anträgen abzuarbeiten. Die erste Reisegruppe sollte bereits in zehn Tagen nach Südamerika in See stechen, darunter auch Emmy, Hardy und Edith; Hans-Hermann und seine Frau Gertrud sowie Alfred und Fritz mit ihren Familien – insgesamt achtzig Personen.

Die Flüchtlinge hatten kaum Geld, keinerlei Kenntnisse über das Land, das bald ihr neues Zuhause werden sollte, und würden nach ihrer Ankunft zunächst kein Dach über dem Kopf haben. Zwischen ihnen und Südamerika lag zudem die gefährliche Überquerung des Atlantiks. Die Blue Star Line, mit der sie reisen würden, war besonders im Fadenkreuz der deutschen Marine, und die Briten verzeichneten zunehmende Verluste durch deutsche U-Boote. Der Moment des Abschieds war ernst, aber nicht traurig. Emmy meinte: „Wir haben immer aus dem Glauben heraus gelebt. Warum sollten wir jetzt nicht auch auf Gottes Führung vertrauen?"

In den folgenden Wochen machten sich weitere Gruppen auf den Weg nach Südamerika, so dass im Februar 1941 nur noch rund sechzig Menschen in Ashton Fields zurückblieben. Alles ging drunter und drüber, und Heini hatte die Aufgabe, die Dinge zusammenzuhalten. Ihm war die Verantwortung übertragen worden, den Bruderhof in England ordentlich aufzulösen. Aber an ein Auflösen war kaum zu denken, denn täglich kamen neue Besucher, von denen mehrere inständig um Aufnahme baten, obwohl der Hof nach der Abreise der meisten Mitglieder in einem erbärmlichen Zustand war. Schule, Gemeinschaftsküche und das Büro des Geschäftsbetriebs waren wegen Mangel an Arbeitskräften kaum funktionsfähig.

Auch in der Landwirtschaft gab es Probleme, was Heini große Sorgen bereitete. Denn obwohl Ashton Fields bereits verkauft worden war, um die Übersiedlung nach Südamerika bezahlen zu können, stand im Kaufvertrag ganz ausdrücklich, dass der landwirtschaftliche Betrieb während der Abwicklung nicht vernachlässigt werden dürfe, andernfalls drohte eine heftige Strafe. Aber die Felder waren noch nicht gepflügt, geschweige denn eingesät worden. Heini konnte nicht selbst in der Landwirtschaft arbeiten, denn er musste sich ständig mit Vertretern des Innenministeriums, der Blue Star Line und den Anwälten, die sie zum Verkauf des Hofs hinzugezogen hatten, in London treffen. Wer konnte die Arbeit übernehmen? Heini gab sich keinen Illusionen hin, was die Fähigkeiten der Neuankömmlinge betraf.

Da war Gwynn Evans, der neue Wagenfahrer. So nervös und steif, wie er auf dem Wagen saß, die Zügel in wie zum Gebet weit ausgestreckten Armen haltend, war offensichtlich, dass er weder Bauer noch Reiter war. Sein Pferd lief so langsam, dass man den Eindruck bekam, es sei vielleicht eingeschlafen, während Gwynn ihm sanftmütige Ermahnungen in kultiviertem Englisch zurief – er war von Haus aus Theologe, ausgebildet an der Eliteuniversität Cambridge. Oder Guy Johnson, der gerade zum Schuhmacher ausgebildet wurde – eigentlich ein Rechtsanwalt. Charles Headland, der Schweinehirt, war eigentlich zugelassener Wirtschaftsprüfer. Ruth Cassell und Margaret Stern, zwei junge Frauen, die in den riesigen Bottichen in der Wäscherei rührten, hatten gerade ihr Medizinstudium abgeschlossen.

Viele Jahre später bezeichneten viele dieser Leute ihren Aufenthalt in Ashton Fields als die beste Zeit ihres Lebens. Nie war ihre Begeisterung stärker, ihre Vision klarer und ihr Mut frischer gewesen als damals. Sie hatten die faulen Kompromisse der alten Welt hinter sich gelassen, um mitzuhelfen, dass eine neue Welt entstehen konnte. „Wir sind aufgebrochen, um Zion zu erbauen", sagten sie sich immer wieder. Dass dieser Aufbruch auch bedeutete, Familien und Freunde zu verlassen, um im südamerikanischen Urwald eine neue Heimat zu finden, machte das Abenteuer nur noch spannender.

Humor half dabei, die Spannungen zu entschärfen, die bei einem Leben auf so engem Raum unweigerlich auftraten. Eines Morgens trank Heini seinen Kaffee im Büro, als er merkte, dass Wasser durch einen Riss in der Decke tropfte. Ein Gast schrubbte gerade den Boden im Stockwerk über ihm. Heini rief nach oben: „Dein Wasser tropft mir gleich in den Kaffee!"

„Ach sei doch still!", rief der Gast zurück: „Freu dich lieber, dass du überhaupt Kaffee hast, in den Wasser tropfen kann." Noch tagelang zog Heini den Gast mit der Geschichte auf, aber der Gast blieb.

Heini wusste, dass Enthusiasmus alleine weder die Felder bestellen noch zwanzig Hektar Saatkartoffeln setzen würde, wie der Kaufvertrag verlangte. Deswegen freute sich Heini umso mehr, als einer der Neuankömmlinge sich als erfahrener Landwirt herausstellte. Johnny Robinson war Mitte Februar auf einem brandneuen Motorrad vorgefahren. Seine Frau hatte hinter ihm gesessen und sich an seinen Schultern festgehalten. Beide waren Sozialisten und überzeugte Agnostiker. Viele der anderen Gäste waren das auch, aber Johnny war ein besonderer Fall. Zum einen machte er klipp und klar, dass er nicht vorhabe, sich zu irgendetwas bekehren zu lassen. Zum anderen aber war er überzeugt, dass der Bruderhof der Ort sei, an dem er den Rest seines Lebens verbringen wolle. Johnny hatte ein feuriges Temperament und was er sagte, das tat er auch. Schon bald gab er sein Geld und was er sonst noch besaß in die gemeinsame Kasse.

Etwa eine Woche nach seiner Ankunft ging Heini auf Johnny zu und erklärte ihm, was alles in der Landwirtschaft getan werden musste. Johnny runzelte die Stirn, aber er nahm die Aufgabe dennoch an, besonders als Heini versprach, weitere Arbeiter gegen Bezahlung anzuheuern.

Diese Arbeiter tauchten allerdings nie auf – jeder Penny wurde gebraucht, um die nächste Überfahrt nach Südamerika zu finanzieren. Das bedeutete für Johnny, dass er allein klarkommen musste, zusammen mit einem der neu angekommenen Städter. Durch irgendein Wunder schafften sie es, die Felder für die Saat zu bestellen.

Dann tauchte das nächste Problem auf. Woher sollte das Geld für die Saat kommen? Heini und Stanley Fletcher, der ihn bei seinen Aufgaben unterstützte, gingen zu Johnny, um ihm die missliche Lage zu erklären. Johnny war ratlos. „Ihr habt doch schon mein ganzes Geld", meinte er. Das stimmte – Johnny hatte sogar seine Schallplattensammlung der Gemeinschaft gegeben. Heini lächelte und sah zu Stanley hinüber.

Stanley schlug sich gespielt mit der Hand an die Stirn, als ob ihm genau in diesem Moment die zündende Idee gekommen wäre: „Weißt du was, Heini, Johnny hat ja noch das tolle Motorrad."

Es folgte kurzes Schweigen, als Johnny darum rang, Haltung zu bewahren. Dann riss er sich zusammen: „Tut, was ihr tun müsst." Am nächsten Tag verkaufte er das

Motorrad und kaufte von dem Erlös das Saatgut. Als die letzte Gruppe Ende April nach Paraguay aufbrach, schimmerten die Felder in zartem Grün.

Im Durcheinander der Auflösung von Ashton Fields hatte Heini sich stark auf seinen Schwager Hans Zumpe verlassen, und ihre Beziehung hatte sich wieder verbessert. Hans schien sich in den vorausgegangenen drei Jahren geändert zu haben. Er hatte zugegeben, dass er sich nach Eberhards Tod falsch verhalten hatte, und er hatte auch Emmy und der gesamten Gemeinschaft gegenüber Reue gezeigt und einzelne Vorfälle aufgeklärt, wo er arrogant gewesen war. Angesichts seiner Ernsthaftigkeit und neuen Demut hatte die Gemeinschaft sich feierlich mit ihm versöhnt und ihm versichert, dass die Vergangenheit vergeben und vergessen war. So war Hans auf Veranlassung von Emmy und Heini zum Finanzverwalter ernannt worden, eine Aufgabe, bei der er eng mit Hardy, Georg, Heini und dem Rest des Leitungsteams zusammenarbeiten musste.

Die *Avila Star* war mit einer Kriegstarnung bemalt, was wie eine düstere Vorahnung wirkte. Als Heini seiner Familie half, die steilen Stufen der Gangway hinaufzusteigen, erbleichte er für einen Moment. Trotz aller Ängste und Sorgen vor einer möglichen Invasion war England ein sicherer Ort im Vergleich zu einer Schifffahrt nach Südamerika auf dem Höhepunkt der Atlantikschlacht. Erst in den vergangenen Tagen war in der Zeitung ein weiterer Bericht darüber erschienen, wie die deutschen U-Boote ihre Wolfsrudeltaktik ausweiteten und neue magnetische Minen zum Einsatz brachten. Heini schaute auf seinen fünf Monate alten Sohn Christoph, der tief schlafend in einem großen Weidenkorb lag. Er wusste noch nicht, was Angst war.

Während der vierwöchigen Reise über den Atlantik fuhr die *Avila Star* einen Zickzack-Kurs, um mögliche Feinde abzuschütteln. In England waren nach Kriegsbeginn die Lebensmittel rationiert worden, und auch vorher schon hatte Heini in Armut gelebt. Im Gegensatz dazu erschienen ihm die Schiffsmahlzeiten geradezu unglaublich verschwenderisch. Auch der gemächliche Tagesablauf war ihm neu. Um die Zeit totzuschlagen, nahm man Unterricht in Spanisch und Decktennis, veranstaltete Schachturniere und es bildete sich eine kleine Chorgruppe.

Abends versammelte Heini die Gruppe der angehenden Pioniere auf dem offenen Deck unter dem Sternenhimmel und versuchte, ihren Mut zu stärken. So las er öfters laut aus der Blumhardt-Biografie vor, die ihm selbst so wichtig geworden war. Oder er erzählte von den Mitgliedern, auf die man in Paraguay treffen würde – viele in dieser letzten Gruppe waren junge Briten, die der Gemeinschaft erst beigetreten waren, nachdem die ersten Gruppen im vorherigen November Ashton Fields verlassen hatten. Es wurde viel gelacht, als er liebevolle Anekdoten über jeden einzelnen erzählte: Edith, Hardy, Moni, Georg, Alfred, Sophie und seine Mutter Emmy. Für diejenigen, die sich erst kürzlich der Gruppe angeschlossen hatten, wie den einundzwanzigjährigen Jurastudenten Peter Cavanna, waren Heinis Erzählungen eine wichtige Stütze und

Zusicherung. Er konnte es kaum erwarten, diese unbekannten Brüder und Schwestern endlich kennenzulernen.

Das Schreckgespenst eines möglichen Angriffs war trotzdem allgegenwärtig. Die Mannschaft übte täglich eine Stunde lang das Schießen mit den Schiffsgeschützen und führte wiederholt Übungen mit den Rettungsbooten durch, für den Fall, dass das Schiff torpediert werden würde. Die Passagiere wurden angehalten, auch im Bett ihre Kleidung anzubehalten. Die nächtlichen Verdunkelungsvorschriften waren so streng, dass sogar das Rauchen an Deck verboten war, aus Angst, von einem U-Boot gesichtet zu werden. „Mir wurde schwer ums Herz", gestand Kapitän Fisher eines Abends im Rauchersalon, „als ich vor unserer Abfahrt alle eure Kinder an Bord gehen sah. Ich dachte an die Gefahr und wusste nicht, ob ich eine so schwere Verantwortung tragen konnte." (Es kam dann so, dass alle vier Blue-Star-Schiffe, die Bruderhofemigranten nach Südamerika brachten, sicher dort ankamen, später aber durch Torpedos versenkt wurden – einschließlich Kapitän Fishers Schiff.)

Mitte Mai erblickte Heini zum ersten Mal Land: Die Küste Brasiliens war in Sicht. Zusammen mit Annemarie stand er an Deck und erwartete den Sonnenaufgang. Auf den ersten Blick erschien der neue Kontinent üppig und voller Verheißung. Den ganzen Morgen lang blieben sie an die Reling gelehnt und schauten zum Land hinüber. Als sie für einen Zwischenstopp in den Hafen von Rio de Janeiro einliefen, schwammen gefleckte Schweinswale neben dem Schiff her und riesige, auffällig bunte Schmetterlinge flatterten über die Decks. Flugzeuge flogen über die Bucht in ihre Richtung wie kleine laute Spielzeuge. Am Fuß der Berge erstreckte sich die Stadt entlang eines langen Strandes, eine endlose Ansammlung weißer Häuser und Kuppeln. Hier und dort ragte ein Wolkenkratzer aus dem Häusermeer.

Nachts war Rio noch bezaubernder. Nach anderthalb Jahren strikter Verdunkelung in England und auf dem Schiff schienen die unzähligen Lichter der Stadt den Reisenden wie ein Versprechen für die Zukunft. Hier mussten sie sich weder vor Bombern noch vor U-Booten fürchten. Die Stadt spiegelte sich im Wasser der Bucht, und hoch auf dem Corcovado stand leuchtend im Vollmond das bekannte Wahrzeichen der Stadt, die riesige Christusstatue. „So schön wie im Märchen", rief Emy-Margret.

„Ein neues Land! Ein neues Leben! Alles neu!", beschrieb Johnny Robinson die Gefühle der Pioniere, und Heini fühlte das gleiche. Ernüchternd allerdings war der nächste Zwischenstopp im Hafen von Buenos Aires. Einschränkungen verboten ihnen, an Land zu gehen. Ein Trost war die Post von Hardy. Als Teil der ersten Gruppe war Hardy bereits seit Januar in Südamerika, und sein Brief beschrieb, wie sie sich nach Wochen mühsamer Abwägungen auf ein geeignetes Grundstück geeinigt und es erworben hatten. Die örtlichen Gegebenheiten waren sehr primitiv – es war ein abgelegener Ort umgeben von Sümpfen und Dschungel –, aber alle waren guter Dinge und entschlossen, das Beste aus der Situation zu machen. Leider hatte Hardy auch noch schmerzhafte Nachrichten mitzuteilen: Die Ruhr war ausgebrochen und die meisten Kinder erkrankt. Zwei Babys waren bereits gestorben.

Heini legte den Brief zur Seite. Er musste sich an Emmy Maria erinnern. So hatte ihr neues Abenteuer also mit mehreren Todesfällen begonnen? Der Gedanke an die betroffenen Eltern ließ ihn zusammenzucken, ebenso wie die Sorge um Roswith und Christoph. Waren sie den Nazis entkommen, hatten sie die Atlantiküberquerung gewagt, um ihre Kinder im Dschungel sterben zu sehen?

Wie benommen suchte Heini nach Johnny, mit dem er während der Überfahrt enge Freundschaft geschlossen hatte. Sie hatten sich stundenlang auf Deck miteinander unterhalten. Johnny hatte über Landwirtschaft, Tolstoj, und das Anliegen des Sozialismus gesprochen. Heini wiederum hatte ihm Geschichten von seinem Vater erzählt. „Wie gerne hätte ich ihn kennengelernt!", hatte Johnny ausgerufen. Jetzt nahm Heini seinen Freund beiseite und erzählte ihm von den beiden gestorbenen Babys.

„Nun, Heini, es tut mir sehr leid, das zu hören", erwiderte Johnny. Im Stillen hielt er Heinis Trauer für etwas überzogen. Waren diese Leute so verweichlicht? Waren sie nicht darauf gefasst, ein paar Opfer in Kauf zu nehmen? Das Pionierleben hatte kaum begonnen, und diese Todesfälle würden wohl nicht die letzten gewesen sein. So ergänzte er, etwas zu unbekümmert: „Weißt du, auf so einen Kampf werden wir uns in diesem Klima einstellen müssen. Das schaffen wir. Komm, reiß' dich zusammen, Heini!"

Heini starrte ihn zuerst an, dann drehte er sich abrupt um und ließ ihn stehen.

Danach ging Heini Johnny tagelang aus dem Weg. Der wiederum, verletzt, weil er nach Wochen des engen Kontakts so gemieden wurde, war gezwungen, über den Vorfall nachzudenken. Schließlich erkannte Johnny, warum Heini so empfand, und die beiden gelangten zu einem tieferen Verständnis füreinander. Später schrieb Johnny: „Es hat mit einem Geheimnis der Liebe zu tun. Die meisten Leute, die viel menschliches Leid erleben – besonders Sozialisten wie ich –, härten sich ab, damit sie nicht den Schmerz jedes Einzelnen mitfühlen müssen. Auf diese Weise können sie ihren Mut bewahren, um die großen Probleme anzugehen. Bei Heini aber ist es genau umgekehrt, er kann sich nicht abstumpfen. Seine Art von Liebe nimmt unmittelbar an der Trauer des Einzelnen teil; sie ist reinstes Opfer."

◆ ◆ ◆

Drei Tage lang fuhr das kleine Schiff den Paraná-Fluss hinauf Richtung Paraguay, und im Inneren des Bootes lernte Heini zum ersten Mal seine neuen Landsleute aus der Nähe kennen. In seinem Abteil dritter Klasse war er von allen Seiten eingezwängt zwischen Zwiebeln, Orangen, Moskitos und Zigarre rauchenden Passagieren beiderlei Geschlechts, die den Tabaksaft mit einer Gekonntheit ausspuckten, die ihn gleichzeitig erstaunte und abstieß. Keines der Bücher, die er über Paraguay gelesen hatte, hatte diesen „Volkssport" erwähnt. Die Luft im Inneren des Bootes war drückend und stickig, und da die Bullaugen nur knapp über dem Wasser lagen, konnte man sie nicht öffnen, solange das Schiff sich bewegte. Die Latrinen waren kaputt, aber dennoch ständig in Benutzung. Sie wurden direkt in das trübe Flusswasser entleert, nur ein paar Meter von der Stelle entfernt, wo die Besitzerin der Kantine ihre Nahrungsmittel zum Waschen ins Wasser herabließ.

Heini betrachtete interessiert die vorbeigleitende Landschaft. Die hügeligen Grassteppen Argentiniens reichten bis an die Ufer des Flusses, der hier über anderthalb Kilometer breit war. Überall grasten Rinder, gehütet von Gauchos, machohaft mit ihren glitzernden Sporen und ihrem breiten Gang. Als sich das Schiff Paraguay näherte, änderte sich die Vegetation entlang des Flusses und er sah Palmen, hohen Bambus und dann dichten Dschungel.

In Asunción, der schmutzigen, schwülen Hauptstadt, trafen sie Emmy, Hardy und Edith, die auf sie gewartet hatten. Nachdem sie den Zoll passiert hatten, fuhren sie noch einmal zwei Tage flussaufwärts. Während der Weiterfahrt versuchte Heini seinen Bruder Hardy zu überzeugen, Hans wieder als Seelsorger der Gemeinschaft einzusetzen. „Wenn ihm wirklich vergeben ist, sollten wir ihm dann nicht auch wieder voll und ganz vertrauen? Können wir das nicht den anderen Mitgliedern wenigstens vorschlagen?" Hardy war strikt dagegen. Er war der Meinung, dass Hans bereits vergeben worden sei und man ihm wieder vertraue, aber eine Leitungsfunktion sei eine ganz andere Frage. Heini ließ die Angelegenheit ruhen.

In Puerto Rosario gingen sie von Bord. Außer dem Namen „Puerto" gab es nichts, was diesen Platz vom Rest des Ufers unterschied, abgesehen von ein paar Planken, die jemand als Stufen in die steile Uferböschung hineingetrieben hatte. Die Aussicht, an dieser Stelle mehrere Tonnen Fracht auszuladen, war, gelinde gesagt, erschreckend, noch dazu im strömenden Regen. Aber sie hatten ihren Zielort erreicht, und es musste getan werden.

Sie schnürten Seile um die erste schwere Kiste, und mit viel Mühe gelang es ihnen, sie zu bewegen. Sie zogen im Rhythmus, den der paraguayische Kapitän vorgab: „*Tumba! tumba! tumba! tumba!*" Er sah ihnen lächelnd zu. Offensichtlich genoss er den Anblick, Europäer bei einer Arbeit schwitzen zu sehen, die sonst von Einheimischen erledigt wurde.

Stundenlang *tumba*-ten und schwitzten die Männer. Eine Handvoll Paraguayer kam, um ihnen zu helfen, und jede Kiste, die es das Ufer hinauf geschafft hatte, begrüßten sie mit einem schrillen Heulen. Johnny heulte mit und schon bald johlten und heulten alle Männer. Es half ihnen, nicht den Mut zu verlieren. Obwohl sie bis auf die Knochen durchnässt und mit Schlamm beschmiert waren, lachten sie bei der Arbeit. Stunden später legte das entladene Schiff ab und fuhr weiter flussaufwärts.

Währenddessen versammelte sich in der Nähe eine kleine Kolonne von Fuhrwerken und die Fahrer stiegen ab. Sie waren hager und barfüßig und sprachen Deutsch. Es waren mennonitische Flüchtlinge, die ein paar Jahre zuvor nach Paraguay gekommen waren. Sie zitterten in ihren zerlumpten, nassen Kleidern. Vielleicht konnte man hier ein wenig Geld verdienen, wenn man diese Einwanderer zu ihrem neuen Zuhause brachte.

Estancia Primavera – „das Frühlingsanwesen" – bestand aus einer heruntergekommenen Rinderfarm, die von achttausend Hektar morastigem Grasland und Urwald umgeben war. Im Dschungel gab es Stellen mit süßen Orangenbäumen, die vielleicht vor langer Zeit von Jesuitenmissionaren gepflanzt worden waren, aber ansonsten war der Ort eine unberührte Wildnis, die von Brüllaffen, Tapiren, Pumas, Straußen, Papageien und Würgeschlangen bevölkert war. Nun aber war ein ganzes Dorf von Europäern angekommen, die nicht viel mehr mitbrachten als die Kleider am Leib und die vorhatten, dieses Stück Land in ein bewohnbares Zuhause zu verwandeln.

Als die Gruppe um Heini und Annemarie Ende Mai ankam, hatten Fritz und seine Baumannschaft die ersten einfachen Behausungen errichtet. Weil sie in so großer Eile gebaut worden waren, gab man ihnen den Spitznamen „Galopphütten" – langgezogene Schuppen mit grob behauenen Baumstämmen als senkrechte Stützen und Dächern aus Lehm und Pampasgras. Wände hatten sie nicht.

Es gab keine Privatsphäre. Jede Familie richtete sich ein Zuhause in einem mit improvisierten Vorhängen abgetrennten Bereich ein. Reisekoffer und Kisten dienten als Möbel. Man schlief auf engstem Raum, wo man Platz fand. Die Abende hatten eine feste Abfolge: Zuerst zogen sich die Frauen und kleineren Kinder um, während die Männer und Jungen im Freien warteten. Dann wurden die Kerzen ausgeblasen, und die Männer waren dran, sich bettfertig zu machen.

Aber das waren nur Unannehmlichkeiten. Viel schlimmer waren die Krankheiten, die die erste große Gruppe befallen hatten. Denn sie waren nicht auf direktem Weg nach Primavera gereist, sondern hatten drei Monate in einer Zwischenstation im Gran Chaco, Paraguays berüchtigter „grünen Hölle", verbracht. Dort hatten sich alle Kinder mit einer Krankheit infiziert, die ihre Augen so stark mit Eiter anschwellen ließ, dass manchmal die Innenseite der Augenlider nach außen gedrückt wurde, was wiederum die Fliegen anzog. (Wochenlang hatten sie Angst gehabt, dass es Trachom sein könnte, was zu Blindheit führen kann. Glücklicherweise stellte es sich als Bindehautentzündung heraus.) Weil sich außerdem Stiche und Bisse von Mücken, Ameisen und winzigen Fliegen oft entzündeten, hatten viele infektiöse Geschwüre, besonders an den Beinen. Auch gestandene Männer humpelten vor Schmerz und zeitweise hatte Moni über hundert Geschwüre zu bandagieren und etwa 150 Augenpaare zu behandeln. Weit verbreitet waren auch Skorpione, parasitäre Würmer und die *Ura*, eine Fliege, deren Larve sich in die Haut eingräbt.

Die Nahrung bestand vorwiegend aus Süßkartoffeln, „Gulasch", kaum mehr als eine dünne Soße mit Knorpelstückchen, und Maniok, einer stärkehaltigen Knolle, die das örtliche Grundnahrungsmittel war. Viele verloren Gewicht, aber keiner musste hungern.

Problematisch war die Hygiene. Wasser musste in Fässern von einer Quelle herangekarrt werden, die über zwei Kilometer weit entfernt lag. Zum Baden reichte es einfach nicht. Glücklicherweise gab es in der Nähe ein Flussbett, das sich nach jedem Regenschauer auffüllte. So konnte man wenigstens nach einem harten Arbeitstag den Schweiß und den getrockneten Schlamm und Sand vom Körper abwaschen.

Aber trotz der Härte des Alltags hatte das fruchtbare neue Land auch etwas Bezauberndes, „eine ganz eigenartige Wirkung, ein wenig wie die von Wein", wie es Edith ausdrückte. Hier gab es nichts Mildes: Die Tage waren drückend heiß und die Nächte frostig. Und die überquellende Lebenskraft der tropischen Pflanzenwelt ließ den Ort wie das Paradies erscheinen. Auf Heini wirkte es Ehrfurcht einflößend, besonders wenn er bei Tagesanbruch zur Arbeit ging und die rote Sonne gigantisch groß am Horizont aufstieg und der Morgennebel schimmernd wie ein Ozean über der Grassteppe lag, während Vögel, Frösche und Insekten die Luft mit einem ohrenbetäubenden Morgenkonzert erfüllten.

Heinis Herz stimmte in ihr Loblied ein, wenn er daran dachte, was sie inzwischen alles erreicht hatten. Mit einem Ochsengespann hatten die Männer bereits über 30 Hektar neues Ackerland gepflügt. Eine andere Gruppe errichtete eine Sägemühle mithilfe einer uralten, aber noch funktionstüchtigen Dampfmaschine, die man in Asunción erworben hatte. Fritz leitete gerade den Bau eines vierten Schlafsaals, und die Dreizimmerhütte, die als Entbindungsstation dienen sollte, war mehr oder weniger fertiggestellt. Das gleiche galt für die neue Bäckerei. In ein oder zwei Jahren würde Primavera eine voll ausgestattete Gemeinschaftssiedlung sein. Aber noch mehr als das: So abgelegen man auch lag, es sollte wie ein Signalfeuer für die Sache der Brüderlichkeit und Liebe werden.

Zwei Wochen nach Heini und Annemaries Ankunft, wurde ihr Baby krank. Zuerst bekam er Masern, dann Keuchhusten und Bronchitis. Christophs Hustenanfälle hielten stundenlang an, so dass er vor Atemnot ganz blau im Gesicht wurde. Annemarie war außer sich, aber hier draußen im Dschungel konnte man wenig machen. Für Heini und Annemarie hatten schwere Zeiten begonnen – wie für viele andere Familien in Primavera auch.

22

Buße

Primavera, Sommer 1941

Christine war achtzehn Monate alt, als sie Ende Juni starb, niedergerungen von Pseudokrupp. Die Tochter von Fritz und seiner Frau Sekunda war das dritte Baby, das den Bedingungen des Exils zum Opfer fiel. Heini hielt die Beerdigungsfeier. Er schauderte, als er Fritz den kleinen weißen Sarg zum Friedhof am Rande des Dschungels tragen sah. Wie viele Babys würde dieses Land noch von ihnen fordern?

Es war, rückblickend betrachtet, ein Wendepunkt für die Gemeinschaft, der Anfang der finstersten Jahre. Auch wenn das vorangegangene Jahr keineswegs leicht gewesen war, waren bisher alle ihre Mühen verblasst vor ihrer Vision für die Zukunft. Sie hatten Europa verlassen, um einen Außenposten für das Reich des Friedens zu errichten; sie fühlten sich wie der Rest, der dem Chaos des Krieges entkommen war. In ein neues Land verpflanzt, würden sie aufblühen wie nie zuvor. Jetzt waren sie in dieser Zukunft angekommen, und aus der Nähe sah sie gar nicht mehr so rosig aus.

Der Pioniergeist verschwand nicht auf einen Schlag. Er war noch immer auf vielerlei Weise sichtbar: In einer primitiven Hütte erteilte Trudi auf einer provisorischen Tafel Unterricht; Adolf und Wilfred, die Landvermesser, wateten meilenweit durch schlangenverseuchte Sümpfe; Fritz spornte die Baumannschaft zu höchster Geschwindigkeit an; Emmy und Moni drehten Runde um Runde, um die Kranken zu pflegen, und stellten sicher, dass jeder genug zu essen hatte und versorgt wurde. Die jungen Männer in der Milchviehhaltung arbeiteten hochmotiviert, um allen Widrigkeiten zum Trotz eine kleine Herde heranzuzüchten, die wirklich Milch produzierte – es gab nur so viel, dass jedes Kind eine kleine Ration erhalten konnte. Die Farm hatte zwar einen Bestand von etwa zweitausend Rindern, diese waren aber wild und weit verstreut. Hatte man endlich einmal eine Kuh mit dem Lasso eingefangen und am Melkstand festgebunden, ergab das anschließende Melken oft nicht mehr als einen halben Liter.

Aber als eine Woche nach der anderen ins Land ging, begann die Moral zu sinken. Am schlimmsten waren die Todesfälle, aber auch der Hunger hatte eine zermürbende Wirkung. Gelegentlich gab es eine Orange, aber in der Regel bestand das Frühstück aus Maniok oder Mehlbrei (was ansonsten unter dem Namen Mehlkleister zum Ankleben von Plakaten benutzt wird). Mittagessen und Abendbrot waren ebenso einfach: Noch mehr Maniok. Fleisch war äußerst selten.

Bislang waren alle Bemühungen des Gärtnereiteams, zusätzliche Lebensmittel anzubauen, fehlgeschlagen. Eines der ersten Projekte war die Pflanzung von tausend Bananensetzlingen gewesen, ein mühsames Projekt, das Tage in Anspruch genommen hatte. Zunächst waren die Bananen prächtig gediehen, dann aber vernichtete ein einziger schwerer Frost die ganze Pflanzung. Kühe entliefen zu Dutzenden oder wurden gestohlen, weil das Gelände nicht eingezäunt war.

Allgemein war es in Paraguay sehr viel kälter, als sie erwartet hatten, besonders nachts, wenn der Wind ungehindert durch die wandlosen Unterkünfte pfiff. Die Winterdecken waren unbekümmert in England zurückgelassen worden, so dass sie nie genug Decken hatten. Die wenigen, die da waren, wurden feucht vom schweren Morgentau oder von Sturzregen durchnässt, wenn der Wind die dichten Regenschwaden nahezu waagerecht in die Schlafstätten hineintrieb.

Einige, wie Emmy, machten das Beste aus der Situation: „Eines Nachts stürmte es so stark, dass ich dachte, wir würden fortgerissen werden", vermerkte sie in ihrem Tagebuch. „Aber in London schlafen während der Bombenangriffe Tausende Seit an Seit nebeneinander in den U-Bahnhöfen. Hier schlafen wir zumindest vergleichsweise sicher." Andere allerdings konnten sich nicht zu einer dankbaren Haltung durchringen.

Dutzende, vor allem Kinder, litten weiterhin unter Parasiten, Geschwüren, Durchfällen, Gelbsucht, Malaria, Keuch- und Krupphusten. Kein Wunder, dass viele Mütter kurz davor waren, zusammenzubrechen.

Alle diese gemeinsamen Nöte hätten sie zusammenschweißen können – so hatte die Gemeinschaft in der Vergangenheit schwere Zeiten überstanden. Aber jetzt drohte das Gegenteil einzutreten. Die Solidarität und der Schulterschluss der ersten Monate hatten sich verbraucht: Aus Spannungen bei der Arbeit wurden handfeste Streitigkeiten und aus unterschiedlichen Meinungen wurden Stellungskriege der verschiedenen Lager.

Viele derer, die in Ashton Fields zur Gemeinschaft gekommen waren, kämpften insgeheim mit dem Gefühl der Hoffnungslosigkeit. Damals in England hatten sie gewusst, warum sie in Gemeinschaft leben wollten. Sie hatten eine Ahnung von dem bekommen, was es bedeuten könnte. Während der Rest Englands sich von der Kriegsstimmung hinreißen ließ, hatten sie alles aufgegeben, um für den Frieden zu leben. Manche hatten sogar Ehepartner und Kinder zurückgelassen.

Diese Begeisterung welkte nun dahin. Ruth, eine junge Ärztin, musste sich eingestehen: „Das ist nicht das Leben, das ich erwartet hatte."

Emmy und einige andere der älteren Mitglieder stemmten sich dagegen. „Wir müssen uns diesen Schwierigkeiten gemeinsam stellen", ermahnte sie eine Gruppe von Frauen, die sie zusammengerufen hatte. „Wir haben schon viele schwere Zeiten durchlebt und es könnte auch noch härter werden. Lasst uns daher zusammenstehen im Vertrauen darauf, dass Gott weiß, was er tut, und dass er seine Hand über uns hält."

Solche Worte brachten Mut und Hoffnung, aber es gab kaum jemanden, der so sprach. Im Laufe des Juli wurden die abendlichen Mitgliederversammlungen, die früher Momente der inneren Sammlung und des gemeinsamen Gebets gewesen waren, immer mehr zu einem Schauplatz für hitzige Streitereien, Gezänk und gegenseitige Anschuldigungen. Manchmal hallten wütende Rufe über das Gelände, was besonders die Nerven der Neuankömmlinge und Novizen strapazierte, die nicht an den Versammlungen teilnahmen. Tagsüber ließ der Druck der Arbeit nicht nach, sondern alles ging unvermindert weiter wie zuvor. Es musste zu einem Zusammenbruch kommen.

Hardy war eines der ersten Opfer. Während er in Asunción auf Geschäftsreise war, wurde er in Abwesenheit beschuldigt, zu viel Geld ausgegeben zu haben. Bei seiner Rückkehr sah er sich bitteren Anschuldigungen ausgesetzt. Nach einer Reihe von Versammlungen, in denen er sich bloßgestellt und diskreditiert sah, wurde er wegen tatsächlicher und eingebildeter Fehler in die Mangel genommen und schließlich aufgefordert, von seiner Leitungsfunktion in Primavera zurückzutreten. Auch Heini war der Meinung, dass sein älterer Bruder zu oft und zu eigensinnig seine eigenen Vorstellungen durchgesetzt hatte, und er hatte Hardy damit konfrontiert. Aber er schauderte bei den gehässigen Beschuldigungen, die jetzt geäußert wurden, und oft nur auf altem Groll beruhten. Wie lange würde die Gemeinschaft in dieser Atmosphäre des gegenseitigen Misstrauens noch zusammenhalten?

In den vorausgegangenen sechs Monaten waren schon zwei andere Gemeindeleiter auf ähnliche Weise abgesetzt worden. (Georg war vor der Abreise aus England aufgefordert worden, abzutreten.) Damit war Heini zum einzigen Leiter der Gemeinschaft geworden, gebeugt unter der Last einer Verantwortung, die er nie erwartet oder angestrebt hatte, und verantwortlich für das Wohlergehen und Überleben von mehr als dreihundert Menschen. Heini war erst siebenundzwanzig Jahre alt und fühlte sich völlig überfordert. Und als ob er nicht schon genug Sorgen gehabt hätte, kehrten auch seine Nierenbeschwerden wieder und fesselten ihn ans Bett.

Die Infektion wollte einfach nicht abklingen, so dass Mitte August Cyril Davies, ein junger Engländer, der gerade sein Medizinstudium abgeschlossen hatte und jetzt der

Das Leben von
Heini und Annemarie Arnold
in Bildern

Rifton, New York, 1962

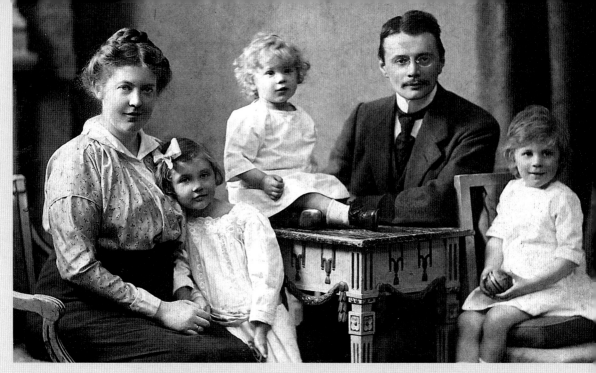

Oben: Die Familie Arnold im Jahr 1915: Emmy, Emy-Margret (vier), Heini (eins), Eberhard, Hardy (drei). **Unten links:** Heini mit seinem Plüschaffen im Alter von fünf Jahren, kurz vor dem Umzug der Familie von Berlin nach Sannerz bei Schlüchtern (1919). **Unten rechts:** Else von Hollander mit ihrem Neffen Heini im Arm, kurz nach dessen Geburt am 23. Dezember 1913.

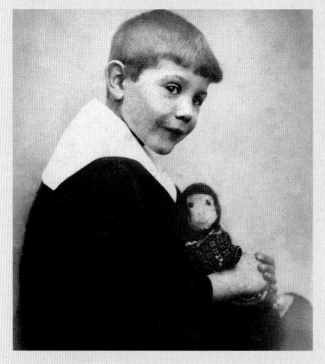
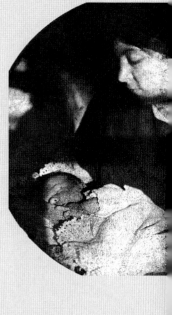

Tirol und Berlin 1913–1920

Oben: Arm, aber glücklich. Die Arnold-Kinder nach dem Umzug in die Sannerzer Siedlungsgemeinschaft (ca. 1921). V. l. n. r.: Hans-Hermann, Heini, Monika, Hardy und Emy-Margret. **Unten:** Auf diesem Pfingsttreffen der Jugendbewegung 1921 traf Heini seinen Kindheitsfreund Christel Girbinger.

Sannerz bei Schlüchtern 1920–1928

Oben: Mitglieder der Gemeinschaft in Sannerz im Jahr 1924: 1. Eberhard Arnold, 2. Moni von Hollander, 3. Emmy Arnold, 4. Lotte Henze, 5. Karl Keiderling, 6. Else von Hollander, 7. Hans-Hermann Arnold, 8. Emy-Margret Arnold, 9. Trudi Dalgas, 10. Hardy Arnold, 11. Sophie Schwing (mit Kind auf dem Schoß), 12. Heini Arnold, 13. Monika Arnold. **Unten links:** Eberhard und Emmy in jugendbewegter Tracht. **Unten rechts:** Karl Keiderling, ein junger Anarchist, der 1922 in Sannerz ankam und Heinis Freund und Mentor wurde.

Sannerz bei Schlüchtern 1920–1928

Oben links: Sadhu Sundar Singh, dessen Geschichte Heini so inspiriert hat, dass er Wanderprediger werden wollte. **Oben rechts:** Else von Hollander, „Tata" genannt, war diejenige Erwachsene, die Heini nach seinen Eltern am nächsten stand. **Unten:** Die Gründungsmitglieder des Sonnentrupps (1928): Luise Kolb, Heini Arnold, Sophie Schwing.

Sannerz bei Schlüchtern 1920–1928

Oben links: Schüler der von der Gemeinschaft in Sannerz betriebenen Schule mit ihren Lehrern auf einem Klassenausflug: 1. Sophie Schwing, 2. Heini Arnold (mit Fahne des Sonnentrupps), 3. Trudi Dalgas, 4. Georg Barth. **Oben rechts:** Die Villa in Sannerz. Im Sommer fanden die gemeinschaftlichen Mahlzeiten auf der Veranda im Erdgeschoss statt. **Unten:** Heini und sein Schulkamerad Hans Grimm spalten Feuerholz für die Küche (1922).

Sannerz bei Schlüchtern 1920–1928

Oben links: Emy-Margret mit ihrem Verlobten Hans Zumpe (1929). **Oben rechts:** Friedel Sondheimer, ein Mitglied des Sparhofs, kam aus einer bekannten jüdischen Familie aus Gelnhausen und war besonders gefährdet, nachdem Hitler 1933 die Macht ergriffen hatte. **Unten:** Trudi, die Lehrerin des Sparhofs, am Tag ihrer Heirat mit Walter Hüssy (1931). Ihre Schüler winken ihr zum Abschied von der Treppe des Schulgebäudes des Sparhofs aus zu.

Sparhof, Hohe Rhön 1928–1934

Oben: Annemarie Wächter, Heinis spätere Ehefrau, war begeistert von der Wiederbelebung alter Volkslieder durch die Jugendbewegung. **Unten:** Die beiden Schwestern Emmy und Else mit einer Gruppe Kinder auf dem Sparhof (1930).

Sparhof, Hohe Rhön 1928–1934

Oben links: Annemarie, die auf der Fachschule Emy-Margrets Klassenkameradin gewesen war, kam im Januar 1932, am Tag des Todes von Else von Hollander, auf den Sparhof. **Oben rechts:** Else liebte das Vermächtnis des heiligen Franziskus und der heiligen Klara von Assisi. Auf diesem Foto aus den letzten Monaten ihres Lebens trägt sie eine braune Kutte. **Unten links:** Die Hütte beim Sparhof, in der Else während ihres letzten Kampfes mit ihrer Tuberkuloseerkrankung versorgt wurde. Aus Furcht vor Ansteckung lebte sie abseits der Gemeinschaft. **Unten rechts:** Eberhard Arnold läuft mit seinem eingegipsten Bein (1935). Trotz des seit zwei Jahren unverheilten Bruches arbeitete er unermüdlich daran, die Gemeinschaft vor der Gefahr durch die Nationalsozialisten zu beschützen.

Sparhof, Hohe Rhön 1928–1934

Oben: Blick von den Bergen herab auf Silum. In Hintergrund das Rheintal, die Grenze zwischen der Schweiz und Liechtenstein. **Unten:** Heini in Silum bei der Arbeit (1934).

Silum, Liechtenstein 1934–1936

Oben: Bergwanderer aus Silum auf einem Alpengipfel, darunter Heini (sitzend, mit Geige) und Fritz Kleiner (stehend). **Unten:** Heinis Jahrgang an der Landwirtschaftsschule Strickhof (1934). Er steht in der hinteren Reihe, etwa in der Mitte.

Silum, Liechtenstein 1934–1936

Gegenüber: Heini und Annemarie am 24. März 1936, dem Tag ihrer Hochzeit, in Silum. *Oben:* Die neu Verheirateten auf der Fähre nach England, froh über ihr Entkommen aus Kontinentaleuropa. *Unten:* Hardy und seine Frau Edith, geb. Boecker. Sie hatten sich als Studenten an der Universität Tübingen kennengelernt.

Silum, Liechtenstein 1934–1936

Oben: Die Kapelle der Heilsarmee in Birmingham spielt für die Gemeinschaft in Ashton Fields. Heini, der sie eingeladen hatte, geht voraus. **Unten links:** Hans-Hermann Arnold, Heinis jüngerer Bruder. **Unten rechts:** Emmy Arnold, jetzt verwitwet, in Ashton Fields (1936).

Ashton Fields, England 1936–1941

Oben links: Heini mit zwei Mitarbeitern, Stanley Fletcher und Arnold Mason, im Hof von Ashton Fields. *Oben rechts:* Johnny Robinson, ein Agnostiker und Sozialist, mit seinem Motorrad (das schon bald verkauft werden würde). *Unten:* Die erste Gruppe von Emigranten verlässt Ashton Fields im November 1940, um nach Paraguay aufzubrechen. Aus Furcht vor Angriffen von deutschen U-Booten auf das Schiff hielten sie das genaue Abreisedatum selbst vor ihren engsten Familienangehörigen geheim.

Ashton Fields, England 1936–1941

Oben: Emmy Maria mit ihrer Mutter Annemarie (1938). Den hölzernen Wagen hatte Heini für seine erste Tochter selbst gebaut. **Unten:** Der stolze Vater mit seinem zweiten Kind, Roswith (1939).

Ashton Fields, England 1936–1941

Links: Fritz Kleiner hatte einen furchteinflößenden Arbeitseifer und erwartete dasselbe von seinen Mitarbeitern. Nach Feierabend verwandelte er sich jedoch stets in einen guten Kameraden (1937).

Ashton Fields, England 1936–1941

Oben links: Die *Avila Star*, mit der die Arnolds reisten, wurde ein Jahr danach von einem deutschen U-Boot versenkt. **Oben rechts:** An Bord des Schiffes auf dem Weg nach Südamerika: Roswith und ihr kleiner Bruder Johann Christoph (1941). **Unten:** Ankunft in der neuen Heimat Paraguay: Die letzte Gruppe von Siedlern wird in Primavera begrüßt. Links eine eilig als Schlafsaal errichtete Hütte. Links der Mitte stehend: Alfred Gneiting und Fritz Kleiner.

Primavera, Paraguay 1941–1955

Oben: Die Hütte (links), in der Heini während seiner beinahe tödlich verlaufenen Krankheit von September bis Dezember 1941 lag. **Mitte/Unten links:** Heini und Annemaries Familie 1942, wiedervereinigt nach seiner langen Krankheit. **Mitte rechts:** Christine Kleiner, die Tochter von Fritz und Sekunda, war das dritte Baby aus der Gemeinschaft, das in Paraguay starb. **Unten rechts:** Cyril Davies, der Arzt.

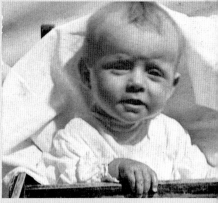

Primavera, Paraguay 1941–1955

Oben: Familienfoto 1945. Heinis Abwesenheit ist unübersehbar. Als diese Aufnahme entstand, arbeitete er in der Leprakolonie Santa Isabel, nachdem er im Vorjahr von seiner Familie getrennt worden war. **Unten links:** Patienten, die auf ihre Behandlung warten, stehen im Innenhof des Krankenhauses von Primavera Schlange. Das Krankenhaus behandelte tausende von Menschen in der verarmten Region um Primavera. **Unten rechts:** Zwei Männer von Primavera beim Sägen von Brettern. Die Erwachsenen der Gemeinschaft arbeiteten unermüdlich, um für Kinder und Kranke ein Zuhause zu schaffen.

Oben: Patienten in der Krankenstation der Leprakolonie Santa Isabel in Sapucai, Paraguay (1940er Jahre). **Mitte:** Bewohner von Santa Isabel vor einer der Hütten, in denen die gesünderen Leprakranken wohnten. **Unten:** Heinis Haus in der Leprakolonie, rechts der Bildmitte. Als landwirtschaftlicher Leiter lebte er außerhalb des Areals, das für die Leprakranken bestimmt war.

Santa Isabel, Paraguay 1944–1946

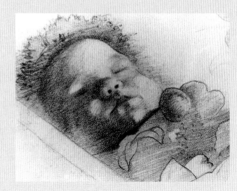

Rechts: Marianne Arnold, 24.-25. Juli 1947 (Zeichnung von Stanley Fletcher).
Unten: Heini an Mariannes Grab (1961).

Oben: Zwischen Reisen nach Nordamerika: Heini mit seinem Bruder Hardy in Paraguay (1953). *Unten links:* Johann Christoph Arnold mit seinem Haustier. *Unten rechts:* Heini und Annemarie paddeln auf dem Tapiracuái, Paraguay (1953).

Primavera, Paraguay 1941–1955

Oben rechts: Spendensammler: Will Marchant und Heini in Pendle Hill, nahe Philadelphia (1951). *Mitte links:* Grace Rhoads. *Mitte rechts:* Tom und Florence Potts. *Unten:* Heini und Will zu Besuch bei Koinonia, einer von Clarence Jordan in Georgia gegründeten landwirtschaftlichen Kooperative, die aktiv gegen die damals im Süden der USA übliche Rassentrennung arbeitete.

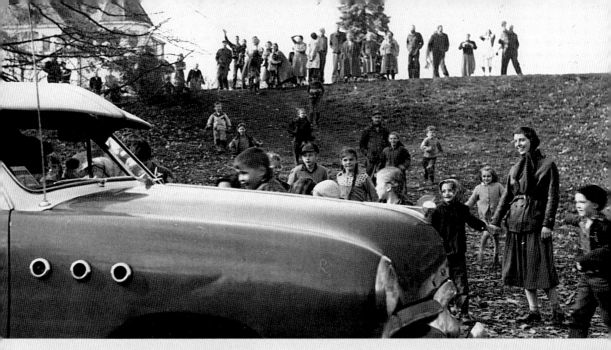

Oben: Eine neue Familie kommt in Woodcrest an (ca. 1956). Es war nicht leicht, ausreichend Wohnraum für alle bereitzustellen, die neu aus den USA zur Gemeinschaft hinzukamen. **Unten:** Ein Sommerfest in Woodcrest im Jahr 1956. Heini und Annemarie lernten den informellen Charakter der neuen Gemeinschaft lieben. Auf dem Bild:
1. Annemarie, 2. Jörg Barth, ein Sohn von Georg und Moni, 3. Heini, 4. Arnold Mason, 5. Roswith, 6. Duffy Black.

Woodcrest, New York 1955–1982

Oben links: Nach dem Mittagessen machen die Männer auf der Veranda des Hauptgebäudes von Woodcrest den Abwasch. *Oben rechts:* Annemarie und Harriet Alexander, ihre Mitarbeiterin, besprechen die täglichen praktischen Arragements der Gemeinschaft. *Unten:* Sibyl Sender führt mit Annemaries begeisterter Unterstützung eine Gruppe von Frauen aus Woodcrest in einer Protestkampagne gegen Bärte an (ca. 1962).

Woodcrest, New York 1955–1982

Links: Campingausflug. Heini mit seinen Töchtern Maria, Monika und Else (1959). *Unten:* Im Haus der Arnolds wurden Sonntagnachmittage dafür verwendet, Zeit als Familie miteinander zu verbringen, einschließlich Emmy Arnold (1960).

Woodcrest, New York 1955–1982

Rechts: Unterwegs nach Primavera: Heini und Douglas Moody in Asunción, Paraguay (1961). *Mitte links:* Wiedervereinigung: Heini und Georg Barth vor der Villa in Sannerz (1961). *Unten:* Emmy Arnold und Dwight Blough (1973).

Woodcrest, New York 1955–1982

Links: Vor dem Büro der SCLC (Southern Christian Leadership Conference) in Selma, Alabama, im März 1965. Heini kam, um Martin Luther Kings Aufruf an amerikanische Pfarrer zu folgen, nach dem Mord an Jimmie Lee Jackson in Selma zu demonstrieren.
Mitte rechts: Heini ruht sich während des Protestmarsches von Selma aus. *Unten:* Anne und Nathan Schwerner (links bzw. rechts außen stehend), die Eltern des ermordeten Bürgerrechtsaktivisten Michael Schwerner, bei der Hochzeit von Heinis Sohn Johann Christoph Arnold und Verena Meier (Mai 1966).

Oben: Scherzen mit Enkel Nathan Maendel (1968). **Unten:** Familie Arnold im Jahr 1965. Stehend: Heini, Annemarie, Roswith, Johann Christoph, Edith, Lisa, Maria und ihr Verlobter David Maendel. Sitzend: Else, Emmy, Monika.

Links: Johann Christoph begleitet seinen Vater kurz nach dem Bekanntwerden von Hans Zumpes Tod bei einem Flugzeugabsturz (März 1973). *Mitte rechts:* Annemarie mit ihrer Enkelin Margrit. *Unten:* Heini malt in seinem Büro einen Smiley für den Autor als Zweijährigen (1978).

Woodcrest, New York 1955–1982

◆ ◆ ◆

verantwortliche Arzt von Primavera war, eine Reihe von Medikamenten gegen chronische Schmerzen und Unruhezustände verschrieb, darunter auch Kaliumbromid, ein Beruhigungsmittel, das damals oft verschrieben wurde, auch wenn seine Giftigkeit bekannt war, besonders wenn es über einen längeren Zeitraum in höherer Dosierung eingenommen wurde.

Heini konnte seine Krankheit besser ertragen als die Erkenntnis, dass die Gemeinschaft vor seinen Augen auseinanderfiel. Wie hatte Primavera in ein solches Chaos versinken können? Seine Eltern und Tata hatten Sannerz gegründet, um eine Vision der Brüderlichkeit und Gerechtigkeit umzusetzen. Angesichts des Zweiten Weltkriegs, der auf der ganzen Welt Millionen von Menschen das Leben kostete, war diese Vision jetzt noch wichtiger als je zuvor. Und hier saßen sie und stritten miteinander. Hatten sie und ihre Kinder dafür die lebensgefährliche Überfahrt über den Atlantik auf sich genommen? Hatte sein Vater dafür so viel geopfert?

Sein Vater – er fehlte Heini dauernd. Wie viel war seit seinem Tod schief gegangen! Sein letzter Brief war in Heinis Gedanken allgegenwärtig. Wenn die Gemeinschaft doch nur auf den ursprünglichen Weg zurückkehren würde! Aber wie? Diejenigen, die sein Vater dazu berufen hatte, der Gemeinschaft zu helfen, ihren Ursprüngen treu zu bleiben – Hans, Georg, Hardy, Hans-Hermann und er selbst, auch seine Mutter und Emy-Margret – fast alle waren sie dieser Aufgabe nicht gerecht geworden. Und jetzt? Wo er auch hinblickte, sah er nur Leid, Elend und Versagen, auch bei sich selbst. Manchmal verzweifelte er so sehr, dass er nicht mehr leben wollte. „Seit Papas Tod ist es zu schrecklich geworden", dachte er.

Als der Sommer sich dem Ende zuneigte, war Heini so krank geworden, dass er nicht mehr bei seiner eigenen Familie leben konnte. Er kam in eine abgelegene Hütte, wo er alleine lebte. Annemarie, die im sechsten Monat schwanger war, blieb mit Roswith zu Hause. Der neun Monate alte Christoph, der immer noch Keuchhusten und Bronchitis hatte und dessen Zustand weiterhin kritisch war, wurde Phyllis Rabbitts, einer Krankenschwester, anvertraut.

Die Hütte war schlicht: ein vier mal vier Meter großer Raum mit undichten, aus Holzplanken bestehenden Wänden. Die drei Fensteröffnungen (Glas gab es nicht) hatten Moskitonetze vorgespannt und es gab keine Fensterläden, um die Öffnungen nachts zu schließen. Verglichen mit den Schuppen, in denen der Rest der Gemeinschaft lebte, war es ein Palast.

Heini wurde immer kränker – und schwächer. Mitte September entwickelte sich ein Papillenödem, eine Schwellung des Sehnervs auf der Rückseite des Augapfels. Damals wie heute gilt ein Papillenödem als Alarmzeichen. Es zeigt das Endstadium einer Krankheit an, einen Gehirntumor oder eine schwere Vergiftung – wie zum Beispiel bei übermäßiger Einnahme von Bromiden. Auch Cyril war alarmiert und hielt seine

Befunde in seinen Protokollen fest. Die Bedeutung erkannte er aber anscheinend nicht, denn er verschrieb weiterhin hohe Dosierungen von Kaliumbromid.

Am 29. September verschlechterte sich Heinis Zustand noch einmal dramatisch. Nicht nur versagte ein Organ nach dem anderen, sondern er litt auch unter Sauerstoffmangel und das Atmen bereitete ihm große Schwierigkeiten. Als Cyril am Nachmittag zu ihm in die Hütte kam, war er sichtlich erschüttert und meinte: „Es kann nicht mehr lange dauern."

Die Erfahrung, dem Tod so nahe zu sein, verwandelte Heini. Seine Lebensgeister kehrten zurück, als ginge es darum, sich auf ein bedeutsames Ereignis vorzubereiten. Und so war es auch. Das Leben ging zu Ende, und zuvor hatte er seine Mission zu erfüllen. Es gab keine Zeit mehr, sich zu schonen. Von nun an zählte jeder Augenblick; jeder Faden seines Lebens musste noch einmal geprüft und zusammengeführt werden. Mehr noch: Jede Aufgabe, die ihm jemals gestellt worden war, musste ein letztes Mal angegangen – und zu Ende gebracht werden.

Eine Aufgabe stach vor allen anderen heraus: Die Gemeinschaft musste ihre frühere Lebensfreude und Gesundheit wiedererlangen. Denn Gott würde darüber gewiss Rechenschaft von ihm verlangen. Ebenso sein Vater. Doch wie sollten die Menschen in Primavera den Weg dorthin zurückfinden? In gewisser Weise wusste er die Antwort darauf. Er war sich bewusst, dass sie alle dringend einen persönlichen Neuanfang wagen mussten, er selbst eingeschlossen. Sie mussten die Freude ihrer ersten Liebe wiederentdecken, nur das würde sie retten können. Aber wie könnte es zu einem solchen Neuanfang kommen?

Heini bat die Gemeinschaft, sich zu versammeln, und ließ sich auf einer Bahre aus seiner Hütte tragen. „Brüder und Schwestern", begann er: „Es steht mir eigentlich nicht zu, euch dies zu sagen, aber weil dies ein entscheidender Moment ist, flehe ich euch an: Tut Buße! Jeder von uns trägt eine Mitschuld an dem, was falsch gelaufen ist; ich weiß von mir, dass ich Schuld trage. Aber wir wollen uns von allem Bösen abkehren! Nur in der Reue über die Vergangenheit werden wir den Mut finden, uns der Zukunft zu stellen."

Heini rang um Atem, aber er riss sich zusammen und fuhr fort: „Wir haben eine Verheißung: ‚Siehe, ich mache alles neu!' Alles kann erneuert werden! Lasst uns zu unserer Berufung zurückfinden, die uns bis hierher gebracht hat. Lasst uns noch einmal unser Leben ändern und einander so lieben, dass alles neu werden kann!"

Als sich die Versammlung auflöste, griff eine Freude um sich. Viele umarmten einander und baten sich gegenseitig um Verzeihung: „Das ist das Evangelium. Das ist, was wir jetzt brauchen!" „Ich bin kalt und hartherzig geworden. Bitte verzeihe mir." „Ich habe mich viel zu sehr um meine Arbeit gekümmert."

Tränen flossen und Karl, der während der gesamten Versammlung geweint hatte, war so bewegt, dass er in Ohnmacht fiel. Die Hoffnung, die sie in der Finsternis der letzten Monate verloren hatten, kam mit doppelter Kraft zurück. Endlich hatte man die Orientierung wiedergewonnen.

Für den Rest der Woche ging es in der Gemeinschaft drunter und drüber. Leute trafen sich, um Missverständnisse aus dem Weg zu räumen und alte Verletzungen zu überwinden. Heini hörte ein Dutzend Beichten und dann noch einmal mindestens ein Dutzend mehr. Gesichter waren fröhlich und offen, Augen leuchteten wieder auf und die allgemeine Erschöpfung wich.

Heini hoffte, dass diese neue Stimmung ermöglichen würde, die dringende Frage der Leitung anzugehen. Was Primavera brauchte, waren Leute mit Demut, die eine Leitungsaufgabe als Dienst, nicht als Dienstgrad betrachteten. Heini las den letzten Brief seines Vaters immer wieder und beschloss, dass die Zeit gekommen war, Hans, Georg und Hardy wieder zu berufen. Alle drei hatten die Gemeinschaft bereits in der Vergangenheit geleitet. Mehr noch, alle drei waren von seinem Vater auserwählt worden. Hier bot sich endlich die Möglichkeit, den letzten Willen des Vaters zu erfüllen.

Vor sechs Jahren hatte Hans diese Vision verraten; jetzt schien er ein anderer Mensch zu sein. Damals hatte er gezeigt, dass er grausam sein konnte, aber in den vergangenen Jahren hatte er eine neue Demut bewiesen. Und sagte nicht das Evangelium, dass man „sieben mal siebzig Mal" vergeben sollte? „Nach allem, was seit Papas Tod passiert ist", dachte Heini, „wäre jetzt der richtige Moment für einen Neuanfang. Wir müssen einen Schlussstrich ziehen. Hans, Hardy, Georg und ich werden als Team zusammenarbeiten."

Auch wenn die Sache für Heini damit klar war, zögerte er noch, andere in seinen Entschluss einzuweihen. Er fürchtete, dass viele sich dagegen sperren würden, Hans zu unterstützen; dass die Erinnerungen an die Vergangenheit noch zu frisch wären.

Gleichzeitig verschlechterte sich Heinis Gesundheitszustand täglich. Am dritten Oktober wurde seine Atmung rau und ungleichmäßig. Er keuchte und verkrampfte sich, während er um Atem rang. Man holte Cyril. Nach einer kurzen Untersuchung verkündete er: „Cheyne-Stokes-Atmung". Der Todeskampf hatte begonnen.

„Wie lange habe ich noch?", wollte Heini wissen. Obwohl sein Körper dem Ende nahe war, blieb sein Geist klar.

„Höchstens achtundvierzig Stunden", antwortete Cyril.

Annemarie saß bei Heini und hielt seine Hand. Von Liebe überwältigt, blickte er seine Frau an. Sie machte einen so erschöpften Eindruck mit ihrem eingefallenen Mund und ihren matten Augen. In drei Monaten würde sie ein Kind zur Welt bringen, und neben der Sorge um Heini hatte sie sich auch um Christoph zu kümmern. Der kleine Junge kämpfte inzwischen schon monatelang mit Fieber und Bronchitis.

Vor dem Fenster sang eine Gruppe für Heini. Er erkannte Alfred, Sophie, Karl, Johnny, Ruth, Phyllis und viele andere. Auch Kinder waren darunter. Heini gab Annemarie zu verstehen, dass er mit ihnen reden wolle, so dass sie die Gruppe rief, näher ans Fenster heranzutreten.

„Ich habe eine Frage an die Gemeinschaft", fing Heini an. Er hielt inne, um seine Gedanken zu sammeln, und kam dann direkt auf den Punkt: „Ist es nicht an der Zeit, Hans, Georg und Hardy wieder in die Leitung der Gemeinschaft zu berufen? Jeder von ihnen hat in der Vergangenheit versagt. Aber wir alle brauchen Vergebung. Könnten wir ihnen nicht wieder unser volles Vertrauen schenken?"

Aus der Gruppe kam ein zustimmendes Murmeln, und schon liefen einige davon, um die drei Männer zu holen. Es dauerte nicht lange, bis sie eintrafen, dann betraten sie Heinis Hütte. Währenddessen rannte jemand zur Sägemühle und betätigte die Dampfpfeife – das Signal für eine Versammlung. Innerhalb weniger Minuten hatte sich die ganze Gemeinschaft versammelt. Die Erwachsenen bildeten einen Halbkreis vor Heinis Hütte, während die Kinder ihre Gesichter gegen die Moskitonetze vor den Fenstern pressten. Heini schaute nach draußen und wiederholte seinen Vorschlag.

„Ihr alle habt mich gehört. Hat irgendjemand Einwände?" Schweigen. „Es stimmen also alle zu?"

„Ja", antworteten alle einstimmig.

Liegend fuhr Heini fort – er war viel zu schwach, um sich aufzusetzen. Aber er sprach klar und deutlich, mit langen Pausen zwischen den einzelnen Sätzen. „Es soll kein Herrentum geben unter uns, sondern alle sollen einander dienen. Und wir haben erlebt, dass es falsch ist, wenn die Bruderschaft sich wie eine Masse verhält und dem Leiter der Gemeinschaft wie einem Führer folgt." Heini benutzte absichtlich den Begriff, den Hitler für sich selbst verwendete – alle wussten, was gemeint war. „Eine solche Haltung müssen wir ablehnen. Wenn wir jemanden bitten, eine solche Verantwortung zu übernehmen, dürfen wir nicht in ihm den großen Führer sehen, sondern müssen uns auf den ihm innewohnenden Funken Gottes konzentrieren. Alles hängt von der gegenseitigen Vergebung ab."

Heinis Brust hob und senkte sich schwer, während er um Atem rang. Fast unkontrolliert hob und senkte sich der Ton seiner Stimme, aber die draußen Stehenden verstanden jedes Wort und erinnerten sich noch viele Jahre später sehr genau daran.

„Was für eine mächtige Sache ist es, für Gottes Reich zu leben! Lebt dafür! Sucht danach! Und ihr werdet finden, dass es etwas Mächtiges ist, was einen völlig überwältigt. Es löst jedes Problem auf Erden. Alles ist gelöst. Alles ist neu! Jeder wird den anderen lieben in Christus. Alle Trennung und Sünde, alles Leiden, Dunkelheit und Tod, wird überwunden und nur die Liebe wird herrschen."

Als er fertig war, winkte Heiner Hans, Hardy und Georg an sein Bett und bat sie, niederzuknien. So wie es Jesus von Petrus wissen wollte, fragte auch Heini drei Mal: „Liebst du Christus?"

„Ja", gaben sie zur Antwort.

„Dann kümmert euch gut um die Gemeinde."

Am Ende legte er nacheinander seine Hände auf ihre Häupter, beauftragte sie mit der Leitung und wünschte ihnen Kraft, Mitgefühl und Demut.

23

Alpträume

Oktober 1941

Heini merkte, dass seine Atmung wieder leichter und gleichmäßiger geworden war. Auch seine Schmerzen hatten nachgelassen. Sollte er doch überleben? Nachdem er ihn untersucht hatte, erklärte Cyril die unmittelbare Todesgefahr für überstanden. Und er schien Recht zu haben. In den folgenden beiden Wochen riss der Strom der Besucher nicht ab. Fast jeden Tag kam es zu spontanen Versammlungen vor Heinis Hütte. Oft sprach er zu denen, die gekommen waren: „Wir wollen nicht nachlassen! Wir müssen weiter auf der Suche sein. Wir dürfen nicht aufgeben, bis auch für uns die Verheißung wahr geworden ist, dass *alles* neu wird!"

So unerwartet die Veränderungen in Heinis medizinischer Prognose waren, so unerwartet war die Wandlung von Hans. Bis zu dem Moment, als er sich niedergekniet hatte, um Heinis Segen zu erhalten, hatte sich Hans wie ein guter, treuer Freund verhalten. Freiwillig war er nächtelang wach geblieben, um Heini zu pflegen und zu helfen. Jetzt schien es, als sei die Freundschaft über Nacht erloschen. Zunächst wollte Heini nicht daran glauben. Konnte es sein, dass die Freundschaft seines Schwagers nur vorgetäuscht gewesen war? „Wenn das wahr ist", dachte er, „dann habe ich den größten Fehler meines Lebens gemacht, als ich ihm wieder Vertrauen geschenkt habe."

Erst Jahrzehnte später sollte Heini von Georg erfahren, wie tief verbittert Hans wegen des Verlustes der Stellung gewesen war, die er sich nach Eberhards Tod angeeignet hatte. Jetzt, wo er – durch niemand anderen als Heini – das Vertrauen der Gemeinschaft wieder erlangt hatte, begann er umgehend, sich ein Lager von Unterstützern aufzubauen. Normalerweise reichte es aus, jemandem ein bisschen Honig ums Maul zu schmieren. Den Leiter der Baumannschaft lobte er: „Wir brauchen gute

Leute wie dich." Der Frau, die den Chor von Primavera leitete, flüsterte er zu: „Dein musikalisches Talent ist wirklich ein Gewinn!"

Heini wusste von alledem nichts. Er hatte auch keine Ahnung, dass sich Hans manchmal vor seiner Hütte aufhielt, um Besucher auszufragen, wenn sie herauskamen. Oft kamen dann abfällige Kommentare von ihm: „Das war ja mal wieder sehr emotional, nicht wahr?" oder „Mir scheint, dass Heinis alte Schwäche für Übertreibungen wieder zurückkommt." Anderen gegenüber meinte er: „Wir müssen diesem Schwindel ein Ende machen!"

Georg, der sich leicht beeinflussen ließ, schenkte Hans' Einflüsterungen Glauben und machte aktiv mit: „Du hast Recht. Ich frage mich ja auch, ob das bloß frömmlerische Hysterie ist. Und diese ganzen schwärmerischen Zusammenkünfte vor seiner Hütte – es ist höchste Zeit, dass wir wieder nüchtern und sachlich werden." Es dauerte nicht lange, bis Hans und Georg heimlich darüber sprachen, wie sie die neue Richtung, die die Gemeinschaft eingeschlagen hatte, wieder umdrehen könnten.

Ende Oktober dann passierte etwas, das alle vollkommen überraschte: Heini fing an, zu halluzinieren. Eines Tages waren es Schlangen, die sich um seine Arme und Beine wanden. Ein anderes Mal wurde ihm der Hals wie durch Nadelstiche durchbohrt und Glassplitter bohrten sich in seinen Körper. Dann ließ sich ein böses Wesen auf seiner Hütte nieder und drang in den Innenraum ein. Es verfolgte Heini in der Dunkelheit wie ein Jäger seine Beute. Jedes Mal, wenn diese Eindrücke kamen, schrie Heini um Hilfe. Seine Pfleger schienen ihm nicht helfen zu können und sahen ihn mitleidig und ungläubig an.

Manchmal kam es Heini so vor, als ob die Alpträume etwas mit Cyrils Medikamenten zu tun hätten. Er weigerte sich, das Kaliumbromid zu schlucken, aber zwei Männer hielten ihn fest und zwangen ihn zur Einnahme. Manchmal quälte er sich mit Selbstbezichtigungen. Vielleicht hatte es nichts mit den Medikamenten zu tun, sondern er war tatsächlich gerade dabei, den Verstand zu verlieren? Schuldgefühle plagten ihn. Wurde er für eine schwere Sünde bestraft? Selbst wenn er schlief, waren seine Träume schrecklich und düster.

Zunächst wussten außer seiner Familie, Cyril und Hans nur wenige, was er gerade durchmachte. Aber dann musste es jemand herumerzählt haben, denn bald gab es Gerüchte über Heinis seltsames Verhalten. Gwynn, dem zum Wagenfahrer gewordenen Theologen, gab Hans zu verstehen, dass Heinis seltsames nächtliches Verhalten doch kaum mit seinen täglichen Aufrufen zu Reue und Umkehr vereinbar sei. Viele wussten nicht, was sie über all das denken sollten, was sie da hörten. Selbst Heinis Freunde begannen, seine Hütte zu meiden.

Der Hoffnungsstrahl von Anfang Oktober war erloschen und als der November zu Ende ging, konnten sich die meisten nicht einmal mehr an ihn erinnern. Viele waren verwirrt, besonders die neuen englischen Mitglieder – Leute wie Johnny, Ruth und Gwynn. In England war ihnen Heini ein Freund und Ratgeber gewesen. Und hier in Primavera war er die einzige Stimme gewesen, die in dem babylonischen Stimmengewirr von Meinungsverschiedenheiten zu Einheit und Eintracht aufgerufen hatte. Warum reagierten Hans und Georg so unterkühlt auf all das, was sie bei Heinis Hütte erlebt hatten? Warum machten sie und ihre Freunde sich jetzt öffentlich über Karl und andere lustig, weil diese während der Versammlungen bei der Hütte angeblich „zu emotional" reagiert hatten? Und warum ordnete Hans an, dass es ab jetzt keine Zusammenkünfte und Besuche mehr bei Heinis Hütte geben würde? Hans behauptete, Annemarie hätte darum gebeten, aber viele konnten sich nicht vorstellen, dass dies wirklich so war. (Und das war es auch nicht.)

Im Dezember war klar, dass Heini dem Tod entronnen war. Aber er war noch immer bis auf die Knochen abgemagert und konnte das Bett nicht verlassen. Ein amerikanischer Gast hörte von seinem Zustand und arrangierte, dass er in die Hauptstadt geflogen und dort behandelt wurde. Cyril, Georg und Moni begleiteten ihn. Hier in Asunción, im privaten Krankenhaus von Dr. Juan Boettner, einem Internisten, begann Heinis Genesung.

Kurz nach der Einweisung des neuen Patienten setzte Dr. Boettner das Kaliumbromid ab. Schon bald hörten Heinis Halluzinationen auf – sie kehrten nie wieder. Cyril bemerkte den erstaunlichen Wandel in Heinis Geisteszustand und zog den unvermeidlichen Rückschluss. Er diagnostizierte Bromismus und notierte in seinen Unterlagen: „Vielleicht habe ich in der Vergangenheit zu viel von diesem Medikament verabreicht."

Cyril machte diesen Eintrag am 20. Dezember 1941. Bereits am 15. September hatte er Symptome einer möglichen Überdosierung dokumentiert, aber in den folgenden drei Monaten nie gezögert, das Kaliumbromid zu verabreichen. Und jetzt, wo die Auswirkungen seiner Verschreibung eindeutig und unzweifelhaft vor ihm lagen, notierte er seine Erkenntnisse in den ärztlichen Unterlagen – und beließ es dabei. Weder erzählte er Heini oder Annemarie von seiner Feststellung, noch informierte er die Gemeinschaft. Alle wurden in der Annahme belassen, dass Heini eine psychotische Veranlagung habe und (wie auch Heini selbst sich mittlerweile fragte) an Umnachtungszuständen litt.

Heini verbrachte einige Wochen in der Fürsorge von Dr. Boettner und kehrte dann nach Hause zurück, um sich weiter zu erholen. Seine Nierenwerte verbesserten sich, er nahm wieder zu und konnte nach einigen Wochen auch wieder gehen. Einen Monat nach seiner Rückkehr im Januar 1942 gebar Annemarie das Kind, das sie erwartet hatten. Heini nannte das neugeborene Mädchen nach seiner Mutter, aber gerufen wurde sie Anneli.

Im April untersuchte Dr. Boettner Heini ein weiteres Mal. „Sie sind so gut wie geheilt, aber Sie müssen weiterhin vorsichtig sein", erklärte er ihm. „Schlafen Sie genug und essen Sie, so viel Sie können. Sie sind noch immer viel zu mager. Sie können arbeiten, aber ich rate ihnen, halbtags zu ruhen."

Heini war außer sich vor Freude und dankte dem Arzt wieder und wieder, bis er bemerkte, dass er sich ständig wiederholte. Nach Monaten erzwungener Einsamkeit und Untätigkeit brannte er darauf, wieder zu arbeiten. Er wusste, dass es viel zu tun gab. Unter der Oberfläche ihres geschäftigen Alltagslebens waren viele unglücklich. Es war nicht vollkommen chaotisch oder extrem entbehrungsreich, wie es in den ersten Monaten in Paraguay gewesen war. Man hatte sich mittlerweile an das Klima und die primitiven Umstände gewöhnt und der Alltag hatte einen gewissen Rhythmus bekommen. Aber viele Mitglieder wirkten innerlich verkrampft und abgespannt. Waren sie abgestumpft? Fehlte es ihnen an seelsorgerlicher Begleitung? Während seiner eigenen Krankenzeit waren drei weitere Kinder gestorben, aber es hatte kaum Zeit gegeben, sie zu betrauern. Und was war aus denen geworden, die ihm im letzten Oktober so nahe gewesen waren?

Als Heini aus Asunción nach Hause kam, feierte ganz Primavera mit ihm. Viele drückten aus, was sie dachten: „Es ist ein Wunder. Vom Tod zum Leben." Die Freude war echt, aber sie wurde nicht von allen geteilt.

Gerade zu dieser Zeit war Hans zufällig nicht in Primavera, sondern in Asunción, wohin er seine Frau Emy-Margret begleitet hatte, die dort einen Tuberkulosespezialisten aufzusuchen hatte. Die Zumpes – und Cyril, der Emy-Margret als ihr Arzt begleitete – verbrachten sogar einige Tage zur selben Zeit wie Heini in der Hauptstadt, und sie alle wohnten im selben Hotel. Es war jedoch keine glückliche Zeit gewesen. Hans hatte die Nachricht von Heinis Genesung ungerührt entgegengenommen, und als Heini sich von ihnen verabschiedet hatte, um nach Hause zu reisen, hatten sie erleichtert gewirkt.

Zwei Wochen nach Heinis Rückkehr kamen auch die Zumpes und Cyril wieder nach Primavera. Kurz darauf rief Hans die Gemeinschaft zu einer Versammlung. Hans eröffnete das Treffen mit der Nachricht, dass er etwas über Heinis Gesundheitszustand zu sagen habe. Während ihres Aufenthaltes in Asunción hätten er und Cyril mit Dr. Boettner über die Angelegenheit gesprochen, und der Arzt hätte gesagt, dass Heini keine geistliche oder seelsorgerliche Tätigkeit mehr ausüben dürfe.

Heini, der vollkommen arglos zur Versammlung gekommen war, war wie benommen. Als er Hans und Cyril in Asunción verlassen hatte, hatte ihm keiner der beiden gesagt, dass sie vorhatten, mit Dr. Boettner über seinen Gesundheitszustand zu sprechen, geschweige denn, dass sie ihn um Erlaubnis gebeten hätten. Was um Himmels willen wollten sie damit beweisen? Und warum widersprach Hans' Bericht dem, was Dr. Boettner ihm vor vierzehn Tagen selber gesagt hatte?

Die meisten Leute in der Versammlung waren ebenso befremdet. Mit welchem Recht wollte ein Arzt in Asunción ihnen vorschreiben, wer in ihrer Gemeinschaft

Seelsorger sein könne und wer nicht? Heini war jemand, dem man vertrauen konnte. Ob krank oder gesund, auf ihn konnte man zählen. Trotz ihrer Verwunderung wagte es allerdings keiner, Hans zu hinterfragen. Heini spürte, dass sie Angst vor seinem Schwager hatten.

◆ ◆ ◆

Es war Fritz, der um ein Treffen der Leitung von Primavera gebeten hatte. Vor zwei Monaten, im Mai, hatten er und seine Frau Martha eine weitere Tochter verloren – das zweite ihrer Kinder, das innerhalb eines Jahres gestorben war. Die Trauer hatte Fritz weichherzig gemacht. Er war nach wie vor einer der besten Arbeiter der Gemeinschaft. Aber es waren nicht seine vielen gleichzeitigen Bauprojekte, sondern die geistliche Gesundheit von Primavera, die ihm Sorgen machte. Wie Heini und Hardy und ihre Ehefrauen war auch Fritz besorgt, dass die Gemeinschaft hartherzig geworden war und nicht mehr genügend Zartheit und Mitgefühl besaß. Es ist kein Wunder, dass sich die drei Ehepaare zunehmend näher gekommen waren.

Am Tag des Treffens wandte sich Fritz offen und ehrlich an seine Mitarbeiter in der Leitung: „Primavera muss sich von Grund auf ändern. Wir sind kalt und amtlich geworden. Was Eberhard Arnold angefangen hatte, ist durch Machtgier verloren gegangen. Es ist zu einer Diktatur geworden. Dieser Geist einer gesichtslosen Masse, der in manchen unserer Versammlungen herrscht, ist das genaue Gegenteil von Bruderschaft! Jeder von uns muss der erste sein wollen, der bekennt, dass er in die falsche Richtung gegangen ist, jeder von uns muss der erste sein wollen, der umkehrt. Wir müssen demütig werden und die Liebe und Freude wiederfinden, die uns zusammengeführt hat. Wir müssen…"

Da fiel ihm Georg ins Wort: „Wir haben mehr als genug von Reue und Umkehr gehört! Was meinst du eigentlich, wer du bist, dass du die Gemeinschaft eine gesichtslose Masse nennst? Wie wagst du es, von einer Diktatur zu reden!" Fritz sah betroffen aus und es folgte eine verwirrende Auseinandersetzung. Als man auseinanderging, war allerdings klar, dass Fritz' Haltung von einigen geteilt wurde: Hardy, Heini und ein oder zwei andere.

Hans war nicht bei der Versammlung gewesen. Georg berichtete ihm triumphierend: „Jetzt haben wir sie endlich in der Falle." Noch am selben Tag beriefen sie eine dringende Versammlung ein. Alle in Primavera sollten anwesend sein, mit Ausnahme der neueren englischen Mitglieder, die auf die Kinder aufpassen sollten. „Wir müssen Dinge besprechen, die lange vor eurem Eintritt zurückliegen", erklärte Hans ihnen.

Georg leitete die Versammlung. Er schilderte, was nach seiner Ansicht zu dem morgendlichen Konflikt geführt hatte: „Heini, Fritz und Hardy bewegen sich seit langer Zeit in eine sehr beunruhigende Richtung. Sie reden von ‚Erneuerung' und jeder soll sich ihnen anschließen. Aber eigentlich ist das eine kleine Clique, die hier ihre eigenen Absichten verfolgt! Schaut doch nur, wie sie versuchen, uns gegeneinander auszuspielen!"

Von allen Seiten her kam zustimmendes Murmeln.

„Heute Morgen dann", fuhr Georg fort, „hat Fritz die Gemeinschaft verunglimpft, indem er sie als eine von einer gesichtslosen Masse gestützte Diktatur bezeichnete." Empörte Zwischenrufe ertönten von allen Seiten, und als die Beschuldigten versuchten, sich zu erklären, wurden sie niedergeschrien. Dann wurden sie kurzerhand aus der Versammlung hinausgeworfen.

In den folgenden Wochen wurden alle Unterstützer der drei Männer systematisch ausgeschaltet. Wer verdächtigt wurde, mit ihnen zu sympathisieren, wie zum Beispiel ihre Frauen, Emmy und ein paar weitere, wurde verhört und zum Schweigen gebracht. An Fritz, Heini und Hardy aber wollten Hans und Georg ein Exempel statuieren. Sie schlugen vor, die drei aus der Gemeinschaft auszuschließen und an den Rand der Siedlung zu verbannen. Dies sei die Art Kirchenzucht aus der Kirchenordnung der Täufer des 16. Jahrhunderts, die Eberhard von den Hutterern in Nordamerika mitgebracht habe. (Eberhard selbst hatte eine vollkommen andere Auffassung vertreten. Für ihn war Kirchenzucht nicht Strafe, sondern Versöhnung und Wiederherstellung der Einheit im Geist brüderlicher Liebe.)

Die meisten Mitglieder von Primavera stimmten dem Vorschlag zu – manche aus Überzeugung, andere aus Furcht. Wer wollte schon mit „der Clique" in Verbindung gebracht werden? (Die neuen englischen Mitglieder hatten in der Angelegenheit nichts zu sagen, sondern wurden erst im Nachhinein davon in Kenntnis gesetzt.)

Theoretisch hätten Fritz, Heini und Hardy jeder eine Zeit lang zur Selbstreflexion für sich alleine leben sollen, wonach es zu einer Versöhnung und einer Wiederaufnahme in die Gemeinschaft gekommen wäre. In der Praxis aber sorgten Hans und Georg dafür, dass die Strafe so hart und schmerzhaft wie möglich sein würde. Jeder der drei wurde in eine kleine Hütte im Dschungel außerhalb von Primavera einquartiert. Von Frauen und Kindern getrennt, wurde ihnen untersagt, mit irgendjemand zu reden. Tagsüber hatten sie einen vollen Arbeitstag auf den Feldern zu arbeiten. Diese Regelung sollte auf unbestimmte Zeit bestehen bleiben, bis Hans und Georg überzeugt waren, dass die drei ihre Haltung geändert hatten.

Während der nächsten Wochen gingen die drei Männer durch zermürbende Einsamkeit. Aber Heini, der von seiner fast tödlich verlaufenen Erkrankung des Vorjahres immer noch untergewichtig war, litt auch unter einem nahezu unerträglichen Hunger. Dies kam zum Teil durch die proteinfreie Diät, die ihm Cyril wegen seiner Nieren verordnet hatte – eine damals gängige Therapie, auch wenn sie der Realität des Lebens in Primavera völlig unangemessen war. Wenn man von einer ohnehin nur aus Maniok und Gulasch bestehenden Diät das Fleisch wegnimmt, was bleibt dann noch übrig?

Und wie passte so eine Kur zu Dr. Boettners Anweisung, dass Heini so viel wie möglich essen sollte, um Gewicht zuzulegen?

Vielleicht hatte sich Cyril eine Antwort für diese Einwände überlegt, aber selbst wenn es so war, erfuhr Heini nichts davon. Die Überwachung seines Tagesablaufs lag ohnehin in den Händen von Hans und Georg. Heini bekam seine Mahlzeiten auf einem Teller, der vor seiner Hütte auf einem kleinen Ständer abgestellt wurde. Auf dem Teller war normalerweise eine kleine Portion gekochter Kürbis oder Maniok. Das war alles.

Heini hungerte. An manchen Abenden lief Heini tief in den Dschungel hinein, um nach wilden Orangen zu suchen, obwohl es nicht die richtige Jahreszeit dafür war. Sogar Müllkübel durchwühlte er nach Essensresten. Als Hans davon erfuhr, fuhr er ihn an: „Wie konntest du Cyrils Anweisungen missachten?"

Mittlerweile war Heinis Hunger so groß, dass er es riskierte, direkt in die Gemeinschaftsküche zu gehen. Er wusste, dass es Siesta war und die Küche ruhig und leer sein würde. Als er hereinging, fand er in einer Schüssel Reste des Mittagessens. Hastig aß er ein bisschen davon und stopfte sich den Rest in die Tasche.

Plötzlich stand Georg in der Tür. „Dieb!", brüllte er, „Wie wagst du es, hier zu stehlen!" Nachdem er Heini zusammengestaucht hatte, befahl er ihm, zurück in seine Hütte zu gehen – und sorgte dafür, dass die Geschichte von dem Diebstahl in den nächsten Tagen die Runde machte.

Trotz ihres Interesses an Heinis Diät war seine angeschlagene Gesundheit für Hans und Georg nicht interessant, wenn es um die Zuweisung von Arbeit ging. Ihm wurden die härtesten Aufgaben zugeteilt, und so grub er stundenlang in der glühenden Sonne Pfostenlöcher oder jätete Maniokfelder.

Einigen war die brutale Behandlung von Heini aufgefallen und sie beschwerten sich für ihn. So kam einmal die Köchin, die Heinis Mahlzeit zubereitete, unglücklich mit dem Teller in der Hand zu Emy-Margret, denn sie wusste, dass Hans (und nicht der Arzt) dafür zuständig war. „Kann ein Mann davon wirklich leben?", fragte sie. Emy-Margret sah ängstlich aus und erwiderte, dass sie der Sache nachgehen würde. Das tat sie aber nicht, und als die Köchin ein paar Tage später noch einmal nachhakte und keine Antwort erhielt, verstand sie, was los war, und fragte nicht wieder.

Manch einer hat sich gefragt, in welcher Beziehung Emy-Margret zu ihrer Mutter und ihren Brüdern stand; Heini jedoch nicht. Er wusste, dass sie an Tuberkulose litt, wie ihre Tante und ihr Vater. In Ashton Fields war die Krankheit schlimmer geworden und in Paraguay nahm sie eine noch bedrohlichere Wendung. Emy-Margret lebte daher zur Zeit in einer siebenjährigen Quarantäne, getrennt von ihrem Mann und ihren Kindern. So verbrachte sie ihre Tage meistens alleine und war oft in Traumwelten verloren und was in der Gemeinschaft gerade passierte, entging ihr daher manchmal.

Wo sie in Entscheidungsprozesse eingebunden war, stand sie ganz unter dem Einfluss ihres Mannes.

Alle paar Tage kamen Hans und Georg bei Heini vorbei. Ihre Besuche waren die einzigen Zeiten, in denen Heini Kontakt mit anderen Menschen hatte. Aber es waren keine freundlichen Unterhaltungen, die da geführt wurden. Hans nahm ihn jedes Mal in die Mangel und kam immer wieder auf die Zeit seiner Erkrankung zurück. „Kannst du nicht sehen, was für ein Heuchler du warst, als du uns ständig über Erneuerung gepredigt hast? Was ist da eigentlich passiert, als du deine Halluzinationen hattest? Warst du psychisch krank? Bist du vielleicht immer noch nicht ganz stabil?"

Heini fing an, an sich zu zweifeln. „Wie kannst du dir so sicher sein, dass du recht hattest?", fragte er sich. „Vielleicht haben ja alle anderen recht und du liegst falsch." Eines Tages sagte er zu Hans, dass er demütig sein wolle. Später, als seine innere Unruhe immer mehr zur Verzweiflung wurde, beichtete er jede Sünde, die er jemals begangen hatte.

Hans hörte eifrig zu, was Heini ihm mitteilte. Aber anders als ein Priester, der ihm versichert hätte, dass seine Sünden nun vergeben seien, benutzte er sein gutes Gedächtnis von Heinis Schwächen – und schließlich hatte ihm Heini schon vorher, auf dem Sparhof, seine Fehltritte gebeichtet –, um Heini einzuschüchtern und gefügig zu machen. Obwohl er Heini regelmäßig besuchte, machte er ihm nie Hoffnung, zu seiner Familie zurückkehren zu dürfen. Auch Heini erkannte nach einiger Zeit, dass kein Maß an Demut je ausreichen würde. Was Hans von ihm wollte, war, dass er sein ganzes bisheriges Leben widerriefe – den Sonnentrupp, seine Träume von Mission, seine Beziehung zu seinem Vater.

Aber dazu konnte Heini sich nicht durchringen. In seinen dunkelsten Stunden zweifelte er manchmal an allem, einschließlich der Echtheit seiner Bekehrung zum Glauben. Er fing an zu glauben, dass er den Verstand verlieren würde. Noch zwei Jahrzehnte später wusste er, an welche Bäume er in diesen qualvollen Tagen und Nächten seinen Kopf geschlagen hatte. Aber er weigerte sich weiterhin, sich Hans zu unterwerfen.

Mitte November gewährten Hans und Georg ihm, zu seiner Familie zurückzukehren, obwohl weiterhin nichts geklärt war. In ihren Augen war Heini erbärmlich – eine gequälte Seele. Sie gaben bekannt, dass Heini wie auf Bewährung in die Gemeinschaft zurückkehren würde.

Heini kehrte in eine verwandelte Welt zurück. Während seiner Abwesenheit war es in Primavera verpönt geworden, von irgendetwas zu reden, das zu „religiöser Übertreibung" ermutigen könnte. So waren Blumhardts Schriften beispielsweise plötzlich genauso verdächtig wie jedes Reden von Sannerz und dem Sparhof. Frauen waren jetzt offiziell von Entscheidungsfindungen ausgeschlossen – vielleicht um Emmys Stimme auszuschalten. Und selbst Eberhard, man konnte es kaum glauben, war jetzt suspekt. In seinen Tagebüchern nannte Hans ihn spöttisch „den großen Vater".

Die Zeichen der neuen Ordnung waren überall zu erkennen, selbst auf den Latrinen. Nur ein halbes Jahr zuvor hatte Hardy Fritz gebeten, eine kleine Sammlung der Gedichte seines Vaters zu drucken. Es waren Verse und Zeilen, die Eberhards innerste Gedanken zum Ausdruck brachten. Die Seiten waren noch nicht gebunden gewesen, als die beiden Brüder von ihren Familien getrennt worden waren. Jetzt fand Heini die noch ungebundenen Seiten zerschnitten als Toilettenpapier in den Latrinen wieder.

Tief in Heinis Innerem zersprang etwas. Er sprach nicht davon. Er war müde von all den Kämpfen. Außerdem war er der Vater einer wachsenden Familie und konnte den Gedanken nicht ertragen, noch einmal von ihr getrennt zu werden. Für die nächste Zeit würde er einfach nicht mehr über seine Gewissensbisse sprechen – nicht mit Hardy, Fritz oder seiner Mutter und sogar nicht einmal mit Annemarie. Er verbot sich, sich auch nur in seinen Gedanken gegen Hans aufzulehnen.

24

Unter Kindern

Arbeitsteams ersetzten die Stofftrennwände, mit denen in den Wohnhäusern in Primavera Zimmer voneinander abgetrennt worden waren, durch feste Wände. Einige Kilometer entfernt entstand gerade eine zweite Siedlung. Die Drechselmaschinen in der Werkstatt summten und brummten den ganzen Tag lang, und ihre Produkte – gedrechselte Schüsseln, Teller und Kerzenständer – hatten mittlerweile einen guten Ruf in Asunción erworben. Mittlerweile kultivierte die Gemeinschaft über vierzig Hektar Ackerland, pflanzte Maniok, Kürbis und ein paar andere Gemüsesorten an, dazu Mais und Hirse als Viehfutter sowie Zitrusfrüchte. Neben all diesen Aktivitäten wurde noch ein Krankenhaus errichtet, um die verarmte Bevölkerung aus der Umgebung zu versorgen.

Die Mitglieder von Primavera arbeiteten und schwitzten heldenhaft. Was sie erreicht hatten, war das Ergebnis ihres Einfallsreichtums und Durchhaltevermögens. Sie waren genügsam und ertrugen Rückschläge mit stoischer Ruhe. Kreativ gestalteten sie Gemeinschaftsfeste, feierten Hochzeiten, Geburten und Schulabschlüsse. Man ermutigte sich gegenseitig, alles für dieses gelebte Gemeinschaftsleben hinzugeben. Es gab unzählige großzügige und selbstlose Taten, besonders seitens der Mütter. Viele ihrer Kinder würden später auf diese Jahre in Primavera als „die schönste Kindheit" zurückblicken.

Doch trotz aller Kameradschaft war dies nicht das Leben in Brüderlichkeit, das viele von früheren Jahren her gekannt hatten. Hans regierte mit eiserner Faust und die Luft wurde dünner und dünner. Nach außen hin wurde sorgfältig ein Anschein von Gleichheit erhalten, zumindest was die Männer betraf. Nur Männer nahmen an den Versammlungen teil, in denen Entscheidungen getroffen wurden, und selbst die trivialsten praktischen Details wurden langatmig durchgekaut. Aber es war nur der Schein von Demokratie, die Wirklichkeit war anders.

Hans war ein Meister darin, mit abweichenden Meinungen umzugehen. Nachdem er in einer langen und ermüdenden Zusammenfassung die Ansichten anderer Mitglieder dargelegt hatte, zählte er deren Schwächen auf und erläuterte ihre Unmöglichkeit. Dann, nachdem er so seinen Zuhörern den Eindruck vermittelt hatte, sie befänden sich in einer Sackgasse, führte er seinen eigenen Vorschlag aus und brachte sie dazu, ihn anzunehmen. Natürlich, so hieß es immer, könne man die Details noch einmal ausführlich besprechen. Aber am Ende war es immer so, dass man nach Hans' Regeln spielen musste.

Es gab aber auch Momente, in denen Hans gar nicht erst versuchte, solche Spiele zu spielen, sondern mit unbarmherziger Härte vorging. Als Norah, eine junge Mutter mit emotionalen Problemen, wieder einmal durch eine Zeit innerer Krisen ging, entschied Hans, dass sie für ihre „Treulosigkeit" durch einen vorübergehenden Ausschluss von der Gemeinschaft zu bestrafen sei. Andere meinten, dass Norah keine Strafe, sondern Seelsorge und Ermutigung gebraucht hätte. Aber Hans wollte nichts davon wissen und setzte sich durch, wie so oft mit der Unterstützung von Georg.

Heini, der Norah gut kannte, war entsetzt. Er erinnerte sich an seine eigene Einzelhaft. „Norah hat doch nichts falsch gemacht, sie ist einfach überfordert", sagte er zu sich selbst. „Eine Frau ganz alleine in so einer Hütte im Dschungel zu lassen – das ist einfach herzlos!" Aber es war das erste Mal seit seiner Rückkehr zu seiner Familie, dass er sich bewusst gegen Hans stellte, und die Erinnerung an seine eigene Bestrafung hielt ihn davon ab, irgendjemanden deswegen anzusprechen, der vielleicht ähnlich empfand. Er deutete seine Gedanken höchstens alten Freunden gegenüber an, wie zum Beispiel seiner ehemaligen Lehrerin Trudi. Er wusste allerdings auch, dass es hoffnungslos gewesen wäre, Hans oder Georg auf diese Sache hin anzusprechen. Wann immer Heini auch nur eine Frage stellte, warnten die beiden ihn, dass er in seine destruktive Neigung des Kritisierens zurückfalle. Als der Pferdewagen losfuhr, um Norahs Kinder zu der neuen Siedlung zu bringen, wo ein anderes Ehepaar sich um sie kümmern sollte, rannte Norah weinend hinterher, die Namen ihrer Kinder rufend. Heini sah hilflos zu. Später ging er in den Wald und weinte.

Einen gewissen Frieden fand Heini, indem er sich ganz der Arbeit hingab. Am Morgen arbeitete er in den Ställen oder erledigte Transporte und Botengänge mit einem Pferdewagen. Nachmittags betreute er die Schulkinder nach dem Unterricht. Es waren fast zwei Dutzend in allen Jahrgangsstufen von der ersten bis zur siebten Klasse. Sie zu beschäftigen, wäre für die meisten Erwachsenen eine ziemliche Herausforderung gewesen. In den vorangegangen drei Jahren war der Unterricht immer wieder unterbrochen worden, erst durch die Ausreise aus England und dann gab es immer wieder Krankheiten und Quarantänezeiten. Auch der anhaltende Mangel an privaten Räumlichkeiten in den eilig errichteten Gebäuden hatte in Primavera seinen Preis gefordert. Bei den primitiven Verhältnissen vor Ort war es nicht überraschend, dass manche Lehrer hin und wieder einfach wegsahen, wenn die Kinder über die Stränge schlugen. Aber Heini hatte über die Jahre hinweg immer wieder mit Kindern gearbeitet und es hatte sich herumgesprochen, dass er gut mit ihnen umgehen konnte. Er hatte eine Gabe, auch aus dem schwierigsten Kind das Beste herauszuholen.

Von seinen Zöglingen verlangte Heini harte Arbeit – die Gemeinschaft war auf ihre Mithilfe im Gemüsegarten angewiesen, und die Kinder verbrachten viele Nachmittage damit, Setzlinge zu pflanzen und Beete zu jäten. Aber wo andere Erwachsene ihren Willen womöglich durch Disziplin und Bestrafungen durchgesetzt hätten, versuchte Heini, die Herzen der Kinder zu erreichen. Anstatt ihnen zu drohen, versuchte er, ihr Vertrauen zu gewinnen.

Einmal war eine Gruppe von Jungs Heini gegenüber ungehorsam. Es war die Zeit der Orangenernte, und er hatte ihnen verboten, von dem einzigen Mandarinenbaum zu pflücken. „Diese Früchte sind für die alten Leute reserviert", hatte er ihnen gesagt. Kaum war Heini außer Sichtweite, fingen einige der Jungen trotzdem an, die Mandarinen zu pflücken. Als Heini davon erfuhr, rief er sie zusammen. Er stand da und blickte sie an, still und so bekümmert, dass die Jungen auf den Boden schauten, um seinem Blick zu entgehen. „Wie konntet ihr mir das antun? Ich habe euch vertraut", sagte er – und ging fort. Sie schämten sich so sehr, dass es sich viel schlimmer anfühlte als jede Bestrafung.

Ein anderes Mal ging Heini mit den Kindern am Ufer eines nahe gelegenen Flusses zelten. Die Lichtung, wo sie schlafen wollten, war ungefähr zehn Kilometer weit weg und einige der Jungen ritten auf Pferden vorweg, während Heini mit den anderen Kindern und der Ausrüstung nachkam. Als sie mit ihrem Fuhrwerk an dem Zeltplatz angekommen waren, bemerkte Heini sofort, dass eines der Reitpferde Probleme hatte. Schuldbewusst erklärten die Jungen, dass sie den ganzen Weg über galoppiert seien und dann die Pferde direkt ins Wasser geführt hatten. Durch den Schock hatte bei einer der Stuten eine Frühgeburt eingesetzt.

Heini rief alle Kinder zusammen. Sie stellten sich im Halbkreis um die Stute und beobachteten schweigend, bis schließlich das Fohlen im Gras lag. Dann öffnete Heini die Fruchtblase mit einem Taschenmesser. Das Fohlen war tot. Er wandte sich zu den Kindern: „Kinder, das ist die Folge von eurer Unverantwortlichkeit. Behandelt Tiere immer mit Ehrfurcht. Sie sind von Gott gemacht."

Was Heini nicht tolerierte, war Respektlosigkeit gegenüber anderen Menschen, besonders Spott. Einmal äffte einer der Jungen, für die Heini verantwortlich war, einen älteren Mann nach, dessen Verhalten er komisch fand. Heinis Entrüstung brach wie ein Donnerschlag aus ihm heraus: „Wie kannst du es wagen, dich über ihn lustig zu machen! Wie kannst du es wagen, dich über irgendjemanden lustig zu machen!" Der

Junge entschuldigte sich und Heini erwähnte den Vorfall nie wieder. Die Kinder allerdings erinnerten sich noch lange an diesen Zwischenfall, denn es geschah nur sehr selten, dass Heini laut wurde. Die Zeiten, an die sich die Kinder von damals noch Jahrzehnte später am lebhaftesten erinnerten, waren die wöchentlichen Nachmittage zum „freien Spiel". Sie fanden im Schulwäldchen statt, einem kleinen Wäldchen mit zwei oder drei schlichten Unterständen, in denen unterrichtet und zu Mittag gegessen wurde. An diesen Nachmittagen ließ Heini die Kinder einfach spielen, was den Kindern wie vollkommene Freiheit vorkam. Manche spielten Ritter oder Prinzessinnen oder Räuber. Andere bastelten oder töpferten aus der lehmigen Erde Gefäße, die sie in einem Ofen brannten, den Karls Sohn Ulrich gebaut hatte. Hans' Tochter Heidi und ihre beste Freundin Jennie Harries sägten in tagelanger Arbeit mit einer Laubsäge ein hölzernes Gitterwerk. Währenddessen setzte Heini sich mit einem Geschichtenbuch unter einen der großen Bäume und beobachtete die Kinder so unauffällig wie möglich; er griff nur ein, wenn es wirklich nötig wurde.

Am Ende des Nachmittags, wenn die Kinder gemeinsam aßen, erzählte Heini ihnen die neuesten Geschichten, die er gelesen hatte. Oft improvisierte er auch, um die Geschichte mit den Ereignissen des Tages zu verknüpfen. Wenn Heidi und Jennie sich am Nachmittag gestritten hatten, erzählte er vielleicht, was mit zwei Prinzessinnen passiert war, die sich nach einem Streit nicht mehr versöhnen wollten. Wenn ein älteres Kind eines der jüngeren herumkommandiert hatte, handelte seine Geschichte vielleicht von einem Grobian, der seine wohlverdiente Strafe erhielt. Weil Heini aber seine Geschichten mit Humor und Wohlwollen erzählte, musste keines der Kinder sich bloßgestellt oder erniedrigt fühlen. Bei jeder Geschichte war klar, worum es ging, und Heini musste nie sagen, was die moralische Botschaft war.

Er erzählte ihnen auch Geschichten aus dem realen Leben: über das Leid der Juden in Europa, die geheimen Widerstandsbewegungen in Nazi-Deutschland, über frühchristliche Märtyrer und Menschen wie Rachoff. Das war die Lieblingsgeschichte der Kinder und Heini erzählte sie viele Male.

Ein weiteres Thema, das die Kinder faszinierte, war Heinis Kindheit. Sie liebten es, wenn er vom Sonnentrupp erzählte, von Hans im Glück, Sundar Singh und Tata. Und Heini genoss es genauso wie sie, von diesen Menschen zu reden. Hier unter den Kindern konnte er frei über das sprechen, was ihm am wichtigsten war und worüber er Erwachsenen gegenüber nicht reden durfte.

Inspiriert von all dem, was sie gehört hatten, schrieben Heidi und Jennie ein kleines Stück, in dem ein Engel auf die Erde herabkommt. In die Lumpen eines Bettlers gekleidet, versucht er das Mitgefühl derer zu testen, denen er begegnet. Schon bald hatten die beiden Mädchen die anderen Kinder dazu gebracht, sich an der Aufführung zu beteiligen. Sie lernten von sich aus ihre Zeilen auswendig und nähten sich einfache Kostüme. Sie wählten sogar Lieder aus, die zum Stück passten, und übten sie ein.

Heini half ihnen dabei, eine schlichte Bühne zu bauen, und Annemarie trieb Decken auf, die als Vorhänge dienen sollten. Die ganze Gemeinschaft sollte zur Aufführung eingeladen werden.

Aber gerade, als es am schönsten war, wurde alles zerschlagen. Als die Kinder eines Nachmittags im August 1944 in das Schulwäldchen kamen, war Heini nicht mehr da. Ein neuer Lehrer, Jan, hatte seine Stelle übernommen.

Zunächst waren die Kinder verwirrt, aber sie fanden schnell heraus, was passiert war. Heini, Emmy, Hardy und noch ein paar andere waren irgendwie in Schwierigkeiten. Noch bedrückender war die Tatsache, dass es ihnen verboten worden war, mit Heini zu reden. Heidi versprach Jennie, dass sie in jedem Fall mit Heini sprechen werde: „Er hat nichts falsch gemacht, was uns betrifft. Wir müssen zeigen, dass wir zu ihm stehen." Und das taten sie.

In der Schule weigerten sich die Kinder, Jan, ihren neuen Lehrer, zu akzeptieren – nicht etwa, weil er unfreundlich zu ihnen war, sondern weil sie ihn einfach nicht kannten.

„Wer hilft uns jetzt mit unserem Theaterstück, wo Heini nicht mehr da ist?", weinte Heidi zu Hause.

„Euer neuer Lehrer", meinte ihr Vater Hans.

„Aber er versteht uns nicht! Mit ihm können wir das nicht machen."

Am Ende zogen die Mädchen die Aufführung ganz alleine durch.

Einige Tage später beobachtete Jennie Heini auf dem Weg zu seinem Haus. Er trug einen kleinen Koffer, was in Primavera ein eher ungewöhnlicher Anblick war und meistens bedeutete, dass der Träger bald verreisen würde. Jennie sah, wie Annemarie aus dem Haus kam und Heini ihr etwas sagte, aber Jennie konnte nicht hören, was es war. Dann sagte er etwas, was sie klar verstand: „Hans hat zu mir gesagt: ‚Du wolltest doch schon immer auf Mission gehen. Jetzt kannst du nach Asunción gehen und so viele Menschen bekehren, wie du willst.'"

Heini sprach mit so viel Schmerz, dass es Jennie einen Stich im Herzen gab, so leid tat er ihr. Aber weil sie nicht lauschen wollte, machte sie sich leise davon.

Heidi war zutiefst erschrocken über die Neuigkeiten, als Jennie ihr davon erzählte – eigentlich konnte sie nicht glauben, dass Heini wirklich weggehen würde. Die beiden beschlossen, sich im Gebüsch zu verstecken und die Hauptstraße aus Primavera hinaus zu beobachten. Es dauerte nicht lange, da sahen sie einen Wagen herankommen. Hinter dem Fahrer saß Heini, den Kopf in die Hände gelegt. Die Mädchen sprangen aus den Büschen hervor, um ihm zum Abschied zu winken, aber Heini sah sie nicht. Er schaute nicht einmal auf.

25

Verbannt

Schon Monate vor Heinis plötzlicher Abreise hatte der Sturm sich zusammengebraut. Angefangen hatte alles mit einer zufälligen Begegnung an einem Morgen, als Heini mit seinem Fuhrwerk zwischen den beiden Siedlungen des Bruderhofs unterwegs war. Auf etwa halber Strecke hörte er einen anderen Wagen aus der Gegenrichtung auf ihn zukommen. Bald tauchte er zwischen den Bäumen auf, und Heini erkannte, dass es Hardy war. Die beiden Männer brachten ihre Pferde zum Stehen.

Zu gerne hätte Heini seinen Bruder gefragt, wie es ihm ging, und mit ihm über die Ereignisse der letzten beiden Jahre gesprochen. Zuhause war es so schwierig; er hatte den Eindruck, dass sie beobachtet wurden. Hier in der Abgeschiedenheit des Urwaldes sollte es doch sicherlich möglich sein, offen miteinander zu reden. Keiner der beiden aber wagte zu reden. „Haben wir das Verbergen unserer wahren Gefühle wirklich schon so verinnerlicht", wunderte sich Heini leise.

Schließlich brach Hardy das Schweigen. „Weißt du… Hans und Georg nehmen nicht den Vorschlaghammer. Denn dann würden es die Leute merken und sich dagegen auflehnen. Nein, die beiden zerdrücken die Menschen wie in einer hydraulischen Presse – langsam, aber am Ende ist alles Leben herausgequetscht."

Heini suchte nach einer Antwort. Hardy hatte die Wahrheit gesagt. Aber Heini hatte einfach nicht die Kraft, ihm zu antworten. Er klatschte die Zügel und fuhr, ohne ein Wort gesagt zu haben, weiter.

Im Juni 1943 war Hardys Frau Edith im Alter von zweiunddreißig Jahren gestorben und hatte ihn mit vier kleinen Kindern – vier, fünf, sieben und acht Jahre alt – zurückgelassen. Die Anzeichen einer Blinddarmentzündung waren nicht früh genug erkannt worden und der Blinddarm war durchgebrochen. Dieser Schlag traf den jungen Vater schwer, so wie es jeden getroffen hätte. Was es aber besonders schlimm machte war, dass, neben der echten Anteilnahme vieler, andere von Hardys Leid scheinbar peinlich berührt waren. Emmy schrieb Hans und bat ihn, Hardy und ihren verwaisten Enkeln zu helfen, aber ihre Bitte wurde abgelehnt.

Heini konnte sich auch ein wenig in Hardy hineinversetzen, denn auch für ihn und Annemarie waren die letzten Monate hart gewesen. Wie die meisten Frauen in Primavera arbeitete Annemarie jeden Tag viele Stunden lang für die Gemeinschaft und versorgte nebenbei auch noch die eigene Familie. Ihr viertes Kind war kurz nach Ediths Tod geboren (sie nannten es nach ihr), und Heini und sie hatten ein weiteres erwartet. Im März aber verlor Annemarie das Baby im fünften Monat, möglicherweise wegen der Arbeitsüberlastung.

Am ersten Todestag von Edith schenkte Heini seinem Bruder Hardy ein selbstverfasstes Gedicht. Das „Gespräch zwischen Christus und der Seele" ist ein geschriebenes Gebet und spiegelt Heinis jugendliche Liebe für Mystiker wie Meister Eckhart wider:

> SEELE. *Mein Herz ist in Angst und krank. O Jesus, gib Du mir die Worte, Dir alles zu sagen. Ich sehe den Ernst der Lage. Klarheit habe ich nicht. Aufbrausend und feige ist meine Seele. Nur Du weißt den Weg in Demut und doch in Tapferkeit, im Dulden und doch in Wahrhaftigkeit, ohne Dulderstolz und ohne stolzes Aufbrausen, im Schweigen und doch im Zeugen, Dir, dem Herrn zu folgen. Für meine Seele scheint überall Schuld, im Reden wie im Schweigen. Nur Du weißt den Weg.*
>
> JESUS. *Halte Dich an mich. Vertraust Du mir ganz? Glaubst Du an mich?*
>
> SEELE. *Ja, Herr, ich vertraue, ich glaube! Im Vertrauen zu Dir ist Kraft, doch meine Seele ist kalt, mein Herz ist so kalt, so starr.*
>
> JESUS. *Ich bin da für Dich, ich sah all Deine Schuld, als Du sie begingst, ich sah Dich in finsterer Verzweiflung. So sehe ich alles, den Kampf der Brüder, klopft, ich stehe bereit, Euch die Tür zu öffnen, dass Ströme des Segens über Euch kommen.*
>
> SEELE. *Unser Bitten ist so lahm, unser Klopfen so verzagt. Ich bin ein unreiner Mensch. Ich bin nicht einfältig.*
>
> JESUS. *Ich bin voll Erbarmen und gebe unaufhörlich allen, die mich darum bitten.*
>
> SEELE. *Oh wie herrlich ist Deine Nähe. Wir verzeihen den Brüdern. Wir lieben Dich. Wir warten Dein. Amen.*

Diese Gedanken arbeiteten in Heini, und nicht nur in ihm. In den folgenden Wochen sprachen er und Annemarie darüber; zuerst alleine und dann mit anderen. Eine Gruppe begann sich zu bilden. Es trafen sich nie alle, sondern man saß zu dritt oder zu viert auf einer Veranda zusammen und redete leise miteinander. Irgendwann waren es sechzehn, die voneinander wussten, dass sie alle das gleiche empfanden: Primavera hatte seine Ausrichtung verloren und war zu einem Ort der Angst und Zwietracht geworden. Es musste neu für die Sache gewonnen werden, für Liebe und Einheit.

Im Kern bestand die Gruppe aus einigen langjährigen Mitgliedern: Hardy, Fritz und Martha, Hans-Hermann und Gertrud und natürlich Emmy. Zu ihnen hatte sich eine bunte Mischung aus drei schweizerischen Mitgliedern (Peter und Anni Mathis sowie Dorli Bolli, eine behinderte Frau) und Bruce Sumner mit seiner Frau Luise, Heinis alter Klassenkameradin aus Sannerzer Tagen, gesellt. Die Sechzehn hatten sich nach langen Überlegungen auf einen Plan geeinigt. Sie wollten bei einer Mitgliederversammlung aufstehen und ihre Anliegen der gesamten Gemeinschaft vorlegen. Es war riskant, aber man hoffte, dass andere mitziehen würden. Vielleicht brauchte die ganze Sache einfach nur ein wenig mehr Zeit …

In der Zwischenzeit brachten sie ihre Gefühle in anderer Form zum Ausdruck. So schrieb Emmy im August 1944 in ihr Tagebuch: „Es ist so viel Not unter uns. Wer will sie abmessen? Und hat nicht Paulus gesagt: ‚Einer trage des anderen Last, so werdet ihr das Gesetz Christi erfüllen'! Wie ist das nun bei uns? Tragen wir wirklich die Not der Menschen, tragen wir die Not derer, die unter uns leben? Wie ist das mit denen, die unter uns ausgeschlossen waren und sind? Versuchen wir, uns in deren Nöte und Kämpfe und Einsamkeit und Versuchungen hineinzuversetzen? Kümmern wir uns um die Trauernden und Angefochtenen? Ich schreibe dies während einer Nachtwache bei einem kranken Kind.

Ich kann nicht anders als immer wieder zurückkommen auf den Herbst 1941. Da wollte Gott alles, alles unter uns gutmachen. Ja, der letzte Rest von Bitterkeit sollte unter uns allen verschwinden. Es brach eine große Liebe unter uns durch – bis der Teufel wieder mit uns sein Spiel trieb und wieder Misstrauen säte.

Besonders schmerzlich ist es mir, dass so wenig wahres Verständnis unter uns ist. Wie schnell ist man mit dem Wort: ‚Ach, du drehst dich noch immer um dich selbst!' Ob es nicht viel mehr ein Leid um Gottes Sache und um den Mangel an Liebe unter uns ist? Sehr tief hat mich berührt das ‚Missverständnis' der Barmherzigkeit wegen. Es ist im tiefsten Sinn um Jesus willen kränkend: ‚Barmherzigkeitsbruder'. Ich und andere haben nie gemeint, dass die Barmherzigkeit zu Unklarheit wird."

Die Krise brach dann im September aus, bevor sie bereit waren. Peter hatte versucht, eine weitere Person mit ins Boot zu holen, und diese falsch eingeschätzt. Der erhoffte Unterstützer eilte zu Hans, um ihn zu informieren. Spät in dieser Nacht kroch Peter in

Heini und Annemaries Schlafzimmer, weckte die beiden und flüsterte ihnen zu: „Jetzt ist es ein offener Kampf. Wir müssen zusammenstehen."

Aber Hans und Georg waren schnell. Sie beriefen eine Versammlung ein und erklärten, dass eine weitere Verschwörung aufgeflogen sei. „Die Rotte Korach", so nannte Hans die Sechzehn in Anlehnung an die alttestamentliche israelitische Sippe, die als Strafe Gottes für ihren Aufruhr gegen Mose bei lebendigem Leibe von der Erde verschlungen wurde.

Insgeheim bewunderten viele in der Gemeinschaft die Sechzehn. Heinis ehemalige Lehrerin, Trudi, war eine davon – sie wünschte sogar, sie hätte sich zu ihnen gestellt. Und sie hätte es tun können. Es gab einen kurzen Moment, wo sie und andere, die wie sie dachten, aufstehen und das Geschick hätten wenden können. Aber sie blieben sitzen und der Moment verstrich. Danach mussten Hans und Georg nur noch aufräumen. Das machten sie in einer Reihe von Versammlungen, in denen sie die kleine Schar der Rebellen an den Pranger stellten.

Manche der Sechzehn gaben dem Druck gleich nach. Nach einer Weile fing sogar Hardy an zu wanken. Ohne Edith brachte er einfach nicht den Mut auf, sich gegen den scheinbar einmütigen Willen Primaveras zu stemmen. Am Ende gab er nach. Zu Heini meinte er: „Ich will nicht für eine Spaltung der Gemeinschaft verantwortlich sein."

Heini hatte wenigstens noch Annemarie, der er sich anvertrauen konnte, und sie versicherte ihm, dass sie bereit sei, bis zum bitteren Ende zu kämpfen. „Bleib standhaft", drängte sie ihn, „ich stehe dir bei." Aber am Ende geben sie alle – Fritz, Hans-Hermann, Heini, ihre Ehefrauen und alle anderen – in einer einzigen Versammlung auf, einer nach dem anderen.

Als der Letzte gesprochen hatte, kam plötzlich aus dem hinteren Teil des Raumes ein gellender Schrei. Es war Emmy, und die Anwesenden sagten später, dass sie niemals den Ausdruck von Verlassenheit auf ihrem Gesicht vergessen würden, als alle sie im Stich ließen, auf die sie sich verlassen hatte. Sie fiel ohnmächtig zu Boden und wurde in ihr Zimmer getragen. Im Krankenhaus diagnostizierten die Ärzte einen Schlaganfall.

Der Aufstand war niedergeschlagen, aber Hans und Georg waren noch nicht zufrieden. Jetzt ging es ihnen darum, jeden Ansatz von Unterstützung der Sechzehn auszumerzen. In einer erneuten Reihe von Versammlungen verhörten sie jeden, von dem sie meinten, dass er Sympathien für die „Sippe" hegte.

„Warum hast du mit ihnen geredet?" wollte Hans wissen. „Über was habt ihr geredet, wann und wo?" Annemaries ehemalige Freundin Marianne wurde gefragt, warum sie und ihr Mann Hardy so oft zu sich nach Hause eingeladen hatten.

„Weil er und seine mutterlosen Kinder mir leid taten", war ihre Antwort. Aber mittlerweile war auch einfache Freundlichkeit verdächtig.

Die Versammlungen zogen sich hin. Schließlich legten Hans und Georg der Gemeinschaft ein Dokument vor, worin sie zusammengefasst hatten, was ans Licht gekommen war, und Strafen für die Beteiligten festgesetzt hatten. Jedes Mitglied von Primavera wurde aufgefordert, dem Dokument zuzustimmen. Auch wenn viele über die darin enthaltenen Vorschläge erschrocken waren, stimmten sie alle zu; einige zweifellos aus Angst.

Die Sechzehn wurden zu einer außerordentlichen Versammlung einbestellt, in der man ihnen ihr Schicksal verkündete. Heini sollte vom Gelände der Gemeinde verbannt werden, genauso wie Hardy, Fritz, Peter, Bruce und Dorli, die behinderte Frau. Annemarie, Anni und Luise sollten isoliert am Rande des Dorfes leben, bis ihre Ehemänner für sie aufkommen könnten; ihre Kinder sollten bei Pflegeeltern unterkommen. Wie Emmy, die letzte der „Rädelsführer", die sich noch von ihrem Schlaganfall erholte, bestraft werden sollte, war zu diesem Zeitpunkt noch nicht klar. (Später wurde ihre Mitgliedschaft für drei Monate förmlich ausgesetzt und sie lebte in dieser Zeit in Isolation, ähnlich wie Heini zwei Jahre davor. Nach den Aufzeichnungen des Arztes erlitt sie in dieser Zeit einen Zusammenbruch.)

Den restlichen Mitgliedern der Sechzehn wurden unterschiedliche Strafen auferlegt, aber sie durften bleiben. Hans-Hermann beispielsweise wurde von seiner Familie getrennt, konnte aber in Primavera bleiben. Das Dokument warnte ihn, „sich endgültig von dem Einfluss seiner Brüder freizumachen".

Es kam zu folgendem Schluss: „Wir rufen die Beteiligten auf, zur rechten Umkehr zu kommen. Wir sagen das besonders denen, von denen wir uns scheiden müssen. Es muss zu einer grundlegenden Änderung in eurer ganzen Haltung kommen. Ihr müsst zu einem Ekel kommen über euch selbst und alle eigenen falschen Gedanken gänzlich aufgeben. Wir warnen noch einmal vor dem Trugschluss, dass eine Demütigung und Buße euch so läutern könnte, dass ihr dann erst recht etwas zu vertreten hättet. Nur dann, wenn ihr mit eurer Meinung, eurer Anstrengung, eurer Heuchelei und Unwahrhaftigkeit zu Ende gekommen seid, besteht die Aussicht einer Hilfe, anders nicht. Sonst seid ihr verlorene Menschen."

Wie betäubt ging Heini mit Annemarie nach Hause und packte seine Kleider ein. Sein Herz weinte um Annemarie, wenn er an ihre bevorstehende Trennung dachte. Das letzte Mal hatte sie nur ihn verloren, dieses Mal würde sie auch ihre Kinder verlieren. Wer wusste, ob sie jemals wieder eine Familie werden würden?

Heini hatte nur ein paar Minuten Zeit zum Packen. Annemarie half ihm, dann weckten sie Roswith, Christoph und die kleine Anneli, um sich zu verabschieden. Die Kinder waren so verschlafen, dass sie gar nicht richtig merkten, was eigentlich passierte. Heini und Annemarie umarmten sich und nahmen Abschied voneinander.

(Einige Tage später kamen um drei Uhr morgens Cyril und seine Frau Margot ins Haus, wo Annemarie die beiden erwartete. Sie hatten sich aus Mitgefühl bereit erklärt, für die Kinder zu sorgen, damit sie nicht zwischen verschiedenen Pflegefamilien aufgeteilt werden würden. Jetzt war für Annemarie die Zeit des Abschieds gekommen. Die Kinder schliefen alle noch, als Annemarie ihnen weinend einen letzten Kuss gab. Von jedem der Kinder nahm sie eine Locke aus dem Haar mit. Als die Kinder aufwachten, fragte die fünfjährige Roswith: „Warum habt ihr Papas und Mamas Bett weggetan? Die kommen doch wieder, oder?")

Heini drehte sich um und machte sich mit hängenden Schultern auf den Weg zur Isolierungshütte. Jeder Schritt führte ihn weg von seiner Familie und näher zum Grauen der Einsamkeit. Am nächsten Morgen sollte er dann zur Anlegestelle am Fluss kommen und nach Asunción weiterreisen.

Das war der Moment, als Heidi und Jennie Heini auf dem Fuhrwerk sahen. Nachdem die beiden beobachtet hatten, wie er vorbeifuhr und am Horizont verschwand, vereinbarten sie, dass sie sich abends in der Dunkelheit wieder treffen wollten. Nach dem Abendessen schlichen sie sich von zu Hause weg zu einem abgelegenen Ort, an dem sie für Heini beteten. „Bitte, lass ihn – und all die anderen – zurückkommen!" Die beiden Mädchen trafen sich über Wochen hinweg auf diese Weise und beteten.

Eines Nachts, als der Himmel besonders klar und sternenerfüllt war, sahen sie eine Sternschnuppe aufleuchten und am Horizont verglühen. „Das ist das Zeichen dafür, dass unser Gebet erhört wurde", versicherten sich die beiden. Heini würde ganz sicher eines Tages zurückkehren.

26

Leprakolonie

Oktober 1944

Kaum war Heini in Asunción aus dem Schiff gestiegen, machte er sich auf die Suche nach Arbeit. Er musste allerdings schon bald feststellen, dass es praktisch unmöglich war, etwas zu finden. Da er weder Spanisch noch Guaraní, die beiden offiziellen Sprachen des Landes, sprach, stellte ihn keine paraguayische Firma ein. Dasselbe galt für die britischen und amerikanischen Geschäftsleute. Wer wollte schon einen Deutschen einstellen, so lange der Krieg gegen Hitler tobte? Die anderen Deutschen in der Stadt waren meistens Nazisympathisanten und betrachteten Heini als Verräter.

Heini war hungrig. Bei seiner Abfahrt aus Primavera hatte er fünfundzwanzig Guaranís bekommen – kaum genug für eine Tagesration Essen. Ab und an fand Heini Gelegenheitsarbeit, etwa als Maler, was ihm gerade genug einbrachte, um Miete und Grundnahrungsmittel zu bezahlen. Aber selbst wenn er Arbeit hatte, gab es am Abend nichts zu tun. So saß er oft stundenlang in einem Café, ohne etwas zu bestellen oder mit jemandem zu reden. Wenigstens war er unter Menschen und konnte fröhliche Stimmen hören und freundliche Gesichter sehen. Er merkte, dass er sonst den Verstand verlieren würde.

Auch Heinis Vermieterin machte sich um ihn Sorgen. Sie kontaktierte Gwynn, der mittlerweile die rechte Hand von Hans geworden war, und meinte, dass sie als Katholikin die Notwendigkeit von Disziplin in einem religiösen Orden durchaus verstehe. Dennoch sei sie der Auffassung, dass Heinis Strafe viel zu hart sei. Ein anderes Mal traf sie sich mit Hans, als er auf Geschäftsreise in der Stadt war, und bat ihn, Heini in seinem seelischen Leid zu helfen. Hans beruhigte sie und erzählte Emy-Margret von dem Gespräch. Aber nichts geschah.

Auch Hardy und Fritz waren in Asunción. Für sie war es eine ebenso harte Zeit wie für Heini. Obwohl beide schließlich Arbeit fanden (Hardy als Englischlehrer), lastete die Einsamkeit wie eine erdrückende Last auf ihnen. Als sie Primavera verlassen hatten, war ihnen verboten worden, miteinander in Kontakt zu treten. Dem hätten sie sich leicht widersetzen und ihre Einsamkeit durchbrechen können. Die Hauptstadt war nicht sonderlich groß und jeder von ihnen wusste, wo die beiden anderen lebten. Aber es wäre auch ein Risiko gewesen, denn es waren ständig Leute aus Primavera in der Stadt. Was wäre passiert, wenn der Falsche etwas bemerkt hätte?

Schließlich fanden sie doch eine Form des Kommunizierens, wenn auch ohne Worte: Abends gingen sie in einen Park und setzten sich auf Bänke, jeder auf eine eigene, schweigend – aber gemeinsam. Im Grunde genommen gab es auch nichts zu sagen. Sie wussten, dass sie Brüder waren, und das war genug. Hardy fand noch einen anderen Weg, seine Gefühle auszudrücken. Eines Tages lief er unter Heinis Fenster vorbei und warf ihm einen Umschlag hinein. Als Heini ihn öffnete, fand er darin ein Bündel Banknoten. Es war ein unvergesslicher Akt des Mitgefühls.

Heini (und ebenso Fritz und Hardy) hätten den Bruderhof an diesem Punkt einfach verlassen können. Dazu hätte er einfach zurückgehen können, sich mit Annemarie und den Kindern auf einen Wagen setzen und mit ihnen woanders hin ziehen – irgendwohin außerhalb der Reichweite von Hans und Georg. In ihrem neuen Zuhause hätten sie dann warten können, bis Primavera wieder zu Verstand gekommen wäre.

So verlockend ein solcher Plan auch klang, Heini erwog ihn nie ernsthaft, außer einmal, als ein Bruder aus Primavera vorbeikam, um ihm einen Besuch abzustatten – das Treffen verlief derart schlecht, dass diese Idee zu einer echten Versuchung wurde. Kurze Zeit später jedoch verwarf er den Gedanken wieder. Als er sich damals am Sparhof entschieden hatte, der Gemeinschaft beizutreten, war er sich bewusst gewesen, dass schlechte Zeiten kommen würden. Damals schon hatte er sich Sorgen gemacht, was nach dem Tod seines Vaters passieren könnte, besonders als Georg und einige andere sein Engagement im Sonnentrupp belächelt hatten. Er erinnerte sich an Tatas Worte, als er ihr seine Ängste anvertraut hatte: „Jesus nachzufolgen *wird* einen Kampf bedeuten."

In den Jahren, die seither vergangen waren, hatte Heini nie sein Versprechen in Frage gestellt. Er hatte sich verpflichtet, sein Leben lang seiner Berufung treu zu bleiben, von der er glaubte, dass sie von Christus selbst ausging, nämlich in gerade dieser Gemeinschaft zu dienen. Er konnte und wollte diese Verpflichtung jetzt nicht auflösen. Auch wenn Primavera ein Zerrbild geworden war; der Funke, den seine Eltern damals in Sannerz gezündet hatten, glomm selbst jetzt noch in den Herzen vieler, wenn auch schwach. Trudi, Adolf, Karl und Irmgard, Alfred, Moni – er wusste, dass sie sich alle danach sehnten, das Feuer wieder zu entfachen. Noch war die Glut nicht ganz erloschen.

Aber er konnte sich nicht dazu bringen, um Wiederaufnahme zu bitten. Das hätte bedeutet, Ja zu Dingen zu sagen, die er niemals gutheißen konnte. Es gab Nächte, in denen er den Eindruck hatte, in Stücke gerissen zu werden.

Nach zwei Monaten in Asunción fand Heini eine dauerhafte Arbeit, die er aber nur aus Verzweiflung annahm. Er hatte eine Bewerbung an STICA gesandt, ein Entwicklungshilfeprojekt, das mit amerikanischen Geldern betrieben wurde. Als ausgebildetem und erfahrenem Landwirt wurde ihm eine Stelle angeboten: als landwirtschaftlicher Leiter in der Leprakolonie Santa Isabel.

Die Leprakolonie befand sich in der Nähe des Dorfes Sapucai, das etwa achtzig Kilometer südöstlich der Hauptstadt Asunción im Hinterland lag, inmitten einer malerischen, bewaldeten Hügellandschaft. Das Dorf konnte nur mittels eines antiquierten, mit Holz befeuerten Zuges erreicht werden, der über vier Stunden für die Strecke brauchte. Als er aus dem Zug ausstieg, fand sich Heini in einem abgelegenen Dörfchen wieder, dessen einziges auffälliges Merkmal ein baufälliger Schuppen war, in dem man die Lokomotive reparieren konnte. Als er sich nach dem Weg zur Colonia Santa Isabel erkundigte, wichen die Leute erschrocken zurück – Fremde waren hier in der Regel neue Patienten.

Die Leprakolonie lag einen zweistündigen Fußmarsch vom Dorf entfernt, und als Heini dort endlich am Haupteingang ankam, stutzte er. Es gab weder Stacheldraht noch Wachtürme, nur einen Weidezaun, ein Tor und ein Verwaltungsgebäude aus Lehmziegeln. Alles machte einen entspannten und freundlichen Eindruck. (Später fand er heraus, dass dieser Eindruck täuschte. Patienten, die aus der Kolonie geflohen waren, wurden festgenommen und zurückgebracht, manche waren sogar auf der Flucht gelyncht worden. In der Kolonie waren auch Soldaten stationiert – vier Jahre zuvor waren bei einem gewalttätigen Aufstand der Patienten gegen die korrupte Leitung sechs Menschen ums Leben gekommen.)

Heini meldete sich an und betrat das Gelände. Schon bald stand er inmitten Dutzender kleiner Heimstätten, wo die gesünderen Patienten lebten. Die meisten bestanden aus einem Raum und einer Veranda. Die Wände waren aus Lehm und die Dächer mit Gras gedeckt. Hühner, Schweine und Kühe liefen frei umher.

Heini ging weiter in die Kolonie hinein und erreichte das eigentliche Dorf mit einer Kirche, einer Schreinerei und einem Lagerhaus, wo die Essensausgabe stattfand. Hier war auch das Gefängnis für die Straftäter und Trinker der Kolonie. Zwei langgestreckte Schuppen dienten als Krankenstationen, getrennt nach Männern und Frauen. Davor lag ein kleiner Platz, wo sich die Bewohner trafen.

An den meisten Nachmittagen saß dort ein Dutzend Männer splitternackt im Kreis und trank Mate aus einer gemeinsamen Kalebasse. Manchen fehlten Augen oder Nasen, andere hatten Finger und Zehen verloren.

Heini versuchte, nicht zu starren, aber er brauchte einige Tage, bis er sich an den Anblick gewöhnt hatte. Wie konnte es passieren, dachte er, dass ein Mensch so völlig seine Würde verlieren kann? Es war nicht so sehr das Fehlen der Kleidung oder die Art, wie sich die Leprakranken dahinschleppten. Diese Dinge erweckten sein Mitleid. Viel schlimmer war ihre Hoffnungslosigkeit.

Auf den Krankenstationen lagen die Männer und Frauen, die nicht mehr gehen oder kriechen konnten, dicht gedrängt nebeneinander. In einer gewissen Weise waren sie schon tot, weil sie nichts mehr hatten, für das sie leben konnten. Das galt sogar für einige der Patienten, die für geheilt erklärt worden waren – so groß war das Jahrhunderte alte Stigma dieser Krankheit.

Ein junger Mann, den man als geheilt aus der Kolonie entlassen hatte, war heimgekehrt, nur um dort durch einen Dritten herauszufinden, dass das Mädchen, das er liebte, nichts mehr mit ihm zu tun haben wollte. Seine alten Freunde wechselten die Straßenseite, wenn sie ihn kommen sahen, und seine leiblichen Brüder und Schwestern weigerten sich, mit ihm zu essen. Seine Mutter riet ihm, weit weg zu ziehen und einen neuen Namen anzunehmen. Am Ende kehrte er nach Santa Isabel zurück. „Hier muss ich nicht verbergen, wer ich bin", erklärte er. In der Kolonie gab es einige solcher Fälle.

Vom Gesetz her wurden die Patienten *praktisch* wie Kriminelle behandelt. In Santa Isabel lebten verurteilte Mörder genau wie jeder andere. Manche hatten sich im Gefängnis mit Lepra infiziert, andere hatten Mitpatienten umgebracht. Ein junger Mann hatte seine Verlobte an dem Tag erstochen, als ihm die Diagnose mitgeteilt worden war. Sie hatte ihm gerade erklärt, dass sie ihn wegen seiner Krankheit verlassen wollte. Die Richter in Paraguay gingen an solche Fälle pragmatisch heran. Da die Einweisung in eine Leprakolonie sowieso einer lebenslangen Haftstrafe gleichkam, wäre es eine bedeutungslose Formalität gewesen, wenn man den Täter in ein anderes Gefängnis gesteckt hätte.

Als landwirtschaftlicher Leiter von Santa Isabel war Heini für die Lebensmittelkooperative verantwortlich, die Nahrung für vierhundert Patienten herstellte. Alles, was seine Kooperative produzierte, wurde als Ergänzung der staatlichen Essensrationen für die Patienten verteilt. Diese enthielten kein Gemüse und Fleisch und waren oft ungenießbar. (Bisweilen kamen die staatlichen Rationen auch einfach nicht an, obwohl Heini den Verdacht hatte, dass das mehr mit der Gier einiger Beamter zu tun hatte als mit schlechtem Service oder Lieferproblemen.)

Auch wenn Heini es zunächst gar nicht bemerkte, so war er als Leiter der Landwirtschaft doch eine wichtige Persönlichkeit im Leben der Kolonie. Das beste Mittel gegen Lepra war damals eine gesunde Ernährung, und vielleicht trug die Kooperative mehr zur Gesundheit der Patienten bei als die Ärzte der Kolonie. Außerdem war die Landwirtschaft eine der wenigen Stellen in Santa Isabel, wo ein Patient ein regelmäßiges Einkommen verdienen konnte, weil Mittel bereitgestellt waren, um Patienten als Feldarbeiter einzustellen.

Mit der Zeit lernte Heini die Männer, die für ihn arbeiteten, kennen und lieben. Trotz ihrer häufigen Kämpfe um Essen und Frauen konnten sie auch selbstlos sein und einander helfen. Er mochte auch ihren schwarzen Humor: Als über giftige Schlangen gesprochen wurde, gab einer von ihnen an, dass noch niemand in der Kolonie je gebissen worden war. „Meinst du denn, die wollen auch Lepra bekommen? Natürlich haben sie nicht vor unserer Krankheit Angst. Es sind die Schwefelmedikamente, die wir einnehmen. Wir stinken so sehr, dass die uns nie beißen würden!"

Das stimmte, die Patienten rochen wirklich schrecklich. Heini erinnerte sich an die Geschichte von Franziskus von Assisi und den Leprakranken, die Tata ihm als Kind erzählt hatte: Franziskus war ein Sohn aus wohlhabendem Hause und hatte die Armen und Kranken verachtet. Wann immer er einen Leprakranken auch nur aus der Entfernung sah, hielt er sich die Nase zu. Eines Tages aber ritt er außerhalb der Stadtmauern von Assisi und sah einen von Wunden übersäten Leprakranken am Straßenrand. Als hätte ihn eine Kraft ergriffen, die stärker war als er selbst, stieg er plötzlich vom Pferd, ging zu dem Kranken, umarmte und küsste ihn. Dieser Akt der Barmherzigkeit setzte seine Wandlung zum Heiligen in Gang.

Heini dachte in Santa Isabel viel über Franziskus nach. Aber Heini stieg nie vom Pferd, um einen Leprakranken zu umarmen. Im Gegensatz zu dem Heiligen, hatte er zu viel Angst, sich anzustecken. Wenn man sich mit Lepra infizierte, konnte man auf Lebzeiten in die Kolonie verbannt werden. (Man dachte damals, dass Lepra hochgradig ansteckend sei – deshalb waren die Patienten in Santa Isabel isoliert –, und das Medikament Dapson, das die Krankheit heilen kann, wurde erst zwei Jahre nach Heinis Zeit dort eingeführt.) Daher hielt Heini stets Abstand zu den Männern und Frauen, die unter ihm arbeiteten. Die Arbeit wies er ihnen vom Sattel aus zu und ließ Bezahlung und Waren in einen ausgestreckten Poncho fallen. Er vermied jeden körperlichen Kontakt mit den Kranken – Annemarie und der Kinder wegen. Später machte er sich Vorwürfe, dass er unnötig abweisend und kalt gewesen war.

Wenn Heini nachts allein in seiner Hütte lag, einer der Verwaltungsbaracken, die etwas abseits von den Krankenstationen lagen, quälte er sich fortlaufend mit solchen Gedanken. Auch der Gedanke an Primavera lastete schwer auf ihm: dass er vielleicht nie mehr würde zurückkehren dürfen und seine Familie niemals wieder sehen würde. Manchmal träumte er davon, dass sich eine Lösung finden ließe: „Wenn sie mich doch nur ein ruhiges Leben mit meiner Familie führen lassen würden! Dann würde ich gerne versprechen, keine Probleme mehr zu machen." Aber solche Gedanken hielten meist nur ein paar Minuten an. Tief im Innersten wusste Heini, dass Hans von ihm nur eine Erklärung bedingungsloser Loyalität akzeptieren würde – und das würde er niemals, niemals tun. Das, so empfand er, hieße alles zu verraten, wofür er leben und kämpfen wollte.

Der Strohhalm, an den er sich klammerte, war Annemaries Treue zu ihm, an der er nie zweifelte, auch wenn er in den ersten Monaten in Santa Isabel nur sporadisch von ihr hörte. SSie lebte am Rand von Primavera zusammen mit Marianne, Luise und Anni – alle vier Frauen sollten dadurch seitens der Gemeindeleitung diszipliniert werden und arbeiteten in der Wäscherei. Obwohl sie und Anni schwanger waren, hatten sie jeden Tag stundenlang schwere Bündel nasser Wäschestücke zu heben – eine Arbeit, die bis einen Monat vor der Niederkunft andauern würde.

Die Trennung von ihrem Mann war für Annemarie ebenso qualvoll wie für Heini. Während der Arbeit, so erzählte sie Heini später, dachte sie oft an den Tag zurück, an dem sie auf dem Sparhof angekommen war. Sie erinnerte sich an Tatas Tod und Eberhards Begrüßung – an die Freude und Einheit, die sie damals verspürt hatte. Jetzt war die Spannung fast unerträglich. Auf der einen Seite wusste sie sich ganz Heini verbunden, gerade in seiner Ablehnung des kalten und lieblosen Geistes, der die Gemeinschaft ergriffen hatte. Auf der anderen Seite fühlte sie sich zerrissen zwischen ihrer Loyalität zu ihrer eigenen Berufung einerseits und den Brüdern und Schwestern der Gemeinschaft andererseits. „Ich bin mir sicher, dass es meine Berufung ist, hier zu sein", dachte sie, „deswegen muss ich darauf vertrauen, dass die Wahrheit, was immer sie sein mag, am Ende ans Licht kommen wird."

Im Februar 1945 befanden Hans und Georg, dass Annemarie genug bestraft worden war, und erlaubten ihr, wieder zu ihren Kindern zu ziehen. Fünfzehn Wochen war sie von ihnen getrennt gewesen. Von da an schrieb sie auch Heini wieder regelmäßiger. Die Briefe drehten sich häufig um ihre Kinder. So schrieb sie ihm: „Als ich die Kinder das erste Mal nach Monaten der Trennung wieder sah, kamen sie alle auf mich zugerannt – außer Christoph. Er folgte ruhig und feierlich, mit leuchtenden Augen und in der Erwartung einer festen Umarmung, wie die anderen auch." Einen Monat später schrieb sie Heini aus dem Krankenhaus, um ihm die Ankunft des neuen Babys mitzuteilen. Es war ein Mädchen und sie nannte es Lisa; eine Abwandlung von „Else" – in Erinnerung an Tata.

Aber mit der Zeit nahmen ihre Briefe einen anderen Tonfall an. Manche waren richtiggehend streng, wenn sie ihm zum Beispiel Sturheit vorwarf. Um in die Gemeinschaft zurückkehren zu können, hatte sie sich dazu durchgerungen, ihr gegenüber absolut treu zu bleiben. Und daran hielt sie sich. (Auch Emmy hatte den Entschluss gefasst, alle „Uneinigkeit" hinter sich zu lassen, und schrieb an Hardy mit der Bitte, er solle doch endlich seine „Skrupel" aufgeben, so dass er heimkommen könne: „Wir sollten wirklich vergessen können!") Trotz alledem war das Wichtigste für Heini, dass Annemarie ihm immer noch ihre Gedanken mitteilte. Das war das einzige, was ihn mit dem Leben verband – mit seiner Frau, seinem Sohn und seinen Töchtern. Er beantwortete jeden Brief, sobald er konnte, und wann immer er genug gespart hatte, schickte er den Kindern kleine Geschenke mit.

Zehn Monate waren vergangen. Auschwitz war befreit, Berlin erobert und geteilt und Hiroshima eingeäschert. Dann wurde Frieden ausgerufen. Für Heini in Santa Isabel war der Lärm all dieser Weltereignisse wie ein schwaches Echo – leise und verspätet kam es bei ihm an. Weihnachten stand vor der Tür, dann würde er seine Familie ein ganzes Jahr lang nicht gesehen haben. Plötzlich kam ein Telegramm aus Primavera, das ihn aufforderte, nach Hause zu kommen.

Heini war begeistert von der Vorstellung, Weihnachten bei seiner Familie zu verbringen. Während der nächsten Tage kaufte er für jedes Kind eine Kleinigkeit. Ein ganzes Jahr lang waren sie ohne ihn weitergewachsen. Roswith war jetzt sechs Jahre alt und Christoph fünf. Er wollte die lang ersehnte Heimkehr zu einer Freudenfeier machen und keine Umstände scheuen, um ihnen zu zeigen, dass er sie mehr denn je liebte.

Am 23. Dezember – seinem zweiunddreißigsten Geburtstag – machte er sich auf die zweitägige Heimreise mit dem Schiff von Asunción flussaufwärts. An der Anlegestelle erwartete ihn Albert, ein Mann aus Primavera. Heini eilte auf ihn zu, um ihn zu begrüßen, aber Albert blieb seltsam reserviert. Sofort spürte Heini, dass etwas nicht in Ordnung war, und seine Weihnachtsfreude war verflogen.

Schweigend fuhren sie bis zu einem Feld außerhalb von Primavera, wo Albert die Pferde bis zum Einbruch der Dunkelheit grasen ließ. Dann führte er Heini zu einer Stelle neben dem Pförtnerhaus. „Warte hier, bis ich wiederkomme." Heini saß im Dunkeln und wartete. Zwei Stunden vergingen. Dann stand Peter vor ihm, ein Mann, den Heini noch gut aus den Tagen in Ashton Fields kannte, und forderte ihn auf, ihm zu folgen. Er führte Heini zu einer abgelegenen Hütte, in der Ausrüstung für die Bienenhaltung gelagert wurde. „Du findest dort alles, was du brauchst", sagte Peter und verschwand.

Der Weihnachtsabend war immer der Höhepunkt der Ferien gewesen. Ein paar Tage vor Heiligabend hatten die Arnold-Kinder sich früher immer zusammengedrängt, um ein Schlafzimmer frei zu machen, wo die Mutter das Fest vorbereiten konnte. Das war dann das Weihnachtszimmer, das Annemarie fest verschlossen hielt – genau so, wie ihre eigene Mutter es immer getan hatte, als sie selbst ein Kind gewesen war.

An Heiligabend, nach dem Sonnenuntergang, hatte sie dann Heini zu sich gerufen, damit er die Weihnachtsglocke läutete. Dann waren die Kinder in das Weihnachtszimmer hereingekommen, leise und andächtig, die leuchtenden Kerzen am Baum und die von einer Tischdecke verhüllten kleinen Hügel am Fuß des Baumes anstarrend. Das waren die Geschenke, eines für jedes Kind, sorgfältig ausgewählt und meist selbst gemacht. Danach hatte Heini die Weihnachtsgeschichte vorgelesen und sie hatten Weihnachtslieder gesungen, bis die Kinder zu Bett gingen.

Aber in dieser Nacht, an diesem Heiligabend, konnte Heini nur an sie denken. Niedergeschlagen saß er im Dunkeln. Sie waren doch nur ein paar hundert Meter entfernt! Zwei ganze Tage war er hergereist – um eine einsame Nacht in der Imkerhütte zu verbringen? Er sackte in sich zusammen, zu müde, um sich zu bewegen. Seine Gedanken wanderten umher und er erinnerte sich, dass dies der elfte Jahrestag ihrer Verlobung war. Jetzt schien das alles so weit entfernt – der Schneespaziergang im Mondlicht und die Feier in Silum.

Schließlich zündete Heini eine Kerze an und schaute sich um. Es gab kein Bett für ihn, nur einen Strohsack, den er als Matratze benutzen konnte. Einige Stunden später schlief er ein.

Heini erwachte am ersten Weihnachtstag und ging vor die Tür. Noch immer war er ganz alleine. Er wartete den ganzen Morgen und den ganzen Nachmittag. Die Stunden schleppten sich dahin, bis es Abend wurde und eine schlaflose Nacht hereinbrach. Was hatten sie vor? Warum hatte man ihn nach Hause gerufen? Hatten sie tatsächlich vergessen, dass er hier war? Es vergingen zwei weitere Tage – eine Ewigkeit – und noch immer kam niemand, um ihn zu besuchen, nicht einmal eine Botschaft.

Am dritten Tag tauchten Hans und Georg in der Lichtung auf. Sie erklärten ihm nicht, warum sie Heini nach Hause beordert hatten, noch erwähnten sie mit einem Wort, wie er Weihnachten hatte verbringen müssen. Mittlerweile dachte Heini auch an etwas anderes: „Wenn ich noch länger von Santa Isabel weg bleibe, ohne mich zu melden, gefährde ich meinen Arbeitsplatz – und der war nicht leicht zu bekommen."

Hans war wütend: „Wenn das alles ist, was du zu sagen hast, dann brauchen wir nicht einmal miteinander zu reden!" Die beiden drehten sich um und gingen fort.

Am selben Abend wurde Heini angewiesen, in die Hütte hinter dem Krankenhaus von Primavera zu gehen. Nach einer kurzen Wartezeit kam Annemarie herein – seine Annemarie, die er seit über einem Jahr nicht mehr gesehen hatte. Auf dem Arm trug sie Lisa, die in seiner Abwesenheit das Licht der Welt erblickt hatte. Lisa war neun Monate alt, und er hatte sie bis jetzt noch nie gesehen.

Annemarie legte ihm das Baby in den Arm und schaute Heini fragend an. Verzweifelt suchte sie nach Anzeichen, dass ihre Trennung bald vorüber sein würde. Sie bemerkte seinen leeren Gesichtsausdruck und seine Verlegenheit. Er war so anders als der Mann, den sie gekannt hatte. „Bist du ein Stein?", schimpfte sie plötzlich, „Kannst du nicht einmal jetzt weinen?"

Aber Heini konnte nicht – er konnte einfach nichts tun. Seine Brust bebte vor Schmerz und Verwirrung, aber irgendwann im Laufe dieser höllischen letzten Monate hatte er die Fähigkeit zu weinen verloren. Tief im Inneren konnte er noch weinen – und er weinte bitterlich in diesem Moment, aber wie hätte Annemarie das wissen können?

Annemarie teilte ihm mit, dass sie ihm nur das Baby zeigen und dann wieder gehen solle. Nach drei Minuten nahm sie ihm das Baby wieder ab und marschierte hinaus, die Tür hinter sich zuschlagend. Heini war am Boden zerstört. Noch am selben Abend wurde er zu einer Befragung vor das Leitungskomitee von Primavera zitiert; aber er konnte immer noch nichts sagen. Er verbrachte eine weitere endlose Nacht alleine und reiste am nächsten Morgen wieder ab, um das Schiff zu erwischen, das ihn zu den Leprakranken in Sapucai zurückbringen würde.

◆ ◆ ◆

Das Jahr 1946 brach an, und von Januar bis Juni schlug Heini die Zeit in der Leprakolonie tot. Die einsamen Nächte in seiner Hütte waren das Schlimmste. Wie viele Jahre würden sie ihn von seiner Familie getrennt halten? Heini sehnte sich so sehr nach Annemarie, danach sie zu umarmen. Zu Weihnachten hatte sie distanziert gewirkt. Aber er war sicher, dass das eher Frustration als Herzenskälte gewesen war. Schließlich musste sie fünf Kinder alleine großziehen. Egal wie viel Verständnis sie für seine Überzeugungen hatte – seine Widerspenstigkeit, wie man in Primavera meinte –, es waren diese Überzeugungen, die ihn von ihr und von der Bruderhofgemeinschaft trennten. Heini kämpfte gegen die Wut an, die in ihm aufstieg.

So verzweifelt sich Heini auch oft fühlte, seine Mitarbeiter merkten nichts davon. Für sie war er ein kompetenter und verständnisvoller Vorgesetzter, unter dessen Leitung die Kooperative aufblühte. Sie waren nicht die einzigen, die seine Erfolge als landwirtschaftlicher Leiter zu schätzen wussten. Auch die amerikanische Lepramission hörte vom Erfolg seiner Arbeit und ihr Direktor, ein gewisser Dr. Eugene Kellersberger, machte sich nach Sapucai auf, um Heini zu treffen. Vielleicht konnte der Erfolg der Kooperative auch auf andere Kolonien übertragen werden? Bei ihrem Besuch verstanden sich Dr. Kellersberger und seine Frau sofort mit Heini. Sie blieben in Briefkontakt und betrachteten ihn schon bald als einen Freund.

Ausgerechnet diese Freundschaft war es, die Hans dazu veranlasste, Heini einzuladen, nach Hause zurück zu kommen. Dr. Kellersberger war nach Primavera gekommen, um sich das dortige Krankenhaus anzuschauen. Dabei hatte er angedeutet, dass seine Organisation den Bruderhof bei seiner Lepraarbeit möglicherweise unterstützen könnte. Hans – und Cyril, der mittlerweile Chefarzt geworden war – wussten, dass eine solche finanzielle Unterstützung die Klinik grundlegend verändern könnte. Bisher war man kaum in der Lage gewesen, die einfachsten Medikamente und Verbrauchsgüter zu bezahlen. Hoffnungen auf eine größere Spende keimten auf. Aber Dr. Kellersbergers Freundschaft mit Heini machte der Leitung von Primavera Sorgen. Was wäre, wenn er nachfragen würde, warum Heini nicht in Primavera lebte? Hans rief Heini eilig nach Hause zurück.

Als Heini dieses Mal flussaufwärts unterwegs war, machte er sich keine Illusionen mehr. Er wohnte wieder isoliert in derselben Hütte wie vorher und verrichtete Gelegenheitsarbeiten wie Busch- und Strauchwerk zu roden, Zäune zu reparieren und die Bienenvölker zu versorgen. Der Imker, Francis Beels, brachte ihm sein Essen. Francis war ein sanftmütiger und freundlicher Mensch, der sich nicht an die Anweisung hielt, nicht mit Heini zu reden. Ansonsten aber war es ein einsames Dasein. Abgesehen von Francis sah er niemanden – außer den Kindern, die er mit seinem Fernglas beobachten konnte. Auch wenn ihr Spielplatz fast einen halben Kilometer weit entfernt war, konnte er sie gut genug sehen, um zu versuchen, seine eigenen Kinder zu erkennen. Roswith, Christoph, Anneli, Edith – wie sie wohl aussahen nach all der Zeit?

Es dauerte zwei weitere Monate, ehe endlich der Tag kam, an dem Hans bei der Imkerhütte auftauchte und Heini mitteilte, er könne zu seiner Familie zurückkehren. Er warnte ihn gleichzeitig, dass er als Mitglied weiterhin in Ungnade stand, aber das war Heini in diesem Moment egal. Seine Freude über die Aussicht, mit seiner Familie wieder vereint zu sein, war überwältigend.

Es war ein freudiges Wiedersehen, außer für die einjährige Lisa, die noch nie zuvor einen Mann am Tisch gesehen hatte. Als sie Heini neben ihrer Mutter Platz nehmen sah, brach sie in Tränen aus und verbarg ihr Gesicht. Der fünfjährige Christoph hingegen saß freudestrahlend und voller Stolz am Tisch. Zwanzig Monate lang war er seinem Vater treu ergeben geblieben – so sehr, dass Annemarie ihm mit Hilfe eines Bildes von Heini zum Gehorchen bringen konnte, wenn er nicht auf sie hören wollte. „Dein Papa fände das gar nicht gut…", hatte sie in solchen Momenten gesagt, und er hatte eingelenkt.

Am ersten Morgen seiner Rückkehr bestand Christoph darauf, mit seinem Vater mitten durch Primavera zu laufen, um das Frühstück der Familie aus der Gemeinschaftsküche zu holen. Er ignorierte die missbilligenden Blicke und winkte allen zu, denen sie auf dem Weg begegneten: „Papa ist wieder da! Mein Papa ist wieder da!"

27

Vaterschaft

Als Heini im August 1946 nach Hause zurückkehrte, wurden keine gemästeten Kälber geschlachtet. Durch seine lange Abwesenheit war er für die meisten in Primavera zu einem Fremden geworden, selbst für die jungen englischen Mitglieder, die ihn einst um Rat und geistliche Führung aufgesucht hatten. Jetzt waren sie die Leiter der landwirtschaftlichen Betriebe, arbeiteten als Buchhalter oder in der Krankenhausverwaltung: Sie waren Teil des Establishments geworden. Und sie waren viel zu beschäftigt mit ihrer Arbeit, um sich darum zu kümmern, was mit Heini passiert war. Die überwiegende Mehrheit hatte praktisch keine Ahnung von seinen anderthalb Jahren in Sapucai oder seinem katastrophalen Weihnachtsbesuch. Die neueren Mitglieder wussten nicht einmal, aus welchem Grund er weg gewesen war. Weil sowohl Heini als auch Annemarie fest entschlossen waren, voll und ganz zu vergeben, und kein Misstrauen unter den anderen Mitgliedern säen wollten, sprachen sie mit niemandem über das Erlebte. Dieses Schweigen erstreckte sich auch auf ihre eigenen Kinder, die erst im Erwachsenenalter wagten, ihren Vater zu fragen, warum er weg gewesen war. Von allen im Oktober 1944 Verbannten musste Heini am längsten warten, bis ihm die Rückkehr erlaubt wurde. (Dorli kam nie zurück.) Fritz, Hardy, Bruce und Peter waren alle bereits wieder bei ihren Familien und auch Emmy war nach einer dreimonatigen Isolation wieder zurück.

Aber Heini fiel auf, dass seine Mutter nicht mehr die Alte war. Seit den allerersten Jahren in Sannerz war sie die Hausmutter der Gemeinschaft gewesen, hatte sich um Gäste gekümmert, die Kranken umsorgt und die Bedürfnisse von Frauen, Kindern und Babys im Auge gehabt. Nach ihrer Rückkehr hatte man sie als für diesen Dienst ungeeignet betrachtet und Hans hatte sie angewiesen, als Pflegerin im Krankenhaus zu arbeiten – sogar an Sonntagen und obwohl sie bereits über sechzig Jahre alt war.

Aber Hans nahm Emmy noch etwas anderes weg: ihre geliebte Sammlung von Eberhards Aufzeichnungen, darunter mehrere Bände mit Briefen aus ihrer Verlobungszeit sowie ihr eigenes Tagebuch aus den Tagen kurz vor Eberhards Tod in Darmstadt. Er erklärte ihr: „Die sind nicht gut für dich", und schloss sie in den „Giftschrank", wie er es nannte.

Außerdem stellte Hans sicher, dass die Arnolds nicht in der Nähe voneinander wohnten, sondern auf die beiden Dörfer Primaveras aufgeteilt waren. „Wir müssen zusehen, dass sie nie wieder am selben Ort wohnen", wies er Georg an. Hans warnte auch Heini und Fritz davor, ihre alte Freundschaft wieder aufleben zu lassen: „Ihr habt eindeutig einen schlechten Einfluss aufeinander." Heini sprach trotzdem mit Fritz, aber nur, wenn es niemand sah. Das Haus des anderen konnten sie nicht betreten.

Am meisten aber schmerzte Heini nicht so sehr das Verbot ihrer Freundschaft, sondern dass Fritz (wie auch andere der Sechzehn) ganz offensichtlich in seelischer Not war und sich niemand um ihn kümmerte. Es gab aber kaum eine Möglichkeit, ihm zu helfen. Seiner Mitgliedschaft beraubt, hatte er keine Stimme bei Entscheidungen.

In gewisser Weise war Heini mit der aktuellen Regelung auch zufrieden. Solange Primavera so blieb, hatte er kein Interesse daran, wieder Mitglied zu werden. Der Schrei seiner Mutter in der Versammlung und Norahs Tränen, als sie dem Wagen, der ihre Kinder fortbrachte, hinterherlief, waren ihm noch zu deutlich in Erinnerung. „Bei solchen Machenschaften werde ich nie mitmachen", dachte sich Heini.

Und so widmete er sich ganz seinen Kindern, um die verlorene Zeit wieder gutzumachen. Er brachte ihnen Reiten bei und wie man ein Pferd versorgt, wie man Holz hackt, spaltet und aufschichtet und wie man ein Feuer macht. Abends spielte er ihnen auf der Geige vor (das hatte er sich selbst beigebracht) oder hielt sie auf seinem Schoß, während Annemarie ihnen Geschichten vorlas oder Abendlieder sang.

Neben dem Geigenspielen fing Heini noch ein weiteres Hobby an: Geigen zu bauen. Christoph und Roswith wurden ausgesandt, um die am besten abgelagerten Bretter zu finden, und während sie zuschauten, zeigte er ihnen, wie man die Zargen biegt und den Boden wölbt. Seine Werkzeuge waren primitiv und er musste erst mit dem tropischen Holz herumexperimentieren. In Paraguay gab es weder Buchen noch Fichten, aber die Geigen, die er baute, waren spielbar, auch wenn es keine Konzertgeigen waren. Für die Musiker in Primavera reichte es vollkommen aus.

Für Heinis Kinder war es selbstverständlich, dass ihr Vater alles selber bauen oder reparieren konnte. Dasselbe Vertrauen hatten sie in sein Geschick als Gärtner, und hier lagen sie vermutlich auch nicht so weit daneben. In dem örtlichen Klima gingen europäische Rosen in der Regel ein, aber Heini hatte in den Beeten um das Haus herum schon bald Rosenbüsche gepflanzt, die prächtig gediehen und von denen einer in zehn verschiedenen Farben blühte. Besuchern von Primavera wurden seine Rosen als Sehenswürdigkeit gezeigt und eine, Frau Kellersberger, verlangte von Heini, dass er ihr das Geheimnis seines Erfolges verraten solle. (Sein Trick war, dass er europäische Rosen auf einheimische, widerstandsfähige Stöcke aufpfropfte).

Heini stürzte sich in seine tägliche Arbeit. Er hatte seine alte Arbeit als Wagenfahrer wieder, was auch bedeutete, dass er die Ställe in Ordnung zu halten und die Pferde zu versorgen hatte. Meistens fuhr er auf den Waldpfaden zwischen den beiden Dörfern von Primavera hin und her, aber manchmal gab es auch längere Fahrten, wenn Leute oder Güter von der Anlegestelle in Puerto Rosario abzuholen waren.

Eine dieser Fahrten lieferte den Stoff zu einer beliebten Familienanekdote. Heini war nach Rosario aufgebrochen, um eine Dame aus Montevideo abzuholen – nicht irgendeine Frau, sondern eine wohlhabende Europäerin, die ihre Bereitschaft signalisiert hatte, das Krankenhaus in Primavera zu unterstützen. Heinis Aufgabe war es, einen guten ersten Eindruck zu machen.

Die Probleme fingen an, als die Frau aus dem Schiff stieg. Sie war wie für einen Besuch in einem schicken Restaurant gekleidet, nicht für einen Ausflug in den Dschungel, und sobald sie auf dem Wagen saß, beschwerte sie sich über den Schlamm und die Insekten. Der Wagen war nicht gefedert und schlingerte durch Spurrinnen, Pfützen und Schlaglöcher. Ständig galt es, sich vor niedrig hängenden Schlingpflanzen zu ducken, und sie mussten viele umgestürzte Bäume umfahren, was eine ohnehin lange Reise noch länger werden ließ. Es waren fast 60 Kilometer von Rosario nach Primavera, und so nahm der Tag seinen Lauf und die Sonne stieg und mit ihr auch die Temperaturen – und der Zorn der Dame.

Plötzlich rutschte der Wagen in ein Schlammloch und versank bis zu den Radachsen. Daraufhin geriet eines der Pferde in Panik und rutschte auch in den Schlamm, woraufhin Heini nichts anderes übrigblieb als seine Passagierin zu bitten, vom Wagen zu steigen. Sie bekam einen Wutanfall – der Schlamm würde ihre Schuhe ruinieren –, aber Heini überzeugte sie davon, dass sie keine Wahl hatte. Dann machte er sich daran, das Pferd mit einem langen Stock als Hebel wieder aus dem Schlammloch zu befreien. Sie schwitzte, schimpfte und weinte, während er arbeitete. Endlich waren Pferd und Wagen wieder flott und sie konnten ihre Reise fortsetzen.

Heini fuhr einige Kilometer weiter, bis sie wieder anhalten mussten. An diesem Tag schien einfach alles zusammenzukommen. Das neue Problem war ernster als das Schlammloch: eines der beiden Pferde fiel um und starb. Es war spät abends, als die beiden endlich das Pförtnerhaus von Primavera erreichten. Heini seufzte tief, dankbar, dass sie es geschafft hatten. Seine Passagierin aber war außer sich und verlangte eine Dusche und einen Kühlschrank – unverzüglich. Als man ihr mitteilte, dass es hier weder das eine noch das andere gäbe, verkündete sie, am nächsten Morgen sofort wieder abreisen zu wollen.

Keiner wagte es mehr, nach dem erhofften Darlehen zu fragen, welches dann auch – nicht überraschend – nicht zustandekam. Zu Heinis Erleichterung hatte ein anderer Bruder das Vergnügen, die Dame zurück zu fahren.

Bei kürzeren Fahrten nahm Heini oft eines der Kinder mit – er hatte noch nie so viel Zeit mit ihnen gehabt und freute sich über die Gelegenheit. Wenn Christoph mitkam, brachte Heini ihm bei, wie man Pferdewagen fuhr. Obwohl der Junge erst sechs Jahre alt war, hatte er die Grundlagen schnell begriffen und Heini überließ ihm für längere Zeiten die Zügel.

Auf einer ihrer gemeinsamen Fahrten durch den Dschungel trottete ein Mähnenwolf auf den Weg vor ihnen. Die Pferde scheuten zuerst und gingen dann durch. Heini riss die Zügel aus Christophs Hand und warf ihn nach hinten in den Wagen, wo es am sichersten war. „Festhalten!", schrie er, während er geduckt wie ein Krieger in einem Streitwagen auf dem Wagen stand, sich gegen das Fußbrett stemmte und mit seiner ganzen Kraft die Zügel festhielt. Er hielt den Kopf gerade hoch genug, um über die Pferde hinweg schauen zu können, aber nicht höher, um nicht von tief hängenden Ästen erwischt zu werden.

Die Pferde galoppierten wie entfesselt. Heini sprach beruhigend auf sie ein, während er versuchte, sie abzubremsen, indem er mit aller Kraft an den Zügeln zog. Schließlich gelang es ihm, sie wieder in einen kontrollierten Trott zu bringen und sich den Schweiß von der Stirn zu wischen. Da kam Christoph von der Ladefläche des Wagens nach vorne gesprungen – in heller Begeisterung über die wildeste Fahrt, die er je erlebt hatte, und voller Stolz über das Fahrtalent des Vaters.

Nicht ganz so dramatisch, aber dafür trauriger war es, als sie ihren Affen in den Dschungel zurückbringen mussten. Das Tier war Heini von einem paraguayischen Freund geschenkt worden. Er war zahm, sauber und ein gutes Haustier. Aber unglücklicherweise hatte er eine ausgesprochene Vorliebe für die Tomaten eines Nachbarn, und dieser verlor eines Tages die Geduld. „Der Affe muss weg", sagte er Heini, „sonst bringe ich ihn um."

Heini erklärte den Kindern, dass sie den Affen im Dschungel freilassen mussten. Nach einem tränenreichen Abschied von den Mädchen machten Heini und Christoph sich mit dem Affen auf den Weg. Sie fuhren einige Kilometer in den Wald hinein, setzten den Affen unter einem Baum aus, sagten ihm Lebewohl und machten sich auf die Heimreise. Als sie zu Hause ankamen, erwartete sie eine Überraschung. An der Türschwelle stand der Affe; sein dünner Körper schüttelte sich vor Lachen. Weitere Versuche blieben ebenso erfolglos, bis sie schließlich mit dem Affen an einen mehrere Kilometer entfernten Fluss fuhren und ihn mit einem Boot an das andere Ufer brachten. Dieses Mal kam der Affe nicht mehr zurück.

Heinis Fahrt sorgte in Primavera für Irritationen – all der Aufwand, bloß um einen Affen nicht töten zu müssen! Hier musste jeder Quadratmeter Ackerland mühsam dem Urwald abgerungen werden und es gab Schlangen, Heuschrecken und durch Insekten übertragene Krankheiten. Für viele war die Natur nur ein zu überwindender Feind. Töten war zu einem notwendigen Teil des täglichen Lebens geworden, aber von hier war es nur ein kleiner Schritt zum Töten aus Spaß. Zumindest unter den Jungen und jungen Männern der Gemeinschaft war Brutalität gegenüber Tieren Teil ihres Machogehabes geworden.

Als gestandener Landwirt war Heini nicht sentimental, aber eine solche Haltung konnte er nicht akzeptieren. Einmal erwischte er einige Jungen dabei, wie sie mit Steinschleudern auf eine Eule schossen, bis sie tot war. „Wer, meint ihr, hat diesen Vogel erschaffen?" fragte er, „Einer von euch? Kann einer unter euch das Tier wieder lebendig machen?" Er blickte sie zornig an. „Keiner? Wer gibt euch dann das Recht, es zu töten?"

Einige der Jungen schauten ihn an. Sie schämten sich und es tat ihnen offensichtlich leid. Die meisten aber blickten mit starren und trotzigen Mienen an ihm vorbei. Das war für Heini das Schlimmste: Nicht die tote Eule, sondern die Härte der Kinder. Von wem hatten sie das gelernt und wie konnte man sie wieder erweichen?

Solche Vorfälle bestärkten Heini darin, seine eigenen Kinder anders zu erziehen. Ohne zu predigen, vermittelte er ihnen eine Achtung vor der Natur und vor ihrem Schöpfer. Oft erzählte er ihnen von seiner Kindheit in Sannerz.

Damals hatte einer der Hausgäste einmal Hans-Hermann gedrängt, ihm zu sagen, wo Heini seinen Hund hielt. Der damals zehnjährige Hans-Hermann fürchtete zwar, dass der Mann böse Absichten hegte, sagte sich aber, das Ganze ginge ihn ja nichts an, und zeigte ihm den Hund. Am nächsten Tag war der Hund tot – vergiftet. Als Hans-Hermann seine Mitschuld am Geschehen beichtete, reagierte Eberhard streng. „Du bist verantwortlich für den Tod eines unschuldigen Wesens. Heute hast du deine Kindheit verloren." (Danach hatte Hans-Hermann Heini anvertraut, dass er zwar ein bisschen traurig sei, seine Kindheit verloren zu haben, dass er aber auch froh sei, jetzt endlich erwachsen zu sein.)

Oft erzählte Heini auch Abenteuergeschichten, viele aus den Büchern von Karl May. Die Helden dieser Romane reichten von Wüstenscheichs über kurdische Stammesfürsten bis zu edlen Sioux-Indianern. Aber alle waren Vorbilder mit ritterlichen Tugenden wie Ehrlichkeit, Mut und Großherzigkeit.

Vor allem versuchte er, Vorbild zu sein, zum Beispiel während einer Serie bewaffneter Einbrüche in Primavera. Die Diebe, paraguayische Ureinwohner, kamen nachts aufs Gelände geschlichen und stahlen Werkzeug, Kleider und Haushaltsgegenstände oder – wie im Falle von Hans-Hermann und Gertrud – alles, was sie in einem Haus fanden. Einmal schossen sie auf ein Haus, verfehlten einen der schlafenden Bewohner nur um Zentimeter und verwundeten einen jungen Mann, der zum Eingang gerannt war.

Als Heinis Retriever eines Nachts laut und wütend zu bellen anfing, so dass die ganze Familie aufwachte, befürchtete Heini daher schon das Schlimmste. Er zündete eine Sturmlampe an und ging nach draußen, um nachzusehen. Und tatsächlich sah er eine Gestalt wegrennen. Heini ließ den Hund von der Leine und rannte ihm nach. Schon bald fand er ihn knurrend unter einem Baum.

Heini hielt die Laterne hoch und sah einen Mann im Baum sitzen, unbewaffnet und zitternd vor Angst. Heini rief den Hund zurück und brachte den Mann dazu, herunterzuklettern. Er lud ihn in sein Haus ein und bot ihm eine Mahlzeit an. Beim Essen entspannte sich der Mann und erzählte Heini nach und nach seine Geschichte. Er kam aus einem nahegelegenen Dorf, war der einzige Ernährer einer großen Familie und kam einfach nicht über die Runden. Während die beiden miteinander sprachen, waren die Kinder in das Wohnzimmer gekommen und beobachteten den Mann mit einer Mischung aus Faszination und Angst. Nachdem er gegangen war, sagte Heini zu ihnen: „Gott liebt alle Menschen, aber besonders solche wie ihn."

Heinis und Annemaries Tür war immer offen. Einer, der häufig vorbeikam, war Günther Homann, ein großgewachsener, etwas lebensfremder Junggeselle, der in Primavera als Bibliothekar arbeitete. In einer Gemeinschaft, die Geselligkeit und körperliche Tüchtigkeit vergötterte, war Günther nicht beliebt und selbst die Kinder machten sich über ihn lustig. Aber Günther wusste, dass er bei den Arnolds herzlich willkommen war. Dasselbe galt für Niklaus, einen schüchternen Stotterer, und Friedel, den behinderten Mann, der am Tag der Stürmung des Sparhofs bei Heini gewesen war. Es wurde wenig miteinander gesprochen, wenn die Männer mit ihrem Mate-Tee im Schatten saßen, aber die Solidarität, die sie spürten, sprach lauter als alle Worte.

Die Arnolds waren nicht im herkömmlichen Sinn religiös. Es gab weder regelmäßige Familiengebete, noch wurde die Bibel gelesen. Vor den Mahlzeiten wurde kein Tischgebet gesprochen. Aber es bestand nie ein Zweifel daran, was im Mittelpunkt des Lebens der Familie stand. Wenn Heini hörte, wie eines seiner Kinder eine gemeine oder abwertende Bemerkung machte, gab es mit Sicherheit ein Donnerwetter – und donnern konnte er! Später fragte er dann immer: „Wie konntest du nur? Hast du Jesus vergessen?" Die Kinder wussten ohne weitere Erklärung, was er meinte, und schämten sich.

Heini war ihre Sicherheit, besonders in den Nächten, wenn die Kinder sich fürchteten. Wenn der Strom um zehn Uhr abends abgestellt wurde, versank Primavera in Dunkelheit. Dann erklang das nächtliche Heulen der Mähnenwölfe und das bebende Tremolo der *Totenvögel* – und was sie nicht hörten, stellten sie sich vor. Heini brachte ihnen ein Lied bei („Solang mein Jesus lebt"), um sie zu trösten und zu beruhigen:

Wenn sich die Sonn' verhüllt,
Der Löwe um mich brüllt,
So weiß ich, dass in finstrer Nacht
Mein Jesus mich bewacht.

Dank Adolf Braun, einem Kameraden aus Sannerzer Tagen, war Heini mittlerweile wieder Mitglied der Gemeinschaft geworden. Adolf war erst kürzlich in die Leitung von Primavera berufen worden und hatte seither Heini und Annemarie fast jeden Abend besucht und versucht ihn zu überreden, wieder Mitglied zu werden. Hans und Georg standen diesem Ansinnen nicht im Weg. Vielleicht empfanden sie Heini nicht mehr als Bedrohung oder vielleicht war ihre Aufmerksamkeit schlichtweg auf andere Dinge gelenkt. (Nachdem der Krieg beendet war, unternahmen die beiden mehrere aufeinanderfolgende, ganzjährige Reisen nach Europa. Neben Besuchen in Wheathill, einem seit fünf Jahren bestehenden Bruderhof in England, versuchten sie die deutschen Behörden dazu zu bringen, sechzig Kriegswaisen nach Primavera zu schicken; am Ende schickten die Deutschen stattdessen hundertvierzehn Flüchtlinge.) Wie auch immer, Adolfs Bemühungen hatten nach einigen Wochen Erfolg und Heini bat die Gemeinschaft, ihn wieder als Mitglied aufzunehmen, was auch geschah. Damit war die lange Zeit seines Exils offiziell zu Ende.

Niemals würde er das Geschehene ganz verstehen – besonders die Behandlung durch Hans und Georg, als er in Sapucai war. Aber das alles machte jetzt nichts mehr. Er wollte ihnen vergeben und dass auch ihm vergeben werde. War es nach all den Jahren, in denen die eigentliche Sache, der Grund ihres Lebens in Gemeinschaft, so zurückgestellt worden war, jetzt nicht höchste Zeit, einander wieder zu vertrauen und weiterzumachen? Außerdem war Heini überzeugt, dass auch er nicht ohne Schuld war. „Wenn ich der Berufung, die ich als Junge erhalten habe, vollkommen treu geblieben wäre, hätten die Dinge niemals so aus dem Ruder laufen können", dachte er sich. „Dafür habe ich in der Leprakolonie Buße getan – nicht für meinen Widerstand gegen Hans und Georg, auch wenn sie mich deswegen weggeschickt haben."

28

Marianne

Ende Juli 1947 ging Heini eines Abends mit seinen Kindern vors Haus, um mit ihnen zu reden. Unter dem Vorwand, dass die Nacht gut zum Sterneschauen sei, führte er sie zu einem Picknicktisch. So saßen sie nebeneinander und bewunderten das Kreuz des Südens und die Milchstraße, die sich wie ein gepunktetes Band von Horizont zu Horizont erstreckte.

Heini schwieg und deutete nur auf die Sterne. Eine Sternschnuppe flog durch den nächtlichen Himmel. „Vielleicht schickt uns Gott schon bald ein neues Baby", sprach er zu den Kindern. „Vielleicht war das die kleine Seele, die zu uns herunter kommt." Sie schwiegen und starrten ehrfürchtig in den Nachthimmel. Dort oben bei den Sternen war ihr Opa Eberhard. Auch Tata und Emmy Maria, deren Geburtstag sie jedes Jahr feierten. Würde das Baby von da oben zu ihnen kommen?

Heinis Gedanken wanderten zum Krankenhaus, wohin er Annemarie am Morgen gebracht hatte. Der Begriff „Krankenhaus" war vielleicht ein wenig zu hoch gegriffen für das zweistöckige Gebäude aus luftgetrockneten Ziegeln. Es hatte genug Zimmer für ein Dutzend Betten, ein paar Behandlungszimmer, einen Operationsraum, eine Apotheke und ein kleines Labor. In der Nähe befand sich noch ein Schuppen mit einer Feuerstelle zum Sterilisieren der Instrumente in kochendem Wasser.

Die ganze Anlage war einfach, aber wohl organisiert und gut besetzt, so dass Heini Annemarie in guten Händen wusste. Die Hebamme, Phyllis, hatte Annemarie bei der Geburt ihrer letzten drei Kinder geholfen und sie heute so warmherzig und froh begrüßt. Auch Annemarie selbst war zuversichtlich und fröhlich von zu Hause losgegangen. „Ich kann's kaum mehr erwarten", dachte Heini.

In der Zwischenzeit versuchte Annemarie zu schlafen. Den ganzen Tag waren die Wehen gekommen und wieder gegangen – und so sollte es auch die ganze Nacht und den folgenden Tag weitergehen. „Ich fing an, den Mut zu verlieren", vertraute sie ihrem Tagebuch an. „Wann würde dieses kleine Wesen in mir auf die Welt kommen?"

Am Abend des zweiten Tages setzten wieder Wehen ein, die schmerzhafter als die ersten waren und die nächsten zwanzig Stunden anhielten.

„Ich hatte die ganze Nacht starke Schmerzen, so sehr, dass wir von Stunde zu Stunde hofften, das Kindchen würde geboren werden. Heini war die ganze Nacht auf, ich wollte unbedingt, dass er bei mir ist. Am Morgen war ich vollkommen erschöpft. Phyllis hatte mir etwas zur Beschleunigung gegeben, aber es hatte nichts genützt. Als Ruth kam, habe ich sie sehr gebeten, doch das Kindchen mit künstlichen Mitteln zur Welt zu bringen. Bei ihrer Untersuchung stellte Ruth fest, dass das Kind nicht richtig lag und dass darum die starken Wehen nicht zur Geburt geführt hatten."

Für Heini wurde es immer mehr zu einem Alptraum. Bei ihren ersten fünf Geburten war Annemarie immer tapfer gewesen. Als die Geburt sich dieses Mal aber länger und länger hinzog, begann sie zu verzweifeln. Heini hatte sie noch nie in einem solchen Zustand erlebt. Sie bettelte, flehte und weinte um Hilfe. Als er zu den Ärzten gegangen war und sie gebeten hatte, etwas zu unternehmen – irgendetwas –, wurde ihm gesagt, das Beste sei, der Natur ihren Lauf zu lassen. Obwohl er ihrem Urteil vertraute, konnte er Annemaries Leiden nicht länger ertragen. Überwältigende Gefühle der Liebe zu ihr und der Verantwortlichkeit – als Vater hatte er dies alles schließlich verursacht – gingen in Wellen über ihn hinweg.

Annemarie schrieb in ihr Tagebuch: „Es waren qualvollste Stunden, weil die Wehen immer stärker und häufiger wurden und ich doch gleichzeitig wusste, das sie nichts nützen würden. Dieser ganze Schmerz: umsonst. Endlich beschlossen die Ärzte, das Kind mit Hilfe einer Geburtszange und einer Vollnarkose zu holen. Aber zuerst mussten die Instrumente sterilisiert werden, indem man sie zwanzig Minuten lang abkochte. Diese Warterei erschien mir wie eine Ewigkeit.

Als zu guter Letzt alles fertig war, haben sie mir die Äthermaske übergestülpt und gesagt, ich solle tief und ruhig atmen. Ich spürte noch, wie die nächste starke Schmerzenswehe begann, dann versank ich mehr und mehr in Bewusstlosigkeit. Ich hatte nur noch das dankbare Gefühl, endlich diesen entsetzlichen Schmerzen entronnen zu sein. Dann weiß ich nichts mehr."

Heini stand bei Annemaries Kopf und hielt ihre Hand fest. Die Ärzte – Cyril und Ruth – versuchten das Baby mit der Geburtszange zu holen. Das Baby lag falsch herum in Gesichtslage. Heini erschien es wie Stunden, in denen die beiden sich abmühten. Plötzlich wurden sie besorgt, denn Annemarie lief blau an. Sie hatte aufgehört zu atmen.

Sofort unterbrachen sie die Operation und nahmen ihr hastig die Äthermaske vom Gesicht, damit sie aufwachen würde. Cyril untersuchte sie: „Ihr Herz hat aufgehört zu schlagen!"

Sekunden vergingen, und endlich begann Annemarie wieder zu atmen und aus der Narkose zu erwachen. Alle im Raum waren zunächst erleichtert, aber Cyril war immer noch nervös: „Ich kann ihr nicht mehr bei der Geburt helfen. Dafür ist es zu spät."

Als Annemarie aufwachte, hatte sie stechende Schmerzen und rief um Hilfe. Heini wandte sich an Cyril: „Kannst du nicht einen Kaiserschnitt durchführen?"

Cyril schüttelte den Kopf: „Ihr Herz würde die Narkose nicht schaffen. Das Risiko ist zu groß, dass wir sie verlieren."

Dann kam der Moment, den Heini niemals vergessen würde. Cyril bat ihn, mit ihm nach draußen zu gehen. „Die einzige Chance, die wir haben, Annemarie zu retten, ist das Baby abzutreiben", sagte er unumwunden: „Wenn wir das nicht machen, werden beide mit Sicherheit sterben."

Heini schaute Cyril sprachlos an und rannte hinaus in die Bananenplantage hinter dem Krankenhaus. Es war eine pechschwarze Nacht und es nieselte. Nicht einmal in der Leprakolonie hatte er sich einsamer gefühlt als in diesem Moment, obwohl das Entbindungszimmer voller hilfsbereiter Menschen war. Eine Abtreibung? Das kam nicht in Frage, gerade jetzt nicht. Wie könnte er jemals zulassen, dass ihr Baby in Stücke geschnitten würde? Schon der Gedanke allein war teuflisch und widerlich. „Aber Cyril sagt, Annemarie stirbt sonst", dachte er.

Heini hob sein Gesicht in die Dunkelheit und den Regen. Er weinte und betete, wie er noch nie zuvor geweint und gebetet hatte: „Gott, zeige mir deinen Willen. Möge dein Wille geschehen." Er ging zurück ins Krankenhaus und traf unmittelbar auf Cyril. „Das Baby kann schmerzfrei abgetrieben werden", wiederholte Cyril, „es ist die einzige Chance, um Annemarie zu retten." Heini erwiderte nichts, sondern ging an ihm vorbei in den Entbindungsraum.

„Ich wachte mit einem plötzlichen Ruck auf", schrieb Annemarie später: „Hoch über mir waren Köpfe und Körper, die sich hin und her bewegten – Moni, Margret, Cyril, Phyllis, Ruth – und dieselben wahnsinnigen Schmerzen, die mich in kürzesten Abständen auseinander zu reißen schienen. Ich wusste gar nicht, was das alles zu bedeuten hatte, ob das Baby schon geboren war oder nicht. Dann hörte ich eine Stimme sagen: ‚Jetzt kommt es bald, es dauert nicht mehr lang.' Ich hatte nur das Gefühl, dass die, die dabei standen, sehr machtlos waren. Die Schmerzen waren wahnsinnig, und die Zeit schien mir endlos.

Plötzlich wurde das Kindchen wirklich geboren. Ich hörte: ‚Ein Mädchen, ein Mädchen!'

‚Es ist lebendig', sagte Cyril. Ich wusste nicht, was es zu bedeuten hatte. Dann wartete ich mit letzter Anspannung, bis die Geburt ganz beendet war. Endlich, endlich hatten die Schmerzen aufgehört – zum ersten Mal in sechzig Stunden.

Ich war nicht mehr in der Lage, nach dem Kindchen zu sehen, und bin dann wohl sofort wieder eingeschlafen. Als ich wieder aufwachte, sah ich sie endlich. Auf ihrem Kopf sah ich einen blau-schwarzen Fleck, den die Instrumente hinterlassen hatten, und ihr kleines Gesicht hatte auch gelitten – es war angeschwollen, besonders die Lippen. Sie hatte sehr viel Flüssigkeit geschluckt und atmete mit einem Schnarchen, so, als ob noch etwas in ihrer Luftröhre feststeckte. Das Krankenhaus verfügte über keine Sauerstoffflaschen und konnte auch die Flüssigkeit nicht absaugen. Man sagte mir, sie müsse ruhen. Man wollte sie nicht waschen, sondern ungestört liegen lassen.

Trotz allem war sie da – unser Baby lag da in der Krippe. Sie sah auch groß und stark aus, mindestens acht Pfund schwer, dachte ich mir. Ich war so glücklich, dass es ein Mädchen war.

Immer wieder bin ich eingeschlafen – ich konnte meinen Körper vor lauter Erschöpfung kaum bewegen. Als ich einmal aufwachte, sah ich, wie Phyllis sich bei der Kleinen zu schaffen machte und zufrieden sagte: „Sie hat alles schmutzig gemacht, Bezug und Schühchen und alles." Dann sah ich, wie rund ihre Beinchen waren mit kleinen Falten, und ich sah die Füßchen. Und ihre kleine Brust – breit und rund ist sie gewesen. Das war das einzige Mal, dass ich sie gesehen habe. Dann haben sie das Baby wieder ganz warm eingepackt.

Einige Male klang ihr Weinen wie das eines kräftigen Babys. Manchmal war es ganz hell, wie von einem Kätzchen. Oft hörte sich ihr Atmen wie klagend und wimmernd an. Ihr Gesicht konnte ich nicht sehen.

Heini kam dann auch, er war so glücklich, mich zu sehen. Er erzählte mir, was geschehen war, und wir beschlossen, das Baby Marianne zu nennen. Dann bin ich eingeschlafen und habe einen tiefen erfrischenden Schlaf gehabt.

Als ich wieder aufwachte, konnte ich das Baby nicht sehen, aber ihr Atmen hörte sich sehr schnell an. War sie in Gefahr? Ich kriegte Sorge. Die Ärzte beruhigten mich und meinten auch, dass selbst die Schwellungen in ihrem Gesicht zurückgegangen waren. Ruth schob den Krippenwagen etwas näher, so dass ich Mariannes Gesicht sehen konnte. Sie lag ganz auf der Seite mit dicken Pausbäckchen, ein breites kurzes Näschen, ein dreieckiges Mündchen, ein energisches Kinn und zwei wohlgeformte Öhrchen.

Wie sehr wollte ich sie auf dem Arm haben, ihre süße Nähe spüren und den zarten Duft vernehmen, den nur neugeborene Kindchen haben!

Ich schlief wieder ein und erwachte in der Mitte der Nacht. Heini, Emmy und Ruth waren mit mir im Zimmer. Der Generator war für die Nacht ausgeschaltet worden, so gab es nur die Öllampe. Heini schob die Krippe neben mein Bett. Mariannes Gesicht sah nicht gut aus. Oder war es das Licht der Lampe? Sie zündeten eine zweite Lampe an, um besser sehen zu können. Ihre Gesichtsfarbe war beängstigend dunkel.

Wir konnten nicht viel machen. Ruth versuchte mit einem dünnen Gummischlauch die Kleine von dem Schleim zu befreien, der sie so beim Atmen zu hindern schien. Die Kleine hatte immer wieder einmal die Äuglein offen. Ruth sagte, sie hätte versucht, am Schlauch zu saugen, und wir fanden das ein gutes Zeichen.

Ruth meinte, ihre Farbe schiene wieder besser. Ich konnte keinen großen Unterschied bemerken, aber ich glaubte ihr nur zu gerne. Die Atemgeräusche wurden immer leiser und leiser.

Ich sagte voller Angst: ‚Sie atmet so wenig.' Ruth schickte Heini, um Cyril zu holen. Da sah ich, wie sich die Äuglein der Kleinen still schlossen. Das Atmen wurde weniger und weniger und erstarb schließlich. Die kleine Brust hob sich nicht mehr. ‚Sie atmet nicht mehr!' rief ich. ‚Sie atmet nicht mehr!'

Ruth gab ihr noch schnell eine Injektion, aber es blieb alles still. Cyril kam, und horchte lange mit seinem Stethoskop an dem kleinen Herzen. Ich war mir da schon sicher, dass sie für immer eingeschlafen war, und trotzdem hoffte ich noch, dass sie sagen würden, sie hätten Lebenszeichen gehört.

Aber das kleine Flämmchen ihres Lebens war ausgelöscht. Da lag sie, die süße, süße Kleine, wie ein schlafendes Kind, ruhig und still und friedvoll. Immer wieder musste ich sehen, ob sich das Brüstchen nicht doch noch zu heben begann.

Mama gab sie mir dann auf den Arm, ein schweres Kind. Die Händchen waren schon ein wenig kühl, aber der Hals und die Bäckchen ganz warm vom Leben. Noch heute fühle ich sie. Auch die Beinchen waren ganz warm. Das erste und das letzte Mal hatte ich sie im Arm. Ich konnte mich nicht satt sehen an dem geliebten Kind. Und es war alles so schwer zu begreifen, dass dieses Kind, so sehr ersehnt und erwartet, unter so schweren Schmerzen geboren, schon wieder von uns gegangen sein sollte, noch ehe man es ganz richtig in sich aufgenommen hatte, noch ehe man wusste, was für ein Mensch es sein würde.

Ich hielt die Kleine, so lange ich konnte, im Arm und sah sie immer wieder und wieder an. Dann kam der letzte Abschied. Ihre Großmutter trug sie aus der Stube, um sie für diese Nacht im Durchgangsraum in ihrem Wägelchen zu betten. Es war, als risse etwas in meinem Herzen.

Wie froh war ich, dass in diesen schweren, schweren Stunden mein lieber Heini bei mir war. Wir waren ganz innig vereint, und er stand mir so treu bei! Er sah so trostlos und verzweifelt aus. Wie sehr hatte er sich darauf gefreut, wieder ein kleines Baby halten zu können, zum ersten Mal seit vier Jahren! Er war ja so weit weg in Sapucai, als Lisa geboren wurde.

Dann kamen Besucher und drückten ihre Dankbarkeit darüber aus, dass ich noch am Leben war. So verstand ich erst allmählich, wie ernst alles gewesen war.

Als ich am nächsten Morgen aufwachte, war alles so still und leer in meinem Zimmer. Der Platz, den unsere geliebte Kleine eingenommen hatte, war leer. Mit Erschrecken kam mir alles wieder zum Bewusstsein. Draußen war richtiges Herbstwetter. Es regnete, unablässiger Regen. Vor den Fenstern die kahlen Linden, die trübe Landschaft, die braunen Wiesen, ein paar letzte Rosen. Ab und an das Geschrei der Vögel. Und in meiner Stube die bedrückende Stille, die weißen leeren Wände."

◆ ◆ ◆

Jetzt, wo das Baby nicht mehr am Leben war, plagten Heini plötzlich Schuldgefühle. Bei der Geburt hatte er seine ganze Aufmerksamkeit Annemarie gewidmet. Als sich alles stundenlang hingezogen und die Gefahr ständig zugenommen hatte, war er vor allem um ihr Überleben besorgt gewesen. Doch dann war Marianne so schnell und natürlich auf die Welt gekommen – ein reines Wunder. Natürlich hatte er sich über das Baby gefreut, aber alle seine Gedanken waren bei Annemarie gewesen. Eine tiefe Dankbarkeit hatte ihn ergriffen, so stark, dass es weh tat. „Sie lebt!", hatte er gedacht. „Und das Baby auch..." Aber so lange Annemarie in Lebensgefahr schwebte, waren alle seine Gedanken bei ihr gewesen und kaum bei Marianne. Er hatte sie nicht einmal im Arm gehalten. Er hatte sie vernachlässigt. Und jetzt war sie tot.

Den anderen Kindern wollte er beim Frühstück erzählen, was passiert war. Er wusste, dass es schwer werden würde: Die letzten beiden Tage hatten sie voller Vorfreude auf ihn gewartet, wenn er vom Krankenhaus wiederkam. Jedes Mal hatten sie so viele Fragen gestellt. Die kleine Anneli hatte allen gesagt, dass „Mama in dem Himmel zu Maria gegangen ist, um das Baby zu holen." Am zweiten Tag hatte Anneli ungeduldig gefordert: „Warum ist es noch nicht hier? Hat Gott es immer noch nicht fertig gemacht?" Als Heini ihnen zuletzt eröffnet hatte, dass sie eine kleine Schwester bekommen hatten, waren die Kinder vor Aufregung ganz außer sich gewesen.

Seine Schritte verlangsamten sich, als er auf das Haus zukam. Wie sollte er es den Kindern sagen? Schon kamen sie lärmend auf ihn zugerannt und klammerten sich an ihn. „Wie hat sie letzte Nacht geschlafen?", wollte Roswith wissen.

„Kommt, wir gehen rein und setzen uns erst mal an den Frühstückstisch", erwiderte Heini.

Roswith ließ nicht locker: „Aber Papa, du musst doch nur ja oder nein sagen. Hat sie gut geschlafen?"

Heini setzte sich an seinen Platz am Kopfende des Tisches, während Anna, die Babysitterin, am anderen Ende saß. Als sie sich hinsetzte, bemerkten die Kinder, wie Anna die Tränen übers Gesicht flossen. Fragend sahen sie Heini an.

„Kinder, ich muss euch sagen, dass eure kleine Schwester zurück in den Himmel gegangen ist."

Christophs Augen wurden groß. „Heißt das, dass sie nicht mehr unsere Schwester ist?" Roswith begann zu weinen und Anneli rief immer und immer wieder: „Hol sie zurück! Hol sie zurück!" Alle weinten.

Später traf Heini im Wald Roswith, die Blumen für einen Kranz pflückte. Er fragte sie, ob sie das Baby besuchen wolle. „Mariannes Seele ist in den Himmel gegangen," erklärte er ihr, „aber ihr Körper ist noch hier auf der Erde, und wenn du willst, können wir sie jetzt noch sehen."

Marianne lag in einem kleinen Sarg auf einem Tisch, mit einem Kranz auf ihrem Kopf und Rosen in der Hand. Jemand hatte den Raum mit Palmenblättern geschmückt, deren Wedel sich wie schützend über das Baby beugten. Roswiths Gesicht erstrahlte bei dem Anblick – es erschien ihr wie ein Bild des Himmels. „Sie schläft ja nur!", rief sie. „Wann wacht sie wieder auf?"

Heini antwortete, dass eines Tages tatsächlich jeder Verstorbene wieder aufwachen *würde*. „Auch Opa und Emmy Maria?", wollte Roswith wissen. Er versicherte es ihr. Nachdem sie wieder zu Hause angekommen waren, erzählte Roswith Christoph und ihren Schwestern, was sie gesehen hatte. In den nächsten Tagen hörte Heini häufig, wie sie über den Himmel sprachen. Sie glaubten offensichtlich, dass es ein Ort sei, den sie alle jederzeit besuchen könnten.

Die Beerdigung fand an einem Sonntagmorgen statt, und weil der Friedhof einige Kilometer vom Krankenhaus entfernt lag, fuhr die Gemeinschaft mit Pferdewagen dort hin. Heini stand früh auf und besuchte Annemarie. Er sagte ihr, dass Mariannes Körperchen noch immer „süß und unverändert" war. Dann verließ er sie schweren Herzens, um den Sarg zu schließen und ihn zum Wagen zu tragen. Wie Mariannes Zimmer, so war auch der Wagen mit Palmen geschmückt worden.

Annemarie war noch nicht in der Lage, an der Beerdigung teilzunehmen. Vom Fenster aus sah sie zu, wie die Leute auf die Wagen stiegen. Genau in diesem Moment durchbrach ein lautes Wehklagen vom anderen Ende des Krankenhauses die Stille. Wie sie später herausfand, war es die Familie einer paraguayischen Frau, die bei der Geburt ihres zwanzigsten Kindes, einer Totgeburt, gestorben war. Dieses Wehklagen schien ihr all das Elend einer unerlösten Welt auszudrücken: voller Schmerz und ohne jegliche Hoffnung.

Es regnete, als der erste Wagen abfuhr – Heini mit dem Sarg und Hardy als Fahrer. Schweigend fuhr die Kolonne unter Annemaries Fenster vorbei. So sehr sie sich auch anstrengte, sie konnte den kleinen Sarg nicht sehen, als die Wagen vorbeifuhren. Als Heini einige Stunden später zurückkam, regnete es noch immer in Strömen.

Am selben Abend notierte Annemarie in ihr Tagebuch: „Es sind mir immer wieder unbegreifliche Tage und Stunden, die mir manchmal fast nur wie ein flüchtiger Traum zu erscheinen drohen, wenn ich nicht immer wieder doch spüren würde, dass das Kindchen, wenn auch für eine sehr kurze Zeit, wirklich hier auf der Erde war, warm und lebendig im Wägelchen neben mir. Marianne! Unser so herzlich geliebtes und doch so unbekanntes Kind."

29

Unterwegs

Vier Monate nach Mariannes Tod wurde Fritz von einem aus einer Drechselbank geschleuderten Holzstück an der Stirn getroffen, das eine klaffende Wunde oberhalb des rechten Auges verursachte. Moni rannte in die Werkstatt, um Erste Hilfe zu leisten, und bald war auch Cyril mit einem Wagen zur Stelle, um Fritz ins Krankenhaus zu transportieren. Trotz der Schwere seiner Verletzung versuchte Fritz, die Umstehenden zu beruhigen, und scherzte sogar noch mit seiner Frau. Aber achtundvierzig Stunden später hatte sich die Wunde entzündet und sein Zustand verschlechterte sich dramatisch. Fritz lag im Sterben. Drei Tage später war er tot. Er war zweiundvierzig Jahre alt geworden.

Die folgenden Monate waren eine düstere Zeit. Aber sie vergingen, und ein Jahr später brachte Annemarie ein weiteres Mädchen zur Welt. Sie nannten das Kind Monika Renate – „Renate" bedeutet „wiedergeboren", in Erinnerung an Marianne. Ein weiteres Jahr verging und noch einmal kam ein Baby zur Familie hinzu: Else.

Heini ging mit den beiden Mädchen besonders zärtlich um – der Verlust ihrer Schwester war ihm und Annemarie noch sehr frisch in Erinnerung. In schweren Momenten gaben die Erinnerungen an die Zeit um Mariannes Tod ihnen Halt, als so viele in der Gemeinschaft ihnen liebevoll beigestanden hatten, von Phyllis und Ruth im Krankenhaus bis hin zu den Schulkindern, die ihnen Blumensträuße gebracht hatten. Diese aufrichtige Herzlichkeit gab Heini Hoffnung, dass Primavera trotz allem den Weg zurück zur ersten Liebe finden würde. Bis dahin wollte er alles tun, was er konnte, um anderen in Freud und Leid zu helfen.

Else war sieben Wochen alt, als Heini im September 1950 auf eine längere Reise ging. Christoph begleitete seinen Vater bis zur Anlegestelle am Fluss.

Die Nacht war bereits angebrochen, als sich das Schiff vom Ufer entfernte und als Heini an der Reling stand und winkte, schien es ihm, als ob sein Sohn, der allein an der Anlegestelle stand, unendlich traurig aussah. Dem Zehnjährigen würde eine weitere lange Trennung von seinem Vater sehr schwer fallen. Immer wieder rief Heini: „Auf Wiedersehen! Auf Wiedersehen!" und zuerst antwortete ihm Christoph mit fester Stimme. Dann aber wurde ihr Klang immer unsicherer und schließlich verstummte sie ganz.

Heini wandte sich um und überflog noch einmal seine Reisepläne. In Asunción würde er in ein Flugzeug nach Bolivien steigen, dann nach Panama fliegen und von dort nach Havanna. Von dort war es nur noch ein Katzensprung nach Nordamerika.

Der Zweck seiner Reise war, Geldmittel zu beschaffen. Primavera litt nach wie vor unter einem Mangel an Bargeld. Geburten und Neuankömmlinge aus Europa hatten die Einwohnerzahl ansteigen lassen, aber die Landwirtschaft brachte kein Geld ein, obwohl die Ernten gut waren. Das Krankenhaus brauchte Geld, um einen ansteigenden Strom von mittellosen Patienten zu versorgen. Im vorausgegangenen Jahr hatte die Gemeinschaft schon einmal vier Männer mit einem ähnlichen Auftrag in die Vereinigten Staaten entsandt. Sie hatten zehntausende Dollars gesammelt und Tonnen an gespendeten Gütern und landwirtschaftlichen Maschinen zurückgeschickt.

Doch die Situation in Primavera war im Wesentlichen unverändert geblieben. Viele Männer trugen Kleidung, die fast nur noch aus Flicken bestand, den Frauen fehlte das Garn, um Knöpfe anzunähen, und Krankenhaus und Kinderkrippe hatten einen permanenten Mangel an Windeln und Bettzeug. So hatten alle zugestimmt, einen zweiten Versuch zu unternehmen. Und wer wäre besser dazu geeignet als Heini, der schon seit seiner Kindheit dafür bekannt war, dass er die Herzen von Menschen erreichen konnte? Mit ihm sollte Will Marchant reisen, ein fünfzigjähriger Engländer, den Heini kannte, seit Will und seine Frau Kathleen der Gemeinschaft in Ashton Fields 1940, also vor mittlerweile zehn Jahren, beigetreten waren.

Als sie in Miami aus dem Flugzeug stiegen, trafen Heini und Will die ersten Ansprechpartner, die auf ihrer Liste standen: ein junges amerikanisches Paar aus Georgia, das die beiden abholte, und mit ihnen tausend Kilometer Richtung Nordwesten auf eine kleine Erdnussplantage in der Nähe von Americus im Bundesstaat Georgia fuhr. Sie erreichten *Koinonia*, eine Kooperative, die auf den Grundlagen des christlichen Glaubens gegründet worden war und einen der ersten Vorposten der wachsenden Bewegung gegen die Rassentrennung darstellte. Der Gründer von *Koinonia*, Clarence Jordan, war Mitglied der Südlichen Baptisten, und hatte es sich zum Ziel gesetzt, die Bergpredigt im täglichen Leben radikal umzusetzen – ganz ähnlich, wie Heinis Eltern es in Sannerz getan hatten. Clarence nannte seine Gemeinschaft ein „theologisches Seminar in einem Baumwollfeld", und als ob das für seine engstirnigen Nachbarn noch nicht genug Affront gewesen wäre, hieß er Schwarze wie Weiße in gleicher Weise willkommen. (Einige Jahre später zündeten einige Befürworter der Rassentrennung eine Bombe in einem Lagerhaus von *Koinonia* und organisierten einen Boykott ihrer Produkte. Hin und wieder wurde sogar auf Häuser geschossen, in denen Familien wohnten, die der Kooperative angehörten.)

Das war Heinis erster Eindruck von Amerika. Es war spannend und aufregend. Oberflächlich betrachtet war es das Land der Tupperware-Parties, holzverkleideter Kombis auf den Straßen und riesiger Werbeplakate entlang der Highways. Dieses Amerika hatte genug von Aufopferung. Es hatte im Zweiten Weltkrieg in Europa und im Pazifik für eine gerechte Sache geblutet. Jetzt war die Zeit der Sparsamkeit und Essensmarken vorbei. Tausende Soldaten wollten mit ihren jungen Familien eine normale Existenz aufbauen und das Leben genießen.

Aber hinter dem Optimismus dieses Landes konnte man auch eine gewisse Desillusionierung spüren. So schwierig die Kriegsjahre auch gewesen waren, sie schienen das Land doch geeint zu haben angesichts einer edlen und erhebenden Aufgabe: die Kräfte des Bösen zu besiegen, deren Personifizierung Adolf Hitler gewesen war. Jetzt war Hitler tot, aber war das Böse wirklich besiegt worden? Der Krieg hatte es nicht einmal vermocht, die Welt sicherer zu machen. Russland hatte die Atombombe und überall griffen die Kommunisten nach der Macht, von Osteuropa bis Korea.

Zu Hause war die Lage kaum besser. Nach so viel Heldentum erschien der Alltag grau und fade – und überschattet von Unsicherheit. Selbst Präsident Eisenhower war besorgt über den „militärisch-industriellen Komplex" und die davon ausgehende Bedrohung von Amerikas Freiheit. Die Lage in den großen Städte des Landes wurde durch Rassismus und Verarmung zunehmend angespannt, was zwanzig Jahre später in offene Gewalt umschlagen würde.

Jetzt, 1950, ignorierten die meisten jungen Amerikaner dieses Unbehagen und versuchten, in ein Vorstadtidyll zu entkommen. Aber nicht alle machten das. Ein paar brachen auf und pilgerten nach San Francisco und Greenwich Village, um sich der *Beat Generation* anzuschließen. Hunderte kehrten den bürgerlichen Erwartungen den Rücken und begannen, eine Welt aufzubauen, die *ihren* Vorstellungen entsprach: Eine Gesellschaft, die nicht auf Geld und Qualifikationen, sondern auf Kooperation und Kreativität beruhte. Von Kalifornien bis New Jersey schossen Kommunen wie Pilze aus dem Boden. Es waren die ersten Vorläufer der sechziger Jahre, und während Heini und Will von Ort zu Ort reisten, auf neue Gesichter trafen und Fragen zu Primavera beantworteten, bekamen sie einen Vorgeschmack sowohl von dem Guten als auch von dem Konfusen, das kommen würde.

Clarence erwies sich als guter Freund, ebenso wie andere Leute in *Koinonia*. Ihre Gastfreundschaft ging für Heinis Geschmack sogar etwas zu weit. Als Heini und Will früh am Morgen in *Koinonia* ankamen und ihnen Clarence das Haus zeigte, in dem sie untergebracht waren, waren ihre Gastgeber, ein Ehepaar, noch im Bett. Als sie Heini und Will sahen, stiegen sie aus dem Bett und forderten die beiden auf, es sich bequem zu machen. „Wie unappetitlich", war Heinis erste Bemerkung, als er und Will wieder zu zweit waren. Dann legte er ein Taschentuch auf das Kopfkissen, zog seine Jacke wieder an und legte sich dann vorsichtig *auf* die Bettdecke.

Sie verbrachten eine halbe Woche in *Koinonia*, arbeiteten in der Landwirtschaft mit und tauschten sich mit Clarence aus, der ihnen von seinem Kampf erzählte, inmitten der Südstaaten einen Ort aufzubauen, wo Schwarze und Weiße in Brüderlichkeit zusammen leben. Am letzten Tag ihres Besuchs bekamen sie von *Koinonia* ihre erste Spende: Hundert Dollar. Heini und Will waren tief bewegt, denn es war offensichtlich, dass diese Kooperative selber hart ums Überleben kämpfte. Doch nicht genug damit: Clarence bot an, die beiden nach Washington D. C. zu fahren, damit sie dort ernsthaft mit dem Sammeln von Spenden anfangen könnten.

Sie erreichten die Hauptstadt am späten Nachmittag. Clarence setzte sie ab, und von diesem Moment an waren sie auf sich selbst gestellt. Außer einer Namensliste mit Kontakten, dem Geld von *Koinonia* und ihrem eigenen Einfallsreichtum hatten sie nichts. Es gab keine Zeit zu verlieren. Sie wussten, wie hoch die Erwartungen an ihre Reise zu Hause waren – und was für eine Standpauke ihr Vorgängerteam über sich hatte ergehen lassen müssen, als diese Hoffnungen zuerst nicht erfüllt worden waren. Heini hatte Verständnis für diese Ungeduld, aber man konnte auch nicht einfach so in einer neuen Stadt ankommen und wildfremde Menschen um Geld anbetteln. Heini und Will beschlossen, sich ein Spendenziel von tausend Dollar pro Monat zu setzen, das schien vernünftig zu sein.

Dafür würden sie aber hart arbeiten müssen. Zunächst stand ihnen ihr eigenes Äußeres im Weg. In den Vereinigten Staaten der Fünfziger war man glattrasiert, die Ausnahme bildeten alte Männer und Herumtreiber. Mit ihren langen Bärten machten die beiden also einen äußerst seltsamen Eindruck. Keiner von ihnen war mit amerikanischen Umgangsformen vertraut und Heini, dessen Englisch etwas eingerostet war, musste sich erst wieder an die Sprache gewöhnen. Und obwohl Heini gut mit Traktoren umgehen konnte, konnten weder er noch Will ein Auto fahren.

Aber Heini hatte bereits einen Plan. Er ließ Will in ihrer Unterkunft zurück und versuchte, einen wohlsituierten Cousin ausfindig zu machen, einen gewissen Thurman Arnold. Heini war nervös, denn er hatte diesen Verwandten noch nie getroffen, aber er wusste auch, dass dieser Thurman Arnold, wenn er denn wollte, ihnen viele Türen in Washington öffnen könnte. Thurman Arnold war vormals Professor für Jura in Yale gewesen und hatte als Bundesrichter und unter Präsident Franklin Roosevelt als stellvertretender Justizminister gewirkt, besonders in Anti-Kartellverfahren und in Verfahren gegen Kriegsgewinnler. Mittlerweile hatte er die mächtige Washingtoner Kanzlei Arnold & Porter mitgegründet.

Heini wusste, dass Thurman Eberhard und dessen Familie für ihre Haltung Hitler gegenüber bewunderte, aber er fragte sich, wie sein Cousin wohl über ihr Leben in Gemeinschaft dachte. Schließlich war Senator Joseph McCarthys Kommunistenhatz gerade in vollem Gange und Thurman könnte sich vielleicht scheuen, seinen guten Ruf wegen des Bruderhofs zu gefährden. Er hatte unentgeltlich die Verteidigung für einige angebliche Kommunismussympathisanten übernommen und damit in dieser Hinsicht schon genug Probleme am Hals.

Die Büroräume von Arnold & Porter gaben Heini einen Eindruck von einem Amerika, das in krassem Gegensatz zu dem stand, was er in *Koinonia* kennengelernt hatte. Die Sekretärinnen starrten ihn erstaunt an, als er ihnen sagte, wen er sprechen wollte. Eine von ihnen begleitete ihn in Thurmans Büro, in dem Porträts von Roosevelt und Truman mit persönlicher Widmung über dem Schreibtisch hingen. Heini stellte sich vor.

Thurman schüttelte seine Hand, etwas amüsiert über diesen seltsamen Cousin, aber auch neugierig auf die Begegnung. „Bourbon oder Whiskey?", fragte er und zeigte auf die Minibar, die eine Sekretärin ins Büro gerollt hatte. Heini zögerte. Was war wohl das in Amerika übliche Maß für einen Drink? In Paraguay tranken Männer *caña* becherweise. Auf gut Glück goss sich Heini ein paar Schuss Whiskey ins Glas, füllte es mit ein wenig Sodawasser auf und leerte es in einem Zug. Sein Gastgeber sah ihm mit wachsendem Respekt zu.

„Vier Whiskeys auf einmal scheinen Ihnen nichts auszumachen", meinte Thurman. Er war in Wyoming aufgewachsen, als es noch Teil des alten Westens war. Er schätzte es, wenn Männer trinkfest waren. Als sie schließlich aufstanden, hatte er Heini und Will eingeladen, sich bei ihm im Haus einzuquartieren. Er wollte alle ihre Unkosten übernehmen und lud sie ein, umsonst in der Cafeteria der Firma zu essen.

„Wenn Sie wollen, bringe ich Sie gleich nach Hause", bot Thurman an. Als sie den Bürokomplex verließen, marschierte Thurman mitten durch den Berufsverkehr direkt in die Straßenmitte und hielt das erste Taxi für sie an – um anderthalb Häuserblocks weit zu seinem eigenen Auto zu fahren. (Wie Heini später herausfand, machte er das jeden Tag so.) Nachdem sie Will von ihrer Unterkunft abgeholt hatten, fuhren die drei aus der Stadt heraus zu den Vororten, die schon zu Virginia gehörten, wo Thurman ein großes Haus auf einer Anhöhe besaß. Er bat die beiden Gäste ins Haus und stellte sie seiner Frau Frances vor.

„Eine echte Dame der höheren Kreise", dachte Heini, als Frances die beiden Fremdlinge mit sichtlich wenig Begeisterung musterte. Heini, groß und schlaksig mit windverwehtem, aufrecht stehendem Haar, sah riesig aus neben dem kleinen Will mit seinem Spitzbart. Unter ihrem Blick fühlte Heini sich unwohl. In dem neuen, steifen, schwarzen Anzug, der ihm extra für die Reise gegeben worden war, kam er sich wie ein Matrose vor oder, schlimmer noch, wie ein Pfarrer.

Während des Abendessens war Frances höflich, aber distanziert, und blieb es auch die folgenden Tage über. Heini gab sich größte Mühe, sie nicht zu befremden, blieb aber besorgt, dass Will, ohne es zu wollen, all seine Bemühungen zunichte machen könnte. Will stammte aus einer Arbeiterfamilie und dachte sich nichts dabei, beim Frühstück seine Fingernägel zu säubern oder beim Abendessen über seine falschen Zähne zu sprechen. In solchen Momenten wäre Heini am liebsten im Boden versunken. Zum Glück fand Frances das alles schrecklich amüsant und begann allmählich, sich für ihre Gäste zu erwärmen.

Es dauerte auch nicht lange, bis sie sogar Will ins Herz geschlossen hatte – „Er ist so ungekünstelt!" Aber es war Heini, mit dem sie sich besonders anfreundete. Dieser Cousin ihres Mannes hatte einfach etwas, das sie ansprach – war es seine Einfühlsamkeit? Es dauerte nicht lange, bis sie sich ihm anvertraute, als seien sie seit vielen Jahren befreundet. Er war nicht nur jemand, dem man die eigenen Ängste und Sorgen mitteilen konnte, sondern er hatte auch eine Art, die einem neuen Mut gab, obwohl er normalerweise einfach nur zuhörte.

In den folgenden Wochen schmolz Frances' Distanziertheit dahin. Sie bedrängte Thurman förmlich, Heini mehr zu helfen und fing sogar an, ihm ein eigens angerichtetes Frühstück zu servieren.

Er protestierte: „Frances, mach doch sowas nicht, ich werde ja ganz verwöhnt!"

„Ich habe meinen Lohn tausendfach erhalten, wenn du nur ein paar Mal für mich betest."

Auf Frances' Veranlassung bot Thurman Heini nicht nur an, seine Reisekosten zu übernehmen, sondern lieh ihm auch noch zweihundert Dollar, damit er sich einen Gebrauchtwagen besorgen könnte. Er stattete ihn mit Hemden, einer Armbanduhr, schier unbegrenzten Mengen an Chesterfield-Zigaretten sowie einer Flasche Single Malt Whiskey aus. (Heini nahm zwar die Flasche entgegen, aber bei dem Gedanken an die Armut, die er in Primavera hinter sich gelassen hatte, brachte er es nicht über sich, die Flasche zu öffnen. Schließlich tauschte er sie bei einem Bekannten gegen eine Geldspende ein.)

Tagsüber fuhren Heini und Will in die Stadt. Dort trennten sie sich und gingen zu Fuß von Tür zu Tür. Es war Winter und eisig kalt. Anfangs verwendete Heini die Adressliste ihres Vorgängerteams, aber schon bald schien es ihm, dass es erfolgversprechender wäre, zufällig Namen aus dem Telefonbuch herauszufischen. „Unterstützt unser Anliegen", stand da vielleicht unter einem Namen. Wenn Heini dann voll Hoffnung anklopfte, wartete ein eisiger Empfang. Ein Mann hielt sich die Ohren zu, bevor Heini sein Anliegen zu Ende vorgetragen hatte, und warf ihn hinaus.

Selbst wenn er wohlwollend empfangen wurde, brachte es ihn kaum weiter. Wohlhabende ältere Damen setzten sich mit ihm zusammen und erzählten ihm, wie sehr sie den Bruderhof bewunderten. „Wie wunderbar, dass es Leute gibt, die bereit sind, aus Liebe zur Menschheit alles aufzugeben", hörte er immer wieder, während livrierte Diener das silberne Teegeschirr hereinbrachten. Die Spenden, die er erhielt, waren meist gering: mal zwanzig, mal fünfzig und hin und wieder auch mal hundert Dollar. Heinis Besuch bei einer gewissen Mrs. Roberts war typisch. Er musste drei Mal anrufen und ein Empfehlungsschreiben mit der Post schicken, bis sie endlich bereit war, ihn zu empfangen. Als der lange ersehnte Termin gekommen war, hörte sie allem, was Heini zu sagen hatte, aufmerksam zu und war sichtlich bewegt von seinen Schilderungen von Primavera. Aber als Heini schließlich zu seinem Anliegen kam, meinte sie: „Wie schade, dass Sie so spät im Jahr zu mir gekommen sind. Das Geld, das ich für 1950 für Spenden vorgesehen hatte, ist schon weg. Möchten Sie nächstes Jahr noch einmal kommen?"

Nach derartigen Besuchen war es für Heini immer eine Erleichterung, zu den Arnolds zurückzukommen, wo er sich wie zu Hause fühlte und mittlerweile wie ein Sohn behandelt wurde. In Washington mochte Thurman ein berühmter Anwalt sein, aber zu Hause war er entspannt und ein wenig zerstreut, das Hemd voller Kaffeeflecken und Brandlöchern von seinen Zigarren. Nach dem Abendessen saßen die vier bei Whiskey und kubanischen Zigarren zusammen und tauschten sich aus. Thurman konnte sich in langen Monologen ergehen, wenn er laut darüber nachdachte, welche Stiftungen sie noch ansprechen könnten und wie sie den gemeinnützigen Verein betreiben sollten, bei dessen Gründung er ihnen geholfen hatte, damit sie Spenden entgegennehmen konnten.

Manchmal kam er auf seine Firma zu sprechen. Dann konnte er hitzig werden, besonders wenn er Heini und Will von seiner ehrenamtlichen Arbeit erzählte. Es brachte ihn in Rage, dass „anständige Leute" durch eine von anonymen Informanten betriebenen Hexenjagd ihre Beschäftigung und ihren guten Ruf verloren. „Washington befindet sich derzeit in einem hysterischen Zustand!", wetterte er. „Es ist unvorstellbar, was für dunkle Machenschaften und Intrigen sich abspielen. Mittlerweile trauen sich Anwälte nicht mehr, solche Fälle aufzunehmen, weil sie Angst haben, respektable Klienten zu verlieren." Manchmal standen ihm und Frances die Tränen in den Augen.

Gelegentlich nahmen sie Heini auch zu gesellschaftlichen Anlässen mit, wie der Geburtstagsfeier von Francis Biddle, einem der Richter bei den Nürnberger Prozessen gegen die Hauptkriegsverbrecher. (Heini war überrascht, dass ein so freundlich aussehender älterer Herr all die Nazi-Generäle und -Funktionäre zum Galgen verurteilt hatte.) Aber obwohl viele sich für Heinis Geschichte interessierten, griffen doch nur wenige nach ihrem Portemonnaie – ein unerwarteter Rückschlag für Heini, der gehofft hatte, dass in einer solchen Runde die Spendenbereitschaft größer seien würde. Diese Menschen erschienen ihm alle unglaublich reich, sogar Thurmans Koch fuhr in einem nagelneuen Wagen zur Arbeit. Aber Ende November musste Heini erkennen, dass er weit hinter ihrem monatlichen Ziel von tausend Dollar zurückgeblieben war.

Will hatte noch weniger Erfolg. Er konnte sich nicht dazu durchringen, direkt um Geld zu bitten, und Feingefühl war keine seiner Stärken – ohne üble Absichten hatte er sich so über den Fahrstil ihrer Gastgeberin lustig gemacht, dass sie schließlich in Tränen ausgebrochen war. Zwischen ihm und Heini wuchsen die Spannungen. Eines Morgens erwachte Heini, als er bemerkte, wie jemand am Fußende seines Bettes die Taschen seiner Hose durchwühlte. Es war Will. Er fand Heinis Portemonnaie, nahm das Geld, das Heini am Vortag erhalten hatte, und verließ leise das Zimmer. Erst spät am Abend kam er zurück. „Ich denke, er will auch mal Geld nach Primavera schicken", schrieb Heini scherzhaft in einem Brief an Annemarie. Trotzdem war er von dem Mangel an Zusammenarbeit beunruhigt.

Dann kam der Tag, an dem Will verschwand. Mit den zweihundert Dollar, die Thurman ihnen geliehen hatte, kaufte er ein Auto und sagte Heini, dass er nach Cleveland fahren wolle. „Warum Cleveland?", fragte Heini. Sie hatten ein paar Adressen dort, von denen aber keine besonders verbindlich oder vielversprechend war. Trotzdem war Will fest entschlossen, so dass Heini zustimmte. Er tröstete sich mit dem Gedanken, dass Wills Abwesenheit auch ein Segen für seine eigene Spendensuche sein könnte.

Schon bald konnte auch Heini in Washington keine neuen Kontakte mehr auftun, so dass er sich entschloss, weiterzuziehen. Seine Wahl fiel auf Philadelphia, wo er einige gute Adressen hatte. Mit einem besonderen Abschiedsfrühstück schickten ihn die Arnolds auf die Reise, bevor er mit dem Greyhound-Bus nach Norden aufbrach.

Nach seiner Ankunft in Philadelphia gab Heini zuerst sein Gepäck auf und ging dann zum nächsten Postamt, um Will ein Telegramm zu schicken. Am Schalter griff er nach seinem Portemonnaie – es war weg.

Es war etwa fünf Uhr abends an einem eisigen Dezemberabend. Er war in einer wildfremden Stadt mit nur ein paar Münzen in der Tasche. Die Kartei mit den potentiellen Spendern war in seinem Gepäck im Schließfach des Busbahnhofs, aber seine Fahrkarte war in dem verlorengegangenen Portemonnaie, und ohne die Fahrkarte würde er auch sein Gepäck nicht wieder zurückbekommen.

Es stand aber viel mehr als nur ein verlorenes Portemonnaie auf dem Spiel. Wie sollte er Primavera gegenüber den Verlust des Inhalts – etwa dreihundert Dollar – erklären? „Wenn sie das zu Hause mitbekommen, werden sie mich in Schimpf und Schande nach Hause beordern", dachte er. Das wäre ein schwerer Schlag für Annemarie! Waren alle seine Bemühungen umsonst gewesen?

Niedergeschlagen und ziellos lief er die Arch Street entlang, bis er zu der Quäker-Buchhandlung kam, die als Primaveras Postadresse für Reisende in Nordamerika diente. Vielleicht würde ihm Samuel Cooper, der Geschäftsführer, helfen können. In diesem Moment schoss ihm der Name Pendle Hill durch den Kopf. Was war das nochmal für ein Ort gewesen? Er wusste nichts darüber, außer dass es ihm jemand empfohlen hatte. In diesem Moment war es ein letzter Hoffnungsstrahl. Heini fragte

Mr. Cooper, ob er ihm die Adresse nennen könnte. Und das tat er. Pendle Hill war in Wallingford, etwa eine halbe Stunde entfernt.

„Wie viel kostet die Busfahrt dorthin?", erkundigte sich Heini.

„Zwei Dollar."

Was Heini betraf, hätten es auch zweihundert Dollar sein können. Dann aber holte der Buchhändler einen Umschlag hervor und meinte: „Ich habe Post für Sie." Im Umschlag waren genau zwei Dollar.

Wie sich zeigte, war Pendle Hill ein Retreat- und Studienzentrum der Quäker. Sobald sie erfuhr, dass Heini aus Primavera kam, bot ihm die Frau des Geschäftsführers, Anna Brinton, ein Bett an. Dann eilte sie davon, ohne ihm zu sagen, dass er dafür würde arbeiten müssen. Er merkte es kurze Zeit später, als er am Nachrichtenbrett des Zentrums vorbeiging, auf dem stand: „Der Redner des heutigen Abends ist Heini Arnold vom Bruderhof in Südamerika."

Einige Dutzend interessierte Zuhörer waren zu seinem Vortrag erschienen. In seinem stockenden Englisch beschrieb Heini zunächst die Geschichte der Gemeinschaft in Paraguay und schilderte Primaveras Bedarf an Maschinen und Ausrüstung sowie an Medikamenten für das Krankenhaus. Am Ende seines Vortrags erzählte er noch die Geschichte von seinem gestohlenen Portemonnaie – und sah, wie seine Zuhörer mit einer Kollekte anfingen. Als Heini später das gesammelte Geld zählte, waren es neunhundert Dollar, drei Mal soviel, wie er verloren hatte. Ohne den Diebstahl seines Portemonnaies hätte er Wochen gebraucht, um so viel zusammen zu bekommen. Dazu hatte der Abend ihm einen ganz neuen Kreis von Bekannten erschlossen.

Nach dem Ende der Versammlung kam eine energische Dame von etwa fünfzig auf Heini zu und stellte sich als Grace Rhoads vor. Grace war ein Mitglied des Vorstands von Pendle Hill und wegen ihrer Arbeit für Frieden und soziale Gerechtigkeit eine in Quäkerkreisen bekannte und respektierte Persönlichkeit. Sie war zutiefst mit der Spiritualität der Quäker vertraut und bewunderte George Fox, den radikalen Prediger und Gründer der Bewegung aus dem siebzehnten Jahrhundert. Grace lud Heini ein, das Wochenende auf der Farm ihrer Familie zu verbringen. Er nahm dankend an.

Hereshome in der Nähe von Moorestown, New Jersey, war keine wirkliche Farm mehr, auch wenn sie über vierzig Hektar Land umfasste und ein Team von landwirtschaftlichen Angestellten beschäftigte. Die Rhoads waren durch Fabriken reich geworden und hatten die Farm vor langer Zeit bereits als eine Art Landsitz erworben. Alle fünf Kinder waren seit Jahren volljährig, aber zwei Töchter – Grace und Betty – lebten noch hier mit ihrer Mutter.

Das Haus war schlicht, aber elegant eingerichtet und von einer Aura von Geld und Tradition umgeben. Die Tanten von Grace waren unter den Letzten derjenigen Quäker in Philadephia gewesen, die noch Hauben und lange schwarze Gewänder getragen hatten. Selbst jetzt noch waren weltliche Vergnügungen wie Alkohol und Rauchen hier verboten – auch wenn Heini einmal Betty mit einer Zigarette entdeckte, den Rauch verstohlen den Kamin hinauf blasend. Die achtzigjährige Mutter der beiden wurde mit einem an Verehrung grenzenden Respekt behandelt.

Sie verbrachten den Großteil des Wochenendes am Kamin des Wohnzimmers, wo die Mutter auf ihrem Lehnstuhl wie auf einem Thron saß. Während sie sich unterhielten, erfuhr Heini etwas mehr über Grace. Als junge Frau hatte sie beschlossen, ihr Leben der Arbeit für den Frieden zu widmen. Jetzt hatte sie den größten Teil ihrer Erbschaft an Hilfsprogramme zur Linderung der Kriegsfolgen und an von Gandhi inspirierte Ashrams gestiftet. In dieser Zeit hatte sie eine Doktorarbeit über internationale Beziehungen geschrieben, mit Jane Addams von Hull House und Pierre Cérésole vom Versöhnungsbund zusammengearbeitet, Ausschüsse für Kriegsdienstverweigerer geleitet und die ganze Welt in wohltätigen Anliegen bereist.

Aber Grace ging es um mehr, als Primavera zu ihrer Liste von unterstützenswerten Projekten hinzuzufügen. Sie löcherte Heini mit Fragen. War es wirklich möglich, in Gemeinschaft zu leben? War das nicht eine Art Flucht vor den Problemen der Welt? Wäre so jemand wie sie in Primavera willkommen? „Ich stehe vor einer Weichenstellung in meinem Leben", gab sie Heini zu verstehen.

Was sie besonders bedrückte, war die Tatsache, dass mit ihren Steuern Kriege finanziert wurden. „Ich kann nicht einfach weiterhin Steuern zahlen, das verbietet mir mein Gewissen. Ich muss mich entweder weigern und riskieren, dafür ins Gefängnis zu gehen, oder ich muss mich für ein Leben in freiwilliger Armut entscheiden und mich deinen Brüdern und Schwestern in Paraguay anschließen."

An ihrem entschlossenen Ausdruck erkannte Heini, dass sie jedes Wort ernst meinte. Trotzdem musste er innerlich lächeln, wenn er sich sie in einer der grasgedeckten Hütten in Primavera vorstellte. Sie war seit ihrer Kindheit an Luxus gewöhnt – auch wenn sie selber meinte, ihr Lebensstil sei einfach. Er hatte auch die Vermutung, dass sie mehr an ihrem gesellschaftlichen Leben hing, als ihr selbst bewusst war. Deshalb hob Heini die Entbehrungen des Lebens in Primavera hervor und betonte, dass er gekommen sei, um Förderer zu finden, nicht um Mitglieder zu werben.

Trotzdem strahlte Heini eine Begeisterung aus, die er kaum verbergen konnte. Ohne es geplant zu haben, machte er jetzt genau das, wovon er immer geträumt hatte. Obwohl es unerwartet war, passte es perfekt. Um Menschen zum Spenden zu bewegen, musste er ihre Herzen erreichen. Und wenn er ihre Herzen einmal erreicht hatte, würden sie nicht nur Geld geben wollen. Am Ende des Wochenendes wollte auch Betty alles über Primavera erfahren.

Die Mutter hörte, wie ihre Töchter Heini mit Fragen bombardieren, und je begeisterter die Töchter wurden, desto nervöser wurde ihre Mutter. Es lag nicht an Heini persönlich; er war ein vorbildlicher Gast. Aber ihre Töchter würden doch wohl nicht

Hereshome verlassen, um sich dieser seltsamen deutschen Gemeinschaft anzuschließen? Sie verwarf den Gedanken, er war unerträglich.

Am Ende des Wochenendes arrangierte Grace, dass Heini bei Freunden unterkommen konnte. Tagsüber fuhr sie ihn zu Leuten, von denen sie glaubte, dass sie bereit sein würden, zu spenden. Ihr zufolge war Moorestown ein guter Ausgangspunkt – 72 Millionäre lebten dort. Durch ihre jahrelange Arbeit für humanitäre Zwecke verfügte Grace über einen riesigen Bekanntenkreis, in den sie ihn einführen konnte. Und Heini hatte eine lange Liste von Dingen, die in Primavera benötigt wurden: von Laborausrüstung bis zu Bettzeug und Schuhen. Während ihrer Fahrten redeten die beiden unablässig miteinander. An einem dieser Tage lud Grace ihn dann ein, Weihnachten in Hereshome zu feiern.

Es war eine schwierige Situation. Will kam am 23. Dezember, Heinis 37. Geburtstag, kurz vor dem Abendessen an. Cleveland war ein Reinfall gewesen – in einem ganzen Monat hatte Will gerade einmal 250 Dollar sammeln können. Heini konnte kaum abwarten, unter vier Augen mit ihm zu reden, um reinen Tisch zu machen. Aber es ergab sich keine Gelegenheit für ein persönliches Gespräch. Sofort nach dem Essen brachte Grace einen riesigen Geburtstagskuchen herein. Danach musste der Weihnachtsbaum geschmückt werden, und der folgende Tag war mit Vorbereitungen für die Festtage angefüllt.

Nach dem festlichen Abendessen an Heiligabend sangen sie Weihnachtslieder und Mutter Rhoads las die Weihnachtsgeschichte vor. Dann öffneten sie Geschenke, darunter einige mit der Aufschrift „Für Annemarie", in denen die Rhoads Haushaltsutensilien für Primavera verpackt hatten. Zum Abschluss saßen sie schweigend um den Weihnachtsbaum, an dem Karten mit den Namen geliebter Menschen hingen.

Heini schaute sie an und dachte an seine Familie. Annemarie hatte geschrieben, dass die siebenjährige Edith bei einem Unfall mit einem Beil einen Teil eines Fingers verloren hatte und dass Monika sprechen lernte. Er dachte an seinen Abschied von Christoph in Rosario und fragte sich, wie Else jetzt wohl aussehen würde. Als er sie zuletzt gesehen hatte, war sie noch ein Baby gewesen. Er stellte sich seine Familie beim Auspacken der Geschenke vor, die er geschickt hatte, vor allem Karten und Luftballons – billig hier in Amerika, aber zu Hause Seltenheiten.

Er dachte auch an Annemarie und – wie immer an Heiligabend – an die Nacht ihrer Verlobung. Jetzt waren sie Tausende von Kilometern voneinander entfernt.

Zwei Tage nach Weihnachten fand Heini endlich eine Gelegenheit, Will in einem Gespräch unter vier Augen zur Rede zu stellen. Zunächst versuchte Will Heinis Anliegen mit einem Lachen abzutun. Aber nicht lange. Heini wartete, bis die friedliebenden Rhoads außer Hörweite waren, und explodierte dann förmlich. Am Ende ihrer

Unterredung waren die beiden übereingekommen, dass sie ab jetzt als Team zusammenarbeiten würden.

Grace und Betty hatten immer mehr Fragen. Konnte die Friedensarbeit, in die sie so viel von ihrer Kraft investiert hatten – Aktionsausschüsse, Lobbyarbeit und internationale Hilfsprojekte –, eigentlich irgendetwas ausrichten? Was bedeutete es, Jesus ganz nachzufolgen, ohne Kompromisse? Konnte man in all dem Komfort leben und trotzdem behaupten, den Nächsten wie sich selbst zu lieben?

In einer Familie wie den Rhoads waren solche Fragen voller Sprengkraft. Tagelang gab es hitzige Diskussionen und dramatische Szenen. Momenten der Entscheidungsfreude folgten Stunden voll Schwermut und schlaflose Nächte. Heini versuchte, sich soweit wie möglich herauszuhalten, hörte aber geduldig zu und beantwortete Fragen, soweit er konnte.

Ende Januar beschloss Grace, sich selbst ein Bild von Primavera zu machen, und brach wenige Wochen später nach Paraguay auf. Einige Monate später folgte ihr Betty. In dem Aufruhr, der folgte, verbreitete sich die Nachricht von „den Brüdern aus Paraguay" wie ein Lauffeuer. Hereshome, einst Bastion der Großbürgerlichkeit, würde nie wieder das alte sein, aber Heini und Will erhielten sehr viele Einladungen.

30

Veränderungen

Philadelphia, Januar 1951

Florence Potts hatte ein offenes Herz für Streuner, und sie konnte es sich leisten. Sie hatte am Elitecollege Mount Holyoke studiert, den Vizepräsidenten einer florierenden Stahlhandelsfirma geheiratet und nahm seither rege am gesellschaftlichen Leben teil. In ihren ersten Ehejahren engagierte sie sich in diversen Komitees und Kommissionen für fortschrittliche Anliegen wie der sozialen Absicherung verarmter Landpächter und der Bekämpfung des Rassismus. Jetzt, mit einem Sohn und zwei Töchtern, konzentrierte sie sich darauf, „interessante Menschen" in ihr großes dreistöckiges Haus in Germantown, einem Viertel Philadelphias, einzuladen.

Im Januar erhielt sie eines Tages einen Anruf von Grace Rhoads, der Cousine ihres Mannes, die ebenso wie sie Quäkerin war. „Es sind im Moment zwei Männer aus Südamerika in der Stadt, die Spenden für eine Kirche und ein Krankenhaus sammeln, die sie dort betreiben", erzählte ihr Grace. „Sie sind gerade erst in eure Gegend gezogen. Wenn du ihnen über den Weg läufst, dann lade sie doch zum Essen ein. Die beiden sind sehr hungrig und so arm, dass ihnen kaum die Kleider gehören, die sie am Leib tragen."

Florence versprach Grace, nach ihnen Ausschau zu halten. Germantown war klein, und Florence war nicht überrascht, als sie die beiden ein paar Tage später im Haus einer Freundin traf. Nach den üblichen Höflichkeiten lud Florence sie zu sich zum Essen ein.

Während des Essens machten Heini und Will einen eher gemischten Eindruck auf Florence und ihren Mann Tom. Auf den ersten Blick sahen die beiden in ihren seltsamen, kragenlosen Anzügen fremd und ein wenig anrüchig aus. Als Heini aber zu erzählen begann, wich die Skepsis des Ehepaars. Er sprach über das Krankenhaus, dem medizinische Grundausstattung und Medikamente fehlten. Er beschrieb auch seine Gemeinschaft und wie sie versuchten, so zu leben, wie Jesus es in der Bergpredigt gelehrt hatte. Sie waren so arm, dass sie sich kein Spielzeug für die Kinder leisten konnten und noch nicht einmal Dinge des täglichen Bedarfs oder Stoffe für Kleidung.

Tom und Florence hörten fasziniert zu. „Er ist ein aufrichtiger Mann", dachte Florence, „ihm liegt dieses Krankenhaus in Paraguay wirklich am Herzen – dafür gibt er alles." Ihr war das Krankenhaus egal, aber sie wollte diesem Mann helfen. Sie fragte Heini und seinen Begleiter, wo sie wohnten. Als sie erwiderten: „Beim YMCA", bot sie ihnen ihr Gästezimmer an: „Es ist frei und ich kann schnell die Betten beziehen."

Danach war es nicht mehr so schwer, die beiden zu überreden, noch eine Nacht zu bleiben – und dann noch eine. Schon bald war Florences Haus ihr Basislager geworden. Sie entwickelte Strategien für Heini (und für Will, wenn der nicht gerade woanders Spenden sammelte). Die beiden blieben meist bis spätabends auf Veranstaltungen, zu denen sie als Sprecher eingeladen worden waren, und schliefen dann am folgenden Tag aus. Wenn sie aufstanden, war Tom schon unterwegs zur Arbeit. Florence servierte ihnen dann in der Küche ein zweites Frühstück und ließ sich einen Bericht über die Arbeit des letzten Abends geben. Sie beriet sie dabei, wen man als Nächstes ansprechen könnte – was man sagen sollte und was besser *nicht*.

Dieser Tagesrhythmus war für alle ideal, außer für Tom, der seine beiden Gäste kaum zu Gesicht bekam. Deshalb meinte Florence eines Tages: „Es ist nicht fair. Mir erzählt ihr alles, aber Tom muss zur Arbeit gehen und wenn er nach Hause kommt, seid ihr schon wieder unterwegs."

„Dann bleiben wir heute Abend bei euch zu Hause und reden mit dir und Tom", sagte Heini sofort und ging zum Telefon, um den Termin für diesen Abend abzusagen. Florence holte tief Luft: An diesem Abend waren sie bei einem wohlhabenden Ehepaar eingeladen, das ernsthaft erwog, eine Schenkung zu machen. „Trotzdem hat er, ohne zu zögern, auf mein Anliegen reagiert", dachte sie nur.

In der Folge verspürte Florence immer stärker den Wunsch, selbst zu helfen. Sie lud Bekannte und Freunde (manchmal bis zu 30 auf einmal) zu informellen Abenden ein und bot Heini die Möglichkeit, vor ihnen zu sprechen. (Es waren alles, wie sie es ihm gegenüber ausdrückte, „Leute mit etwas mehr Geld".) Nach dem Small-Talk bat sie bei diesen Anlässen die Gäste ins Speisezimmer, wo Heini das Krankenhaus und das Leben in Primavera beschrieb. Allerdings sprach nicht nur er: Vor lauter Begeisterung konnte sich Florence oft nicht zurückhalten und unterbrach ihn gelegentlich, wenn er etwas vergessen hatte.

Ursprünglich hatten Tom und Florence Heini „nur als Freunde" aushelfen wollen. Aber nach einigen Wochen begannen sie sich zu fragen, was sie an ihm fanden. „Es hatte nichts mit ihm selbst zu tun", meinte Florence später, „sondern, dass er eine vollkommen neue Lebensweise verkörperte." Zum Beispiel sein Umgang mit einem ihrer Freunde, der zwar aus gutem Hause kam und einen Collegeabschluss hatte, es aber an keinem Arbeitsplatz lange aushielt. Zurzeit arbeitete er halbtags als Milchfahrer. Heini war aufgefallen, wie niedergeschlagen er aussah, und hatte sich mit ihm angefreundet. An mehreren Abenden, der wertvollsten Zeit zum Spendensammeln, hatte er die Gelegenheit verstreichen lassen, sich mit potentiellen Spendern zu treffen, und stattdessen diesen Freund und seine Frau zum Abendessen besucht.

Einer von Florences Freunden war Arzt und drängte seinen Sohn gerade gegen dessen Willen, ein Medizinstudium durchzuziehen. Der junge Mann litt sichtlich. Obwohl Heini bis in die Nacht mit Leuten redete und Ansprachen hielt, stand er oft frühmorgens auf, um mit ihm Vögel zu beobachten und ihm die Gelegenheit zu geben, sich auszusprechen.

Tom hatte seine eigenen Beobachtungen gemacht. Ihm war aufgefallen, wie wildfremde Leute in der Straßenbahn auf Heini zukamen und ihm ihre Probleme anvertrauten. Heini behauptete, dass das wegen seiner ungewöhnlichen Kleidung sei, aber Tom glaubte, dass es so war wegen seines Gesichts und weil er derjenige war, der er war. „Er ist ganz kindhaft und freundet sich sofort mit jedem an", sagte Tom zu Florence. „Er schaut dich direkt an und du hast einfach das Gefühl: ‚Hier ist jemand, der sich wirklich für mich interessiert.'" (Was Heinis Kleidung betraf, so erfuhr Florence später, dass verschiedene Freunde versucht hatten, seine Garderobe etwas aufzubessern. Er hatte das Geld, das man ihm aufgedrängt hatte, jedes Mal dankend angenommen, es ans Krankenhaus in Primavera geschickt und seinen alten abgetragenen Anzug weitergetragen.)

Bald schon stellten die Potts' fest, dass durch die Begegnung mit Heini der Boden unter ihren Füßen in Bewegung geriet. Bisher hatten sie immer gedacht, dass das Leben, das sie führten, gut genug war. Ihre Familie war intakt und liebevoll; Toms Geschäftsgebaren war ehrlich und aufrichtig, Florence war sozial engagiert und spendete großzügig. Mehr konnte Gott doch nicht verlangen!

Oder doch? „Wir leben nicht wirklich in Brüderlichkeit, so wie Jesus das verlangt hat", meinte Florence zu Tom. „Und dieser Mann und seine Gemeinschaft in Südamerika machen es vielleicht."

Diese Gedanken hatten natürlich auch etwas Bedrohliches – und schon bald begannen sie diese ernsthaft zu hinterfragen. Eines Morgens, als sie gerade mit Heini das Frühstücksgeschirr spülte, legte Florence unvermittelt los. „Menschen, die es wählen, an einem Ort wie Primavera zu leben, schneiden sich doch von der Welt ab", meinte sie. „Sie helfen niemandem außer sich selbst. Mir scheint das ein sehr egoistisches Leben zu sein."

Schon als sie ihre eigenen Worte hörte, wunderte sich Florence, warum sie so hitzig gesprochen hatte. Heini spülte weiter und hörte zu. Dann sagte er leise: „Du und Tom habt ein schönes Haus, oder? Ihr habt Zimmer, in denen eure Kinder spielen können, und genügend Geld, um sie auf Privatschulen zu schicken. Als Familie geht ihr auf schöne Urlaubsreisen.

Ich bin euch dankbar, sehr dankbar, für all die Hilfe, die ihr uns für Primavera habt zuteil werden lassen. Aber seid ihr nicht eigentlich eine nach außen abgeschlossene Einheit? Sorgt ihr euch nicht immer zuerst um eure eigene Familie und kümmert euch erst dann um die Not anderer, wenn ihr selbst genug habt? Sprecht ihr jemals mit anderen über eure innersten Gedanken und Gefühle? Wie oft sprecht ihr mit anderen über Dinge, die wirklich wichtig sind?"

Florence musste zugeben, dass Heini damit nicht ganz Unrecht hatte, und in den folgenden Wochen gingen ihr seine Worte immer wieder durch den Kopf. Sie stellte noch mehr Fragen. Heini versuchte zu antworten, so gut er konnte, meinte aber schließlich: „Ihr müsst es selbst erleben. Kommt und besucht die Gemeinschaft für eine Zeit. Dann könnt ihr die Antworten auf eure Fragen mit eigenen Augen sehen."

Eines Tages wollte Florence wissen: „Wie haltet ihr es aus, so eng mit anderen Leuten zusammenzuleben? Da gibt es doch gar keine Privatsphäre. Ihr steht euch ja gegenseitig auf den Füßen!"

„Komm nach Primavera und schaue es dir an", wiederholte Heini.

Etwa zu dieser Zeit beschlossen sie und Tom, Heini beim Wort zu nehmen. Grace war gerade in Primavera und sie hatten ihre Berichte förmlich verschlungen. Nicht alles in Graces neuem Leben war leicht gewesen, aber soweit sie sehen konnten, war Grace nach wie vor fest davon überzeugt, dass dieses Leben ihre Berufung war. „Wir kommen – im nächsten Sommer", erklärten sie Heini.

In der Zwischenzeit gaben sie ihm und Will freie Verfügung über ihr Haus. Ein Gästezimmer war nun permanent für sie reserviert und die Haustür blieb unverschlossen. Wenn Florence morgens aufwachte schaute sie zuerst aus dem Schlafzimmerfenster, um zu sehen, ob der alte verbeulte Ford unter dem Baum an der Straße stand. Dann wusste sie, ob sie in der Nacht nach Hause gekommen waren. Wenn sie den Wagen dort sah, wurde ihr leichter ums Herz.

Im Mai 1951 hörten Heini und Will aus Primavera, dass sie Pläne für ihre Rückkehr machen sollten. Nach einer Reihe von Abschiedsbesuchen, einschließlich eines Aufenthalts bei Thurman und Frances in Virginia, schifften sie sich nach Südamerika ein. Sie erreichten Primavera im Juli und wurden herzlich willkommen geheißen. Sie hatten über zwölftausend Dollar an Spenden gesammelt.

Im Sommer 1952 kamen die Potts' für sechs Wochen auf Besuch nach Paraguay und wohnten in einer Wohnung neben den Arnolds. Alle paar Abende schlenderte Heini an dem Wohnzimmerfenster der Potts vorbei, das, wie alle Fenster in Primavera, eine einfache Öffnung ohne Glas war. Er lehnte sich dann auf das Fensterbrett und wartete, bis Florence, die meistens mit dem Haushalt beschäftigt war, ihn bemerkte, um sie mit einem Schmunzeln zu fragen: „Und, habt ihr auch genug Privatsphäre?"

Beim gemeinsamen Abschiedsessen am letzten Tag ihres Aufenthaltes bat Heini Tom um ein paar Abschlussworte. Tom begann: „Nun, ich denke mir geht's wie der New Yorker Tochter aus höherem Hause, die den Sommer auf einem Reiterhof in Arizona verbringt und sich in einen der Cowboys verliebt. Sie denkt sich: ‚Wenn ich diesen Cowboy heirate, weiß der noch nichts von New York. Er weiß nicht, wie man sich in besseren Kreisen bewegt, er hat keine Ahnung. Was soll ich machen?' Also beschließt sie, erst mal nach New York zurückzugehen und dann zu sehen, ob sie ihn immer noch mag.

So werde ich das machen. Ich gehe zurück, um herauszufinden, ob ich den Cowboy immer noch mag."

Die Potts' brauchten nicht lange, um das herauszufinden. Sie waren etwa einen Monat wieder zurück in Philadelphia, als Tom eines Abends zu Florence meinte: „Ich weiß nicht, was du denkst, aber ich möchte zurückgehen und der Bruderschaft beitreten." Florence dachte genauso. Innerhalb weniger Tage teilte Tom seinen überraschten Kollegen mit, dass er die Firma verlassen werde, und die Familie begann, sich auf den Umzug nach Südamerika vorzubereiten.

Leute wie die Potts' konnten sich aber auch nicht im Handumdrehen von ihrer bisherigen Lebenswelt loslösen. In Kreisen wie ihren, in denen nicht nur finanzielle Sicherheit und gesellschaftliche Kontakte zählten, sondern auch Anstand und ein klarer Kopf, verlangte ein so plötzlicher Schritt nach einer Erklärung. Und Tom war gerne bereit, eine zu liefern.

In einem offenen Brief an die Mitglieder seiner Quäkergemeinde brachte er es auf den Punkt: „Mein ganzes Erwachsenenleben lang hat mich der Widerspruch zwischen dem ‚normalen' bürgerlichen Leben und der ‚unmöglichen' Lehre in Jesu Gebot der Nächstenliebe frustriert.

Die Woche über geht es ganz gut. Ich habe eine gute Arbeit und bin Mitinhaber eines Stahlwarenhandels. Wir arbeiten gerne zusammen und sehen den geschäftlichen Wettbewerb mit einer sportlichen Haltung. Unsere Werbung ist ehrlich, wir berechnen faire Preise, kümmern uns um gute Beziehungen zur Belegschaft, veranstalten eine Weihnachtsfeier, spenden großzügig und haben sogar eine Gewinnbeteiligungsvereinbarung.

Aber liebe ich meinen Nächsten wie mich selbst? Sorge ich mich wirklich um meinen Verwaltungsangestellten, der mit der Straßenbahn zur Arbeit kommt, während ich ein neues Auto fahre? Helfe ich dem Vertreter eines Konkurrenten, damit er auch einen großen Auftrag an Land zieht? Spende ich nur, was ich selber ohnehin nicht benötige? Jesus hat nicht gesagt: ‚Liebe deinen Nächsten, nachdem du dich selber versorgt hast.'

Sonntags besuche ich die Gottesdienste der Quäker. Wie alle Quäker glaube ich, dass alle Menschen Kinder Gottes und einander Brüder sind. Aber was bedeutet das praktisch? In regelmäßigen Abständen fragen wir uns: ‚Sind deine Lebensweise und dein Geschäftsgebaren einfach und bescheiden?' Meine Frau und ich haben zwei Autos, wir schicken unsere Kinder auf Privatschulen und kaufen ihnen alles, damit sie mit den anderen mithalten können. Wir können uns eigentlich alles kaufen, was wir wollen. Ist das Einfachheit?

Und wie sieht mein ‚Geschäftsgebaren' aus? Heutzutage ist es meines Erachtens nicht mehr möglich, ein Unternehmen wettbewerbsfähig zu leiten, ohne dass man ein ständiges Wachstum anstrebt. Aber zu welchem Zweck soll ich die nächsten zwanzig Jahre damit verbringen, unser Geschäft auf das Doppelte, Dreifache oder Zehnfache zu expandieren? Ich würde mein Einkommen verdoppeln, meine Sorgen verdreifachen und vielleicht auch mehr für gute Zwecke spenden. Aber würden solche Spenden, wie groß sie auch sein mögen, wirklich genauso helfen, Gottes Reich hier auf Erden zu verwirklichen, als wenn ich meine schwindenden Kräfte für ein wirklich christliches Leben einsetzte?"

Um dieselbe Zeit begann auch für Heini ein neuer Lebensabschnitt in Primavera. Vielleicht war es der frische Wind, den er von seinen Reisen mitbrachte. Aus welchem Grund auch immer, die Leute wandten sich wieder an ihn, wie sie es seit einem ganzen Jahrzehnt nicht mehr getan hatten. Sie kamen mit ihren Problemen zu ihm und suchten seinen Rat zu allen möglichen Themen von Kindererziehung bis zu Schwierigkeiten am Arbeitsplatz. Heini fühlte sich von dem ihm entgegengebrachten Vertrauen geehrt, aber seine Gedanken waren oft mit anderen Dingen beschäftigt.

Hardy war mit ein paar anderen in die USA gereist, um dort weiterzumachen, wo er und Will aufgehört hatten. Genau wie sie traf auch Hardy auf Suchende und eine überraschende Vielfalt an Unterstützern, von Clarence Jordan aus *Koinonia* über Henry Regnery, einen konservativen Verleger, bis hin zur Doris Duke Foundation und zu Marlene Dietrich, mit der er ebenfalls in Kontakt war. Heini verschlang die Berichte seines Bruders förmlich und verfolgte jede neue Entwicklung aufgeregt mit.

Gegen Ende des Jahres 1952 wurde Heini gebeten, Hardys Aufgabe zu übernehmen – und zu seiner großen Überraschung sollte er zusammen mit Annemarie reisen. Im Dezember brachen die beiden auf. Ihre Kinder ließen sie in der Obhut von Gwynn und seiner Frau.

Als erstes machten sich Heini und Annemarie nach Philadelphia auf, wo sie die Potts-Familie aufnahm und Annemarie allen ihren Freunden vorstellte. „Sie war so direkt und bodenständig", erinnerte sich Jane Tyson Clement, eine Dichterin, die Florence eingeladen hatte, damit sie die Arnolds treffen würde. Jane und viele andere assoziierten mit dem Begriff „Gemeinschaft" das entrückte Bild eines mittelalterlichen

Klosters. Und hier trafen sie auf diese mütterliche Frau mit blauem Pullover und Landbluse, ihre Haare zum Zopf geflochten, die Augen leuchtend. Wenn sie sprach, war es sachlich und nüchtern. Sie erzählte von Primaveras Kindergarten, der Schule und den anderen Arbeitsbereichen. Sie nannte ihre Gründe, in Gemeinschaft zu leben. Es war kein Überzeugungsversuch und keine Rhetorik und doch vermittelte sie etwas, von dem ihre Zuhörer mehr wissen wollten.

Zwischen ihren Aufenthalten im Haus der Potts', ihrem Zuhause, gingen Heini und Annemarie auf die Suche nach neuen Spendern. Mit einem Stapel Wischlappen für die Windschutzscheibe ihres Wagens (damals waren Scheibenwischer noch nicht elektrisch und hörten auf zu funktionieren, wenn das Auto bergauf fuhr) ging es los: Heini saß am Steuer und Annemarie versuchte, mit den Lappen die Scheiben frei zu halten. Sie schwatzte ihm auch immer wieder Geld ab, um damit Dinge für die Kinder und Erwachsenen in Primavera zu besorgen, die vor Ort unerhältlich waren. Alle paar Wochen schickte sie ein Paket nach Paraguay, in dem Sachen wie Garn für die Nähklassen der Mädchen, Taschenmesser für die Jungen, Farbstifte, Bücher, Puzzles und andere Schulsachen waren.

Während sie von Haus zu Haus zogen, fühlten sich Heini und Annemarie freier und freier. Die Last der Vergangenheit und ihre ungelösten Fragen fielen immer mehr von ihnen ab. Annemarie sprudelte über vor Freude über all die neuen Gesichter und Freunde. Den Menschen, denen sie begegneten, erzählten sie mit uneingeschränktem Enthusiasmus über Primavera. Freimütig gaben sie zu, dass die Gemeinschaft zu Hause auch Schwächen hatte. Wie Heini lachend hinzufügte: „Wir kennen sie nur allzu gut." Wenn jemand ernsthaft Primavera besuchen oder beitreten wollte, sagten sie immer ganz unverblümt, was dies an Opferbereitschaft erforderte. Aber zu keiner Zeit sprachen sie jemals mit irgendjemandem darüber, was für ein Leid ihnen zugefügt worden war. Sie bestanden darauf, dass die Gemeinschaft trotz ihrer Schwächen auf einem soliden Fundament gebaut war.

Im Sommer 1953 mussten sie nach Hause zurückkehren. Der Bruderhof war beständig gewachsen und die Leitung in Primavera wollte einen Überblick darüber bekommen. Eine Konferenz wurde einberufen, an der auch Heini und Annemarie teilnehmen sollten.

Sie flogen zusammen mit Dorie Greaves, einer jungen Frau aus Minnesota, mit der sie sich enger befreundet hatten, zurück. Dorie hatte Primavera schon lange besuchen wollen und ergriff nun die Gelegenheit, gemeinsam mit den Arnolds zu reisen.

In Montevideo machten sie einen Zwischenstopp in El Arado, einem Ableger von Primavera, der erst im Vorjahr eröffnet worden war. Der Empfang war freundlich und man erwartete sie mit einem Willkommensessen. Aber während der Mahlzeit stand Dorie auf und flüchtete aus dem Raum. Heini und Annemarie folgten ihr und fanden sie schluchzend in ihrem Zimmer.

„Was ist los?", fragte Annemarie. Dorie meinte, sie könne es nicht richtig in Worte fassen. Es waren nicht die Leute. Die waren freundlich gewesen. Aber irgendetwas fehlte und hatte ihre Erwartungen zerschlagen. „Vielleicht ist es ja bloß die Atmosphäre", brach es schließlich aus ihr heraus: „Es ist so selbstzufrieden und eng." Heini stand sprachlos da. Er hatte dasselbe Gefühl wie Dorie.

Der Bruderhof-Weltkongress, wie die Potts' ihn nannten, zog sich drei Wochen lang hin. Tag für Tag erhielten Repräsentanten der verschiedenen Gemeinschaften Redezeit zugeteilt, um zu berichten. Die ganze Veranstaltung war ein triumphaler Erfolg bürokratischer Vorbereitung. Es gab Komitees, Tagesordnungen und lange Sitzungen, in denen detaillierte Fragestellungen diskutiert wurden: „Von welcher Art von Leuten können wir am ehesten erwarten, dass die auf unsere Botschaft eingehen?" „Wo und wie können wir am meisten Spenden sammeln?" „Wie kann unsere Bewegung zu weltweiter Brüderlichkeit beitragen?"

Heini freute sich natürlich sehr über die Begeisterung, die man in Primavera für die Fortführung der Mission in den Vereinigten Staaten hatte. Die amerikanischen Teilnehmer wurden gebeten, ihre Geschichte zu erzählen, darunter auch Tom und Florence, die mit fünfundvierzig Küken für eine Geflügelzucht nach Primavera zurückgekommen waren. Ein Zeichen einer neuen Offenheit war eine Festveranstaltung zum Gedenken des siebzigsten Geburtstags von Eberhard Arnold. Emmy Arnold wurde gebeten, über die Gründungszeit der Gemeinschaft in Sannerz zu reden, und Hans Zumpe las eine Auswahl aus den Schriften von Eberhard vor.

Aber je länger die Konferenz sich hinzog, desto unwohler fühlten sich Heini und Annemarie angesichts des selbstbeweihräuchernden Tones. „Was geht hier vor?", fragten sie sich, wenn sie unter sich waren. „Monatelang haben wir Leuten von der Jesusnachfolge erzählt, und hier sitzen wir mit Schreibmappen und planen Expansionen." Heini empfand die Diskussionen als arrogant und abgehoben. Er fragte sich, was sie mit echten Menschen und echten Problemen zu tun hatten. „Hat sich Primavera in unserer Abwesenheit wirklich so sehr geändert? Oder haben wir uns geändert?", fragte er Annemarie eines Abends.

Zum Ende der Konferenz wurde dann auch noch ein neues Team für das Sammeln von Spenden benannt. Hans-Hermann und Gertrud sollten in die USA reisen. Heini und Annemarie waren erleichtert, dass sie zu Hause bleiben konnten. So sehr sie das Reisen genossen hatten, waren sie doch Eltern von sieben heranwachsenden Kindern. Trotzdem waren sie über die Aussendung begeistert: Hans-Hermann und Gertrud sollten nicht nur Geld auftreiben, sondern auch ein Haus in den USA finden, um einen nordamerikanischen Ableger der Gemeinschaft aufzubauen.

Es stellte sich schnell heraus, dass ein einzelnes Haus zu klein sein würde. Innerhalb weniger Monate waren Hans-Hermann und Gertrud auf Dutzende Menschen gestoßen, die von „den Brüdern" gehört hatten und darum baten, beitreten zu dürfen. Man brauchte eindeutig etwas Größeres, um sie alle unterzubringen.

Zu guter Letzt fand man Woodcrest, ein ländliches Anwesen im Staat New York, einige Stunden nördlich von New York City. Schon im Juni 1954 zogen die ersten Bewohner ein und am Ende des Jahres waren es bereits achtzig. Hans-Hermann und Gertrud versahen ihren Dienst als Hauseltern, aber konnten nicht auf unbestimmte Zeit in Amerika bleiben, denn ihre neun Kinder lebten noch in Paraguay und ihre Visa waren zeitlich begrenzt.

Hans fand, dass Heini und Annemarie der beste Ersatz für die beiden seien. Ebenso wie Hardy hatte Heini bewiesen, dass er ein Talent für das Sammeln von Spenden hatte, und es schien klar, dass er dort am besten eingesetzt war, wo es Geld gab. Hans drückte es so aus: „Man schlachtet nicht die Gans, die goldene Eier legt."

Sobald sie ihre Einreiseerlaubnis erhalten hatten, sollten Heini und Annemarie aufbrechen. Clarence Jordan gab ihnen zwar die benötigte eidesstattliche Versicherung, aber der Papierkrieg dauerte dennoch ein ganzes Jahr. Die Kinder wurden immer ungeduldiger – und Heini und Annemarie ebenfalls. Als es dann soweit war, fiel ihnen der Abschied von Primavera schwerer, als sie erwartet hatten. Sechs Jahre lang war Heinis Mutter Emmy Teil ihrer Familie gewesen. Sie hatte in aller Stille neben ihnen gewohnt, sich mit Strickarbeiten beschäftigt, mit ihren Enkeln und ihrem Papagei, der kleine Bruchstücke aus Händels *Messias* trällern konnte. Emmy war geistig frisch und fit, aber mit fast siebzig fing sie an, langsam schwächer zu werden...

Nicht nur Emmy würden Heini und Annemarie vermissen. Trotz allem waren sie in diesen letzten vierzehn Jahren in Paraguay mit vielen Kameraden eng zusammengewachsen. Zusammen hatte man sich mühsam ein Zuhause mitten im Dschungel erkämpft, hatte wachsende Familien ernährt und Kinder groß gezogen. Und gemeinsam hatte man Weggefährten zu Grabe getragen: Edith, Fritz, die vielen Kinder und ihr eigenes Baby Marianne.

Natürlich hatten auch die schweren Zeiten der Isolation und der Verbannung ihre Spuren hinterlassen. Vieles davon war nie aufgearbeitet worden. Aber sowohl Heini als auch Annemarie waren entschlossen, die Vergangenheit hinter sich zu lassen und sich auf das neue Kapitel einzulassen. Um nicht immer wieder von diesem Vergangenen eingeholt zu werden, verbrannten sie alle Briefe, die sie sich während ihrer Trennung geschrieben hatten. Sie wollten alles vergeben.

31

Woodcrest

Rifton, New York, Februar 1955

Es war ein verschneiter Februarmorgen, als Heini und seine Familie aus dem Auto stiegen. Die Mädchen trugen Sandalen und hielten Kokosnüsse in den Händen, die sie auf dem Zwischenstopp in Miami gekauft hatten. Sie zitterten in der ungewohnten Kälte des New Yorker Winters.

„Das ist also Woodcrest", dachte Heini. Das Gelände lag auf einer Anhöhe über dem Wallkill River mit Blick auf die strahlend weißen Catskill Mountains. Die Aussicht war herrlich, Woodcrest selbst war es nicht. Das Hauptgebäude war eine riesige, heruntergekommene Villa, die vor fünfzig Jahren von einem Textilbaron erbaut worden war. Damals war das Anwesen einem englischen Landsitz nachempfunden worden, mit Rasenflächen, terrassierten Hängen, Hecken und Brunnen. Jetzt war alles von kniehohen Giftsumach-Ranken und wildem Buschwerk überwuchert, das selbst durch den Schnee sichtbar war. Gefrorene Wäsche hing in bizarren Formen aus den Fenstern.

Die Arnolds folgten Douglas und Ruby Moody, dem jungen amerikanischen Paar, das sie vom Flughafen abgeholt und zu ihrem neuen Zuhause gebracht hatte. Es war ein ehemaliges Hühnerhaus, das gerade als Wohnstätte hergerichtet worden war. Vor dem Gebäude roch es noch stark nach Geflügel. Drinnen gab es kein fließendes Wasser (die Toiletten befanden sich im Nachbarhaus) und wurde von einem Kanonenofen geheizt, der im Wohnzimmer stand. Das Schlafzimmer, in dem vier der Mädchen unterkommen sollten, war kaum groß genug für ihre Stockbetten. Ruby wartete gespannt auf die Reaktion der Neuankömmlinge. Zu ihrer großen Überraschung ging Annemarie von Zimmer zu Zimmer und klatschte erfreut in die Hände: „Wie schön!"

Douglas und Ruby wohnten in ähnlichen Verhältnissen auf der anderen Seite des Flurs. Douglas war in einem sittenstrengen Missionarshaushalt großgeworden. Als Heini ihm eines Abends ein Bier anbot, vertraute er ihm an: „Ich bin jetzt 34 Jahre alt und habe noch nie Alkohol getrunken." Er hatte sogar Bedenken dabei, Kaffee zu trinken. Aber Heinis gelassene Art entspannte ihn zusehends, und schon bald begegneten sich die beiden, als wären sie schon ihr ganzes Leben lang befreundet gewesen. Als das Wetter wärmer wurde, konnte man sie oft am Ende des Tages mit einem Bier und einer Zigarette in der Hand bei offenen Fenstern auf der Fensterbank sitzen sehen. Heini erzählte Douglas von seiner Kindheit, von seinem Vater und Tata. Die Geschichten sprudelten nur so aus ihm heraus, meinte Douglas später einmal, als ob sie all die Jahre darauf gewartet hätten, erzählt zu werden.

Annemarie war sofort von Woodcrest begeistert. An Emmy schrieb sie: „Langeweile ist hier unmöglich. Jeden Tag wache ich auf und weiß noch nicht, was passieren wird."

Als der Sommer kam, trafen wöchentlich neue Interessenten und Gäste ein, so dass der Wohnraum ständig neu verteilt werden musste. Ganze Familien lebten in Ein-Zimmer-Wohnungen und ein paar unverheiratete Frauen schlugen auf einer Wiese ein Zelt auf, bis der Frost sie später im Jahr wieder nach drinnen trieb.

Bei gutem Wetter gab es spontane Picknicks, und manch eine geplante Versammlung wurde zugunsten eines informellen Singabends auf der Veranda gestrichen. Während das zusammengewürfelte Geschirr weggeräumt wurde, rannte einer rasch, um die gerade erst mit dem Matrizendrucker vervielfältigte Liedersammlung zu holen. Ein anderer brachte seine Gitarre.

Woodcrest war eine andere Welt als Primavera, wo alles seine feste Ordnung hatte. In Woodcrest waren Arbeitseinteilungen ständig im Fluss (oft gab es viel mehr Neulinge als alte Hasen) und der Tagesablauf war so flexibel, dass Gäste bisweilen gar nicht bemerkten, dass es überhaupt einen Plan gab. Manche hielten es nicht so genau mit der Sauberkeit, so dass das eine oder andere Bett nicht gemacht oder Geschirr tagelang nicht weggeräumt wurde. Frauen trugen Jeans und strickten nicht nur, sondern trieben ebenso viel Sport. Manchmal konnte man früh am Morgen einen weißgekleideten Yogaschüler kopfüber von den untersten Ästen eines Baumes baumeln sehen.

Andere, ältere Mitglieder der Gemeinschaft hätten das vielleicht mit Stirnrunzeln betrachtet, aber Heini und Annemarie gingen es pragmatisch und mit Humor an, oder – wenn ihnen etwas falsch vorkam – mit einer offenen Frage oder Ermahnung. Wenn Fragen auftraten, die geklärt werden mussten, dann wurden sie geklärt. Wie lange sollten Kinder aufbleiben dürfen? Sollte die gemeinschaftliche Speisekammer abgeschlossen werden oder sollte alles auf Vertrauen basieren? Wollte man die Polizei rufen, wenn der Schrotthändler mehr mitgenommen hatte, als das, wofür er bezahlt hatte? Diese Art von Diskussionen fanden oft bei den gemeinsamen Mahlzeiten statt und jeder nahm daran teil, ob er gerade ein Gast auf der Durchreise war oder ein alteingesessenes Mitglied der Gemeinschaft. Wenn ein Thema besonders umstritten war und es scheinbar kein Einvernehmen gab, drängte Heini nicht auf eine Entscheidung: „Lasst uns hierüber ein andermal weiterreden. Die Liebe wird einen Weg finden."

Heini war sich der Gefahr von allzu viel Spontaneität sehr bewusst. Er wusste aus eigener Erfahrung, wie schnell alles in Chaos münden konnte und wie aus einfachen Meinungsverschiedenheiten unter Freunden ernsthafte Spannungen entstehen konnten. Er hatte beobachten können, wie jugendlicher Idealismus plötzlich auflodert und ein paar Tage später erlischt. Aber Heini liebte Woodcrest für das, was es war. Hier hatte er endlich die Möglichkeit, den Traum seines Vater wahr werden zu sehen: Eine Gemeinschaft, die nicht nur eine Organisation, sondern ein lebendiger Organismus war. Deswegen wehrte er sich gegen alle Versuche, es mit Regeln zu bändigen. Ein gewisses Maß an Struktur war notwendig, aber er war auf der Hut vor allem, was den Enthusiasmus zu ersticken versuchte.

Das richtige Maß zu finden, war dabei nicht immer einfach. Manchmal versuchten übereifrige Mitglieder dem Durcheinander eine Ordnung aufzudrücken – meistens, wenn Heini nicht vor Ort war –, so dass er bei seiner Rückkehr von einer Reise wieder und wieder mitgeteilt bekam, dass es ein neues Verbot gab: etwa gegen Katzen, Go-Karts oder Kaugummi. „Jedes Mal, wenn ich heimkomme, habt ihr eine neue Regel aufgestellt", scherzte er. Glücklicherweise dauerte es normalerweise nicht mehr als ein paar Tage, bis die neue Regulierung eines natürlichen Todes gestorben war.

In Woodcrest galt die Redewendung „wenn sich alles wieder normalisiert hat" als Scherz, denn eine Normalisierung war überhaupt nicht in Sicht. Der Strom von Gästen, von Schaulustigen bis hin zu zukünftigen Mitgliedern, ebbte nicht ab. An einem Wochenende kam eine Gruppe junger Zionisten, um über das Leben in Gemeinschaft zu diskutieren und gemeinsam zu tanzen. Russische Kommunisten von einer Kolchose kamen auf Besuch. Dorothy Day kam mit dem Bus aus Manhattan, blieb das Wochenende über und beschrieb Woodcrest in der folgenden Ausgabe des *Catholic Workers*. Peace Pilgrim, eine Frau, die ständig im ganzen Land herumreiste und ihren Namen in großen Buchstaben auf ihre Kleidung gedruckt hatte, war eine regelmäßige Besucherin und besonders bei den Kindern sehr beliebt. K. K. Chandy, der Mitgründer und Vorsitzende des indischen Versöhnungsbundes, kam zu Besuch und wurde ein treuer Freund.

Eleanor Roosevelt kam für einen Tag zu Besuch und schrieb danach zwei Artikel in ihrer landesweit in verschiedenen Zeitungen veröffentlichten Kolumne, in denen sie den kooperativen Lebensstil von Woodcrest ebenso lobte wie das Lammgulasch, das es zum Mittagessen gab. Sie hatte natürlich keine Ahnung, dass die Küche sich mächtig angestrengt hatte, um ihr das übliche Gemeinschaftsessen zu ersparen: preiswerte Gerichte mit viel Hüttenkäse und gekochtem Mangold. Für Lebensmittel war nicht viel Geld da, und das wenige, das es gab, wurde von den vielen Gesundheitsbewussten in

Woodcrest oft für Weizenkeime, steingemahlenes Mehl oder aus Melasse hergestellte sogenannte „Tigermilch" verwendet. Heinis trockene Bemerkung war: „Es ist wunderbar, sich nur von Karotten zu ernähren und ein paar Tage länger zu leben. Die wichtige Frage ist allerdings: Was macht man mit diesen extra Tagen?"

Hunderte kamen nach Woodcrest und gingen nach einem kurzen Besuch wieder, aber viele blieben für immer. Die dablieben waren ein bunter Haufen. Claud Nelson war Sportreporter aus Atlanta; Carroll King war der erste sozialistische Senator von Minnesota; Bertha Mills war eine Alaska-Missionarin der Episkopalen Kirche; Don und Marilyn Noble waren Unterstützer der Landarbeiterbewegung von Cesar Chavez und kamen aus den Obstplantagen Kaliforniens; John Houssman war ein ehemaliger Manager des Chemiekonzerns Dow Chemical und hatte im Jahr zuvor die gesamte Anzahlung für Woodcrest finanziert; Dwight und Norann Blough aus Kansas waren gerade einundzwanzig Jahre alt. Sie kamen, nachdem sie die Beschreibungen des Bruderhof von Pitirim Sorokin, einem Soziologen aus Harvard, gelesen hatten. Paul Willis, ein schwarzer Schreiner, der zuvor in einem Männerheim gewohnt hatte, wurde zum Anziehungspunkt für jedes Kind, das beim Bau von Modellbooten Hilfe brauchte. Bob Clement war ein erfolgreicher Rechtsanwalt aus Philadelphia.

Manchmal traten auch ganze Gruppen der Gemeinschaft bei. Eine davon war *Macedonia*, eine kooperative Gemeinschaft aus dem Bergland von Georgia, wo sie Milcherzeugnisse und andere Produkte hergestellt hatte. Richard Mommsen war so ein typisches Mitglied. Er war zehn Jahre zuvor gekommen, nachdem er aus dem *Civilian Public Service*-Lager entlassen worden war, in dem er als Kriegsdienstverweigerer den Zweiten Weltkrieg verbracht hatte. Richard und seine Frau Dorothy lebten in einer Blockhütte, die sie selbst gebaut hatten. Heini und Annemarie hatten sie 1953 besucht und die Berichte von Primavera hatten einen tiefen Eindruck bei ihnen und bei anderen Mitgliedern von *Macedonia* hinterlassen. Gleichzeitig hatten sie Bedenken. Sie bewunderten Gandhi und Albert Schweitzer und neigten eher zu einem humanistischen Idealismus. Das Christentum erschien ihnen eng und dogmatisch; sie hatten wenig dafür übrig.

Im Sommer 1957 begann sich das zu ändern. Äußerlich betrachtet ging es mit *Macedonia* endlich bergauf, nach über zehn Jahren unablässiger Mühen. Aber Richard und Dorothy spürten gleichzeitig, dass irgendetwas nicht klappte. Unter denjenigen, die nach *Macedonia* kamen, waren auch Menschen die alkoholabhängig waren, es kamen Ehebrecher und Okkultisten – wie sollte man als humanistische Gemeinschaft damit umgehen? Nachdem man beschlossen hatte, dass eine gemeinsame spirituelle Grundlage hilfreich sein könnte, plante *Macedonia* ein Gruppenstudium. Zuerst wollten sie gemeinsam aus dem Neuen Testament lesen, dann aus dem Koran und dann aus der Bhagavad Gita.

Sehr weit kamen sie nicht. Nach wenigen Kapiteln des Lukasevangeliums waren sie von dem Text so bewegt, wie sie es nie erwartet hatten. Sie waren tief ergriffen von dem, was sie über Jesus lasen. Viele waren in Tränen. Sie riefen Woodcrest um Rat und Hilfe an, und Heini und Annemarie machten sich auf den Weg zu ihnen. Nach wenigen Tagen riefen die Mitglieder Heini zu dessen Überraschung in eine ihrer Versammlungen und überreichten ihm die Schlüssel der Gemeinschaft. „Wir haben den Eindruck, dass *Macedonia* zu Woodcrest gehört", erklärten sie.

Kurz darauf zogen alle aus *Macedonia* geschlossen nach Woodcrest, auch Richard und Dorothy, die trotz früherer Vorbehalte jetzt bleiben wollten. Besonders Dorothy hatte weiterhin Heimweh nach Georgia, aber eine Kraft, der sie sich nicht widersetzen wollten, zog sie nach Woodcrest: „Hier wollen wir den Rest unseres Lebens bleiben."

Neuzugänge wie die Mommsens bedeuteten auch, dass in Woodcrest dringend mehr Wohnraum beschafft werden musste. Also begann die Arbeit an einem neuen zweistöckigen Wohnhaus. Das Holz für das Fachwerk war noch grün – so grün, dass, wenn man einen Nagel einschlug, der Baumsaft herausspritzte. Es war auch viel schwerer, als es aussah. Douglas, der mit Heini zusammenarbeitete, wunderte sich, wie jemand, der so schlaksig war, die großen Planken bis zum zweiten Stock hinauftragen konnte.

Besseres Bauholz zu kaufen, war nicht in Frage gekommen. Die Einnahmen von Woodcrest reichten kaum, um die laufenden Kosten zu decken, vom Unterhalt der 150 Bewohner ganz zu schweigen. Aber von Geldsorgen ließen sie sich nicht abschrecken. Im Gegenteil, neue Projekte wurden angefangen, ohne igendeine Vorstellung zu haben, wie sie finanziert werden sollten. Fast jedes Mal kam gerade zur rechten Zeit eine Spende oder ein Darlehen, um das Ganze am Laufen zu halten. Und wenn das Geld kam, seufzte man nicht nur vor Erleichterung. „Wir müssen feiern!", verkündete Heini in solchen Fällen und selbst wenn nur ein paar Dollar in der Kasse waren, stiegen alle in die Autos und Pickups und gingen erstmal Eis essen.

Aber niemand kann ewig auf Pump leben. Glücklicherweise hatten die Macedonier ihre Spielwarenproduktion, *Community Playthings,* mitgebracht, und hier investierte Woodcrest in den folgenden Jahren alle verfügbaren Mittel. Tom und Florence Potts wurden aus Paraguay in die USA zurückgerufen, damit Tom mit seiner Erfahrung als Manager das Steuer in die Hand nehmen konnte. Eine Scheune wurde zur Fabrik umgebaut und die Maschinen aus *Macedonia* aufgestellt. Manche dieser Maschinen waren ziemlich funktional, andere waren vor allem geniale Erfindungen. Bei einer hatte man ein Sägeblatt direkt auf die Antriebswelle eines ausgeschlachteten Autos aufgesetzt, das von der Decke herabhing. Daneben war eine Längsschnittsäge montiert, ein Monstrum aus zusammengeschweißten Metallprofilen, bei dem der Bediener das Holz gelegentlich mit einen Vorschlaghammer am Sägeblatt vorbei prügeln musste. Gleichzeitig wurde das Dach der Scheune umgebaut, um die Verkaufs- und

Verwaltungsräume zu beherbergen, auch wenn es keine Fenster, Heizung oder sonstige Annehmlichkeiten gab.

Neben dem Aufbau einer Lebensgrundlage für Woodcrest hielten tausende von anderen Aufgaben Heini und Annemarie meistens bis nach Mitternacht auf den Beinen. Heini verbrachte viele Stunden in seinem Büro, einem kleinen Erker im ehemaligen Wagenschuppen, um Briefe zu lesen und zu schreiben. Die Leitung von Primavera erwartete jede Woche einen detaillierten Bericht. Er musste denjenigen schreiben, die sie besuchen oder beitreten wollten. Außerdem kamen der Buchhalter, der Werkmeister, der Schulleiter (allesamt Neulinge im Gemeinschaftsleben) regelmäßig zu ihm, um sich abzusprechen. Heini lernte jetzt den Weitblick seines Vaters schätzen, ihn damals auf den Strickhof zu schicken. Die Fächer, die er damals am meisten verabscheut hatte – Buchhaltung, Bautechnik und Betriebskunde –, kamen ihm hier sehr zugute.

Aber den Überblick über praktische Angelegenheiten zu behalten, war der Teil seiner Aufgaben, der Heini am wenigsten bedeutete. Seine Verantwortung als Seelsorger war für ihn weitaus wichtiger. So sah man ihn häufig tief im Gespräch ums Haus herum gehen, den Arm fest auf die Schulter des Ratsuchenden gelegt. Sein Büro war fast immer offen für Gäste oder andere Leute, und jeden Tag kamen viele vorbei, die Rat oder Zuspruch suchten.

Wenn Leute Heini ihre Probleme erzählten, hörte er meistens nur zu – auch wenn es stundenlang war. Ellen, eine junge Frau aus Brooklyn, meinte: „Heini nimmt deine Probleme einfach ernst." Wenn er überhaupt einen Rat gab, war es meist kurz und knapp, ein oder zwei Sätze. Trotzdem fühlten sich fast alle Besucher nachher gestärkt und erfrischt.

Heini nahm aber kein Blatt vor den Mund. Einmal kam Janice, ein neues Mitglied, zu ihm und klagte über ihren Mangel an Talent: „Ich würde so gerne etwas zur Gemeinschaft beitragen, was wirklich Wert hat." „Die anderen alle bringen nichts als ihre Sünden", erwiderte Heini trocken, „und du willst der Weihnachtsmann sein?"

Janice war verletzt. Aber am nächsten Tag begann sie zu verstehen, dass Heini versucht hatte, ihr aus ihrer Selbstbezogenheit herauszuhelfen. Und es funktionierte, genauso wie mit Humor. Eines Tages kam ein Novize, George Burleson, zu Heini, um zu beichten, dass er über andere gelästert hatte. Heini saß ruhig da und hörte sich an, wie er alles aufzählte, was ihn belastete. Als George fertig war, blickte er Heini an. Er war sich sicher, dass ihn eine scharfe Zurechtweisung erwartete. Aber Heini sah, dass es George leid tat. Er schaute ihm nur direkt ins Gesicht und meinte sanft: „Ist das nicht alles ziemlich langweilig?" und gab ihm die Hand. George kehrte erleichtert und befreit wieder heim.

In seiner Rolle als Seelsorger hatte Heini aber auch oft mit Situationen zu tun, für die es keine einfache Lösung geben konnte, und so entstand um ihn herum schon bald ein Kreis von Menschen, an die er sich um Rat wenden konnte – nicht nur bei seelischen Krankheiten (in diesen Fällen arbeitete er eng mit einem in der Nähe ansässigen, anerkannten Psychiater zusammen), sondern auch bei Fragen der geistlichen Leitung. Besonders schätzte er den Rat von Dietrich von Hildebrand, einem bekannten katholischen Philosophen an der Fordham University, der vor seiner Flucht aus Europa aktiv Widerstand gegen die Nazis geleistet hatte. (Papst Johannes Paul II. nannte Hildebrand später einmal „einen der großen Ethiker des 20. Jahrhunderts".) Heini hatte Hildebrands Schriften über Ehe und Sexualität gelesen und besuchte ihn gelegentlich, um sich Rat zu holen, wie er Menschen helfen könnte, die mit Problemen auf diesen Gebieten kämpften.

Annemarie stand ihm bei diesen Aufgaben zur Seite. Durch ihre fröhliche und direkte Art gelang es ihr meistens, schwierige Situationen nicht ausufern zu lassen. Charakterlich waren die beiden von außen betrachtet vollkommene Gegensätze. Wie Heinis Mutter Emmy bereits vor vielen Jahren bemerkt hatte, war er „dem Mystischen zugeneigt, mit einer ungewöhnlich starken Sensibilität und Hingabe für andere". Annemarie hingegen schien so gar nichts Kontemplatives zu haben.

Beide waren starke Persönlichkeiten, die ihre Meinungsverschiedenheiten auch in der Öffentlichkeit frei austrugen, sogar in den Mitgliederversammlungen, die drei bis vier Mal in der Woche stattfanden. Sie konnten heftig aneinandergeraten und schienen dann ganz zu vergessen, wo sie sich befanden. Sie waren so unbefangen wie in ihrem eigenen Wohnzimmer, aber ihre Liebe zueinander war so offensichtlich, dass andere nicht verunsichert wurden – zwei so willensstarke Menschen, aber eine solche Einheit in allen grundlegenden Dingen. Irgendwann kamen die beiden auch immer zu einem Einvernehmen.

Annemarie kam fast immer zu spät. Dann ging, wenn das allgemeine Gemurmel verstummt war und die Leute auf die Eröffnung der Versammlung warteten, vorsichtig die Tür auf und sie schlüpfte in den Raum, um schnell und leise auf dem freien Stuhl neben Heini Platz zu nehmen. „Und wo bist du gewesen?", fragte er sie dann laut vernehmbar.

Das Wort Religion hatte auf Richard und Dorothy (wie fast auf alle in Woodcrest) eine abschreckende Wirkung, aber das hieß nicht, dass sie nicht auf der Suche nach Gott waren. Heini verstand das, und vielleicht vertrauten sie ihm gerade deshalb. Bei einem Abendessen wollte ein Gast wissen: „Was lehrt der Bruderhof eigentlich über den Teufel und die Hölle?" In Primavera hätte eine solche Frage vermutlich eine lange Erklärung nach sich gezogen. Hier nicht.

Heini legte seine Zigarette auf den Rand des Aschenbechers und sah den Fragesteller genau an. „Gott ist Gott", sagte er dann, „und alles andere ist völlig unwichtig." Als er sah, dass der Gast verwirrt war, fuhr er fort: „Wenn wir beim letzten Gericht Rechenschaft ablegen müssen, können wir nur voll Furcht und Zittern vor Gott stehen.

Was der Bruderhof oder sonst irgendwer lehrt, wird Gottes Willen in keinster Weise beeinflussen. Es steht uns nicht zu, ihn zu interpretieren. Jesus sagt: ‚Geh, verkauf deinen Besitz und gib das Geld den Armen; sündige nicht mehr; du sollst deinen Nächsten lieben wie dich selbst.' Das haben wir nicht zu interpretieren. Das haben wir zu tun."

Eines Tages kam ein anderer Gast in Heinis Büro. Sibyl Sender war zweiundzwanzig und hatte schon ein Studium in Harvard hingeschmissen („zu unecht"), hatte geheiratet und sich wieder getrennt („zu einengend") und hatte ein Kind. Jetzt war sie Herausgeberin eines Hochglanzmagazins. Sie war einzig und allein von New York City nach Woodcrest gefahren, um ihren ehemaligen Ehemann zufrieden zu stellen, der ständig versuchte, sie zu einem Besuch zu bewegen: „Du wirst den Ort lieben."

Sibyl war mit dem festen Entschluss gekommen, das Ganze einfach nur zu hassen und die verklemmten Christen zu schockieren, die sie dort anzutreffen erwartete. Das sollte doch nicht allzu schwer sein. Ihr Motto hatte sie aus einem Film: „Lebe auf der Überholspur, sterbe jung und sei eine schöne Leiche." Diese religiöse Gemeinschaft hatte ihrem Atheismus und ihrer provokativen Sexualität nichts entgegenzusetzen, da war sie sich sicher.

Die Atmosphäre, auf die sie stieß, war entwaffnend: ehrlich, warmherzig, und völlig frei von aufgesetzter Frömmelei. Und jetzt saß sie in diesem schäbigen kleinen Büro mit diesem wildfremden Mann namens Heini, der ihr einen Kaffee gemacht hatte. Sie hatte ihm ihr ganzes Leben mit all seinen Verwicklungen offengelegt. Als sie am Ende nicht mehr wusste, was sie noch erzählen sollte, sagte er: „Danke für dein Vertrauen, dass du mir das alles erzählt hast."

Sybil warnte ihn, dass sie nicht vorhatte, ihren Lebensstil zu ändern. „Ich muss zurück nach Hause, nach New York."

„Das ist tödlich", erwiderte Heini.

„Ich weiß. Aber hier kann ich nicht bleiben."

Drei Monate später war sie wieder da, nachdem sie vergeblich versucht hatte, das abzuschütteln, was sie an Woodcrest anzog: „Dieses Mal bleibe ich für immer", erklärte sie Heini.

◆ ◆ ◆

Was Heini und Annemarie fast jeden Tag neu überraschte, war, wie geradeheraus die Leute in Woodcrest waren. Freilich nicht jeder und zu jeder Zeit, aber es gab nicht die Intrigen und den jahrzehntelang gehegten Groll, der die Atmosphäre in Primavera so vergiftet hatte. Stattdessen wurde Wert auf offene, ehrliche Beziehungen gelegt und das „Erste Gebot von Sannerz", das Heinis Vater 1925 als schlichte Hausregel verfasst hatte, wurde wörtlich verstanden und umgesetzt:

„Es gibt kein Gesetz außer der Liebe. Die Liebe ist die Freude an den anderen. Was ist also der Ärger über sie? Das Weitergeben der Freude, die das Hiersein der anderen bringt, bedeutet: Worte der Liebe. Deshalb sind Worte des Ärgers und der Sorge über Glieder der Gemeinschaft ausgeschlossen. Es darf niemals deutlich oder versteckt gegen einen Bruder oder eine Schwester – gegen ihre Charaktereigenschaften – geredet werden, unter keinen Umständen hinter ihrem Rücken. Auch das Reden in der eigenen Familie bildet hierfür keine Ausnahme. Ohne das Gebot des Schweigens gibt es keine Treue, also keine Gemeinschaft.

Die einzige Möglichkeit ist die direkte Anrede, der unmittelbare Liebesdienst an dem, gegen dessen Schwächen etwas in uns aufsteigt. Das offene Wort direkter Anrede bringt Vertiefung der Freundschaft und wird nicht übel genommen. Die gemeinsame Aussprache beider mit einem Dritten, dem man vertrauen kann, dass er zur Lösung und Einigung im Höchsten und Tiefsten führt, wird nur dann notwendig, wenn man sich auf direktem Wege unmittelbar nicht gefunden hat."

In Woodcrest ging man mit Volldampf zur Sache. Selbst Gäste, die nur kurze Zeit da waren, spürten die Aufforderung, offen zu sein, auch wenn sie sich sonst überall bemüht hätten, ihre wahren Gefühle zu verbergen. Einmal beobachtete Heini, wie Richard einen Gast wegen eines bissigen Kommentars anfuhr. Nachher tippte er Richard auf die Schulter und meinte: „Ich frage mich, ob es wirklich weise war, ihn so anzufauchen."

Richard schaute verblüfft drein: „Aber wenn es wahr ist, warum soll ich es dann nicht sagen? Ich wüsste gar nicht, was ich Gästen sagen sollte, wenn ich ihnen nicht die Wahrheit sagen könnte."

Heini lachte und gab zu, dass Richard in diesem Punkt Recht hatte. So war es auch in Sannerz gewesen. Auch er selbst konnte schroff sein, besonders zu denen, die ihm nahe standen. Einmal sah er, wie Douglas einen jungen Mann zusammenstauchte, weil er den Verdacht hatte, er würde lügen. Das war an sich nicht falsch, und Heini wusste Douglas' Gabe zu schätzen, unehrliche Typen zu durchschauen, und dieser hier war so ein Fall. Aber was Heini störte, war Douglas' verurteilender Tonfall. „Douglas", sagte er, „bis jetzt habe ich immer gedacht, es sei eine Gabe, dass du andere schnell durchschaust. Aber wenn es ohne Liebe geschieht, ist es Teufelswerk."

Nicht jeder freute sich über Woodcrests Unverblümtheit. Als Gwynn zu Besuch kam, wurde er gebeten, den Gottesdienst am Sonntagmorgen zu halten. Als Lesung wählte er ein langes Stück aus einer Andacht – ganz normal für Primavera. In seiner Nähe saß Sibyl, sichtlich gelangweilt. Sobald er fertig gelesen hatte, lehnte sie sich zu Heini hinüber und flüsterte ihm etwas zu laut zu: „Was mache ich nur, wenn mir das so *absolut nichts* sagt, was er da gelesen hat?" Gwynn sah verblüfft aus, aber Heini, der wusste, dass Sibyl vollkommen aufrichtig gefragt hatte, versuchte seine Erheiterung zu verbergen, während er nach einer diplomatischen Antwort suchte.

In der Regel waren Versammlungen genauso lebendig wie die Mahlzeiten: spontane Wortwechsel, ein Lieblingslied, eine Frage mit anschließender Diskussion. Es gab manchmal schwierige Themen, über die gesprochen werden musste, etwa Geldsorgen oder Probleme in einer Ehe. Der Grundton blieb aber der einer Familienrunde, und viele der Frauen brachten einfach ihr Strickzeug mit. Wenn es zu hitzig wurde, versuchte es Heini mit einer Prise Humor. „Fünf Minuten gelacht ist soviel wert wie ein Dutzend Eier", war einer seiner Lieblingssprüche. Manchmal machte er sich einen Spaß daraus, andere aufzuziehen, besonders Annemarie, die ihn in solchen Fällen gutmütig mit ihrer Stricknadel pikste.

Ein Streitpunkt zwischen den beiden, den jeder zu kennen schien, war Heinis Bart. Das Thema war nicht neu. Ihren ersten Streit über den Bart hatten die beiden schon wenige Tage nach ihrer Verlobung ausgefochten, und in den fünfundzwanzig Jahren, die seitdem vergangen waren, hatte keiner klein beigegeben. Es konnte mit einer Auseinandersetzung darüber anfangen, wann sein nächster Haarschnitt anstand.

„Heini, dein Haar ist zu lang."

„Ach, Annemarie, was ist schon dabei? Denk doch mal an Beethoven."

„Du bist aber nicht Beethoven."

„Dann nimm eben Einstein."

„Und dann erst dein Bart. Damit siehst du aus wie ein Amischer."

„Annemarie! Was hast du gegen die Amischen?"

Annemarie hatte einen starken Willen und gab nicht kampflos auf. Eines Abends beim Essen versammelten sich mehrere Frauen auf einer provisorischen Bühne. Sibyl hielt eine kurze Rede und die anderen fingen an, auf Pfannen und Töpfen zu trommeln und Plakate in die Luft zu halten, auf denen Sprüche von Werbeplakaten für Rasierschaum zu lesen waren:

> *Ein Mann mit Bart gehört erstmal*
> *zurück in das Neandertal!*
>
> *Welches Kind fürchtet sich nicht*
> *vor einem bärtigen Gesicht?*
>
> *Bärte: Brandgefahr*

Offensichtlich hatten sie Erfolg, denn die Bilder der Folgejahre zeigen Heini nur noch mit einem Oberlippenbart.

Nachdem die Baumannschaft das neue Wohnhaus fertiggestellt hatte, waren die Arnolds mit die ersten, die einzogen. Ihre neue Wohnung war zwar größer, aber nicht weniger rustikal als die alte. Es gab zwar fließendes Wasser, aber das hatte sowohl Vor- als auch Nachteile. So befand sich eine Toilette direkt bei der Eingangstür, damit auch die Nachbarhäuser davon profitieren konnten. So war man immer gut informiert, wann ein Nachttopf ausgeleert wurde. Annemarie fand das widerlich, so dass Heini sie in solchen Momenten schnell ins Wohnzimmer lotste: „Mach dir nichts draus, Annemarie – ich rauche schnell eine Zigarette gegen den Geruch." Die Zimmerwände waren so dünn, dass man zuhören konnte, wie sich die Nachbarn abends die Zähne putzten. *„Eine kleine Nachtmusik",* kommentierte der fünfzehnjährige Christoph, „aber nicht von Mozart."

Christoph und seine zwei älteren Schwestern gingen mittlerweile in die öffentlichen Schulen und kamen abends mit Geschichten ihrer neuesten Entdeckungen nach Hause: den Eid auf die Verfassung, das Baseballteam *Brooklyn Dodgers*, Luftschutzübungen für Atombombenangriffe und ein Brauch, der sich „miteinander ausgehen" nannte. Auch die jüngeren Kinder mussten sich an die neue Umgebung erst gewöhnen. Monika zum Beispiel sehnte sich nach Paraguay zurück und wurde von ihrer Lehrerin in der ersten Klasse als „ein wenig zurückgeblieben" eingeschätzt und in den Kindergarten zurückgestuft. Edith entdeckte die Wälder der Umgebung für sich und brachte ständig wilde Tiere nach Hause mit, die sie gefangen hatte: ein Flughörnchen, ein Rehkitz, einen Fuchswelpen und einen Waschbär.

Zur Freude der Kinder zog Emmy zu ihnen nach Woodcrest. Bei schönem Wetter saß sie dann vor dem Haus der Arnolds, strickte und sprach mit jedem, der vorbeikam. Gäste setzten sich zu ihr, um ihren Geschichten von Sannerz und Berlin zu lauschen, beeindruckt, die Mitbegründerin der Gemeinschaft kennenzulernen.

Als Kind hatte sich Heini manchmal darüber geärgert, dass er seinen Vater und seine Mutter kaum für sich hatte. Jetzt wiederholte sich diese Situation. Oft war das Frühstück die einzige Zeit, in der die Familie zusammenkam. Wenn Heini morgens ins Wohnzimmer kam, ging er deshalb immer zu jedem seiner um den Tisch versammelten Kinder, schaute ihm ins Gesicht und fragte, wie es ihm ginge. Er merkte, wenn jemand etwas auf dem Herzen hatte, und nahm sich dann Zeit, um zu erfahren, was es war.

Ein großer Teil der Gemeinschaft bestand aus jungen Männern, und natürlich fingen einige von ihnen an, Roswith und Anneli zu bemerken (und umgekehrt auch). Die Mädchen stellten fest, dass ihr Vater es meist schon zu wissen schien, wenn sie sich in jemanden verliebt hatten. „Du bist so still", sagte Heini in solchen Situationen zu Anneli. „Was ist los mit dir? Gibt es da jemanden, den du magst? Erzähl mal." Und dann fuhr er mit ihr ein bisschen durch die Gegend.

Anneli hatte keine Probleme, mit ihrem Vater über diese Dinge zu reden. Er versicherte ihr, dass es das Natürlichste auf der Welt war, sich zu verlieben. Er war aber auch sehr direkt. Wenn sie fertig damit war, ihm von diesem oder jenem neuen Freund zu erzählen, sagte er manchmal: „Ich verstehe das, aber er ist nichts für dich. Schlag ihn dir aus dem Kopf." Und weil Anneli ihrem Vater vertraute, war die Sache für sie damit erledigt.

Die Kinder hofften immer, dass ihr Vater am Ende des Tages Zeit für sie haben würde – einfach nur zusammen um den Couchtisch zu sitzen und miteinander zu reden oder zu singen. Zu ihrer Enttäuschung war das leider genau die Zeit, in der oft auch andere Leute mit ihm sprechen wollten. Und weil Heini es kaum übers Herz brachte, jemanden abzuweisen, der ein offenes Ohr brauchte, ging er häufig mit ihnen nach draußen und blieb für den Rest des Abends verschwunden.

Woodcrest schien Menschen mit gebrochenem Geist und verwundeter Seele anzuziehen. Heini hieß jeden von ihnen bei sich zu Hause willkommen und verlangte von seinen Kindern, dass sie in der Gegenwart der Gäste Englisch sprachen. Bei der Arnold-Familie lebten daher fast immer ein oder zwei junge Menschen mit, die sich gerade in irgendeiner Krise befanden. Manche blieben monatelang und wohnten bei Christoph oder den Mädchen mit im Zimmer. Einige waren einfach seelisch labil, andere waren psychisch krank. Heini sah das sehr nüchtern: „Wir leben in einem neurotischen Zeitalter. Wir sind alle Kinder der Moderne und daher zu einem gewissen Grad von psychischem Leid berührt."

Da waren die beiden suizidgefährdeten Schwestern und Heini war Tag und Nacht bereit, ihnen beizustehen. Sogar wenn er selbst mit Fieber oder Grippe kämpfte, konnte man ihn in Hausschuhen die verschneiten Wege entlang schlurfen sehen, weil jemand ihn zu ihrer Wohnung gerufen hatte, um ihnen durch eine schwere Phase zu helfen.

Eine andere junge Frau mit großen Problemen, Leila (nicht ihr wirklicher Name), wurde für Heini und Annemarie wie eine Tochter. Sie war genauso alt, wie Emmy Maria gewesen wäre, und schon nach kurzer Zeit nannte sie die beiden „Papa" und „Mama". Bei ihrer Ankunft in Woodcrest hatte Leila noch einen ausgeglichenen Eindruck gemacht, aber schon nach wenigen Monaten wurde sie immer hysterischer, weinte unkontrolliert, schauderte bei der bloßen Erwähnung von Gott und zeigte andere Symptome von Besessenheit.

Heini und Annemarie redeten kaum über Leilas Leiden. Ihnen reichte es, zu wissen, dass sie als Kind dem Okkulten ausgesetzt gewesen war und jetzt mit Kräften rang, die weit stärker als sie selbst waren.

Manchmal versuchte Leila sich umzubringen. Sie kletterte auf Balkonbrüstungen, rannte auf eine vielbefahrene Autobahn und zerschlug einmal ein Fenster mit der bloßen Hand, um sich den Arm aufzuschlitzen. Heini und Annemarie ließen Leila bei Roswith im Zimmer wohnen, damit jemand da war, sollte sie wieder eine Krise haben. Wenn das passierte, wurde sie gewalttätig, schlug jeden, der sie beruhigen wollte, oder kratzte mit ihren Fingernägeln. Sie kümmerten sich wochenlang darum, dass sie Tag und Nacht nicht alleine war, trotzdem schaffte sie es manchmal, sich nachts aus dem

Haus zu stehlen. Schließlich schlief Annemarie auf einer Matratze vor ihrer Tür, damit sie nicht wieder ausreißen würde.

Zwischen ihren Krisen war Leila unbekümmert und aufmerksam, und sie beeindruckte die Tagesgäste mit ihrer kindlichen Freude. Monika und Else spielten gerne mit ihr oder ließen sich von ihr Geschichten vorlesen – es kam ihnen nicht einmal in den Sinn, dass sie sich vor ihr fürchten sollten. Leider quälten Leilas finstere Impulse sie immer weiter, so dass sie nach einem halben Jahr zur Behandlung in ein Krankenhaus ging.

In dieser ganzen Zeit war Heini ständig von den üblichen seelsorgerlichen Aufgaben in Anspruch genommen: Geburten und Hochzeiten, aber auch Krankheiten und Todesfälle. Nachdem Douglas' und Rubys Baby tot zur Welt kam (das dritte Mal für sie), wandten sie sich an Heini um Hilfe. Ruby war völlig außer sich vor Trauer und Douglas erzählte, wie er gegen den Drang hatte ankämpfen müssen, sich aus einem der Fenster im höchsten Stockwerk des Krankenhauses zu stürzen.

Heini konnte ihren Schmerz gut nachempfinden – hatten nicht auch er und Annemarie Kinder verloren? Aber er wollte ihnen nicht nur einfach Trost spenden. Stattdessen erzählte er ihnen, wie sie trotz ihrer Gebete Emmy Maria verloren hatten, und von der Wahl, vor die er vor Mariannes Geburt gestellt worden war. Am Ende sagte er zu ihnen: „Douglas und Ruby, kein Leben – nicht einmal die Hoffnung auf Leben – ist je umsonst." Dieser letzte Satz half den beiden, ihr Erlebnis aus einer ganz anderen Perspektive zu sehen.

Douglas versuchte später, Heini seine Dankbarkeit auszudrücken. „Ich möchte, dass du weißt, wie sehr ich deine Art schätze, mit Leuten umzugehen." Heini schwieg. Es war so frustrierend, diese Annahme, dass er mit Menschen umgehen könne und dass er die Lösung für ihre Probleme habe! Hatte Douglas oder irgendjemand in Woodcrest eine Ahnung, wie oft ihn die Vergangenheit plagte und mit was für widersprüchlichen Gefühlen er jedes Mal erfüllt wurde, wenn er an Primavera dachte? Noch schlimmer aber war das Schuldgefühl, das seit 1941 an ihm nagte – dass er Hans und Georg wieder in die Leitung berufen hatte. Noch immer hatte sich die Gemeinschaft nicht aus ihrem festen Griff befreit. Aber warum sollte er immer wieder die Vergangenheit wachrufen? Hatten Annemarie und er nicht beschlossen zu vergeben? Deswegen erwiderte er einfach: „Douglas, nichts davon kommt von mir persönlich. Was immer ich habe, kommt von Gott. Wenn du wüsstest, wie viele Fehler ich schon gemacht habe!"

Bald darauf kam Hans nach Woodcrest zu Besuch, und Heini signalisierte Doug, dass Hans jemand sei, der Respekt verdient – als ob er einer von Heinis ältesten und treuesten Freunden sei.

Ruby nahm Ähnliches bei Annemarie war, dass sie ständig an die Menschen in Primavera dachte. Erhielt Woodcrest Sachen gespendet, ging Annemarie erst einmal durch die Kartons, um die besten Sachen nach Paraguay zu schicken. Alles, was sie dorthin schickte, hätte man genauso gut in Woodcrest gebrauchen können. Aber sie war großzügig und teilte gerne. Während sie Kleider, Bücher und Nähmaschinen in Metallfässer verpackten, beschrieb Annemarie die Brüder und Schwestern, die sie erhalten würden, mit einer solchen Begeisterung, dass Ruby am liebsten selbst nach Primavera gereist wäre.

In Woodcrest lag etwas in der Luft. Das spürten auch Douglas und Ruby. Es war, als hätten sie eine Erbschaft oder lang in Vergessenheit geratene Wurzeln entdeckt. „Als wir das erste Mal die Steigung nach Woodcrest hochfuhren, schlugen unsere Herzen schneller", erinnerte sich Douglas später. „Das viele Unkraut, die heruntergekommenen Gebäude und die ungeheizte Fabrik fielen uns erst viel später auf. Alles war von einer positiven Atmosphäre durchdrungen. Das Singen und die Freude bei den Mahlzeiten waren eine lebendige Präsenz. Wir spürten, dass etwas, das weit über uns selbst hinausging, sich ereignen wollte. Es war, wie wenn man eine Oase findet, nachdem man auf der Suche nach einem sinnvollen Leben jahrzehntelang vergeblich durch die Wüste gewandert ist. Plötzlich wurden unsere Herzen leicht und fanden Frieden."

Ein Besucher traf in Woodcrest auf alte Freunde, die er von früher kannte, und meinte: „Noch nie habe ich solche Veränderungen an Menschen erlebt. Sie strahlten es förmlich aus!"

Donna Ford, eine junge Lehrerin aus Kansas, erinnerte sich, dass sie, als sie zuerst die Einfahrt hinaufkam, „von einer ständig intensiver werdenden Hoffnung ergriffen wurde. Als ich aus dem Wagen stieg, kamen mir die Tränen. Ich hatte das Gefühl, nach Hause gekommen zu sein."

Ähnlich erging es Dwight Blough, der auch aus dem Mittleren Westen kam und ebenfalls gerade sein Studium abgeschlossen hatte: „Als ich die Auffahrt hochkam, spürte ich: das ist es! – obwohl ich noch nie in Woodcrest gewesen war. Ich habe meiner Frau gesagt: ‚Wenn es so ist, wie wir gehört und gelesen haben, dann bleiben wir hier.'" (So war es, und Dwight wurde einer von Heinis engsten Freunden und Mitarbeitern.)

Heini und Annemarie freuten sich über jeden solchen Ankömmling, aber sie achteten darauf, keine Mitglieder zu rekrutieren. Gäste sollten selbst entscheiden, ob sie bleiben oder gehen wollten. Es war nie ihr Ziel gewesen, eine große Bewegung ins Leben zu rufen. Heini schrieb zu dieser Zeit: „Lasst uns an diese Gemeinschaft der Gläubigen denken, von der wir Christen immer sprechen, diesen Organismus, der durch alle Jahrhunderte hinweg weiterlebt. Was bedeutet demgegenüber der Bruderhof mit seiner Kultur? Und was bedeuten die anderen Glaubensbewegungen, die Quäker, Mennoniten und Brüdergemeinden? Alles Gute, was man bei ihnen finden kann, kam nur zustande, weil sie sich diesem Strom des Lebens hingegeben haben und sich von ihm erfassen ließen. Der Bruderhof und all die anderen Bewegungen und Gruppen sind nicht so wichtig. Auch unsere Gemeinschaft wird vergehen, wie so viele andere vor ihr. Aber der Strom des Lebens, dem wir uns hingegeben haben, wird niemals versiegen. Das ist das Entscheidende."

Heini war sich auch sicher, dass es dieser Strom war, der die vielen Gäste nach Woodcrest brachte. Wie sonst sollte man die Vielfalt der Situationen und Herkünfte erklären, aus denen sie kamen? Und wie sonst sollte man die Gründe verstehen, weshalb sie bleiben wollten?

„Es war extrem religiös", sagte Don Peters, ein Aktivist und Filmemacher aus Kanada, „aber diese neue Gemeinschaft war gleichzeitig so echt. Sie hatte eine scharfsichtige Direktheit, die meine Falschheit sofort durchschaute. Meine Frau und ich sahen einander mit ganz neuen Augen. Unser Leben war durch das, was wir gefunden hatten, zu einem Stillstand gekommen – wir konnten unmöglich so weitermachen wie bisher."

Sibyl erinnerte sich später: „Als ich das zweite Mal hinkam, zitterte ich wie Espenlaub. Ich habe mich gefragt, ob ich gerade dabei war, religiös vollkommen abzudrehen. Aber dann klebte an unserer Tür ein Schild, auf das ein Kind gekrakelt hatte: ‚Willkommen zu Hause'. Das war's für mich; ich war endlich nach Hause gekommen. Klar gab es Probleme, aber sogar mittendrin gab es immer wieder Lachen und Freude. Erwartet hatte ich düstere Selbstbeschau, gefunden habe ich Gebet, Vergebung, Gott. Die Leute, denen ich hier begegnet bin, waren einfach normale Menschen, genauso wie ich. Aber mein Leben mit ihnen zu teilen, ist wie bei einem Abenteuer mitzumachen, das immer weitergeht. Als ich nach Woodcrest kam, war das, als ob ich eine Perle gefunden hätte. Ich war wie verliebt, ganz ausgefüllt in meiner Freude."

Das war die Jugendbewegung, in einer neuen Form, aber mit derselben Frische, Unschuld und Begeisterung. Es versetzte Heini zurück in die Freude seiner Kindheit. Hier war endlich die Vision wieder zum Leben erwacht, die damals Tata und seine Eltern angetrieben hatte.

Es war März 1955, das erste Ostern in Woodcrest, und Heini wollte zu diesem Anlass das Abendmahl feiern. Annemarie stellte die Tische so auf, dass alle zwei Dutzend Mitglieder sich gegenübersitzen konnten, und schmückte sie mit weißen Leinentüchern, Kerzen und Blumen. Als sie alle am Abend zusammengekommen waren, brach Heini das Brot und der Laib ging von Hand zu Hand, den ganzen Tisch herum. Dann wurde der Weinkrug herumgereicht.

Vor langer Zeit, als Heini zwölf Jahre alt war, kam Luise einmal von einem Verwandtenbesuch mit einer Flasche Wein nach Sannerz zurück. Sophie, Heini und sie fragten sich, was sie damit tun sollten, und beschlossen, dass der Sonnentrupp das Abendmahl feiern würde. Sie wussten nicht, wie sie das machen sollten – auch Heini hatte nur eine vage Vorstellung –, aber sie wussten, dass es damit zu tun hatte, Jesus und sich gegenseitig zu lieben. Als sie ihr Abendmahl gefeiert hatten, entsorgten sie den restlichen Wein, indem sie die Flasche zerschmissen. Danach machte sich Heini Sorgen, dass sie etwas Heiliges entweiht hatten. Er rannte zu Tata und erzählte ihr alles. Sie war von seiner Aufrichtigkeit gerührt und versicherte ihm: „Ihr habt nichts falsch gemacht." Eine Ermahnung allerdings gab es: „Aber warum in aller Welt habt ihr danach die Flasche zerbrochen? Dein Vater hätte sich so über den übrig gebliebenen Wein gefreut! Wir können es uns doch kaum leisten, ihm Wein zu besorgen."

Sein Vater, Tata, Edith und Fritz – hier in Woodcrest waren sie alle gegenwärtig und lebendig. „Dies ist die größte Gnade meines Lebens", schrieb Heini an Georg in Primavera: „Mir wurde gewährt, noch einmal von vorne anzufangen – wieder ein Kind zu sein." Hier in dieser heruntergekommenen Villa in New York war der Geist von Sannerz wieder erwacht. Mit strahlendem Blick schaute Heini sich im Raum um. Als sie sich alle die Hand gaben und umarmten, rief er aus: „Der Geist ist zurückgekehrt!"

Noch tagelang konnte man aus dem Fenster seines Büros Händels „Halleluja" über Wäscheleinen und ungemähte Rasenflächen hinweg erschallen hören.

32

Feuerprobe

Im selben Jahr, als Heini und Annemarie nach Woodcrest zogen, gründete Hans eine Gemeinschaft in Deutschland. Seiner Meinung nach war es höchste Zeit, in die alte Heimat zurückzukehren. Europa war nach dem Zweiten Weltkrieg gerade wieder dabei, sich zu öffnen, und die Finanzierung der Niederlassung würde überwiegend durch die deutsche Regierung erfolgen: Deutsche, die vor Hitler ins Ausland geflohen waren, konnten auf finanzielle Entschädigung hoffen. Hans hoffte, dass der Rest des benötigten Geldes durch Spenden aus Woodcrest gedeckt werden würde – in seiner Vorstellung waren reiche Amerikaner eine ständig und in großer Zahl verfügbare Ressource. Die für die Leitung Verantwortlichen in Primavera sahen das ähnlich.

Primavera lebte zu dieser Zeit immer noch von der Hand in den Mund und hatte wesentlich mehr Unkosten als Einkünfte. Gleichzeitig war es die älteste und größte Gemeinschaft und daher der unangefochtene Dreh- und Angelpunkt des Bruderhofs. Die Finanzen der gesamten Bewegung wurden dort koordiniert, dort war das Archiv und dort fanden auch alle Konferenzen und Zusammenkünfte statt. Es war die Leitung von Primavera, die – in Absprache mit Hans – sagte, wo es lang ging, und jeder wusste es. Deshalb erwarteten die für die Finanzen von Primavera Verantwortlichen zunehmend, dass die anderen Gemeinschaften einspringen würden. Die größte Last fiel dabei auf Woodcrest, von dem jedes Jahr mehrere zehntausend Dollar erwartet wurden. Allerdings war Woodcrest selbst noch hoch verschuldet und jeder Dollar für Primavera musste als Spende oder Darlehen erbettelt werden.

Heini wusste, dass Primavera arm war und wie viel Anstrengung es kostete, die Farm und die anderen Betriebe vor Ort am Laufen zu halten. Umso mehr erstaunten ihn die Pläne aus Primavera, noch mehr Geld und Arbeitskraft in Projekte zu stecken, die neue Verluste bringen würden. Dazu gehörten eine Holzvergasungsanlage, ein neuer Krankenhauskomplex sowie das Vorhaben, vierzig Hektar Sumpfland in eine Reisplantage umzuwandeln. Wie konnte das Finanzteam diese teuren Pläne mit der schlichten Tatsache vereinbaren, dass Primavera ohnehin schon weit über seine Verhältnisse lebte? Setzte man etwa die Großzügigkeit der nordamerikanischen Spender als selbstverständlich voraus? Offenbar, denn gegen Ende des Jahres 1958 schickten sie einen Brief nach dem anderen, um zu erfahren, warum der Geldfluss aus Woodcrest nachgelassen hätte. Heini war verblüfft: „Ob die denn gar keine Ahnung haben, wie schwer es ist, zehntausend Dollar zu erbetteln, ganz zu schweigen von hunderttausend?" Er schrieb an Primavera zurück und erinnerte daran, dass solche Beschwerden vielleicht doch unrealistisch seien und dass er sich sorge, dass fehlende Dankbarkeit und Demut ihren offenen Umgang miteinander gefährden könnte.

Heini war sich bewusst, dass er mit dieser Antwort ein Risiko eingegangen war. Er würde sicherlich bezichtigt werden, Woodcrest über die Muttergemeinschaft zu stellen. Wohl wissend, dass Hans früher oder später mit in die Angelegenheit gezogen werden würde, rief er ihn zunächst in Deutschland an und schickte dann eine ganze Reihe von Briefen, in denen er seine Haltung erklärte.

Die Antwort von Hans schien Heini Unterstützung zuzusichern. Sie fiel etwas vage aus, was irgendwie seltsam war, aber der Tonfall war definitiv freundlich. „So lange Hans zufrieden ist", dachte Heini, „können wir unsere Meinungsverschiedenheiten mit Primavera brüderlich klären."

Aber Hans war nicht wirklich glücklich. Zwei Wochen, nachdem Hans' Brief in Woodcrest angekommen war, kam Gwynn, der kürzlich in Europa gewesen war, für ein paar Tage zu Besuch. Während dieses Besuchs erwähnte er Heini gegenüber, dass Hans wütend über die „Anti-Primavera-Stimmung" in Woodcrest geschimpft hatte, und dass er Heini dafür verantwortlich machte. Vor seiner Abreise hatte Hans Gwynn gegenüber sogar gesagt: „Gut, dass du nach Amerika fährst und nicht ich. Wenn ich nach Woodcrest käme, ich würde den ganzen Laden kurz und klein schlagen."

Heini war sprachlos. Dass sich Hans auf die Seite von Primavera schlagen würde, überraschte ihn nicht. Aber eine derart berechnende Doppelzüngigkeit – das war ein Schlag unter die Gürtellinie. Noch dazu war es nicht das erste Mal – in letzter Zeit hatte es ein paar ähnlich beunruhigende Vorfälle gegeben. „Gwynn", sagte er, „wenn du Hans *das* sagen gehört hast, bist du es der Gemeinschaft dann nicht schuldig, herauszufinden, was genau er damit meint?" Gwynn stimmte ihm zu, bat Heini aber inständig, ihn dabei zu begleiten. Er schien schrecklich nervös bei der Vorstellung, Hans alleine damit konfrontieren zu müssen.

Und auch Heini hatte Angst. Er war seinem Schwager bereits in der Vergangenheit entgegengetreten und es hatte jedes Mal Jahre gedauert, bis er sich von den Folgen erholt hatte. Das erste Mal, in Silum, nach dem Tod seines Vaters, hatte er fast Annemarie verloren, als Hans sie gegen ihn eingenommen hatte. Beim zweiten Mal, in Paraguay, als er Hans' und Georgs Rücksichtslosigkeit angeprangert hatte, war er in der Isolationshütte gelandet, wo er fast verhungert wäre. Die dritte Konfrontation hatte ihm ein Jahr in der Leprakolonie eingebracht. Eine vierte Konfrontation konnte Heini sich nicht erlauben. Oder doch? Sich Hans jetzt zu beugen, wäre ein Verrat an allen, die ihm geglaubt hatten, was er über das Leben in Gemeinschaft als Brüder und Schwestern erzählt hatte, und die alles aufgegeben hatten, um dem Ruf zu folgen. Außerdem war dies kein persönlicher Konflikt, sondern die Seele der gesamten Bewegung stand auf dem Spiel.

Außer mit Annemarie sprach Heini mit niemandem über die bevorstehende Auseinandersetzung. Den anderen in Woodcrest sagte er nur: „Ich muss nach Europa reisen, um eine Meinungsverschiedenheit mit einem Bruder aus dem Weg zu räumen."

In Deutschland trafen sie sich in einem Hotel, und Hans versuchte, seine Doppelzüngigkeit wegzuerklären. Es sei alles nur ein großes Missverständnis gewesen: „Du weißt ja gar nicht, unter welcher Anspannung ich war! Sonst würdest du verstehen, wie ich es gemeint hatte."

„Aber wie hast du es denn gemeint, Hans?" fragte Heini.

Die nächsten Tage waren angefüllt mit anstrengendem Ringen. Nach vier Tagen flogen sie nach England, wo es in gleicher Weise weiterging. Jedes Mal, wenn sie sich trafen, um miteinander zu reden, versuchte Hans, Heini und Gywnn gegeneinander auszuspielen, bis beide die Nase schließlich voll hatten. Schließlich merkte Hans, dass das Spiel aus war. Plötzlich wurde er ganz versöhnlich und bat Heini und Gwynn um Rat, was er machen solle.

Die beiden zogen sich zurück, um zu einer gemeinsamen Antwort zu finden. Heini wies darauf hin, dass Hans, nachdem er sich so verhalten hatte, kaum mehr eine Leitungsfunktion in der Gemeinschaft anvertraut werden konnte. „Wäre es nicht besser, wenn er zurücktreten würde, zumindest, bis diese Angelegenheit aufgeklärt ist?" Gwynn stimmte zu, stellte sich dann aber schützend vor Hans und meinte: „Lass uns sichergehen, dass er dabei nicht bloßgestellt wird. Hans hat mehr für den Bruderhof getan als irgendein anderer, den ich kenne. Wir sollten aus Dankbarkeit ihm gegenüber milde sein."

Hans reagierte mürrisch auf die Aufforderung zurückzutreten, willigte aber ein, wie auch auf die Bitte, die Sache durch eine Entschuldigung vor der Gemeinschaft aufzuklären.

Hans sollte sich in Bulstrode entschuldigen, einem großen Herrenhaus in der Nähe von London und der neueste europäische Standort des Bruderhofs. Als alle versammelt waren, stand Hans auf, um zu sprechen. Heini ging davon aus, dass er sich kurz fassen würde, eine Entschuldigung und die Ankündigung seiner Absicht, seine Verantwortlichkeiten abzugeben. Aber hier, umgeben von seinen Unterstützern, verflüchtigte sich Hans' Reue. Es war, als ob er vergessen hätte, dass Heini und Gwynn überhaupt anwesend waren. Nach ein paar Eingangsbemerkungen stürzte er sich in ein ganz anderes Thema: den schlechten Gesundheitszustand seiner Frau: „Emy-Margret wird nächste Woche an der Schilddrüse operiert. Es wird für sie eine sehr schwere Zeit werden. Deswegen bitte ich heute Morgen darum, dass wir uns überlegen, wie wir sie unterstützen können."

Die Mitglieder von Bulstrode reagierten wie auf Kommando. Einer nach dem anderen sprang auf und erklärte seine Unterstützung und Hilfe. Am Ende der Versammlung plante man, das Abendmahl zu feiern – als Bestätigung der Einheit und als geistliche Stärkung für Emy-Margret. Heini blieb hilflos und ungläubig zurück. Als er den Raum verließ, war er wie benommen. Wenn die Leute hier Hans derart unterstützten, was konnten er und Gwynn dann tun?

Später ging Heini direkt auf Hans zu und sagte ihm unumwunden: „Du bist ein Lügner und Betrüger."

An diesem Abend stellte Heini fest, dass keiner mit ihm reden wollte. Nicht, dass er ein Fremder gewesen wäre – viele der Leute in Bulstrode hatten zusammen mit ihm in Primavera gelebt und kannten ihn gut, aber jetzt wollten sie nichts mit ihm zu tun haben. Zuerst stand Heini vor einem Rätsel, aber das löste sich schon bald auf: Jeder, der hier eine Position innehatte, verdankte sie der Tatsache, dass er in Hans' Gunst stand, und alle anderen hatten furchtbare Angst, ihn zu provozieren.

Es war noch nicht allzu lange her, dass Hans Heinis alte Lehrerin, Trudi, und ihren Mann hinausgeworfen hatte, weil sie ihm in die Quere gekommen waren. Nachdem sie weg waren, hatte Hans ihre ehemalige Wohnung durchwühlt und alles, was sie zurückgelassen hatten, eingesammelt und zu einer Mitgliederversammlung geschleppt. Dort hatte er ein Ding nach dem anderen hochgehalten, Kleidung, Briefe, Toilettenartikel und Bilder, und sich über Trudis „Materialismus" lustig gemacht. Keiner hatte es gewagt, ein Wort zu sagen.

Auch jetzt wagten sie es nicht, sich Hans zu widersetzen. Noch war es nicht zu einer offenen Machtprobe gekommen, aber die Luft war zum Schneiden dick.

Heini fühlte sich wie ein Ausgestoßener. Abends ging er die langen überwölbten Korridore des Herrenhauses entlang auf der Suche nach jemanden, der ihn zu sich einladen würde, aber die Türen wurden geschlossen, wenn er in die Nähe kam. Schließlich verließ er das Haus, einsam und schwermütig, und lief übers offene Feld zur nächsten Dorfkneipe. Vielleicht würde er wenigstens hier ein freundliches Gesicht finden.

In den folgenden Tagen trafen sich die drei Männer mit vier Mediatoren – ein Vorschlag seitens Bulstrodes, um die Pattsituation aufzulösen. Wie zuvor bestritt Hans alle Vorwürfe, wich aus und versuchte, die Sympathie der Mediatoren zu gewinnen. Aber dieses Mal blieben Gwynn und Heini standhaft, und als die Mediatoren zum Schluss ihren Bericht der Mitgliederversammlung vorlegten, waren sich alle einig: Hans hatte eindeutig Unrecht.

Heini war erleichtert, aber mehr noch durch das, was jetzt folgte: Leute fingen an zu sagen, was sie wirklich über Hans empfanden. Jeder hatte seine eigene Geschichte zu erzählen: von seiner herrischen Art, seinen Schmeicheleien, und (wenn nichts anderes half) seinem beißenden Sarkasmus und seinen verdeckten Drohungen.

Viele erwähnten seine Neigung, Menschen in Schubladen zu stecken und sie mit abfälligen kleinen Bemerkungen zu brüskieren. So wurde einer, der offen sagte, was er dachte, als „Stachel in Fleisch" bezeichnet, jemand anderes wurde fertiggemacht, weil er „viel zu still" war, eine Frau war ihm suspekt, weil sie jüdisch war. (Hans hatte ihren Verlobten davor gewarnt, sie zu heiraten.) Fast jeder kannte Hans' Hang zu solchem Geschwätz, und viele hatten sich mitschuldig gemacht. Die meisten hatten sich nicht weiter darum gekümmert. Als nun aber ein Fall nach dem anderen ans Licht kam, zeichnete sich ein verstörendes Gesamtbild ab. Bald schon hatten alle genug gehört, und Bulstrode bat Hans nicht nur darum, von seinen Aufgaben zurückzutreten, sondern auch, in eine Gemeinschaft in den USA umzuziehen, um sich Zeit für eine Einkehr zu nehmen.

Spät in dieser Nacht war Heini alleine in seinem Zimmer. Er stand am Fenster und blickte hinaus auf den gepflasterten Innenhof zwischen den beiden Hauptflügeln des Anwesens. Zu dieser späten Stunde waren alle Zimmer gegenüber dunkel, mit einer Ausnahme: In Hans' Zimmer brannte noch Licht. Heini war sich sicher, dass Hans wach war, auch wenn er durch das erleuchtete Fenster niemanden ausmachen konnte. Plötzlich spürte er, wie ihn ein finsterer Strahl des Hasses von jenem Fenster aus traf. In ihm stieg die Überzeugung auf: „Hans möchte mich tot sehen." Bebend verschloss er die Tür zu seinem Zimmer, legte sich aufs Bett und betete. Dann stand er abrupt wieder auf, ging hinüber zu dem schweren Schrank in der Ecke und schob ihn vor die Tür.

Stundenlang lag Heini wach auf dem Bett. Irgendwann nach Mitternacht hörte er, wie sich Schritte den Korridor entlang auf sein Zimmer zubewegten. Vor seiner Tür blieben sie stehen. Die Klinke wurde leise nach unten gedrückt, und die Tür bewegte sich einige Millimeter, bis sie an den verschlossenen Riegel stieß. Der verhinderte Eindringling rüttelte an der Klinke, schließlich hämmerte er wütend gegen die Tür. Keiner der beiden sagte ein Wort – nur die dumpfen Schläge waren zu hören. Dann hörte plötzlich alles wieder auf und die Schritte entfernten sich wieder.

Emy-Magret hatte ihre Schilddrüsenoperation, erholte sich davon und zog mit Hans auf einen Bruderhof in Connecticut im Nordosten der USA. (Nach ein paar Monaten lud Heini die Zumpes ein, nach Woodcrest zu ziehen, denn er hoffte, dass es zu einer Versöhnung kommen würde.) Gleichzeitig atmete die ganze Bewegung in Südamerika, England, Deutschland und in den USA erleichtert auf.

In den ersten Monaten nach Hans' Rücktritt schien es, als ob das Leben in der Gemeinschaft eine Wende zum Besseren vollzogen hätte. Wöchentlich traten neue Mitglieder bei, das Geschäft lief gut und das öffentliche Interesse war so groß wie noch nie. Die Gemeinschaft schien aufzublühen wie nie zuvor und zählte fast tausenddreihundert Mitglieder aus über fünfundzwanzig Nationen, die in elf Gemeinschaften in fünf Ländern lebten. Natürlich gab es auch Probleme, die würde es immer geben. Viele dachten: „Jetzt, wo Hans nicht mehr am Ruder ist, werden wir das alles lösen können." „Dies wird das Jahr ohne Krisen werden", sagten einige. „Ein Jubeljahr", meinten andere.

Mitglieder, die sich immer zurückgehalten hatten, sprachen nun, vom neuen Geist der Freiheit ermutigt, offen aus, was sie dachten – zum ersten Mal seit Jahren. Leute sprachen über alle möglichen Themen und viele Versammlungen waren ein Wirrwarr halbgarer Meinungen. Emmy war eine der wenigen, die die allgemeine Begeisterung nicht teilte. „Jeder freut sich, dass dieser oder jener endlich den Mund aufmacht. Aber vieles davon ist blanker Unsinn", sagte sie eines Tages zu Ben, ihrem Enkel und Hans' Sohn, „keiner hört zu, was tatsächlich gesagt wird."

Oder auf das, was *nicht* gesagt wurde. Ein Thema, das niemand ansprach, war, warum Hans so lange hatte herrschen können. Die Antwort darauf war eigentlich einfach: Ohne eine große Gefolgschaft hätte er sich niemals so lange an der Macht halten können. Aber bis man ehrlich dazu bereit war, diese Einsicht anzunehmen, war es weitaus einfacher – und viel weniger schmerzhaft –, einen Sündenbock für alles verantwortlich zu machen.

❖ ❖ ❖

Sommersonnenwende 1960 war auch der vierzigste Jahrestag der Gründung des Bruderhofs in Sannerz. Heini hielt sich gerade in der deutschen Gemeinschaft in Sinntal auf, aber Hans-Hermann war in Woodcrest zu Besuch und hatte gemeinsam mit Annemarie geplant, den Anlass gebührend zu feiern. Am Abend gab es ein Festmahl mit Blumen, Musik und Lesungen aus Emmys Memoiren.

Aber trotz der fröhlichen Atmosphäre brauten sich dunkle Wolken zusammen: Hans war verschwunden und obwohl es schon dunkel war, war er noch immer nicht zurück. Es war nicht das erste Mal, dass er verschwunden war – den ganzen Frühling über war er mürrisch gewesen, hatte manchmal stundenlang seinen Arbeitsplatz verlassen und war an einer nahegelegenen Schnellstraße entlanggewandert. Doch bisher war er bis zum Einbruch der Dunkelheit immer zurück gewesen. Jetzt war es bereits zehn Uhr abends und Emy-Margret machte sich Sorgen. Ein paar kleinere Gruppen waren losgeschickt worden, um nach ihm zu suchen, hatten aber keinen Erfolg gehabt.

Als Hans schließlich zurückkehrte, war seine Stimmung rabenschwarz. Douglas, Hans-Hermann und ein paar andere stellten ihn zur Rede: Wo war er den ganzen Tag gewesen? Hans sagte, dass er wieder depressiv gewesen sei – so depressiv, dass er sich hatte umbringen wollen. Er war zu einer Schnellstraße gelaufen, mit der Absicht, sich von einer Überführung hinunter auf die Fahrbahn zu stürzen. Dann war er nach Woodcrest zurückgekommen und hatte sich in einem Busch versteckt. Er hatte den ganzen Abend lang beobachtet, wie man nach ihm suchte.

„Vielleicht ist dir gar nicht bewusst, wie ernst deine Lage ist", sagte einer. „Das ist nicht nur deine private Angelegenheit, sondern es betrifft die ganze Gemeinschaft."

Hans saß blass und mit starrer Mine da. Als er endlich anfing zu reden, war niemand auf das vorbereitet, was nun kommen würde. „Ich weiß", fing er an, „dass es eine schwere Sünde war ... das mit Helene."

Langes Schweigen folgte. Helene war ein Mitglied der Gemeinschaft. Sie hatte als sehr vertrauenswürdig gegolten und war jahrelang Hans' Sekretärin gewesen. Nie wäre ihnen so etwas in den Sinn gekommen. Warum gab Hans gerade jetzt dieses Geheimnis preis? Schon bald sollten sie es erfahren: Hans wusste, dass Heini gerade den deutschen Bruderhof besuchte, wo Helene nun lebte, und er fürchtete, dass sie seinen Ehebruch verraten würde. Jetzt, wo er nicht mehr vor Ort war, um dafür zu sorgen, dass sie still blieb, ging er schuldbewusst davon aus, dass sie Heini alles erzählen würde.

Das hatte sie zwar nicht getan, wie Douglas erfuhr, als er noch am selben Abend mit Heini telefonierte. Aber am nächsten Morgen, als sie hörte, warum Heini mit ihr reden wollte, war sie erleichtert und erzählte ihm, dass sie die ganze Angelegenheit schon quälte, seit sie vor fast zehn Jahren begonnen hatte. Hans hatte ihr aber immer gedroht, um sie mundtot zu machen. Jetzt öffnete sie ihr Herz und erzählte die ganze üble Geschichte.

Zwei Tage später flog Hans alleine nach Deutschland, wo er bereits Vorkehrungen getroffen hatte, um bei Freunden unterzukommen. (Emy-Margret, von der Offenbarung der Untreue ihres Mannes erschüttert, blieb mit den Kindern in Woodcrest.) Heini traf seinen Schwager am Flughafen in Frankfurt und flehte ihn an, umzukehren und sein Leben neu auszurichten. Es sollte ihre letzte Begegnung bleiben.

Mittlerweile wurde die ganze Bewegung von einer Welle des Zweifels überrollt. Alle waren tief verunsichert und fragten sich, was wohl als Nächstes passieren würde. Jede Familie war auf die eine oder andere Weise betroffen: Jahrelang war es Hans gewesen, der ihre Kinder getraut und ihre Eltern beerdigt hatte. Er war es gewesen, den sie um Rat gefragt und dem sie ihre Sünden gestanden hatten. (Dabei hatte er sich den Ruf erworben, bei sexuellen Sünden besonders streng zu sein.) Mehr noch, Hans war einer von denen, die Eberhard namentlich gebeten hatte, die Gemeinschaft nach seinem Tod zu leiten. So sehr man ihn gefürchtet hatte, so sehr hatte man ihn auch verehrt. Wie sollte man mit einem Verrat dieses Ausmaßes umgehen?

Für manche war es zu viel. Ein langjähriges Mitglied nach dem anderen erklärte, dass sie genug hatten. Es war wie die ersten Steine, die ins Rollen kommen und dann eine Lawine auslösen. Schon bald hatte ein halbes Dutzend Familien ihre Koffer gepackt und die Gemeinschaft verlassen.

Für die neueren Mitglieder war es genauso schrecklich, aber viele von ihnen betrachteten die Situation als einen Weckruf. Sie hatten alles aufgegeben für diese Gemeinschaft, die jetzt in eine Krise taumelte, die jeden Tag gravierender wurde. Jetzt wegzulaufen, kam nicht in Frage. Wenn überhaupt, galt es in dieser Situation Entschlossenheit und Standhaftigkeit zu zeigen. Überhaupt hatten schon viele den Eindruck gehabt, dass es an der Zeit für größere Veränderung war. Hans-Hermann drückte es so aus: „Unsere Bewegung hat sich einer Krebsoperation unterzogen. Der größte Tumor wurde entfernt. Aber der Körper muss sich erst wieder erholen und wir können keineswegs sicher sein, dass alles entfernt wurde, was entfernt werden muss."

Hans-Hermann sollte Recht behalten. Nachdem Hans' Diktatur gestürzt worden war, kamen auch seine Machtstrukturen ins Wanken. Wie in Bulstrode, als Hans' Spiel aufgedeckt worden war, fingen Leute in der ganzen Bewegung zum ersten Mal seit Jahren an, offen und frei zu sprechen. Stück um Stück kamen Hans' Ziele ans Licht.

Wie seine engsten Vertrauten berichteten, hatte Hans große Träume für die Zukunft der Gemeinschaft in Deutschland gehabt. Alles, was Eberhard erreicht hatte, wollte er in den Schatten stellen. Aber zu seinem großen Verdruss hatten sich die Dinge anders entwickelt. Die Bewegung war in der *„Bekehrungsanstalt Woodcrest"*, wie Hans die Gemeinschaft dort höhnisch nannte, gediehen. Deshalb hatte er aggressiv um europäische Mitglieder geworben.

Jetzt war alles vorbei, und die von Hans Angeworbenen – manche von ihnen Idealisten, die auf die Herausforderungen des Gemeinschaftslebens überhaupt nicht vorbereitet waren – fragten sich, wem sie sich da angeschlossen hatten.

Im Januar 1961 wollte Heini nach Primavera zu reisen, nachdem die dortige Leitung um einen Besuch gebeten hatte. Die Ereignisse der vorausgegangenen Monate hatten die Gemeinschaft zutiefst verunsichert und entmutigt. Heini hoffte, dass dieses Zeichen der Solidarität von Woodcrest den Mitglieder in Primavera neuen Mut verleihen würde. Ende Januar trat er die Reise an, zusammen mit Douglas Moody und Arthur Wiser, die beide ein paar Jahre zuvor von *Macedonia* gekommen waren. Die beiden jungen Amerikaner waren in bester Laune. Dies war ihre erste Gelegenheit, Primavera zu sehen. Sie hatten viele Fragen an Heini: „Warum konnte Hans so lange ein Doppelleben führen, ohne dass ihn jemand früher zur Rechenschaft gezogen hätte? Was ist denn eigentlich all die Jahre passiert?"

Heini wich ihren Fragen aus und sagte nur: „Ich will euch nicht von vornherein gegen irgend jemanden einnehmen." Dann erzählte er ihnen voller Begeisterung von all den Leuten, die sie treffen würden: „Johnny Robinson wird uns am Flughafen in Asunción abholen. Wenn ihr wissen wollt, wie er ist, stellt euch einfach ein großes Herz mit Armen und Beinen vor."

Das Primavera, das sie willkommen hieß, war seit den 1940er-Jahren ein anderer Ort geworden. Damals war es eine ärmliche Pioniersiedlung in der Wildnis gewesen. Jetzt sah es aus wie eine etablierte Missionsstation, inklusive einiger der bekannten Probleme von Mission: Weiße bedienten die Maschinen und befehligten Hunderte von dunkelhäutigen Arbeitern. Jeder und alles hatte seinen festen Ort, Platz, Stelle und Funktion. Vielleicht war die Atmosphäre manchmal etwas bedrückend, aber immerhin lief alles wie geschmiert.

Will, Heinis ehemaliger Reisebegleiter, begrüßte die Besucher bei ihrer ersten Mahlzeit, und schon bald bemerkten Douglas und Arthur, wie Will anscheinend überall seine Hand im Spiel hatte. Jede Zusammenkunft schien unter seiner Anleitung stattzufinden und er hakte jedes Anliegen in seinem kleinen Notizbuch ab wie Punkte auf einer Tagesordnung. Verglichen mit Woodcrest war der Ton untereinander kurz angebunden und geschäftsmäßig. Sobald Will sein kleines Notizbuch zuklappte, war die Versammlung beendet und jeder ging wieder zu seinem zugewiesenen Platz. Am Ende der Woche war Douglas und Arthurs Begeisterung für die Muttergemeinschaft erloschen. War dies wirklich die Bewegung, der sie beigetreten waren?

Nach vier Tagen bat Will die drei um ein persönliches Gespräch. Sein Privatleben sei ein vollkommenes Chaos, erklärte er Heini, Douglas und Arthur, und er leide an Depressionen und Magengeschwüren. „Ich habe mich total verrannt", fuhr er fort, „ich bin zum Gemeinschaftsexperten geworden. Ich habe mich nur auf die Organisation und die äußere Form konzentriert. Aber so kann ich einfach nicht weiterleben." Er wirkte ausgebrannt.

Zwei Tage später kam Will zu einem weiteren Gespräch mit den Dreien zusammen. Als Douglas Eberhard erwähnte, fing Will vor Anspannung an zu zittern. „Ich war immer der Ansicht, dass es gut war, dass Eberhard Arnold damals starb", stieß er finster hervor, „sonst hätten wir uns nie frei von seinem Einfluss entwickeln können." Dann fing er an zu weinen und bat darum, von seinen Pflichten entbunden zu werden.

An diesem Abend trafen sich die Mitglieder von Primavera, um über Wills Situation zu reden. Während sie sich versammelten, brach ein Tropensturm los und der Regen peitschte gegen das Haus. Wer immer das Wort ergriff, musste das Donnern und Tosen des Sturms übertönen, um gehört zu werden. Auch Will wurde gebeten, sich zu äußern. Er stand auf und schrie: „Der größte Kampf meines Lebens war der gegen den Einfluss Eberhard Arnolds."

Blitze erhellten sein Gesicht während er sprach, und als er sich setzte, brach die Versammlung in verwunderte und empörte Zwischenrufe aus. Seine Aussage schien eine sofortige Erklärung zu verlangen. Wie lange schon hatte er so empfunden? Und wie konnte man eine solche Aversion gegen einen Mann haben, der bereits seit einem Vierteljahrhundert tot war – einen Mann, dem Will selbst nie begegnet war? Und was sagte es über Primavera aus, dass jemand, der die Gemeinschaft viele Jahre lang geleitet hatte, solche Gefühle gegen den Gründer der Gemeinschaft hegte?

So sehr Wills ungeschöntes Eingeständnis viele in Primavera schockierte, konnte es sie dennoch nicht völlig überraschen. Auch wenn es wie aus heiterem Himmel zu kommen schien, warf es doch Licht auf einen Konflikt, der seit Jahrzehnten schwelte. Auf der einen Seite stand die ursprüngliche Vision der ersten Mitglieder: Wie die ersten Christen wollten sie die Lehre Jesu in Liebe und im gegenseitigen Dienst leben. Auf der anderen Seite stand die Vision, die Primavera die letzten zwanzig Jahre geprägt hatte: Eine gut organisierte und nach außen hin erfolgreiche Gemeinschaft unter der Führung des fähigsten Mannes. Es waren zwei entgegengesetzte Ziele.

In den folgenden Tage kamen viele alte Geschichten ans Licht. Es war, als ob durch Will ein Damm gebrochen wäre und alte Erinnerungen strömten durch die Bresche, besonders aus den ersten Jahren in Primavera. Ruth Land, die Ärztin, war eine derjenigen, die über Belastendes sprach, an das sie sich erinnerte, etwa Emmys Schlaganfall in der Nacht, als die Rebellion der Sechzehn niedergeschlagen wurde.

Arthur und Douglas, denen Heini nichts über die Vergangenheit von Primavera erzählt hatte, konnten kaum fassen, was sie da zu hören bekamen. Es wurde ihnen klar, dass der Bruderhof sich in den frühen 1940er-Jahren bewusst gegen den Geist von Sannerz gewandt und stattdessen „Sachlichkeit" und „Organisation" in den Mittelpunkt gestellt hatte. Durch seine harsche Offenheit hatte Will die Gemeinschaft gezwungen zu erkennen, dass sie sich für das eine oder das andere entscheiden musste.

Daraufhin riefen Arthur und Douglas eine Versammlung aller derjenigen ein, die von Anfang an in Primavera dabei gewesen waren. „Müssen wir uns nicht die schlechte Behandlung von Emmy im Jahre 1944 eingestehen und dafür Buße tun? Wenn wir das nicht tun, wie kann dann jemals ein Segen auf unserer Gemeinschaft liegen?" Stimmen erhoben sich von allen Seiten: „Ja, das war aber nur einer von vielen Fällen! Wisst ihr, wie sie Emmy, Fritz, Hardy und Heini 1942 und 1944 behandelt haben?" Mit jedem neuen Detail kam die ganze Geschichte Stück für Stück ans Licht: Die erzwungene Trennung von Heini und Annemaries Familie (und vieler weiterer Familien), die Gedichte in den Latrinen, der weit verbreitete Unwille, über Sannerz und den Sparhof zu reden.

Viele wurden von Reue ergriffen, so wie Alfred, der fast die ganze Versammlung über weinte. Andere wiederum versuchten sich rein zu waschen, indem sie behaupteten, damals nicht wirklich gewusst zu haben, was passierte. Die meisten aber waren sichtlich erleichtert, endlich frei über Dinge reden zu können, über die viel zu lange ein Mantel des Schweigens gedeckt worden war. Wie Ruth später sagte: „Das war es, was wir die ganze Zeit über wollten. Wir waren alle so sehr in unsere Arbeit versunken gewesen – es hatte ja auch immer mehr als genug zu tun gegeben. Wir sind untergegangen in lauter Aktivitäten. Aber gleichzeitig blieb immer dieses Gefühl der Hilflosigkeit: Mit wem kann ich über das reden, was mich bedrückt? Das war zum Teil so, weil es in der Gemeinschaft die sehr starke Überzeugung gab, dass man nie darüber reden sollte, was in der Vergangenheit passiert war."

In der Rückschau erschien vielen ein bestimmter Moment wie ein Lichtstrahl in der Dunkelheit: als Heini im Oktober 1941 todkrank gewesen war und die Gemeinschaft aufgefordert hatte, um Reue und Umkehr zu ringen. Die älteren Mitglieder kamen immer wieder auf diesen Moment zu sprechen und meinten, er sei der Wendepunkt gewesen. Es sei Primaveras große Chance gewesen, eine Gemeinschaft der Liebe zu werden. Aber die Chance war vertan worden und sie hatten Hans erlaubt, die Bewegung der Herzen, die Heinis Aufruf ausgelöst hatte, niederzutrampeln.

Mittlerweile gab fast jeder den inneren Verfall von Primavera zu. „Wir sind zwar Experten des Gemeinschaftslebens geworden, aber haben einander misshandelt. Ein Kommunitarismus hat Christus verdrängt", schrieb Gwynn Evans später. „Es wäre verharmlosend zu sagen, alles das habe nichts mit der Lehre Jesu von Nazareth zu tun. Zumindest meine eigene Haltung war von einer Verachtung der Barmherzigkeit und vergebenden Liebe geprägt, von der das Evangelium spricht. Am schlimmsten aber ist, dass dies alles im Namen der brüderlichen Liebe erfolgte." Die innerste Seele der Gemeinschaft war in Gefahr.

Abend für Abend und manchmal sogar tagsüber traf sich die gesamte Bruderschaft von Primavera, also alle Schwestern und Brüder, die Vollmitglieder waren und mitentscheiden konnten, um eine gemeinsame Grundlage zu finden und darüber zu beraten, wie es weitergehen könnte. Mit jeder Zusammenkunft wuchs die Verwirrung. Alle wollten über die Fehler der Vergangenheit sprechen: Sie erzählten von Kindern, die körperlich gezüchtigt und von behinderten oder exzentrischen Mitgliedern, die ausgegrenzt und verspottet worden waren. Es wurde berichtet, wie Menschen bei geringfügigen Vergehen erwischt und ohne eine zweite Chance hinausgeworfen worden waren; wie die der Gemeinschaft entfremdeten Teenager sich in wilden Banden zusammengeschlossen hatten.

Öffentlichen Schuldeingeständnissen folgte oft ein empörter Aufschrei. Langatmige und komplizierte Erklärungen wurden unterbrochen, nur um dann später wieder neu aufgenommen zu werden. Man beschuldigte sich gegenseitig, verteidigte und entschuldigte sich. Wie Arthur später offen eingestand, gab es auch Momente, in denen die Stimmung in eine Rudelmentalität umschlug. Einigen Mitgliedern wurde gesagt, sie sollten ihre Sachen packen; manchmal nur aufgrund von schlichten Missverständnissen. „So können wir nicht weitermachen", flehte Heini: „Wir müssen einander zuhören." Es folgte eine bleierne Stille, aber dann setzte sich das alte Muster fort. Nachts kamen Leute voll Angst über die Zukunft zu Heini. Was ging hier vor? Was sollte aus ihnen allen werden? Immer mehr erklärten ihre Absicht, die Gemeinschaft zu verlassen.

Eines Abends, nachdem eine weitere Versammlung in Schuldzuweisungen und gegenseitigem Anschreien entgleist war, sagte Heini: „Ich frage mich, ob es Jesus von Nazareth ist, dem hier gedient wird." Alle verstummten und die Versammlung endete.

Nicht alles war verloren. Heini war besonders bei den jungen Mitgliedern von Primavera hoffnungsvoll. Sie waren bereit für radikale Veränderungen. Es waren die Söhne und Töchter seiner alten Kameraden, die Kinder vom Sparhof und Ashton Fields, die jetzt in ihren Zwanzigern waren. Sie spürten den frischen Wind, der aus Woodcrest wehte, und bedrängten Heini immer wieder mit der Frage: „Wie können wir diesen Geist auch hier finden?" „Einen Moment mal", sagten daraufhin viele ältere Mitglieder, „es ist hier nicht so schlimm, wie ihr es jetzt darstellt." Heini hatte Verständnis für die Jüngeren, fürchtete aber, dass übertriebener Eifer die bestehenden Gräben nur noch vertiefen würde. Deswegen warnte er sie: „Drängt nicht zu sehr, macht langsam."

Heini wusste, dass Primavera jetzt in unbekannte Gewässer hinaussegelte. Er berichtete den Gemeinschaften in Europa und den USA von den Entwicklungen, und fragte, ob sie seinem Vorgehen zustimmten. Besondere Sorgen machte er sich darüber, wie Georg, der zur Zeit in England war, reagieren würde. Zu seiner großen Erleichterung schickten die drei europäischen Bruderhöfe ein Telegramm, in dem sie ihm ihre Unterstützung zusicherten.

Die Situation in Primavera allerdings wurde immer schlimmer. Eines Abends versank eine Versammlung völlig im Chaos. Es fing mit einigen längeren Reden älterer Mitglieder an. Kurz darauf verloren einige der jüngeren Mitglieder die Geduld. Einer von ihnen stand auf und rief: „Ich halte das nicht mehr aus. Es bringt mich um, wenn ich mir diesen Quatsch noch länger anhören muss." Die Situation war aussichtslos.

Nach der Versammlung ging Heini alleine in den Wald. Der Dschungel umgab ihn von allen Seiten, schwarz und feucht. „Wie werden wir da durchkommen? Jede Versammlung wird schlimmer. Wenn ich doch nie hierher gekommen wäre."

Es war etwa zu dieser Zeit, als eine kleine Gruppe an Heini herantrat. Sie sagten, es sei sinnlos, sich weiterhin mit allen zu treffen. Zu viele seien verwirrt oder trügen Lasten aus der Vergangenheit mit sich. Warum nicht die alte Bruderschaft auflösen und mit nur denjenigen eine neue anfangen, die wirklich daran teilhaben wollten? Wie Andreas Meier, einer derjenigen, die diese Idee vertraten, später erläuterte: „Es gab ohnehin keine echte Bruderschaft mehr, und wir dachten, es sei höchste Zeit, das anzuerkennen."

Erstaunlicherweise fand dieser Vorschlag die Unterstützung der Mitglieder in Primavera, obwohl man sich bislang auf nichts anderes hatte einigen können. Man beschloss also, die gesamte Bruderschaft aufzulösen, sie durch einen neuen Kern zu ersetzen und dann schrittweise, Mitglied um Mitglied, neu aufzubauen.

Viele wollten, dass ein Komitee aus fünf Personen, einschließlich der Besucher aus Woodcrest, darüber entscheiden sollte, wer den neuen Kern bilden sollte. Aber Heini weigerte sich, so einseitig zu handeln: „Das ist etwas, worüber euer Kreis hier entscheiden muss." Am Ende einigten sich die paraguayischen Mitglieder auf eine Liste mit dreiundzwanzig Namen. Diese Leute wurden beauftragt, alle Entscheidungen für die Gemeinschaft zu treffen, während die anderen versuchten, wieder Boden unter die Füße zu bekommen. Weitere Mitglieder sollten dem Kreis einzeln hinzugefügt werden.

Anfang März, nach über einem Monat intensiver Beratungen, war Heini völlig erschöpft und bereit, nach Woodcrest zurückzufliegen. Zum einen musste er dringend mit Georg reden, der aus England angereist war, um die aktuelle Situation zu besprechen. Zum anderen machte er sich Sorgen um Annemarie. Sie hatte vor einiger Zeit geplant, ihn in Primavera zu unterstützen, aber war dann durch Herzbeschwerden von der Reise abgehalten worden. „Vielleicht war es besser, dass sie nicht kommt", dachte Heini – es hatte zu viele schmerzhafte Enthüllungen gegeben.

Dasselbe empfand auch Cyril, ein hochmotiviertes Mitglied der neuen Kerngruppe. Nach einer der vielen Versammlungen zur Aussprache über das, was in der Vergangenheit geschehen war, hatte Cyril Arthur beiseite genommen und ihm gesagt, dass er froh sei, dass Annemarie dies nicht alles hören müsse. „Arthur, du kannst dir nicht vorstellen, was sie in jenen Jahren durchlitten hat."

Auf seiner Rückreise kam Heini nach Buenos Aires. Damals waren lange Zwischenaufenthalte keine Seltenheit, und er musste drei volle Tage warten, bevor er einen Flug nach New York nehmen konnte. Unter anderen Umständen wäre das vielleicht eine willkommene Ruhepause gewesen, aber Heini konnte sich weder ausruhen noch entspannen. Die vorausgegangenen Wochen hatten ihm einfach zu viel abverlangt.

Vor seiner Abreise aus Primavera hatte die Kerngruppe verschiedene „unklare" Mitglieder gebeten, die Gemeinschaft zu verlassen, darunter auch seinen alten Freund Johnny. In gewisser Weise war dies als Notmaßnahme verständlich, so schmerzhaft es auch war. Es gab so viele Streitigkeiten, dass es für die Gemeinschaft praktisch unmöglich geworden war, zu funktionieren. Zudem war niemand dauerhaft ausgeschlossen worden, sondern nur gebeten worden, vorübergehend eine Auszeit zur Reflexion zu nehmen. Die Hoffnung war, dass im Laufe der Zeit und mit etwas Abstand Spannungen gelöst und Einstellungen überdacht werden konnten. Dennoch hatte Heini die neue Leitungsgruppe inständig gebeten, behutsam vorzugehen, denn er fürchtete, dass der eine oder andere verzweifeln könne.

Jetzt, alleine in Buenos Aires, machte er sich Sorgen, dass er nicht genug getan hätte. Wenn er beispielsweise an Johnny dachte, schmerzte ihn der Gedanke, dass hier vielleicht ein Unrecht geschehen war. In diesem Moment wäre Heini am liebsten sofort zurück nach Primavera geflogen, aber er hatte nicht genug Geld bei sich, um den Flug umzubuchen.

Wenige Tage nachdem Heini in Woodcrest angekommen war, erreichte ihn ein Telegramm aus Primavera, in dem stand, dass über hundert Personen im Begriff waren, die Gemeinschaft verlassen. Erschrocken traf Heini erste Vorkehrungen, wieder nach Paraguay zu fliegen.

Er flehte Georg an, mitzukommen, aber Georg lehnte ab. Seine Frau hatte vor einigen Monaten einen schweren Schlaganfall erlitten, von dem sie sich noch nicht wieder erholt hatte. Also eilte Heini ohne ihn nach Paraguay, in der Hoffnung, Zeit mit den Leuten verbringen zu können, die man gebeten hatte, fortzugehen. Aber dazu kam es nicht mehr: Die für die Finanzen Verantwortlichen von Primavera waren gebeten worden, sich auf die Möglichkeit vorzubereiten, dass die Gemeinschaft aufgelöst würde, und nun hatten sie das Land bereits vorschnell verkauft. Dadurch war die gesamte Gemeinschaft in Gefahr, obdachlos zu werden. Für die folgenden drei Wochen war Heini vollkommen damit beschäftigt, sich um diese Angelegenheit zu kümmern, bevor er wieder zurück in die USA musste – früher als beabsichtigt –, um mit dem *Mennonite Central Committee*, einem internationalen Hilfswerk, zu verhandeln, das Hilfe bei der Finanzierung des Grundstücks leistete.

Als Heini endlich nach Woodcrest zurückkehrte, war er so erschöpft und hatte solche Atembeschwerden, dass er kaum mehr gehen konnte. Milton Zimmerman, ein junger Arzt, der erst kürzlich zur Gemeinschaft gekommen war, machte ein Kardiogramm und warnte ihn: „Du stehst kurz vor einem Herzinfarkt. Du brauchst absolute Ruhe."

Jetzt konnte Heini nichts mehr tun, als von seinem Bett aus zuzusehen, wie der Sturm über sie hereinbrach. Wahrscheinlich hätte niemand mehr die Entwicklungen steuern können: die rasende Abfolge von Entscheidungen, Gegenentscheidungen und Handlungen. An einem Punkt meinte Heini zu Georg: „Wenn wir die Gemeinschaften in Primavera bis zum Herbst halten können, schaffen wir es. Andernfalls sehe ich keinen Ausweg mehr."

Anfang Mai kam dann Hardy aus Bulstrode nach Woodcrest auf Besuch. Als er eines Tages mit Heini unterwegs war, erwähnte er beiläufig, was er erst kürzlich selbst erfahren hatte: dass Georg und Hans 1941, noch bevor sie wieder in die Leitung aufgenommen worden waren, eine geheime Vereinbarung getroffen hatten, Heini zum Schweigen zu bringen.

Heini war erschüttert, als er das hörte. Tagelang konnte er kaum essen. Er war so außer sich, dass er sich auf nichts konzentrieren konnte und sich sogar von seiner eigenen Familie zurückzog. Es dauerte eine ganze Woche, bis er seine Gedanken genug sammeln konnte, um an Georg zu schreiben. Nachdem er Georg gebeten hatte, zu bestätigen, ob Hardys Bericht wahr sei, schüttete er ihm sein Herz aus wie noch nie zuvor: „Nun komme ich zu dem schwersten Punkt meines Lebens, womit ich bis in das letzte Jahr hinein zu kämpfen hatte. Ich hatte als junger Mensch ein Jesuserlebnis, welches ich wieder erneut wie eine Perle schätze. Besonders von Dir wurde dieses innere Erleben als persönliches Christentum angegriffen und belächelt. Aber vielleicht genügt dies, damit Du Dich daran erinnerst, was Du zu mir persönlich und öffentlich gesagt hast. Es wurde mir sehr scharf gesagt: ‚Nur in der Gemeinde wird Jesus erlebt.' ... Zum einen wurde das Erleben, was mich zu diesem Leben gerufen hatte, belächelt und abgelehnt, und zum anderen beanspruchte die Bruderschaft, diese Gemeinde zu sein, obwohl da Hass, Lüge, Spaltung und Unreinheit waren. Ich habe noch keinem Menschen erzählt, welche Nöte mir dieser Punkt gebracht hat. Ich glaube heute, dass da die schwerste Sünde meines Lebens liegt, dass ich auf Euch gehört habe. Mein Leben hätte eine andere Wendung nehmen können. Es gehört mit zu der größten Gnade meines Lebens, dass ich hier in Amerika nochmals wie ein Kind anfangen durfte zu leben."

Heini war kurz davor, zusammenzubrechen. Der Betrug von Hans und dessen Folgen, der Zusammenbruch von Primavera und das immer noch andauernde Chaos dort, jetzt die Enttäuschung über Georg – was sollte denn noch alles kommen?

Was am meisten schmerzte, war, mit ansehen zu müssen, dass so viele Leute dem Traum ihrer Jugend den Rücken kehrten. Sie waren voller Freude und bereit zu großen Opfern zum Sparhof, nach Silum oder nach Ashton Fields gekommen. Sie hatten Karrieren aufgegeben und Familien zurückgelassen für die Verheißung eines neuen Lebens. Heini hatte für sie und mit ihnen gekämpft, wenn sie um ihren Glauben rangen. Er hatte ihnen die Beichte abgenommen, sie getauft und getraut. Nicht nur Gott, sondern auch einander hatten sie Treue geschworen, und er empfand eine seelsorgerliche Verantwortung für sie. Jetzt standen sie verbittert in der Mitte ihres Lebens und ließen alles zurück. Ansehen zu müssen, wie so viele die Vision verleugneten, die sie einst aufgerüttelt und verwandelt hatte, brach ihm das Herz.

Er sah die Schuld ebenso bei ihnen wie bei sich selbst, besonders wenn er an die frühen Jahre in Primavera zurückdachte. Zweimal hatten er und andere Hans konfrontiert und beide Male hatten sie nachgegeben, aus Sorge, die Gemeinschaft zu spalten. Aber jetzt, zwanzig Jahre später, war es dennoch zu einer Spaltung gekommen. „Wäre ich doch dem treu geblieben, zu dem Gott mich gerufen hatte, als ich ein Kind war!", sagte er sich. „Wenn ich doch nur nicht nachgegeben hätte und mein Gewissen kompromittiert und verdreht hätte! Vielleicht hätte sich diese Katastrophe verhindern lassen!"

Fast den ganzen Mai blieb Heini im Haus, um die verordnete Ruhe zu finden. Er kam nicht einmal mit Annemarie und den älteren Kindern zu den Abendversammlungen der Gemeinschaft. Monika und Else, die beide noch zu jung waren, um an den Versammlungen teilzunehmen, blieben ebenfalls zu Hause zurück. Still im Bett liegend, konnten sie oft durch die Zimmerwand hören, wie er weinte und Gott um Vergebung bat. Es gab Nächte, in denen er vor Trauer schrie und seinen Kopf gegen die Wand schlug. Einmal kam er tränenüberströmt zu ihnen ins Zimmer und sagte: „Kinder, vergebt mir, dass ich so ein schlechter Vater bin."

Im Juni hatte sich Heinis Gesundheitszustand so verschlechtert, dass Douglas ein Ferienhäuschen in der Nähe organisierte, damit er und Annemarie sich dort ausruhen konnten. Am 1. Juni zogen sie ein. Am folgenden Sonntag war Christophs Abschlussfeier an der Handelsschule – und Heini hatte sich darauf gefreut, mit seinem Sohn zusammen dort zu sein. Aber es kam anders. Am Samstagnachmittag bekam Heini starkes Nasenbluten, was mit Unterbrechungen den ganzen Abend lang andauerte, wobei Dauer und Intensität stetig zunahmen. Um Mitternacht rief Annemarie Milton an, der fünf Stunden lang versuchte, das Bluten mit Baumwollgaze zu stillen. Schließlich brachte er Heini in die Notaufnahme des nächstgelegenen Krankenhauses.

Heini wurde operiert und musste drei Wochen im Krankenhaus bleiben – neben dem Nasenbluten hatte sich bei ihm durch den ganzen Stress eine lebensgefährliche Herzerkrankung entwickelt. Unzählige Briefe kamen aus allen Gemeinschaften, viele mit Hilferufen, aber es waren viel mehr, als er beantworten konnte. Sein eigenes Gewissen sprach ihn schuldig, wo er in der Vergangenheit hart und verurteilend gewesen war, und er schrieb eine Reihe von Briefen, in denen er um Vergebung bat.

Primavera aber löste sich immer weiter auf. Die Schockwellen, die von Paraguay ausgingen, hatten mittlerweile auch die europäischen Standorte des Bruderhofs erreicht – die Situation in England und Deutschland war wohl noch chaotischer, was Heini allerdings erst Jahre später erfuhr. (Gwynn, den Heinis Kinder als warmherzigen Ersatzvater während der Amerikareise ihrer Eltern in Erinnerung hatten, gehörte zu denen, die jetzt die Gemeinschaft verließen.) Annemarie ersparte Heini die Einzelheiten – was allerdings wenig ausmachte, denn selbst in seinen Träumen wurde Heini von der Krise heimgesucht.

Als Heini wieder anfangen konnte, normal zu arbeiten, war es schon beinahe August und der Tumult in Primavera fast vorüber. Am Ende des Jahres waren von den fast tausenddreihundert Menschen, die in den Gemeinschaften gelebt hatten, zweihundertsechsundvierzig Mitglieder mit zweihundertvierundneunzig minderjährigen Kindern – also insgesamt fünfhundertvierzig Personen – aus eigenen Stücken fortgegangen oder gebeten worden, zu gehen. (Einhundertsechsundvierzig von ihnen sollten später wieder zurückkehren.) Sibyl tippte damals die Berichte für die anderen Gemeinschaften, die Heini ihr diktierte. Ihre Aufgabe wurde um einiges leichter. Noch vor einem Jahr hatte sie versuchen müssen, von jeder Seite elf Durchschriften anzufertigen und dazu jeden Buchstaben auf ihrer mechanischen Schreibmaschine so hart wie möglich anzuschlagen. Jetzt waren nur noch vier Exemplare notwendig: für Woodcrest, Bulstrode und zwei weitere amerikanische Gemeinschaften. Alle anderen sieben Standorte hatten zugemacht.

Durch den Zusammenbruch waren auch die verbleibenden Gemeinschaften am Taumeln – und tief in Schulden. Heini hatte darauf bestanden, dass jeder Erwachsene und jedes Kind, das Primavera verließ, eine Fahrkarte in ihr Heimatland und hundert Dollar Startgeld erhalten sollte. Es war erbärmlich wenig, das war ihm bewusst, aber es war immer noch weit mehr, als die Gemeinschaft sich leisten konnte. (Am Ende reichte das Geld nicht aus, so dass manche mit weniger als hundert Dollar gingen. Um diese Kosten aufzubringen, musste sich der Bruderhof stark verschulden und Woodcrest zahlte noch viele Jahre lang, bis die Schulden getilgt waren.)

Auch wenn es nicht in Heinis Macht stand, Geld zu beschaffen, das einfach nicht da war, fand er in dieser Angelegenheit keinen Frieden. Täglich schaute er durch die Namenslisten derer, die gegangen waren, und erinnerte sich an jeden einzelnen. Wie es ihnen wohl jetzt erging? Hatte er oder irgendjemand anderes, der in der Gemeinschaft geblieben war, ihnen Unrecht angetan? Heini wusste selbst nur zu gut, was es hieß, mittellos in eine fremde, unfreundliche Welt hinausgeschickt zu werden.

Und Geld war noch das geringste Problem. Wie sollte irgendjemand je die ganze Bedeutung dessen erfassen, was ihnen widerfahren war? Wie ein gewaltiger Sturm war es über sie hereingebrochen. Keiner hatte es kommen sehen, es war wie eine Urgewalt über sie hinweggefegt. Plötzlich war ihnen die Rechnung für fünfundzwanzig Jahre ungelöster Konflikte zugeschickt worden; die Hypothek über Nacht gekündigt. Und keiner war ohne Mitschuld daran, dass es so weit gekommen war. Es war nicht so, dass die Schuldigen alle gegangen und die Unschuldigen alle geblieben wären. Im Gegenteil: Alle hatten Schuld auf sich geladen, einfach dadurch, dass man durch Selbstgefälligkeit und Selbstgerechtigkeit langsam das erstickt hatte, was einst strahlende Freude gewesen war.

Es war klar, dass die Erneuerung, die notwendig war, nur durch die Schmerzen wie bei einer erneuten Geburt kommen konnte. Jedes Gemeindemitglied, ganz gleich, ob man blieb oder ging, musste sich der Frage stellen: Bist du bereit, die Verantwortung für deinen Teil an dieser Katastrophe zu übernehmen? Bist du persönlich bereit, zu bereuen und umzukehren?

Viele empfanden die Veränderungen als unerträglich. Ihre ganze Welt war zertrümmert worden und sie brachten den Mut nicht mehr auf, noch einmal von vorne anzufangen. Einige wurden zunehmend wütend und verbittert.

Andere wiederum begrüßten die Umbrüche. Ilse von Köller, ein deutsches Mitglied, das 1961 ging und dann in den 1970er-Jahren wiederkam, bezeichnete die Phase als einen „Sturmwind, den Christus uns geschickt hatte, damit er all das hinausfegte, was nicht zur Gemeinschaft gehörte". Und obwohl Emmy zutiefst traurig war, dass so viele gingen, verglich sie die Situation mit einem lang herbeigesehnten Wechsel der Jahreszeiten: „Wie sehr wünschte ich uns, dass die Kälte des harten, langen Winters endlich aufhört! Wie sehr sehne ich mich danach, dass wir endlich den Frühling erleben werden, dessen erste Zeichen bereits sichtbar sind." Viele andere sahen es auch so, als Chance für eine Erneuerung um fünf vor zwölf – und sie nutzten sie.

Zu diesen gehörte auch Georg. Nachdem er Heinis Brief im Mai erhalten hatte, rang er wochenlang mit sich und seiner jahrelangen Doppelzüngigkeit. Dann schrieb er einen Antwortbrief, in dem er seine Schuld anerkannte und nicht nur Emmy, Heini und die anderen, die er verletzt hatte, um Vergebung bat (sie gewährten es ihm gerne), sondern die ganze Bruderschaft. Und diese wurde ihm von Herzen gewährt. Innerhalb weniger Monaten diente er der Gemeinschaft wieder als wirklicher Seelsorger.

Und doch waren so viele andere geliebte Brüder und Schwestern gegangen: Johnny, Will, Gwynn und Cyril. Sophie und Luise. Hans. Und auch zwei von Heinis eigenen Geschwistern: Monika und Hans-Hermann. Heini würde den Rest seines Lebens auf Versöhnung mit ihnen allen hinarbeiten.

33

Befreiung

Zwanzig Jahre lang hatte der Bruderhof keinen Steuermann gehabt. Seit Heinis Erkrankung 1941 hatte Hans zwar als Leiter der gesamten Bewegung gehandelt, aber stets jeden Vorschlag abgelehnt, ihn offiziell als solchen zu bezeichnen. Er wollte lieber als Strippenzieher im Hintergrund agieren und nach außen hin den Schein der Gleichheit wahren.

Jetzt, wo Hans gegangen war, wollten viele jemanden benennen, der einigend führen konnte – jemand, der nicht als Manager oder Geschäftsführer auftrat, sondern als Hirte. Das Trauma der letzten drei Jahre hatte ihnen gezeigt, wie weise die frühchristliche Tradition der Bischöfe war (auch wenn sie jetzt diesen Begriff nicht verwendeten), eines Gemeindemitglieds, dessen Aufgabe darin bestand, sicherzustellen, dass niemand vernachlässigt wurde. Es dauerte nicht lange, bis Heinis Name auftauchte.

Heini selbst war nicht begeistert von der Idee. „Wir alle sollten Diener und Knechte Christi sein. Ich möchte nur ein Bruder unter Brüdern sein." Annemarie dachte ähnlich und meinte, sie hätte Bedenken, irgendjemandem eine solche Rolle zu übertragen, nachdem Hans seine Leitungsposition so viele Jahre missbraucht hatte.

Aber es war gerade seine Art zu leiten, die den anderen die Zuversicht gab, dass Heini der Richtige für diese Aufgabe war. Später drückte er es einmal so aus: „Wahrhaftig zu leiten, bedeutet zu dienen, deshalb ist es eine furchtbare Sache, wenn Leitung missbraucht wird, um andere zu kontrollieren. Gerade in unserer Gemeinschaft ist ein solcher Missbrauch besonders teuflisch, weil Brüder und Schwestern sich freiwillig, vertrauensvoll und offenherzig in den Dienst der Gemeinde gestellt haben. In einem diktatorischen Staat unterwerfen sich die Menschen vielleicht der Tyrannei, obwohl sie sie innerlich als böse ablehnen. Aber in einer Bruderschaft der Gläubigen, in der die Mitglieder einander vertrauen, ist der Missbrauch der Leitungsaufgabe für den persönlichen Vorteil nichts anderes als Seelenmord. Sollte einer von euch den Eindruck habe, dass ich jemandem auch nur im Geringsten Gewalt antue, so bitte ich euch inständig, mir das zu sagen. Ich würde lieber sterben, als so etwas zu tun."

Als der Sommer 1962 kam, herrschte allgemein Einstimmigkeit, dass Heini die innere Autorität für diese Aufgabe besaß, und er und Annemarie gaben schließlich nach. Am 13. Juli bestätigte die Gemeinschaft in Woodcrest Heini als Ältesten der Bewegung. Annemarie weinte über die Entscheidung. Anders als die neueren Mitglieder hatte sie eine Ahnung davon, welche Lasten und Verletzungen das für die Zukunft bedeutete. Aber als die Versammlung zu Ende war, trocknete sie ihre Tränen und machte sich an die Arbeit, Heini zu helfen.

Annemarie ging niemals, sie lief. Sie stand früh auf und arbeitete bis spät in die Nacht, schrieb Briefe, strickte, pflegte ihren Garten, putzte ihre Wohnung (und half dann bei den Nachbarn mit) und passte auf kleine Kinder auf. Wenn noch vor dem Frühstück ein gemeinsamer Arbeitseinsatz anstand (zum Beispiel Unkraut jäten oder Bohnen pflücken), war sie eine der Ersten vor Ort, auch wenn sie als eine der älteren Frauen jedes Recht gehabt hätte, im Bett zu bleiben. Wenn sie einmal nicht arbeitete, was selten vorkam, wanderte sie, pflückte Beeren oder ging schwimmen.

Heini löste sein ganzes Leben lang starke Reaktionen bei den Menschen aus, die er traf. Manche begegneten ihm mit tiefem Respekt, andere mit ungeheurer Feindseligkeit. Vielleicht wurde er von manchen wegen der Liebe und dem Vertrauen, das viele Leute ihm entgegenbrachten, beneidet. Selbst in Primavera, als er in der Gemeinschaft in Ungnade gefallen war, waren viele zu ihm gekommen und hatten ihm persönliche Nöte oder Probleme mit ihren Kindern anvertraut. Wer ihm dieses Vertrauen neidete, begriff nicht, dass er es zu einem hohen Preis erworben hatte.

Nachdem die Bewegung 1961 fast zerbrochen war, wandten sich manche der Fortgegangenen gezielt gegen ihn. Einige waren wütend, dass sie „die besten Jahre ihres Lebens der Gemeinschaft geopfert" hatten, andere waren verständlicherweise verletzt über die Umstände ihres Fortgangs. Auch wenn Heini nicht auf jedes Schreiben antworten konnte, waren seine Gedanken dennoch ständig bei denen, die die Bewegung verlassen hatten. In den folgenden Jahren besuchte er sehr viele von ihnen in den USA, England und Deutschland und schrieb ihnen hunderte von Briefen. Er bat auch die anderen in der Gemeinschaft um ihre Hilfe. Dwight, Douglas, Arthur, Richard und einige andere reisten Jahr um Jahr nach Europa und Südamerika, um auf Versöhnung hinzuwirken. Und in den folgenden Jahren gab es einen langsamen, aber stetigen Fluss derer, die zurück zur Gemeinschaft kamen, darunter auch Sophie und einige Dutzend andere.

Von den anderen, die Heini besuchte, waren manche freundlich, hatten aber kein Interesse mehr, während einige wenige ihm ihre Tür vor der Nase zuschlugen. Es war vorhersehbar, wenn auch unfair, dass viele ihn für das Scheitern von Primavera verantwortlich machten. Heini verteidigte sich normalerweise nicht, sondern bat schlicht um Vergebung, „wo immer ich oder die Gemeinschaft dich verletzt haben mögen" – und er erinnerte diejenigen, die bereit waren, ihm zuzuhören, behutsam daran, dass auch sie einmal Teil dieser Gemeinschaft gewesen waren.

Heinis unermüdliche Versuche, zu helfen, verärgerten einige Leute in Woodcrest. Warum verschwendete er seine wertvolle Zeit mit den Gespenstern der Vergangenheit? Aber Heini bestand darauf. Er konnte keinen Frieden finden, wenn er an seine ehemaligen Kameraden dachte und sich ihre Gesichter in Erinnerung rief. Einmal bat er sogar darum, ihm seine Mitgliedschaft zu entziehen, so dass er und Annemarie in derselben Lage sein würden wie diejenigen, die sie besuchen wollten. Er hatte die Hoffnung, auf diese Weise die Feindseligsten unter ihnen erreichen zu können. Als man ihm seine Bitte abschlug – andere Mitglieder konnten der Sache nicht guten Gewissens zustimmen –, strengte er sich nur noch mehr an. Bei einer einzigen Reise nach Europa im Jahre 1964 machte er mehr als vierzig Besuche bei ehemaligen Mitgliedern. Er traf auf offene Feindschaft, aber auch auf offene Herzen.

Bei derart drängenden Problemen wäre es verständlich gewesen, wenn Heini seine Aufmerksamkeit ganz auf die internen Probleme der Gemeinschaft gerichtet hätte. Aber er hatte nie die Worte seines Vaters vergessen, als sie damals von Silum aus ins Rheintal hinuntergeblickt hatten. Der hatte ihn davor gewarnt, sich so sehr auf die eigenen Probleme zu konzentrieren, dass man die Welt um sich herum vergisst.

Am 4. August 1964 meldete der US-Zerstörer *Maddox,* der vor der Küste Nordvietnams im Golf von Tonkin kreuzte, feindliches Feuer. Wenige Stunden später ordnete Präsident Lyndon Johnson Luftangriffe auf Nordvietnam an. Die Amerikanisierung des Vietnamkriegs hatte begonnen. Am selben Tage gelang einem FBI-Team, das in einer ländlichen Gegend im Staat Mississippi nach drei vermissten Bürgerrechtsaktivisten suchte, der große Durchbruch. In der schwülen Hitze des Nachmittags stießen die Beamten auf eine in einem Deich vergrabene menschliche Hand. „Wir haben Öl gefunden", gaben sie als Code an ihre Leitzentrale durch, um die vom Ku-Klux-Klan durchsetzte örtliche Polizei nicht auf ihre Fährte zu führen.

Fest im schweren Lehm eingegraben, fanden sie die Leiche von Michael Schwerner, einem vierundzwanzigjährigen New Yorker. Michael und seine Frau Rita waren mit dem „Congress for Racial Equality" nach Mississippi gekommen, um schwarze Wähler in die Wahllisten einzutragen. Seit einem Monat galt er als vermisst. Unter seinem Leichnam fand man die Leichen von zwei Mitarbeitern, Andrew Goodman und James Chaney.

Michael Schwerners Leichnam wurde wenige Tage später für die Beerdigung nach New York überführt. Auf ihrer Titelseite brachte die *New York Times* ein aufrüttelndes

Bild seiner Mutter, wie sie schluchzend am Flughafen auf die Ankunft des Sarges wartete, das Gesicht von Trauer verzerrt. Als Heini das Bild sah, merkte er, dass er etwas unternehmen musste. Woodcrest hatte Kontakt zu Martin Luther King Jr. und war seit vielen Jahren in Verbindung mit der Bürgerrechtsbewegung, teilweise durch die Beziehung mit Clarence Jordan und *Koinonia*. Hier war die Gelegenheit, die Familie dieses jungen Mannes zu unterstützen, der alles geopfert hatte, um für Gerechtigkeit einzutreten. Mit der Zeitung in der Hand ging Heini zu seinem Freund Richard Domer und erklärte ihm: „Wir müssen da irgendwie helfen. Irgendetwas müssen wir machen."

Es dauerte nicht lange, bis Heini und Richard die Adresse ausfindig gemacht hatten und sich auf dem Weg zum Haus der Familie Schwerner in Pelham, New York, befanden. Sie hatten vorher versucht anzurufen, aber kein Glück gehabt. „Fahren wir einfach mal am Haus vorbei", meinte Heini.

Es war ungefähr vier Uhr nachmittags, als sie ihren Wagen vor einem bescheidenen zweistöckigen Haus parkten. Heini klingelte an der Tür und eine kleine, etwa fünfzigjährige Frau mit einer mütterlichen Ausstrahlung öffnete die Tür. Heini zog seinen Hut: „Frau Schwerner?" Sie nickte und er stellte sich vor. „Wir sind hier, weil wir von ihrem Sohn Michael gelesen haben."

Anne Schwerner hielt inne und musterte ihn. Eigentlich hätte alles an diesem unangemeldeten bärtigen Besucher in seinem Second-Hand-Anzug ihr Missfallen erregen sollen. Er war offensichtlich Deutscher, und er hatte gesagt, dass er Mitglied einer christlichen Gemeinschaft sei. Das waren schon zwei Minuspunkte. Als Tochter orthodoxer Juden war Anne im Schatten des Holocaust aufgewachsen und als Mutter hatte sie gerade einen Sohn durch die „Christliche Ritterschaft des Ku-Klux-Klan" verloren. In den letzten Wochen hatten anonyme Rassisten bei ihr angerufen und mit Mord gedroht. Ihr Ehemann Nathan hatte sie davor gewarnt, Fremde ins Haus zu lassen.

Aber dieser Mann hatte etwas, was sie beruhigte, sobald sie ihn durch den Spalt der Tür erblickt hatte. Sie hatte ihm ins Gesicht geschaut und wusste: *Das ist ein ehrlicher Mensch.* Also öffnete sie die Tür und bat ihn herein: „Kommen Sie herein. Ich will gerne mit ihnen über Mickey reden."

Sie setzten sich ins Wohnzimmer, und Anne wollte wissen, woher die beiden kamen. Heini versuchte es kurz zu erklären und fügte hinzu: „Es ist wie ein Kibbuz, bloß christlich, wo wir versuchen, brüderlich zusammen zu leben."

Anne war begeistert: „Brüderlichkeit – das wollte Mickey auch. Er hat immer gesagt: ‚Ich will kein Sozialarbeiter sein, das ist bevormundend'." Anne stand auf und brachte ihnen etwas zu trinken. Heini fiel auf, dass sie beim Reden immer lebendiger wurde, so dass sie ständig in Bewegung zu sein schien. Sie war so voller Energie, dass sie regelrecht Funken sprühte. „Wissen sie, ich bin nicht religiös. Und Mickey war auch nicht religiös. Aber er war der Meinung, wenn jeder Mensch etwas von Gott hat, dann sollte er wie ein Bruder behandelt werden. Er wollte jedem als Bruder begegnen.

Deswegen hat er auch immer Jeans – Overalls, besser gesagt – getragen und auch einen Bart. Aus Protest, verstehen Sie. So haben sie ihn in Mississippi auch als den erkannt, den sie ermorden mussten." Anne zeigte ihnen Bilder von Mickey als Kind.

Heini und Richard blieben anderthalb Stunden. Als die Zeit gekommen war, wieder aufzubrechen, bat Heini: „Wir würden Sie und Ihren Mann gerne bei uns willkommen heißen." Sie versprach, dass sie vorbeikommen würden.

Anne und ihr Mann Nathan kamen ein paar Monate später zum ersten Mal nach Woodcrest und danach immer wieder. Jeder Besuch war Anlass für leidenschaftliche Diskussionen über Glaube und Politik. Einmal sagte sie: „Diese Rassisten sind einfach nur Biester. Wusstest du, dass eine schwarze Frau, die in Mississippi eine Blinddarmoperation hat, gleichzeitig sterilisiert wird? Die Regierung weiß davon und macht nichts dagegen. Das ist doch wie Hitlerdeutschland!"

Im Laufe der Zeit wurden die Arnolds und die Schwerners enge Freunde – eine ungewöhnliche Freundschaft, immerhin waren Anne und Nathan überzeugte Atheisten. Sie hatte das Judentum ihrer Kindheit hinter sich gelassen und wollte unbedingt wissen, wie vernünftige Menschen, denen soziale Gerechtigkeit am Herzen lag, ihr Leben auf Glauben bauen konnten. Als man abends zusammen in einer Runde saß, fragte sie jeden reihum: „Betest du zu Gott? Betest du überhaupt? Weißt du, dass auch der Klu-Klux-Klan seine Zeremonien mit einem Gebet zu Gott einläutet? Was ist der Unterschied zwischen deinem Glauben an Gott und ihrem?"

Trotz ihrer großen Unterschiede konnten sie einander direkt in die Herzen sehen. Besonders Anne entwickelte tiefe Sympathie und Respekt für Heini und jedes Mal, wenn sie sich trafen, musste er sich tief herunterbeugen, damit sie, auf Zehenspitzen stehend, ihn umarmen konnte.

Da er selbst im Nationalsozialismus groß geworden war, liebte Heini Amerika wegen seiner Freiheiten. Deswegen war er umso besorgter, als er dieselben Dämonen, die Deutschland in den Abgrund getrieben hatten, in seinem neuen Heimatland aufkommen sah: Militarismus, wirtschaftliche Unterdrückung und Rassismus. Gleichzeitig ermutigte es ihn, zu erleben, wie viele sich mutig dagegen aussprachen, und er wollte seine Stimme hinzufügen.

Im Herbst 1964, als es in der amerikanischen Öffentlichkeit nur ein vages Bewusstsein davon gab, dass amerikanische Streitkräfte in Vietnam im Einsatz waren, half Heini mit, eine Gruppe aus Woodcrest zusammenzutrommeln, um gegen den Krieg zu demonstrieren. Außerdem engagierte er sich während der folgenden neun Jahre für die vielen jungen Männer, die um ihre Anerkennung als Kriegsdienstverweigerer kämpften. Er half ihnen, wenn sie einen entsprechenden Antrag stellten, ermutigte sie vor den Anhörungen der Musterungsbehörden und half ihnen beim Finden von Zivildienststellen, wenn sie die entsprechenden Freistellungen erhalten hatten.

Heini hatte enormen Respekt vor Martin Luther King Jr., den er oft als eine „prophetische Stimme" bezeichnete. Im Februar 1965, nach der Ermordung des Bürgerrechtlers Jimmy Lee Jackson, schickte Heini seinen Sohn, Christoph, gemeinsam mit Arthur zur Beerdigung. Im Monat darauf nahm er selbst zusammen mit Dwight und Milton und weiteren Mitgliedern aus Woodcrest für einen Tag an Martin Luther Kings drittem Marsch von Selma nach Montgomery teil. Die Atmosphäre war spannungsgeladen und einige Tage später, als die Demonstranten in Montgomery angekommen waren, wurde eine Frau aus dem Norden, Viola Liuzzo, erschossen. Aber trotz der Risiken und trotz seiner Herzerkrankung marschierte Heini einen ganzen Tag in der sengenden Hitze Alabamas.

Obwohl Heini die politischen Ziele der Bewegung unterstützte – Wahlrecht, Aufhebung der Rassentrennung in den Schulen und gleiche Chancen am Arbeitsmarkt –, empfand er sie als begrenzt. Was ihn wirklich bewegte, war, dass sich Leute aktiv für unterdrückte Menschen einsetzten. Er erinnerte sich an Christel und die anderen Rebellen aus der Arbeiterbewegung, die er als Junge so verehrt hatte, und sprach häufig von seiner Überzeugung, dass jedem Kampf für Gerechtigkeit eine göttliche Eingebung zugrunde liege. So schrieb er an Georg in Bulstrode: „Man sagt, dass die Mörder von Michael Schwerner ihn als Opfer auswählten, weil er Jude war und einen Bart trug. Man hört mittlerweile, wie Ungläubige Christen fragen: ‚Wie war das noch mit Jesus? War er nicht auch ein bärtiger Jude?' Viele von ihnen empfinden die Schmach der Ungerechtigkeit viel stärker und tiefer als die Christen und weisen zu Recht darauf hin, dass auch Jesus ein Ausgestoßener war. So haben uns beispielsweise Nathan und Anne erzählt, dass ihr Sohn, der ja kein Christ war, die Lehre Jesu sehr geachtet und verehrt hat und ihn ‚den größten Menschen aller Zeiten' nannte. Was hier gerade passiert ist, ist das Gegenteil der sogenannten Erweckungsbewegung, die nur persönliches Heil gepredigt hat. Für die Leute innerhalb dieser Bewegung fängt alles bei der Frage nach der Gerechtigkeit an – und die lenkt ihren Blick dann auf Jesus."

◆ ◆ ◆

Im Mai 1966 waren Nathan und Anne Gäste bei Christophs Hochzeit. Die Braut war Verena Meier, eine junge Frau, deren Eltern aus der Schweiz stammten und dem Sparhof etwa zur selben Zeit wie Annemarie beigetreten waren. Heini vollzog die Trauung selbst. Aus Rücksicht auf das Unbehagen der Schwerners gegenüber Religion gestaltete Heini den Gottesdienst entsprechend und sprach vor allem über den Wunsch des Ehepaares, ihr Eheleben der Brüderlichkeit und Gerechtigkeit zu widmen.

Christoph war Heinis zweites Kind, das heiratete. Anneli, die mittlerweile Maria genannt wurde, hatte im Jahr zuvor geheiratet. Im September kam ihr erstes Kind zur Welt, so dass Heini und Annemarie Großeltern wurden.

Seit Christoph ein Teenager war, empfand Heini eine besondere Verbindung zu ihm. Vorher hatte er sich vor allem bemüht, keinen religiösen Druck auf den Jungen auszuüben, sondern hoffte, dass sein und Annemaries gelebtes Vorbild Christoph helfen werde, einen persönlichen, lebendigen Glauben zu finden, so wie er, Heini, es durch Tata und seine Eltern erfahren hatte. Und so war es auch passiert.

Christoph war sich immer sicher gewesen, dass er irgendwie in die Fußstapfen seiner Eltern treten wollte, aber eines Nachts, als er vierzehn war und von einer Anhöhe oberhalb von Woodcrest in den Sternenhimmel blickte, hörte er, wie ihn jemand rief – keine menschliche Stimme, sondern ein Rufen tief in ihm. Es war ein Wendepunkt. Von diesem Augenblick an spürte er, dass er sein Leben Jesus übergeben wollte. Er wollte das Evangelium bezeugen, wie es Rachoff, seine Großeltern und seine Eltern getan hatten. Als er nach Hause kam, ging er direkt zu seinen Eltern ins Schlafzimmer und berichtete ihnen von seiner Entscheidung. Sie hatten Tränen in den Augen. Da merkte Christoph, wie sehr seine Eltern für ihn gebetet hatten. An diesem Abend änderte sich die Beziehung zu seinem Vater. Die beiden waren sich immer nahe gewesen, aber nun waren Vater und Sohn zusätzlich auf einer tieferen Ebene verbunden.

Auch Heinis Töchter kamen zur selben Entscheidung, jede zu ihrer Zeit und auf ihre Weise. Bei Monika, der zweitjüngsten Tochter, ereignete sich der Wendepunkt im Sommer ihres neunten Schuljahres. Während eines Sonntagsgottesdienstes hatte Dwight über das Thema „Du bist nie zu jung, um dein Leben Gott zu geben" gesprochen. Monika war von dem Gedanken überwältigt und hatte den Eindruck, sie habe einen direkten Ruf von Gott erhalten, ihm nachzufolgen. Sie konnte das Ende des Gottesdienstes kaum abwarten, um endlich mit ihrem Vater darüber zu reden. Und auch er bestätigte ihr: „Ja, du bist niemals zu jung." Damit war für sie klar, wie sie den Rest ihres Lebens verbringen würde.

Im Frühjahr 1968 war Monika neunzehn und kurz davor, Medizin zu studieren. Sie bat darum, der Gemeinschaft beitreten zu können, und traf sich zur Vorbereitung mit anderen zukünftigen Mitgliedern im Haus ihrer Eltern zu informellen wöchentlichen Diskussionsrunden. In dieser entspannten Atmosphäre stellten die jungen Männer und Frauen Heini unablässig Fragen zur Geschichte des Bruderhofs. Was war eigentlich 1961 passiert, als so viele ihrer Freunde aus der Kindheit weggegangen waren? Und warum sprachen die älteren Mitglieder nicht über die ersten Jahre in Paraguay?

Wie alle anderen hatte auch Heini darüber immer geschwiegen. Selbst mit Annemarie hatte er nicht über alle Ereignisse der frühen 1940er-Jahre gesprochen. Auch von dem, was er 1961 in Primavera gehört hatte, wo so viele Rätsel endlich klar geworden waren, hatte er ihr nicht alles erzählt. Bisher war er immer davon ausgegangen, dass alles Reden darüber nur alte Wunden wieder aufreißen würde. Annemarie und er hatten ohnehin schon vor vielen Jahren beschlossen, denjenigen zu vergeben, die ihnen Leid zugefügt hatten, „so wie auch uns unsere Fehler vergeben wurden".

Gleichzeitig erkannte Heini aber auch, dass seine eigenen Kinder und ihre Altersgenossen die Geschichte ihrer eigenen Gemeinschaft nicht kannten. „Diese jungen Menschen haben ein Recht darauf, die Vergangenheit zu kennen", dachte er sich. Und so beschloss er zum ersten Mal, die ganze Geschichte wiederzugeben, angefangen mit dem Tod seines Vaters. Und weil sich andere in Woodcrest genauso sehr dafür interessierten, wurde Heini gebeten, vor der gesamten Gemeinschaft zu sprechen – nicht nur vor Monika und den anderen jungen Leuten.

Als Heini anfing zu erzählen, legte er viel Nachdruck darauf, seine eigenen Versäumnisse und Versagen klar zu benennen: „Was ich euch heute Abend erzählen werde, war vielleicht der größte Fehler, den ich in meinem Leben gemacht habe. In den Monaten, bevor ich nach Paraguay aufbrach, war ich von der Vorstellung, dass Hans Zumpe ‚vollkommen vergeben' werden sollte, in die Irre geleitet worden. Ich nahm fälschlicherweise an, dass das bedeuten müsste, dass er wieder eingesetzt werden sollte und dass die Personen, die mein Vater in seinem letzten Brief benannt hatte, so zusammenarbeiten sollten, wie er sich das erhofft hatte. Ich glaubte wirklich fest daran, dass, wenn doch nur Hans, Georg, Hardy und ich zusammenarbeiten würden, der zerstörerische Kurs, den wir als Gemeinschaft nach dem Tod meines Vaters eingeschlagen hatten, umgekehrt werden könnte. Ich brach von England nach Südamerika auf mit dem festen Vorsatz, dafür zu kämpfen!

Dann wurde ich krank. Der Arzt sagte mir, ich hätte nur noch ein paar Stunden zu leben. Als meinen letzten Wunsch bat ich daher die Bruderschaft, Hans, Hardy und Georg zu Leitern der Gemeinschaft zu ernennen – und nur so bin ich damit durchgekommen. Von dem, was ich seitdem gehört habe, denke ich, dass andernfalls kaum alle zugestimmt hätten. Viele erinnerten sich an Hans' tyrannische Art und waren daher sehr zögerlich, stimmten aber zu, weil ich darum bat.

Von da an lief alles aus dem Ruder. Die enge Zusammenarbeit, die ich mir erhofft hatte, kam nie zustande, nicht einmal für 24 Stunden."

Als Heini dann die ganze nachfolgende Geschichte erzählte – seine Halluzinationen, als er krank war, Hans' und Georgs geheime Abmachung, ihn kalt zu stellen und zum Schweigen zu bringen, seine Trennung von der Familie und seine Verbannung in die Leprakolonie –, hörten ihm die jungen Leute erschrocken zu. Auch sein Arzt, Milton, war schockiert zu erfahren, wie nahe Heini dem Tode gewesen war und wie seine psychischen Symptome gegen ihn verwendet worden waren.

Milton war neugierig geworden und er wollte mehr über die medizinischen Details wissen. Später in seinem Büro holte er sich Heinis Krankenakte, und fing an, die vergilbten, mit Cyrils sorgfältiger Handschrift bedeckten Seiten genauer zu studieren. Das Bild, was sich hier abzeichnete, war nicht das, was er erwartet hatte. Er begann, sich Notizen zu machen: Es schien, als habe Heini während seiner schweren Krankheit 1941 an einer Bromvergiftung durch massive Überdosen von Kaliumbromid gelitten. Um sicherzugehen, dass seine Diagnose stimmte, verglich Milton die von Cyril niedergeschriebenen Symptome mehrmals mit dem, was in seinem Pharmakologie-Handbuch über Bromismus stand. Es passte alles zusammen. Als er sich ganz sicher war, lud er Heini und Annemarie ein und erläuterte ihnen, dass Heinis psychische Probleme im Oktober und November 1941, einschließlich seiner Halluzinationen, durch Medikamente verursacht worden waren.

Noch während er sprach, konnte Milton die Erleichterung auf den Gesichtern von Heini und Annemarie sehen. Die Erinnerung an Heinis Halluzinationen war für die beiden jahrzehntelang eine Quelle von Selbstzweifeln gewesen. Hans und Georg hatten darauf bestanden, seine Alpträume als Zeichen psychischer Labilität oder gar spiritueller Finsternis zu deuten und 26 Jahre lang war Heini in der Sorge gewesen, dass sie Recht haben könnten. „Die ganze Zeit habe ich mich immer wieder gefragt, ob es vielleicht etwas Teuflisches in mir gibt", vertraute er Milton an. Er erinnerte sich an seine Ahnung, dass seine bizarren Träume mit dem Kaliumbromid in Verbindung stehen könnten, und wie er sich deswegen geweigert hatte, es einzunehmen, nur um es zwangsverabreicht zu bekommen. Auch Annemarie erinnerte sich oft schmerzlich an diese Zeit: „Ich wusste nicht, wie ich mit den Verunglimpfungen umgehen sollte, die gegen Heini gemacht wurden. Sie haben es ihm ja immer wieder vorgeworfen. Am Ende war es einfach zu unerträglich für mich und ich habe einfach nur versucht, nicht daran zu denken."

An diesem Abend berichtete Milton der Mitgliederversammlung, was er herausgefunden hatte. Da auch Georg anwesend war, fragte ihn Douglas, ob er etwas Licht in die damaligen Ereignisse bringen könnte. „Ich kann mich nicht mehr genau daran erinnern, was mir Cyril gesagt hatte", fing Georg an: „Aber ich wusste..." Er begann abzuschweifen, unfähig oder unwillig, Näheres preiszugeben. Schon bald war Georg und allen anderen klar, dass er seinen Teil der Verantwortung an einer tragischen Verkettung von Ereignissen noch immer nicht voll akzeptiert hatte – Ereignisse, die auch die folgende Generation schwer in Mitleidenschaft gezogen hatten.

Viele in Woodcrest hörten die Details dieser Geschichte zum ersten Mal und waren so entsetzt, dass sie Georg am liebsten sofort hinausgeworfen hätten. Aber Heini verteidigte ihn: „Eines ist klar: Ich werde für Georg kämpfen. Ich liebe ihn. Ich verstehe zwar nicht, warum er sich weigert, anzuerkennen, was er getan hat, aber deswegen gebe ich ihn nicht auf."

Georg bat die Gemeinschaft noch einmal um Verzeihung. Dieses Mal jedoch versicherte Heini ihm nicht sofort, dass alles vergeben und vergessen sei. Mehr als einmal hatte er sich in den letzten zehn Jahren mit Georg versöhnt – und darauf vertraut, dass alles bereinigt sei. Nun aber wirkte das alles hohl. Er war überzeugt, dass es von entscheidender Bedeutung war, dass Georg die vollen Auswirkungen seiner Handlungen anerkannte, vor allem um Georgs selbst willen. Wie sonst sollte das Vertrauen wiederhergestellt werden? Georg gab zu, dass Heinis Zögern gerechtfertigt war. Im Laufe der folgenden Monate bemühte er sich mutig und aufrichtig, der Gemeinschaft ehrlich und vollständig Rechenschaft über die Vergangenheit abzulegen.

Für Heini war jedes neue Eingeständnis ein Öffnen alter Wunden. „Es tut deshalb so weh, weil ich Georg lieb habe." Immer wieder kämmpfte er darum, zu vergeben. Manchmal lief er in seinem Zimmer auf und ab, kämpfte mit seiner Wut und erinnerte sich an Jesu Warnung: „Wenn du deinem Bruder nicht vergibst, wird auch dir nicht vergeben werden." Andere Male fiel es ihm leichter. Er wusste aus eigener Erfahrung, dass der erste Schritt zur Vergebung von schwerem Leid oft darin besteht, die eigene Schuld anzuerkennen. Er war rücksichtslos gegen sich selbst und ging immer wieder zu Douglas, um über Vorfälle zu sprechen, für die er eine Verantwortung zu tragen glaubte.

Nach mehreren Monaten hatte Georg es geschafft. Er verfasste keine gequälten Briefe mehr und schien eine neue Offenheit und wirklichen Frieden gefunden zu haben. Heini versicherte ihm: „Die Vergangenheit ist jetzt abgeschlossen." Die Versöhnung war echt. Heini vertraute Georg wieder uneingeschränkt und tolerierte nicht, wenn jemand über Georgs Fehltritte sprach, ohne zu betonen, dass sie vergeben worden waren. Auch seine Kinder forderte er auf, Georg zu vergeben.

In den folgenden Jahren kam es wiederholt vor, dass andere, darunter auch Gemeindeleiter, auf die Heini sich vollkommen verlassen hatte, sein Vertrauen und das der Gemeinschaften, denen sie hätten dienen sollen, missbrauchten. Wie bei Hans und Georg ging es meist darum, dass Leute die ihnen anvertraute Autorität benutzten, um andere zu dominieren. Heini scheute sich nie, solchem Machtmissbrauch entgegenzutreten, aber wenn der Betroffene umkehrte, erkannte er dessen Reue an und vergab ihm vollständig.

Vertrauen war für ihn ein Glaubensgrundsatz. Neuankömmlinge wie auch altgediente Mitglieder schüttelten manchmal den Kopf angesichts seines endlosen Beharrens auf Vergebung. Warum bestand er darauf, jemandem, der ihm schon wiederholt in den Rücken gefallen war, noch einmal zu vertrauen? Mit gesundem Menschenverstand war das nicht zu erklären. Aber Heini sah das anders. Seinem Sohn Christoph erklärte er einmal: „Lieber vertraue ich und werde tausend Mal betrogen, als dass ich einen Tag in Misstrauen lebe."

Anders als Georg zeigte Hans keinen Hauch von Reue für den Missbrauch seiner Leitungsaufgabe, nicht einmal, als er Woodcrest schon lange verlassen hatte. Heini versuchte mehrmals, ihn in Deutschland zu besuchen, in der Hoffnung auf Versöhnung oder zumindest auf ein Gespräch. Aber Hans wollte nichts davon wissen und weigerte sich sogar, sich mit ihm zu treffen. Er war voll Bitterkeit und verbrachte seine Zeit damit, mit Unterstützung von wohlhabenden Freunden an einem Manuskript über die

Geschichte des Bruderhofs aus seiner Perspektive zu arbeiten. In einem Briefwechsel aus dem Jahr 1972 schrieb Heini an Hans mit der Bitte um ein offenes Gespräch. Hans antwortete mit einem höhnischen Schreiben, das mit den Worten begann: „Du bist ein armes Schwein, Heini…" Es sollte ihr letzter Austausch sein.

Im selben Sommer rief Hans-Hermann Heini von seinem Zuhause in Connecticut aus an und teilte ihm unter Tränen mit, dass man bei ihm fortgeschrittenen Lungenkrebs diagnostiziert hatte. Heini lud Hans-Hermann sofort ein, seine letzten Wochen in Woodcrest zu verbringen.

Die Nachricht von der Krankheit seines jüngeren Bruders erschütterte Heini. Hans-Hermann war 56 Jahre alt und Vater von neun Kindern. Er hatte den Bruderhof nach dem Tumult von 1961 verlassen – eine dunkle und verwirrende Phase für ihn – und hatte die meiste Zeit seitdem mit seiner Familie außerhalb der Gemeinschaft gelebt. Erst in letzter Zeit hatte er angefangen, sich von der Last der Vergangenheit zu befreien.

Wie Heini, Fritz, Hardy und andere war auch Hans-Hermann von Hans und seinen Getreuen hart bestraft worden, wann immer er sich gegen sie gewandt hatte, und er war unter der Last auf eine Weise zerbrochen, die Heini und Hardy erspart geblieben war. Ständig kämpfte er mit Selbstzweifeln und Schuldgefühlen. (Vielleicht hing es damit zusammen, dass er der jüngste der drei Arnold-Brüder war – als sein Vater starb, war er erst 19 Jahre alt gewesen.) Im Laufe der Jahre war er anderen Menschen gegenüber immer misstrauischer geworden, selbst seinen Brüdern gegenüber, die er doch so sehr geliebt hatte. Und nun lag er im Sterben. Heini konnte es kaum fassen. Immer wieder sagte er zu seinen Kindern: „Er ist mein kleiner Bruder. Wir haben im selben Zimmer geschlafen und uns vor denselben Dingen gefürchtet; wir sind zusammen in die Schule gegangen und haben am selben Bach und im selben Wald gespielt. Und jetzt geht er vor mir aus dem Leben."

Bereits wenige Tage, nachdem er seine Diagnose erhalten hatte, zogen Hans-Hermann und seine Frau Gertrud mit ihrer Familie nach Woodcrest, wo sie neben Heini und Annemarie wohnten. Heini besuchte seinen Bruder mindestens zwei- oder dreimal am Tag. Hans-Hermann lag auf seinem Krankenhausbett, auf die Knochen abgemagert und angestrengt atmend. Sein Zustand verschlechterte sich rapide, aber wann immer Heini ihn besuchte, versuchte er sich in seinem Bett aufzurichten und streckte seine Arme strahlend und wie mit neuer Kraft ausgestattet nach ihm aus. Vergangene Missverständnisse und Misstrauen verflogen, als ob es sie nie gegeben hätte. Alles, was blieb, war Liebe. Gemeinsam sprachen sie über alles; sie lachten und weinten. Immer wieder kehrten sie in ihren Gesprächen zu ihrer Kindheit zurück, ganz so, als ob sie noch einmal zwei Jungen in Sannerz wären.

Hardy lebte auch in Woodcrest und kam jeden Tag für einige Zeit zu den beiden hinzu – zum ersten Mal seit Jahrzehnten lebten alle drei Brüder für längere Zeit gemeinsam am selben Ort. Manchmal wurden ihre Gespräche ernster, wenn sie schwere Zeiten in Primavera in ihrer Erinnerung wieder durchlebten. An einer Stelle sagten Hans-Hermann und Hardy zu Heini: „Wir hatten dich eigentlich nie so recht verstanden. Manchmal hatten wir sogar gegen dich gearbeitet. Jetzt sehen wir das alles mit anderen Augen und bitten dich, uns zu vergeben, wann immer wir dich verletzt haben."

Emmy, mittlerweile 87 Jahre alt, war auch oft dabei, aber sie sprach selten. Meistens saß sie in einem Lehnstuhl neben Hans-Hermanns Bett. Selbst Monika, die jüngste Schwester, kam gelegentlich vorbei. (Sie hatte den Bruderhof 1960 verlassen, wohnte aber in der Nähe.) Seit dem Tod ihres Vaters waren sie nicht mehr so nahe dran gewesen, eine richtige Familie zu sein.

Der einzige Wermutstropfen war Emy-Margret. Sie schien immer noch von der Vergangenheit verfolgt zu werden. Äußerlich hatte sie sich bereits vor vielen Jahren von Hans getrennt, getragen von einer Welle des Mitgefühls für sie als die betrogene Ehefrau. Aber trotz ihrer eigenen Verletzung und trotz der unzähligen Enthüllungen, wie Hans andere misshandelt hatte, verteidigte sie ihn immer noch. Tatsächlich schien sie emotional so eng an ihn gebunden zu sein, als stünde sie unter einem Bann.

Weil Emy-Margret sich selbst nur als Opfer sehen konnte, hatte sie nie die Möglichkeit in Betracht ziehen können, die andere sahen – dass sie eine wichtige Rolle dabei gespielt hatte, dass Hans nach dem Tod ihres Vaters seinen zerstörerischen Kurs aufnehmen konnte.

Mit der Autorität eines Menschen, der den Tod vor Augen hat, sprach Hans-Hermann ihr ins Gewissen. Seine Worte stießen bei Emy-Margret eine tiefere Selbstprüfung an. Und auch Heini und Hardy dachten darüber nach, denn durch sie erkannten sie die Situation ihrer Schwester. Was war aus der Emy-Margret geworden, die sie als Kinder gekannt hatten? Sie war unschuldig, freimütig und voller Lebensfreude gewesen, der Liebling der Eltern und eine enge Freundin von Tata. Jetzt sah sie so verzweifelt und unglücklich aus.

Zum Ende des Jahres verschlechterte sich Hans-Hermanns Zustand. Er war offensichtlich dem Tod nahe, und es war quälend, sein Ringen nach Luft ansehen zu müssen. Heini blieb Tag und Nacht an seiner Seite.

Eines Morgens, als es zu dämmern anfing, etwa eine Woche vor Weihnachten, nahm Hans-Hermann plötzlich seine Sauerstoffmaske ab. Er hatte beschlossen, dass seine Zeit gekommen war. Gertrud war bei ihm und als sie bemerkte, dass das Ende nahte, rief sie Heini und die Familie zu Hans-Hermann ins Zimmer. Zehn Minuten später starb er.

Noch Jahre später würde Heini davon sprechen, wie die Augen seines Bruders leuchteten und seine Gesichtszüge Frieden ausstrahlten, als er starb. Seit Tata hatte er niemanden mehr so bewusst, so freudig und so siegessicher dem eigenen Tod entgegengehen sehen. „Wenn man ihm ins Gesicht blickte, sah man etwas Siegreiches darin. Ich kann es nicht anders ausdrücken – es war die Freude, Gottes Willen und Gottes Stunde zu akzeptieren."

Im März 1973 brachte ein unerwarteter Anruf aus Europa eine schockierende Nachricht: Hans Zumpe und seine damalige Geliebte waren auf dem Rückflug von einem Urlaub in Palma de Mallorca gewesen, als ihr Flugzeug über Frankreich mit einem anderen Flugzeug kollidiert und daraufhin abgestürzt war. Alle Passagiere waren tot und ihre Leichen waren über ein großes Gebiet verstreut worden. Heini war erschüttert, als er davon hörte. Dennoch waren seine ersten Worte optimistisch: „Wer weiß, vielleicht hat er sich sogar in seinen letzten Momenten noch mit Gott versöhnt."

So tragisch der Tod von Hans war, Heini hoffte, dass er Emy-Margret die Bewältigung ihrer Vergangenheit erleichtern könnte. Noch hing der Schatten ihres Mannes über ihr und sie schien wie in einem Nebel verloren, aus dem sie den Weg nicht herausfinden konnte, so sehr sie sich auch bemühte. Jetzt war ihre Trennung plötzlich endgültig geworden. Vielleicht könnte dieser Schock ihr helfen, sich endlich zu befreien.

Im Herbst 1973 hatte sie sich durchgerungen und die Vergangenheit erfolgreich hinter sich gelassen. Jeder konnte die Veränderung in ihr sehen: Sie strahlte wieder dieselbe kindliche Freude aus wie in den Tagen von Sannerz, und sogar ihre äußere Gestalt wirkte verändert. Auch ihre Gesundheit verbesserte sich. Als ihre jüngere Schwester Monika sie zum ersten Mal seit dem Tod ihres Bruders Hans-Hermann wieder erblickte, rief sie erstaunt: „Du bist ganz anders, vollkommen verwandelt."

Emy-Margrets Verwandlung hatte ihren Preis. Sie hatte ihren Ehemann verloren, ohne sich mit ihm versöhnt zu haben. Alte Freunde, die sich auf Hans' Seite geschlagen hatten, reagierten verbittert auf ihre Versuche, gemachte Fehler zu berichtigen und Schäden wiedergutzumachen. Sogar zwei ihrer eigenen Kinder wendeten sich von ihr ab. Aber Emy-Margret selbst zweifelte nicht an der Richtigkeit ihrer Entscheidung. In einem Brief an ihren Bruder Hardy schrieb sie froh: „Mir wurde viel Befreiung und Frieden zuteil, und es wird immer mehr geschenkt, weit über alle meine Hoffnungen und Gebete hinaus."

34

Bis zum Ende

Der Tod von Hans-Hermann brachte Heini dazu, sich damit auseinanderzusetzen, dass auch er womöglich nicht mehr lange leben würde. Er war sechzig Jahre alt, hatte sich aber weder von der Nierenerkrankung in seinen Zwanzigern vollständig erholt, noch von dem Beinahe-Zusammenbruch 1961, wegen dem er damals im Krankenhaus hatte operiert werden müssen. Seine Herzprobleme machten in Verbindung mit einer chronischen Lungenerkrankung das Gehen selbst von kürzesten Strecken zur Last. Darüber hinaus hatte sich bei ihm auch noch eine schwere Diabetes entwickelt.

Auch Annemarie fragte sich manchmal, ob ihre gemeinsame Zeit dem Ende entgegen ging. Mit Heini sprach sie nicht darüber. Ihr fiel es oft leichter, ihre innersten Gedanken schriftlich statt im Gespräch auszudrücken. Zu seinem 65. Geburtstag schrieb sie ihm: „Weil ich gar nichts besonderes für Dich habe außer einem blauen Hemd für unsere Tracht, will ich Dir einen kleinen Brief nur für Dich schreiben. Ich bin so unendlich dankbar für dies vergangene Jahr für uns beide. Es war ein sehr besonderes Jahr, das uns so sehr nah zueinander gebracht hat, vielleicht weil es durch so schwere Zeiten gegangen ist. Und dann hast Du durch das ganze Jahr hindurch mich immer wieder an dem, was Dich im Herzen zuinnerst bewegte, auch in den Jahren der Kämpfe, teilnehmen lassen, so dass ich Dich so gut verstehen konnte und auch die großen Nöte. Es schmerzt mich, dass ich in den vergangenen Jahren so wenig Gefühl und Verständnis dafür hatte und dadurch viel zu wenig Liebe zu Dir, besonders in der Primaverazeit. Aber in diesem Jahr konnte ich in meinem Herzen so ganz mit Dir mitfühlen und besonders auch Deine Liebe zu Jesus war mir ein großer Ansporn.

Wie in der Zukunft Gott auch alles für uns lenken wird, fühle ich mich sehr getröstet, dass unser Bund bis in die Ewigkeit ganz unzerbrüchlich fest ist. Er hat immer so bestanden, aber es ist noch inniger, noch näher, noch untrennbarer geworden. Ganz Deine Annemarie."

Heini fand den Brief an diesem Abend auf seinem Kopfkissen. Am nächsten Morgen schrieb er ihr zurück: „Meine einzige Annemarie! Dein gestriger Brief war mir eine besondere Freude. Ich fühle mich ganz beschämt von Deiner Liebe und Deinem Vertrauen. Es ist eine Tatsache, dass Gott uns im letzten Jahr besondere Gnade schenkte. Ich habe Dein Verlangen nach innerer Gemeinschaft sehr deutlich gespürt und danke Dir dafür. Es gab Zeiten, in denen Du so sehr selbständig schienst. Das letzte Jahr hat mir gezeigt, wie sehr Du Dich eigentlich immer gesehnt hast, teilzuhaben, und ich bitte Dich vom Herzen um Vergebung.

Was besonders seit Emmy Marias Tod mit meinem Herzen geschehen ist, kann ich nicht erklären. Es war ein Fehler von mir, dass ich mein Herz und seine Kämpfe vor Dir verschloss. Die Furchtbarkeit dieser Kämpfe kann ich nicht beschreiben und es war nicht etwas, worüber ich Macht hatte. Eine Willensentscheidung half nicht. Alle Versuche scheiterten.

Was mich hielt, war, dass ganz tief unter all dem Furchtbaren die Tatsache blieb, dass ich Jesus erlebt hatte bzw. das Erlebnis selber lebte ganz tief unter allem Dunkel weiter in mir. Selbst in den Stunden, wo ich an den Erlebnissen zweifelte, hielt mich Jesus fest. In tiefer Liebe, Dein Heini."

Nur eine Woche nach diesem Geburtstag wurde Heinis innere Kraft noch einmal auf die Probe gestellt wie seit Jahren nicht mehr. Dwight Blough, ein langjähriger Freund und einer seiner engsten Vertrauten, kam ums Leben, als er mit einem kleinen Flugzeug, das er selbst steuerte, im dichten Nebel an einem Berghang abstürzte. Dwight war 1956 zusammen mit seiner Frau Norann nach Woodcrest gekommen. Das erste Mal war er Heini aufgefallen, weil er sein Leben riskiert hatte:

In dem Gebäude, in dessen zweiten Stock sich Heinis Büro befand, war ein Feuer ausgebrochen, das bald außer Kontrolle geriet. Dennoch rannte Dwight die Treppe hoch, um zu helfen. Es war schon zu spät und die Flammen kamen bereits aus vielen Fenstern. Heini rief ihn zurück, konnte aber nie vergessen, dass Dwights erster Impuls gewesen war, zu retten, was zu retten war, ungeachtet der Gefahr für sich selbst.

Nach dem Zusammenbruch von Primavera hatte Dwight Heini dann 1964 auf seiner Europareise begleitet, um mit Leuten, die die Gemeinschaft verlassen hatten oder weggeschickt worden waren, wieder in Kontakt zu treten. Dwight sprach kein Deutsch. Er war nie in Primavera gewesen und hatte erst recht keinem der ehemaligen Mitglieder irgendein Leid zugefügt. Aber er wusste, wie anstrengend eine solche Reise für Heini werden würde, und wollte ihn unterstützen, so gut er konnte. Gemeinsam besuchten sie alte Kameraden wie Dorli Bolli, Hannes und Else Boller, die Heinis alte Hauseltern in Silum gewesen waren, sowie seine Freundin aus Kindheitstagen Sophie mit ihrem Mann Christian. Der letzte Besuch war unerwartet tragisch – Sophies sechzehnjähriger Sohn Johann Gregor, der an einer angeborenen Krankheit gelitten hatte, war gerade unerwartet verstorben. Dwight und Heini standen bei der Beerdigung an ihrer Seite, als sie den jungen Mann auf dem alten Friedhof der Gemeinschaft nahe dem Sparhof begruben, nur ein paar Schritte von Tata und seinem Vater entfernt.

1968 war Dwight nach Pennsylvania umgezogen, um sich um eine dortige Gemeinschaft des Bruderhofs zu kümmern. Trotzdem war er im täglichen Kontakt mit Heini und anderen in Woodcrest geblieben. Er hatte gesehen, wie die Bewegung in den 1950er-Jahren durch Zwietracht und Machtstreben fast zerstört worden war, und er war entschlossen, die jetzt gefundene Einheit zu festigen. Deswegen hatte er sich auch für den Erwerb eines kleinen Flugzeugs eingesetzt, um Transport und Kommunikation zwischen den Gemeinschaften zu erleichtern, und deswegen war er am Tag des tödlichen Absturzes im Flugzeug.

Als er starb, hinterließ Dwight seine Frau Norann mit zwölf Kindern, wovon das jüngste gerade einmal sechs Wochen alt war. Die Familie hatte ihren Ehemann und Vater verloren – und die große Gemeinschaft, in der er lebte, ihren Leiter und Seelsorger. Für Heini war es, als hätte man ein Stück aus seinem Herzen gerissen.

Am Tag nach Dwights Tod brachte Richard Mommsen Heini einen vergrößerten Abzug eines Fotos von Dwight. Heini konnte das Bild nicht einmal anschauen, so tief traf ihn der Verlust seines Freundes.

Aber trotz seiner Trauer hielt Heini eisern an seinem hohen Arbeitspensum fest. Nicky Maas, seine Sekretärin, bemerkte: „Ich kenne niemanden sonst, der jede Minute des Tages so voll ausnutzt wie Heini." Als Ältester mit Verantwortung für vier Gemeinschaften, in denen zusammen über tausend Menschen lebten, hatte er keine Freizeit. Es war unvermeidlich, dass diejenigen, die für die Finanzen, Betriebe und Schulen verantwortlich waren, sich an ihn wandten, um seinen Rat für ihre Probleme und Pläne einzuholen. Das war aber nur ein Teilaspekt seiner Arbeit. Heini besuchte weiterhin andere Gemeinschaften und pflegte Kontakte in Amerika und Europa, ohne auf die Warnungen der Ärzte zu hören, dass er damit sein Leben aufs Spiel setzte. Während einer Reise nach England brach er zusammen und musste mit heftigen Schmerzen in der Brust in kritischem Zustand in ein Krankenhaus eingeliefert werden. Aber selbst dieser Vorfall bremste seinen Reisedrang nicht. Was, wenn jemand unbemerkt litt? Was, wenn jemand ein offenes Ohr suchte und keines fand?

Für Heini bedeutete Seelsorge nicht, gute Ratschläge auszuteilen oder Weisheiten weiterzugeben. Es war einfach die natürliche Reaktion auf das biblische Gebot: „Liebt einander." Da er in seinem eigenen Leben genug schwere Zeiten durchlebt hatte, identifizierte er sich mit denen, die einsam oder entmutigt waren, und war sich immer bewusst, was ihn durch alle Krisen hindurch getragen hatte: eine persönliche Beziehung zu Jesus. Dies war immer die Essenz seines Rats, ausgedrückt durch einen freundlichen Arm auf der Schulter oder eine klare Ermahnung, oder – wenn die Situation es erforderte – durch eine öffentliche Auseinandersetzung.

Als die 1970er-Jahre anfingen, ließen die unversöhnten Beziehungen mit Leuten, die die Gemeinschaft ein Jahrzehnt zuvor verlassen hatten, Heini keinen Frieden finden. Er schlug vor, eine neue Gemeinschaft in England zu gründen, Darvell, um es denen, die in Europa lebten, leichter zu machen, in Verbindung zu bleiben. Heini und Annemarie besuchten weiterhin diejenigen, die sie aufnahmen. Darunter waren auch Cyril Davies und seine Frau Margot, die sie herzlich willkommen hießen, aber gleichzeitig klar machten, dass sie nicht zurückkehren würden. Will Marchant und seine Frau Kathleen äußerten sich ähnlich. Allerdings richtete Will über seinen Sohn Jerry an Heini aus, dass die beiden Jahre, die sie während der Gründungszeit in Woodcrest gelebt hatten, die besten seines Lebens gewesen seien.

Bei Johnny Robinson, der den Zusammenbruch von Primavera noch immer nicht verkraftet hatte, entschuldigte sich Heini dafür, dass er trotz seiner Bedenken nicht eingegriffen hatte, als Johnny weggeschickt worden war. Aber er erinnerte Johnny auch daran, dass der Zusammenbruch auch nicht aus dem Nichts über sie hereingebrochen war, sondern dass „die geliebte Gemeinschaft in Primavera dem geistlichen Bankrott nahe gekommen war", und dass sie beide mitverantwortlich daran waren. Heinis Argument verfehlte seine Wirkung auf Johnny nicht, und schließlich kehrte er zurück, auch wenn Heini zu dieser Zeit schon nicht mehr am Leben war, um den Heimkehrer willkommen zu heißen.

An Maureen Burn, auch ein ehemaliges Mitglied, schrieb Heini: „Ich weiß, dass 1960 und 1961 sehr, sehr schwere Jahre waren. Es wäre ein Fehler zu glauben, dass es nur für die herzzerreißend war, die gegangen sind oder weggeschickt wurden. … Aber, liebe Maureen, was ich 1961 bei deinem Abschied gesagt habe, gilt heute noch: ,Du solltest zu uns zurückkommen, wenn du meinst, dass wir einen ehrlichen Neuanfang gemacht haben.'" Maureen nahm Heini beim Wort, versöhnte sich mit der Gemeinschaft und kam wieder zurück.

Seine Korrespondenz mit Leuten innerhalb und außerhalb der Gemeinschaft erforderte oftmals die Hilfe mehrerer Schreibkräfte. Manchmal erhielt Heini über hundert Briefe pro Woche, in denen er zu allen möglichen Themen um Rat gefragt wurde, von Kindererziehung und Ausbildungsplänen bis hin zu Trauerfällen und Sexualität. Er diktierte tausende Antwortbriefe, wobei die Briefe von Kindern genauso viel Aufmerksamkeit bekamen wie die von langjährigen Kollegen. (Bis heute haben einige einen Schuhkarton voll mit seinen Antwortbriefen.)

Nicht nur die Empfänger seiner Briefe wussten Heinis Einsichten zu schätzen. Nach seinem Tod wurde eine Auswahl seiner Briefe und Schriften unter dem Titel *Leben in der Nachfolge* veröffentlicht und erreichte eine große Anzahl von Lesern. Henri Nouwen, ein viel gelesener Autor zu geistlichen Themen, erhielt das Manuskript vor der Veröffentlichung. Er war von dem Inhalt so ergriffen, dass er seinen Vorsatz, keine Vorworte mehr zu schreiben, brach und innerhalb von wenigen Tagen eine Einführung zu *Leben in der Nachfolge* verfasste. Darin schrieb er: „Dieses ist kein leichtes Buch. Wenn ich lese, was Heinrich Arnold zu den Mitgliedern seiner Gemeinschaft spricht oder an sie und andere schreibt, dann trifft mich das wie ein zweischneidiges Schwert und stellt mich vor die Wahl zwischen Wahrheit und Lüge, Erlösung und Sünde, Selbstlosigkeit und Egoismus, Licht und Finsternis, Gott und Dämon. Zu Beginn war ich nicht sicher, ob ich mich solch einer direkten Herausforderung stellen wollte. Ich entdeckte einigen Widerstand in mir. Von der guten Botschaft des Evangeliums erwarte ich Milde, Trost, Beruhigung, inneren Frieden und Harmonie.

Aber Arnold erinnert mich daran, dass der Friede des Evangeliums nicht derselbe ist wie der Friede der Welt; dass der Trost des Evangeliums nicht der Trost ist, den die Welt spendet; dass die Milde des Evangeliums nichts mit weltlicher Toleranz zu tun hat, die alles gutheißt. Das Evangelium verlangt eine Entscheidung, eine radikale Entscheidung – eine Entscheidung, die nicht überall auf Lob, Unterstützung und Anerkennung stößt.

Und doch sind Arnolds Worte weder scharf noch unnachgiebig, weder fanatisch noch selbstgerecht. Im Gegenteil: sie sind voller Liebe – strenger, aber wahrer Liebe. Es ist die gleiche Liebe, die aus dem gebrochenen Herzen Jesu fließt. …

Heinrich Arnold spricht nicht in seinem eigenen Namen. Er spricht im Namen Jesu. Er hat offensichtlich die Worte des Paulus an Timotheus vernommen: ‚Vor Gott und vor Jesus Christus, der über die Lebenden und die Toten Gericht halten wird, beschwöre ich dich – ja, angesichts dessen, dass er für alle Welt sichtbar kommen und seine Herrschaft antreten wird, fordere ich dich auf: Verkünde den Menschen Gottes Botschaft. Setz dich dafür ein, ob es den Leuten passt oder nicht! Rede ihnen ins Gewissen, weise sie zurecht, aber ermutige sie auch. Tu all das geduldig und so, wie es der Lehre unseres Glaubens entspricht.'

Seine tiefe Verwurzelung in Jesus Christus macht ihn zu einem sehr weisen, zuverlässigen und herausfordernden geistlichen Führer auf unserem inneren Weg. Mehr noch, jedes seiner Worte entspringt seiner Erfahrung im Gemeinschaftsleben… Ich bin sehr dankbar für dieses Buch. Es ist ein prophetisches Buch."

Egal wie beschäftigt er war, Heini fand immer Zeit für jemanden, der Rat suchte. Es war seine Fähigkeit zuzuhören, die Menschen dazu brachte, zu ihm zu kommen. Ellen beispielsweise hatte Heini seit über zwanzig Jahren gekannt, obwohl sie inzwischen in einer anderen Gegend der USA lebte. Nachdem sie zwei kleine Kinder innerhalb eines Jahres verloren hatte, war ihr Schmerz so groß, dass sie manchmal den Eindruck hatte, sie würde den Verstand verlieren. Eines Tages griff sie nach dem Telefon und wählte Heinis Nummer, ohne zu wissen, was sie ihm sagen wollte. Er nahm ab, aber Ellen konnte nicht einmal ihren Namen sagen, sie schluchzte nur ins Telefon. Heini hörte ihr lange zu, ohne ein Wort zu sagen – wie lange, wusste Ellen danach nicht mehr. Als Heini am Ende sprach, sagte er nur: „Ich verstehe." Das war alles. Aber so, wie er es sagte, war für Ellen klar, dass er wirklich verstand. Es vermittelte ihr ein Gefühl von Trost und sogar Hoffnung – obwohl sie gedacht hatte, dass sie so etwas nie wieder empfinden würde.

Manchmal blieb Heini monatelang in Woodcrest, aber sein Geist reichte immer weit darüber hinaus. „Je älter ich werde, umso weniger wichtig ist mir der Bruderhof", sagte er eines Abends zu den Mitgliedern der Gemeinschaft. „Es reicht nicht, in Gemeinschaft zusammen zu leben, einander zu lieben und einander glücklich zu machen; das Abendessen für den Nachbarn zuzubereiten, der dann wiederum für seinen Nachbarn das Abendessen macht. Von uns wird mehr verlangt." Sein Blick war stets nach außen gerichtet, abwägend und prüfend: „Was ist unsere Verantwortung? Wie können wir auf die Ereignisse unserer Zeit reagieren?" – den Vietnamkrieg, den Reaktorunfall auf Three Mile Island, den Nahostkonflikt, die Geiselnahme in der amerikanischen Botschaft im Iran.

Hippies aus New York City und aus ländlichen Gemeinschaften besuchten Heini in seinem Büro ebenso wie langhaarige *Jesus People*, die davon redeten, wie man „high auf Gott" wird, und Journalisten und Wissenschaftler, die ihn interviewen wollten. Als die Not der „boat people", Vietnamesen, die auf kleinen, überfüllten Booten aus ihrer Heimat flohen, in den späten 1970er-Jahren Schlagzeilen machte, sorgte Heini dafür, dass auch die Gemeinschaft mehrere Familien aufnahm, bis sie eine feste Arbeit und akzeptable Wohnungen gefunden hatten. Er freundete sich mit Vietnamveteranen wie Terry Fritz an, einem Obdachlosen mit Drogenproblemen, der sich in der Nähe von Woodcrest aufhielt. Als Terry sich 1977 das Leben nahm, weinte Heini, als hätte er seinen eigenen Sohn verloren.

Eines Tages kam eine junge Frau namens Giovanna zu ihm, um Hilfe zu suchen. Sie war Mitglied in der „Vereinigungskirche" von Sun Myung Moon gewesen. Inzwischen empfand sie die „Kirche" und besonders den Glauben an die Göttlichkeit Moons als sektenhaft und götzendienerisch und wollte wieder zum Glauben ihrer Kindheit zurückfinden, den sie als Studentin verworfen hatte. Innerlich aber hatte sie es noch nicht geschafft, sich von den „Moonies" zu befreien, und spürte, wie es sie belastete, dass sie in der Vergangenheit mitgemacht hatte. Als sie Heinis Büro betrat, war sie voll innerer Unruhe und fingerte nervös herum, als würde ihr innerstes Wesen in Frage gestellt. Heinis erste Worte zu ihr waren: „Giovanna, hier in dieser Gemeinschaft beten wir keine Menschen an." Er war freundlich, aber direkt: „Du gefährdest nicht nur deine psychische Gesundheit, sondern auch deine Seele."

Das Gespräch erwies sich für Giovanna als entscheidender Schritt nach vorne. Jahre später erinnerte sie sich: „Was mich bei dieser ersten Begegnung am meisten angesprochen hat, war seine Aufrichtigkeit. Es gab keine Halbheiten. Ich hatte ihn noch nie zuvor getroffen, aber ich wusste: ‚Hier ist ein Mann Gottes. Er wird verstehen.' Und so war es auch. Er stand für Jesu Botschaft ein und wich keinen Zentimeter davon ab. Deswegen konnte man ihm vollkommen vertrauen."

Heftig wehrte sich Heini gegen jeden Versuch, ihn zum Guru zu machen – und es gab viele Leute, die das versuchten. Aber er hielt es für seine Aufgabe, für jeden da zu sein, der ihn wirklich sprechen wollte. Als Sibyls Tochter Xaverie zur High School ging, wartete sie wochenlang, bevor sie sich traute, ihn um ein Gespräch zu bitten. Zum einen war sie schüchtern, aber sie hatte auch so tiefen Respekt vor Heini, dass sie glaubte, dass ein Gespräch mit ihm den entscheidenden Impuls für ihr Leben bringen würde. Endlich nahm sie allen ihren Mut zusammen und bat um ein Gespräch.

Als sie Heinis Büro betrat, war er gerade dabei, ein Schälchen Eis auszulöffeln. Aus ihr aber brach es förmlich heraus. Alles, was sie sich zu sagen vorgenommen hatte, sprudelte aus ihr heraus. Sie vergaß kein Detail: ihre Suche, die Fehler, die sie gemacht hatte, ihre Zweifel und Unsicherheiten. Das dauerte eine ganze Weile, und Heini löffelte weiterhin sein Eis, während er ihr zuhörte. Als sie schließlich fertig war, schaute sie Heini erwartungsvoll an. „Endlich", dachte sie, „ist der Moment gekommen. Jetzt werden mir die Augen aufgehen, wenn er mir seine große Einsicht mitteilt, die mein ganzes Leben verändern wird."

Für einen Moment war Stille. Dann sagte er: „Xaverie, wärst du so nett und bringst dieses Schälchen für mich in die Küche, bitte?" Und damit war das Gespräch beendet.

Wenn jemand wirklich in Not war, ließ Heini nichts unversucht. Barry war sechzehn. Die Pubertät war eine verwirrende Zeit für ihn, besonders, weil er nicht nur zu Mädchen eine starke sexuelle Anziehung empfand (das war ja normal), sondern – zu seinem Entsetzen – auch zu älteren, verheirateten Frauen. Er schämte sich und hatte Angst, mit jemandem über seine Gefühle zu reden. Also zog er sich immer mehr zurück. Am Ende war er so weit, dass er dachte, er würde den Verstand verlieren, wenn er keine Hilfe bekäme, und kam eines Nachmittags in Heinis Büro. Als sie unter sich waren, schüttete Barry ihm sein Herz aus.

Heini bedankte sich bei Barry für seine Offenheit. Er erklärte ihm, dass es für einen jungen Mann entscheidend ist, welche Haltung er seinen Trieben gegenüber einnimmt. Er erzählte Barry auch, was ihm sein eigener Vater mit auf den Weg gegeben hatte, als er in Barrys Alter war: „Wenn du an den Bereich der Sexualität schon jetzt mit größter Ehrlichkeit und Respekt herangehst, dann wird dir die Selbstdisziplin im späteren Leben leichter fallen. Höre auf dein Gewissen." Dann fügte er noch hinzu: „Ich werde an dich denken."

Aber das war noch nicht alles. Als Barry an diesem Abend nach Hause kam, stellte er fest, dass Heini schon vor ihm da gewesen war und ihm einen Brief aufs Bett gelegt hatte. „Lieber Barry", stand dort, „es tut mir leid, wenn ich dir heute Nachmittag nicht mehr helfen konnte, als du mir dein Herz geöffnet hast und von den Versuchungen erzählt hast, die dich quälen. Wir haben es hier aber mit etwas zu tun, wo kein Mann einem anderen helfen kann, den Weg heraus zu finden, jedenfalls nicht alleine. Hier muss Jesus hinzugezogen werden. Jesus sagt: ‚Wenn jemand mir nachfolgen will, verleugne er sich selbst und nehme sein Kreuz auf sich.' Wenn wir dazu bereit sind, kann Jesus als befreiende Kraft zu uns kommen. Das kann kein anderer machen. Dein Freund Heini."

◆ ◆ ◆

Seit Mitte der 1960er-Jahre arbeitete Christoph eng mit Heini zusammen und unterstützte ihn bei seiner seelsorgerlichen Arbeit. 1974 bat ihn die Gemeinschaft offiziell, seinen Vater bei dessen Aufgaben als Ältester zu unterstützen. Er und Verena hatten mittlerweile mit ihrer wachsenden Familie alle Hände voll zu tun, aber dennoch verließ sich Heini sehr auf ihn. Für Christoph hatte die Unterstützung seines Vaters oberste Priorität. Wenn sein Vater ihn anrief, war er innerhalb von Minuten zur Stelle – um in einem unerwarteten Krankheitsfall seelsorgerlich zu helfen, ihm bei einem schwierigen Beratungsgespräch beizustehen, ihn irgendwo hinzufahren oder um etwas zu essen vorbeizubringen, wenn unerwartet Gäste gekommen waren.

Oftmals, besonders wenn ihn sein Asthma quälte, machte Heini einen so erschöpften Eindruck, dass Christoph ihn drängte, doch alle gemeinschaftlichen Versammlungen des Tages auszulassen und sich zu Hause auszuruhen. Manchmal gab er nach, manchmal auch nicht, besonders, wenn die Gemeinschaft abends zum Gebet oder zum Singen zusammenkam. Dann bestand er darauf, hinzugehen, ganz gleich, wie schwer ihm das Atmen fiel oder wie hoch sein Fieber war. „Ich muss die Brüder und Schwestern sehen. Meine Stärke kommt von der Bruderschaft."

In solchen Situationen sorgte Christoph dafür, dass alle Bescheid wussten: „Meinem Vater geht es heute Abend nicht gut, bitte nehmt Rücksicht auf ihn." Aber wenn Heini die Versammlung betrat, war seine Schwäche wie weggeblasen. Die Gegenwart der Menschen, die er liebte, verwandelte ihn und der eben noch erschöpfte Mann erwachte zu einer Frische und Energie, die den ganzen Abend über anhielt. Nach der Versammlung saß er zu Hause in seinem Lehnstuhl. Annemarie, die Kinder und ihre Ehepartner waren auch da und man plauderte und scherzte. Manchmal sprach er über Dinge, die ihn besonders beschäftigten, oder er fragte die Anwesenden, was sie zu einem Thema dachten, das ihm aktuell durch den Kopf ging. Emmy oder Hardy kamen oft vorbei, oder Georg auf ein Glas Wein, und dann saß man zusammen und schwelgte in Erinnerungen. Bisweilen waren diese informellen Runden so anregend, dass er danach nicht einschlafen konnte.

Heini sprach häufig von seiner Beziehung zu seinem eigenen Vater. Er spürte, dass er nicht mehr lange leben würde, und fühlte sich verpflichtet, die Fackel, die er von ihm übernommen hatte, weiterzureichen. Eberhard war weit mehr als ein Vater für ihn gewesen. Seit er erfahren hatte, dass Heini als Elfjähriger eine Begegnung mit Jesus gehabt hatte, waren die beiden über ihre Vater-Sohn-Beziehung hinaus durch ein starkes geistliches Band vereint. Jetzt waren Heini und Christoph auf dieselbe Weise verbunden.

Eines Nachts schrieb Heini bis in die frühen Morgenstunden an einem Brief an seinen Sohn und dessen Frau. Als er fertig war, versiegelte er den Brief und deponierte ihn im Safe mit der Anweisung, dass er erst nach seinem Tod zu öffnen sei. Der Brief war an Christoph und Verena adressiert und begann: „Du, lieber Christoph, hast so sehr viel in den letzten Jahren mit mir zusammen getragen, und so möchte ich Dir einige Worte sagen für den Fall, dass ich einmal nicht mehr unter Euch bin. Für Eure Zukunft bleiben die letzten Briefe aus Darmstadt von Deinem Großvater an Hans und Emi-Margret wie der an Eure Oma gerichtete grundlegend. Haltet Euch immer daran… Gebt niemals nach, in den Fragen innerer Freiheit und Echtheit. Verleugnet niemals Gottes Größe und Gottes Reich auf dieser Erde. Haltet Euch in allen Dingen an den Glauben an Gott."

Der Brief umriss dann die Geschichte der Gemeinschaft, damit sie Christoph auch in Zukunft stets bewusst bleiben würde. „Am Anfang war das Gemeinschaftsleben von tiefer Jesusliebe ergriffen und voll strömender Liebe des kleinen Kreises zueinander. Welche Belastungsprobe konnte dieser kleine Kreis bestehen! Auch die Kinder waren von der Liebe zu Jesus gepackt und ergriffen und halfen, ohne sich selbst dessen bewusst zu sein, die Lasten zu tragen, und nahmen sich irgendwie der Bettler und Hilfsbedürftigen an.

Später aber und besonders in Primavera, wurde der wahre Jesus abgelehnt… So kehrte sich das Leben des Bruderhofs langsam zum Gegenteil von dem, was es zu Anfang gewesen war. Ich weiß, dass ich mich hier sehr zugespitzt ausdrücke.

Immer wieder frage ich mich: wie konnte diese in Christus gegründete Gemeinschaft sich so entwickeln? Wie sie schon 1907 von Opa, Oma und Tata dargestellt wurde und dann völlig verdreht und ins Gegenteil gekehrt wurde. Wie war es möglich, wo der Anfang so klar auf Christus gegründet war, dass es später so völlig ins Gegenteil gedreht werden konnte?

Gerade in Krisen wurde es so klar, dass es zum Gegenteil des Anfangs geworden war, dass ich mich jetzt wundere, dass ich dies nicht in seiner ganzen Furchtbarkeit erkannt hatte. Ich will an dieser Stelle nicht auf geschichtliche Einzelheiten wie auf die Schuld, die auch wir Arnolds ohne Zweifel hatten, eingehen. …

Am Ende sind wir alle arme, ja sehr arme Menschen. Ohne den gekreuzigten Christus gibt es für keinen für uns einen Weg zu Gott. Das ist unsere Freude, unser Glaube und unsere Verkündigung. ...

Jesus Christus! Er muss das Zentrum in allen Zeiten bleiben. Die Gemeinschaft muss sich ständig von innen her erneuern. Damit meine ich eine stets neue Begegnung mit Gott und seinem Jesus Christus."

In Erinnerung daran, was der Segen seines eigenen Vaters für ihn bedeutet hatte, schloss er den Brief mit einem persönlichen Segenswunsch: „Dir und Verena und Euren geliebten Kindern wünsche ich Gottes Segen für Eure Zukunft. ..."

Heini traf noch weitere Vorkehrungen für die Zukunft. Wann immer er ein paar freie Minuten fand, diktierte er Nicky oder Hela, seinen Sekretärinnen, seine Gedanken zu verschiedenen Aspekten der Seelsorge. Christoph, der selbst im Verlagswesen gearbeitet hatte, half dabei, diese Gedanken in zwei Bänden zusammenzufassen. *In the Image of God (Als Abbild Gottes)* behandelt Fragen der Ehe und Sexualität, während *Freedom from Sinful Thoughts (Freiheit von Gedankensünden)* sich mit einer kaum beachteten, aber weitverbreiteten Quelle menschlicher Not beschäftigt – und dabei stark auf Meister Eckhart aufbaut, Heinis Lieblingsautor als junger Mann.

Zunächst ließ Heini nur ein paar Dutzend Exemplare anfertigen, die er meistens an Leute gab, die zu ihm zur Seelsorge kamen. Aber die Bücher machten die Runde, und schon bald kamen die ersten Briefe dankbarer Leser zurück. Die Gemeinschaft beschloss, die Manuskripte zu veröffentlichen, und es kamen immer mehr Rückmeldungen. Vollkommen Fremde schrieben, um Heini mitzuteilen, dass *Freedom from Sinful Thoughts* ein Wendepunkt in ihrem Leben gewesen war. (Einige schrieben sogar, dass das Buch sie davor bewahrt habe, sich umzubringen.) Keines der beiden Bücher wurde zum Bestseller, aber sie verkauften sich stetig, Jahr für Jahr.

Seinen eigenen Namen auf einem Buchrücken zu lesen, fand Heini sehr amüsant und er zog seine ehemalige Lehrerin Trudi, die mittlerweile in Woodcrest lebte, gerne damit auf. „Mir hast du immer gesagt, ich sei ein hoffnungsloser Schüler gewesen", erinnerte er sie.

„Ja, Heini. Es war mir einfach zu viel! Ich habe versucht, dir Englisch beizubringen, aber du hast dich verweigert."

„Und dann sollte ich auch noch Französisch lernen. Ich sehe dich noch vor mir, wie du Papa sagst: ‚Heini ist ein hoffnungsloser Fall', und er dann beschloss, dass ich nicht auf die Universität gehen sollte. Und heute, Trudi, bin ich ein *Schriftsteller*." Beide mussten laut lachen..

Jetzt waren es Heini und Annemaries Enkelkinder, die zur Schule gingen. Wenn sie auf Besuch kamen, begrüßte Heini sie immer herzlich. Er hatte für jeden einen besonderen Spitz- oder Kosenamen. Christophs Sohn Heinrich fühlte sich seinem

Großvater besonders nahe, auch weil sie denselben Namen trugen. Er besuchte ihn jeden Tag auf dem Weg zur Schule und erhielt meist eine Umarmung und einen Kuss mit auf den Weg.

Als seine Enkelsöhne heranwuchsen, wollte Heini ihnen auch vermitteln, was es bedeutet, ein Mann zu sein. Er erzählte ihnen: „Als Hardy und ich Teenager waren, war Hardy schneidig und brillant. Ein Student an der Universität. Ich hingegen besuchte die Landwirtschaftsschule zusammen mit lauter Bauernsöhnen. Aber wenn Hardy und ich miteinander rangen, konnte ich ihn immer zu Boden werfen, selbst mit einem Arm auf dem Rücken."

Das Reiten bereitete ihm immer noch große Freude. Er bat Heinrich und Nathan (Marias ältesten Sohn), das Pferd zu satteln und vor sein Büro zu bringen. Beim Aufsteigen brauchte er Hilfe, aber war er erst einmal im Sattel, fiel ihm das Reiten leicht, und mit einem Arm die Zügel festhaltend, galoppierte er über die Felder und Wälder hinter dem Haus.

Heini hatte ein Herz für Kinder und verteidigte sie oft gegen Erwachsene. Es gab kaum etwas, was ihn mehr aufregte, als wenn Kinder aufgrund ihrer schulischen Leistungen in Schubladen gesteckt und unter Druck gesetzt wurden. Eines Nachmittags geriet Emmy Maria, die damals dreizehnjährige Tochter von Christoph und Verena, mitten in eine Diskussion über Probleme an der Schule der Gemeinschaft in Woodcrest. „Diese dumme Arroganz der Lehrer", schimpfte Heini. „Die waren an der Uni erfolgreich und betrachten sich und ihresgleichen als ‚Akademiker'– ganz so, als ob sie bessere Menschen wären!" Seine Augen blitzten. Plötzlich bemerkte er, dass Emmy Maria im Raum war. Mahnend hob er seinen Zeigefinger und meinte: „Sag bloß deinen Lehrern nicht, was du mich gerade sagen gehört hast."

Emmy Maria wusste allerdings auch, dass sie es mit ihrem Großvater zu tun bekommen würde, wenn sie einem dieser Lehrer nicht gehorchte. Die schlimmste Konsequenz für Heinis Enkelkinder war, gesagt zu bekommen: „Jetzt geh und sag Opa, was du getan hast." Nicht, dass Heini sie ausgeschimpft oder bestraft hätte, aber ihm gegenüberzutreten und zu erzählen, was man angestellt hatte – vielleicht eine Lüge oder Ungehorsam –, war viel schlimmer als jede Strafe. Heini wiederum ließ kein Kind wieder gehen, ohne ihm sein Vertrauen auszusprechen: „Ich weiß, dass du das morgen anders machen wirst, ja? So, und nun lass dich nochmal umarmen."

Seit den frühen 1970er-Jahren musste Heini wegen seiner Diabeteserkrankung regelmäßig Insulin spritzen. Dadurch nahm er ständig zu und wurde zum ersten Mal in seinem Leben übergewichtig. Bald kam es zu anderen Komplikationen, und seine Ärzte verboten ihm zu rauchen und Salz zu sich zu nehmen. Heini hatte kein Verständnis für derartige Verbote. Abends, wenn seine Familie mit anderen Dingen beschäftigt war, schlich er sich in Pantoffeln zu seinem alten Freund Rudi Hildel hinauf (die beiden waren zusammen auf dem Sparhof aufgewachsen), tappte quer durch dessen Wohnzimmer und griff in Rudis Hemdtasche, von der er wusste, dass sie immer eine Packung Pall Mall enthielt. Nach ein paar gemeinsam gerauchten Zigaretten kehrte er dann vergnügt nach unten zurück.

Alle paar Monate kam Ben, ein Sohn von Hans und Emy-Margret, von Connecticut herüber. Ben war Hobbywinzer und brachte meistens ein paar Liter selbst gekelterten Weins mit, die er und Heini dann gemeinsam verkosteten. „Weißt du, Ben", meinte Heini einmal zu ihm, „das erste Wunder, das Jesus gewirkt hat, war die Verwandlung von Wasser in Wein. Es gibt so viele Christen, die wünschten sich, es wäre anders herum gewesen. *Aber das ist einfach nicht das Evangelium!*" Ähnlich argumentierte er, wenn er bei Tisch sein Essen kräftig mit dem für ihn verbotenen Salz bestreute: „Jesus sagt uns, dass wir das Salz der Erde sein sollen. Dann kommen die Ärzte daher und sagen mir: ‚Kein Salz!'" – und zur Bekräftigung wurde dann noch einmal ordentlich nachgesalzen.

Obwohl Heini noch keine siebzig war, sah er wie ein alter Mann aus. Annemarie hingegen war voller Energie und immer in Bewegung. Trotzdem waren sie völlig vereint, zogen sich ständig im Spaß gegenseitig auf und kabbelten sich über kleine praktische Details mit offensichtlicher gegenseitiger Zuneigung. Bevor er das Haus verließ, wuselte sie um ihn herum, kämmte ihm das Haar, bürstete einen Fleck von seiner Jacke oder spritzte ein wenig Kölnischwasser auf ihn, während er friedlich da saß und lächelte. „Ach, Annemarie, ist das wirklich notwendig?", fragte er dann in gespielter Ablehnung.

Niemand konnte sich Heini ohne Annemarie vorstellen, am allerwenigsten er selbst. Er war sich so sicher, dass sie ihn überleben würde, dass er eines Tages mit Christoph darüber sprach, wie Annemarie nach seinem Tod am besten unterstützt werden könnte. Er schlug Christoph vor, zu versuchen, seine Mutter zu überreden, eine Geschichte der Gemeinschaft seit den Tagen in Sannerz zu schreiben. Er meinte, sie wäre dazu besser als jeder andere geeignet, denn aus ihren unzähligen Briefen ging klar hervor, dass sie ein Talent fürs Erzählen und Beschreiben hatte.

Aber eines Nachmittags im September 1979 änderte sich alles auf einen Schlag. Bei Annemarie wurde Lymphdrüsenkrebs diagnostiziert. Es kam nicht vollkommen überraschend – seit Wochen schon hatte Annemarie Schwächeanfälle und Brustschmerzen gehabt und ihre Tochter Monika, die mittlerweile Ärztin geworden war, hatte die Tests veranlasst. Doch bis jetzt war eine solche Diagnose unvorstellbar erschienen. Annemarie und Heini weinten beide, als Christoph und Monika ihnen die Nachricht überbrachten. Dann riss Annemarie sich zusammen, blickte Heini an und meinte: „Ab jetzt zählt jeder Tag und jeder Moment. Wir dürfen keine Gelegenheit auslassen, unseren Brüdern und Schwestern Liebe zu erweisen, genauso wie den Kindern und unseren Gästen."

Der Krebs schritt schnell voran und im Januar musste sie, die ihr ganzes Leben im Dienst an anderen verbracht hatte, versorgt und gepflegt werden. Das zu akzeptieren, fiel ihr sehr schwer.

Als ob das noch nicht genug gewesen wäre, zog sich Heinis Mutter im selben Winter eine Lungenentzündung zu. Die letzten Jahre hatte Emmy in einer Wohnung ein Stockwerk über ihnen gewohnt, wo Verena, Emy-Margret und andere sich um sie gekümmert hatten. Mit fünfundneunzig Jahren war Emmy sehr ruhig geworden und manchmal ein wenig verwirrt. Aber in ihr glühte nach wie vor ein Feuer. „Ich bleibe auch in schwierigen Zeiten stark", sagte sie, wenn schlechte Nachrichten oder Probleme anderen Kopfzerbrechen bereiteten. Täglich sprach sie davon, „in die Ewigkeit hinüber zu gehen" – und wie ein kleines Mädchen, das sich auf Weihnachten freut, erwartete sie diesen Moment voller Vorfreude. „Tata hat mir immer erzählt: ‚Wenn du stirbst, schläfst du einfach ein wie ein Kind.'" Genauso sprach sie jeden Tag davon, „meinen Eberhard wiedersehen" zu können, und erinnerte sich an die fünfundvierzig langen Jahre, die sie ohne ihn gelebt hatte. Bisweilen verwechselte sie Heini in ihrer Liebe zu ihm mit ihrem Ehemann. Dann schaute sie ihn mit leuchtend blauen Augen an und sagte: „Mein Eberhard, mein Eberhard." Niemand korrigierte sie.

An einem Abend drei Wochen nachdem Emmy am ersten Weihnachtsfeiertag ihren fünfundneunzigsten Geburtstag gefeiert hatte, rief Verena Christoph und Heini in Emmys Zimmer: „Sie wird nicht mehr lange unter uns sein." Minuten später entglitt sie, wie Tata ihr gesagt hatte: friedlich wie ein Kind. Seit Jahren hatte Heini seinen Kindern gesagt: „Wenn Mama von uns geht, wird etwas Bedeutendes im Himmel passieren." Jetzt war dieser Moment gekommen. Es war ein schwerer Verlust für die Familie, aber nicht untragbar. Sie mussten nur an Emmys Freude denken, nach so vielen Jahren der Einsamkeit und Sehnsucht, wieder mit ihrem Ehemann vereint zu sein.

Annemarie litt darunter, dass sie den Leichnam ihrer Schwiegermutter nicht mehr selbst für die Beerdigung vorbereiten und den Raum, in dem sie aufgebahrt werden sollte, nicht mehr selbst herrichten konnte. Sie hatte es immer als ein großes Privileg betrachtet, Gemeinschaftsmitgliedern diesen „letzten Liebesdienst", wie sie es nannte, zu erweisen.

Aber es sollte noch mehr auf sie zukommen. Nur wenige Tage nach Emmy starb Dora, die Annemarie seit fast 50 Jahren gut gekannt hatte. Annemarie war mittlerweile zu schwach, um an der Beerdigung teilzunehmen. Trotzdem stand sie aus dem Bett auf, kleidete sich schwarz und stand fiebrig und zitternd, aber aufrecht am Fenster, als Doras Beerdigungszug an ihrem Haus vorbeiging.

Sieben Tage darauf ging auch Ruth von ihnen, eine alte Klassenkameradin von Heini. Auch für ihre Beerdigung kleidete sich Annemarie in Schwarz, auch wenn sie bereits wesentlich kränker war als in der Woche zuvor. Es überstieg ihre Kräfte sichtlich, aber sie bestand darauf aus Respekt vor Ruth.

Alle drei Frauen waren Annemarie viele Jahre lang sehr nahe gewesen und ihr Tod traf sie schwer. Jedes Mal baute sie selber merklich ab. Heini erkannte noch vor den Ärzten, dass sie im Sterben lag. Die Ärzte versicherten ihm, dass Annemaries Krebs eine niedrige Sterblichkeitsrate hatte und die Testergebnisse gut waren, aber eines Tages sagte er zu Milton: „Ich sehe doch schon, wenn ich sie anschaue, dass sie schwächer wird. Du erzählst mir jeden Tag, welchen Test du als nächstes mit ihr machen wirst und dass ihr Kaliumwert gestiegen und ihr Herz besser geworden ist. Aber du sagst mir nie, dass sie sterben wird – dass ich sie verlieren werde."

Milton war sprachlos. Er hörte, was er nicht hatte eingestehen wollen – nicht einmal sich selbst gegenüber. Jetzt erkannte er: „Heini hat recht, sie ist dem Ende nahe."

In den letzten Wochen ihres Lebens verwendete Heini all seine Kraft und Energie darauf, ihr zu helfen. Er wich kaum mehr von ihrer Seite, außer um mit den Enkeln Zeit zu verbringen. Sie hatte große Schmerzen – was schlimm genug war – aber noch schlimmer war der Umstand, dass sie über weite Strecken die Fähigkeit zu sprechen verlor. Eines Nachts konnte sie plötzlich wieder sprechen und überraschte alle im Raum, als sie nach Emmy Maria rief. Annemarie war unruhig und erregt, und um sie zu beruhigen, brachte ihr Roswith ihr eigenes Baby, Emmy Maria, benannt nach dem Kind, das Heini und Annemarie vor vierzig Jahren verloren hatten. Als sie das Mädchen im Arm hielt, kam ein neuer Frieden über Annemarie.

Am 15. März rief Milton gegen sieben Uhr abends Heini und die Kinder an ihr Bett. Ihr Puls ging unregelmäßig. Draußen unter ihrem Fenster hatte sich die Gemeinschaft versammelt und sang. Annemarie schien sprechen zu wollen, aber es gelang ihr nicht. Sie wandte ihren Blick zu Heini. Minutenlang blickte sie ihm in die Augen – ein bewusstes Abschiednehmen. Einige Minuten später kam Heini mit Tränen in den Augen ins Wohnzimmer, um den Enkelkindern zu sagen, dass sie heimgegangen war.

Nach Annemaries Tod sprach Heini ständig von ihr und las wieder und wieder ihre Briefe und Tagebücher. Auch wenn sie körperlich nicht mehr an seiner Seite war, war sie doch auf vielerlei Weise gegenwärtig, und er war noch nicht bereit, sie loszulassen. Eines Tages, nicht lange nach ihrer Beerdigung, saß er mit seinen Töchtern bei einer Tasse Kaffee zusammen. Sie redeten von ihren Familien und waren guter Dinge, aber Heini blieb unbeteiligt und nach einer Weile ließ er sie wissen, wie ihre Leichtigkeit ihn verletzte. Wie, wollte er wissen, konnten sie so schnell wieder zur Normalität übergehen? Merkten sie denn nicht, dass er noch um Annemarie trauerte? Und warum nahmen sie ihren Tod nicht ebenso ernst?

Einige Zeit später bat er jedes seiner Kinder, ihre Erinnerungen an ihre Mutter für ihn niederzuschreiben und sie ihm laut vorzulesen – mehr als einmal. „Ich will wissen, wie viel ich verloren habe", erklärte er ihnen, während ihm die Tränen über die Wangen liefen. „Jetzt erkenne ich die Schönheit ihrer Seele."

Am ersten Weihnachten nach Annemaries Tod rief Heini seinen Enkel Nathan zu sich ins Zimmer und überreichte ihm eine alte Gitarre. „Die war von deiner Oma", erzählte er dem Vierzehnjährigen: „Ich habe sie ihr in Asunción gekauft. Wir haben oft zusammen gespielt…" Er brach in Tränen aus. Nathan setzte sich neben ihm auf die Bettkante. Er wollte ihn trösten, wusste aber nicht wie.

Die folgenden zwei Jahre waren bitter und einsam für Heini. Bisher hatte er sich immer an Christoph gewandt, aber nach Annemaries Tod wurde ihm selbst diese Quelle der Kraft untergraben: Seine Töchter beneideten Christoph um die besondere Verbindung zu seinem Vater und versuchten, dessen Aufmerksamkeit zu ergattern und ihren Bruder zur Seite zu drängen. Sie versuchten, Heini bei Konflikten, die zwischen ihnen oder in der Gemeinschaft auftraten, auf ihre jeweilige Seite zu ziehen. Diese schmerzhaften Spaltungen innerhalb seiner eigenen Familie lasteten schwer auf ihm und kosteten ihn so viel Kraft, dass er schließlich nicht mehr in der Lage war, die Gemeinschaft zu leiten.

Am tröstlichsten war für ihn der Kontakt zu Kindern. In den letzten Wochen vor Annemaries Tod hatten viele ihrer Enkel selbstständig angefangen, sich gemeinsam mit ihren Klassenkameraden zu treffen und für ihre Großmutter zu beten. Zu Annemaries Freude waren sie oft vor ihrem Fenster aufgetaucht, um für sie zu singen, was ihr so viel Kraft gegeben hatte, dass sie danach manchmal für Stunden oder sogar Tage körperlich gestärkt gewesen war. Nach ihrem Tod gewann die kleine Bewegung weiter an Schwung und immer mehr Kinder kamen zu den Treffen. Sie sangen am Lagerfeuer, gingen wandern und führten selbstgeschriebene Theaterstücke auf. Wenn er sie sah, fühlte sich Heini an seine eigene Kindheit und den Sonnentrupp erinnert und er bat Christoph, mit den Kindern und Jugendlichen in Kontakt zu bleiben und sie vor den Einmischungen wohlmeinender Erwachsener zu schützen.

Manchmal kamen die Kinder auch direkt zu ihm und erzählten ihm von ihren Aktivitäten und fragten um Rat. Meistens antwortete er ihnen mit einer Geschichte: über seinen Vater und seine Mutter, über Sannerz oder über die Hunde, die er als Junge gehalten hatte. Er erzählte auch Geschichten aus der Bibel, von Franziskus und dem Aussätzigen, Rachoff, Heliopher, Sadhu Sundar Singh…

Seit Monaten war klar, dass er auf den Tod zuging. Dennoch war es für die Familie ein Schlag, als er im Frühjahr 1982 plötzlich körperlich stark abbaute. Den ganzen Juni und Juli über ging er nicht mehr aus dem Haus, auch wenn er immer noch seine Enkel und ihre Freunde zu Besuchen einlud. Auch Menschen, denen er besonders nahestand, bat er, zu ihm zu kommen.

Die letzten beiden Jahre hatte er sich mehr und mehr mit dem Gedanken an Mission beschäftigt – nicht in dem Sinn, Menschen von etwas zu überzeugen oder gar sie als Mitglieder anzuwerben, sondern schlicht im Sinn der Stelle in der Bibel, wo Jesus sagt: „Ich war hungrig und ihr habt mir zu essen gegeben; ich war durstig und ihr habt mir zu trinken gegeben; ich war fremd und obdachlos und ihr habt mich aufgenommen; ich war nackt und ihr habt mir Kleidung gegeben; ich war krank und ihr habt mich besucht; ich war im Gefängnis und ihr seid zu mir gekommen."

Diese Worte hatten sein Leben lang in seinem Herzen gebrannt, und als Reaktion auf ihre Botschaft bat er die Gemeinschaft inständig, Mitglieder von ihrer Arbeit freizustellen und auszusenden: Jeweils zu zweit sollten sie Pflegeheime, Gefängnisse, soziale Brennpunkte und andere Orte aufsuchen, wo Menschen ohne Hoffnung sein könnten. „Wie sehr wünsche ich mir, dass wir aktiver werden", sagte er. „Die Zeit drängt. So viele Menschen leben in Not. Man kann an so viele Orte gehen, um zu helfen. Möge es gewährt werden, dass ein Licht angezündet wird, und dass die Botschaft der Liebe, der neuen Art zu lieben, auf der ganzen Welt verkündet wird."

Die Weite dieser Vision schloss die Menschen in seinem näheren Umfeld nicht aus – Leute wie Giovanna, die immer noch zu ihm kam, um Rat zu suchen. Als sie ihn das letzte Mal besuchte, erschrak sie, als sie sah, wie schwach er geworden war. „Komm, setz dich", sagte er. „Ich habe mich schon lange gefragt, wie es dir geht."

„Jetzt ist er seinem eigenen Tod so nahe und trotzdem hat er noch an mich gedacht", dachte sie. Jahre später erinnerte sie sich: „Ich habe mein Herz ausgeschüttet und ihm Dinge erzählt, die ich eigentlich nicht hatte erzählen wollen und die ich nicht einmal mir selbst gegenüber auszusprechen gewagt hatte. Es war, als ob sich etwas in mir gelöst hätte. Er hat mit einem solchen Mitgefühl zugehört! Da war nicht ein Hauch von Verurteilung. Deswegen habe ich mich so frei gefühlt, alles auszusprechen. Ich glaube, das war so, weil ich seine Ehrfurcht gespürt habe. Er hat in jedem Menschen einen Bruder oder eine Schwester gesehen – wie auch er ein Kind Gottes.

Als es Zeit für mich war, wieder zu gehen, meinte er: ‚Bitte komm wieder, wann immer du willst. Zögere nicht, du kannst jederzeit kommen.' Als ich sein Zimmer verließ, spürte ich, dass die Heilung in mir begonnen hatte."

Heini fragte sich selber oft, ob er versagt hatte. Er war nie von Dorf zu Dorf gezogen, wie er es sich als Junge vorgestellt hatte. Er machte sich Sorgen, dass er der Berufung seiner Kindheit nicht gefolgt war. Er hatte sein Leben auf des Messers Schneide gelebt. Sicherheit und Frieden waren ihm nur sehr selten zuteil geworden. Seit dem Tag seiner Bekehrung hatte er im Kampf gestanden und bei jedem Schritt weitere Wunden geschlagen bekommen. Er ging als gebrochener Mann auf den Tod zu.

Aber für mich, den Enkel, der ihn kaum kannte, war sein Gebrochensein sein größtes Geschenk. Für mich war Opa ein gebrochener Mann wie Sundar Singh, der aus seinem Haus vertrieben wird und als Bettler stirbt. Ein gebrochener Mann wie Heliopher, der sich das eigene Herz für sein Volk aus dem Leibe reißt. Gebrochen wie Rachoff, der im Gefängnis stirbt, aber mit aller Kraft ruft: „Bruder Jesus, ich komme, ich komme!" und mit ausgestreckten Armen der aufgehenden Sonne entgegen läuft.

Epilog

Woodcrest, 24. Juli 1982

Anne Schwerner wollte den Leichnam nicht anstarren. Er lag auf dem Bett, auf dem Heini am Vortag verstorben war. Alles sah natürlich aus, auch wenn kein Schlafender je den Kopf so ordentlich und mittig auf dem Kissen hatte. In seinen Händen hielt er neun Rosen, eine für jedes seiner Kinder, einschließlich Emmy Maria und Marianne. Christoph hatte ihm die Augen geschlossen und ihn mit Hilfe von Milton gewaschen und angezogen. Anne konnte sehen, dass man dem Leichenbestatter nicht erlaubt hatte, sich einzumischen. Die vierundzwanzig Stunden seit seinem Tod hatten sein Gesicht weich und entspannt werden lassen. Sein Ausdruck war vertrauensvoll, wie der eines Kindes.

Um nicht zu starren, ließ Anne ihren Blick durchs Zimmer wandern. Ihr Mann Nathan hielt still und feierlich Totenwache zusammen mit zehn oder zwölf anderen Leuten, deren Gesichter ihr unbekannt waren. An den gelben Wänden des Schlafzimmers hingen Dutzende Fotografien. Auf vielen erkannte sie Annemarie, die mit dem ungeduldigen Lächeln eines Menschen in die Kamera blickt, der gerade gebeten wurde, einen Moment still zu halten, während er doch eigentlich dringend etwas zu erledigen hat. All die Schnappschüsse mit den fröhlichen Kindergesichtern in runden Messingrähmchen mussten seine Enkel sein. An einer Wand nahe seines Kopfes hing ein kleines selbstgemachtes Kreuz, das aus nicht mehr als zwei zusammengeklebten und schwarz angemalten Holzleisten bestand.

Die beiden Klimaanlagen liefen auf vollen Touren. Anne signalisierte Nathan, dass sie hinausgehen musste. Stühle quietschten, als die anderen Trauernden zur Seite rückten, um sie durchzulassen. Als sie wieder draußen in der glühenden Hitze waren, standen sie neben einem Beet von Rosen und Geranien – wohl eines von Annemaries Beeten, dachte Anne. Die ganze Welt schien auf stumm geschaltet. Doch dann hörte sie, wie man sie und Nathan zu einer Tasse Kaffee einlud. Es schien ihr, als ob die Stimme durch dickes Glas hindurch käme. Sie erwiderte, dass sie direkt wieder nach Hause fahren wollte.

Was war das für ein Unsinn? Was hatte sie, eine Atheistin, hier verloren? Und warum fiel es ihr so schwer, von diesem Mann mit seinem selbstgebastelten Kreuz Abschied zu nehmen?

Dank

Ohne die Ermutigung und den Beistand von Christoph und Verena Arnold hätte ich dieses Projekt nicht bewältigen können. Aus Dankbarkeit ist ihnen dieses Buch gewidmet. In gleicher Weise danke ich meinen Eltern und David und Roswith Mason für ihre beständige Unterstützung während der langen Zeit der Quellenforschung und des Schreibens.

Was für einen großen Beitrag zu diesem Werk Carolyn Weeks geleistet hat, kann kaum ausreichend betont werden. Sie hat mir geholfen, den schriftlichen Nachlass meiner Großeltern zu ordnen, und eine detaillierte Chronologie ihrer Lebensläufe angefertigt. Meinem Lektor Chris Zimmerman danke ich für seine Begleitung. Ebenfalls gilt mein Dank Christopher Groß für sein großzügiges Engagement bei der Übersetzung aus dem Amerikanischen, sowie Thomas Baumann und Daniel Hug für ihre sorgfältige Überprüfung des deutschen Textes.

Von denjenigen, die aktiv an der Entstehung dieses Buches beteiligt waren, indem sie für Interviews zur Verfügung standen, Dokumente einbrachten oder Entwürfe zur Korrektur lasen, danke ich besonders: Peter und Lisa Maas, David und Maria Maendel, David und Edith Moody, Douglas und Ruby Moody, Sibyl Sender, Sophie Löber, Peter und Kate Cavanna, Ruth Land, Jennie Harries, Stan und Hela Ehrlich, Arthur und Mary Wiser, Richard und Lois Ann Domer, Alan und Nellie Stevenson, Derek und Madge Wardle, Klaus und Heidi Barth, Rudi Hildel, Jörg und Renate Barth, John und Nancy Winter, Milton und Sandy Zimmerman, Reuben und Margrit Zimmerman sowie meinen Großeltern Arnold und Dorothy Mommsen.

Viele andere, die meine Großeltern kannten, trugen zur Entstehung dieses Buches entweder direkt oder (im Falle derer, die nicht mehr am Leben sind) durch ihre schriftlichen Erinnerungen bei: Don und Eve Alexander, James und Harriet Alexander, Hermann Arnold (Heinis Cousin), Stefan und Gill Barth, Josef und Ruth Ben-Eliezer, Francis und Sylvia Beels, Duffy und Susie Black, Christoph und Maidi Boller, Hugo und Margery Brinkmann, Norann Blough, Maureen Burn, Mary Cawsey, Freda Dyroff, Seppel und Christine Fischli, Stanley Fletcher, Donna Ford, Gary und Susan Frase, Alfred und Gretel Gneiting, Jakob und Juliana Gneiting, Dorie Greaves, Kathleen Hasenberg, John und Gwen Hinde, Pep Hinkey, Franz Hüssy, Walter und Trudi Hüssy, Karl und Irmgard Keiderling, Roland und Lotte Keiderling, Carroll und Doris King, Ilse von Köller, Howard und Marion Johnson, Martin und Burgel Johnson, Edna Jory, Christel Klüver, Julie Lien, Rahel Löber, Nicky Maas, Harry und Lotti Magee, Allister und Judy Marchant, Will und Kathleen Marchant, Olgi Martin, Arnold und Gladys Mason, Johnny und Biene Mason, Miriam Mathis (geb. Potts), Andreas und Fida Meier, Susi Fros (geb. Gravenhorst), Sharon Melancon, Toby und Johanna Mommsen, Dorie Moody (geb. Kaiser), Don und Marilyn Noble, Paul und Mary Pappas, Tom und Florence Potts, Martin und Susanna Rimes, Robert und Olwen Rimes, Eileen Robertshaw, Johnny und Betty Robinson, Yvonne Sanderson, Mary Ann Sayvetz, Geoff und Molly Thorn, Nancy Trapnell, Jerry und Nancy Voll, Nathan und Lucy Warren, Gerd und Gertrud Wegner, Anne Wiehler, Emmy Wilson, Giovanna Wood, Arthur und Phyllis Woolston, Rosemarie Woolston (geb. Kaiser), Wilfred und Nina Wright, Jonathan und Joyanna Zimmerman, Marianne Zimmermann sowie Ben und Marianne Zumpe.

Viele der oben Genannten halfen mir dabei, die Entwürfe auf ihre Richtigkeit hin zu überprüfen. Nach dem ersten Entwurf eines jeden Kapitels schickte ich es an etwa zwanzig Personen, die die betroffene Zeitspanne kannten, und bat um ihre Kommentare. Ich habe sehr von ihrer engagierten Kooperation profitiert. Sie haben mich nicht nur auf Fehler und Ungereimtheiten aufmerksam gemacht, sondern auch allzu vereinfachende Deutungen hinterfragt, fehlendes Hintergrundwissen hinzugefügt und damit die ganze Geschichte mit neuen Einzelheiten bereichert. Alle verbliebenen Fehler liegen selbstverständlich in meiner eigenen Verantwortung.

Zum Schluss danke ich noch meiner Frau Wilma, die meine kritischste Leserin war, für ihre unerschöpfliche Geduld und Ermutigung.

Quellenangaben

Beim Verfassen dieses Buches hatte ich das große Glück, Zugriff auf einen reichen Fundus an Primärdokumenten zu haben. Diese unveröffentlichten Quellen, die mir vorliegen, stammen aus verschiedenen Sammlungen von Familienpapieren, persönlichen Unterlagen sowie historischen Dokumenten des Bruderhofs.

Zunächst war da die Sammlung der Unterlagen meiner Großeltern, die von Familienangehörigen zusammengetragen worden war: Zeugnisse und medizinische Unterlagen, Fotos, Redenotizen, autobiografische Schriften, Gedichte, Tagebücher, Berichte und – vor allem – Briefe. Es existieren noch Tausende von Briefen, die sie geschrieben haben oder die an sie geschrieben wurden, darunter auch regelmäßige detaillierte Berichte von meiner Großmutter Annemarie für ihren Verwandten in Deutschland. Ihre Korrespondenz aus dem Jahr 1951 beispielsweise füllt bereits einen zweihundertseitigen Ordner. In manchen Jahren ist die Zahl der Briefe sogar noch größer. Auch die anderen Familienmitglieder meines Großvaters – wie seine Tante Moni Barth, seine Schwestern Emy-Margret und Monika, seine Brüder Hans-Hermann und Hardy sowie Hardys Frau Edith – waren alle ähnlich fleißige Briefeschreiber. Ergänzend dazu konnte ich auf die umfangreichen Veröffentlichungen, Notizen und die Korrespondenz von Eberhard und Emmy Arnold zugreifen.

Darüber hinaus gewährten mir auch viele langjährige Bruderhofmitglieder (oder deren Familien) Einsicht in Tagebücher und Briefe, so dass ich für jedes Jahr des Erwachsenenlebens meines Großvaters vielfältige Quellen zur Verfügung hatte, die oft verschiedene Sichtweisen anboten, um wichtige Ereignisse und Daten zu bestätigen. Hans Zumpes Tochter Heidi Barth erlaubte mir, die Tagebücher ihres Vaters ab 1940 sowie andere Familienpapiere, durchzulesen. Interviews und Gespräche mit über sechzig Personen, die als Geschwister, langjährige Freunde, Gemeinschaftsmitglieder, Schüler oder Mitarbeiter Anteil am Leben meines Großvaters hatten, brachten zusätzliche Erinnerungen, Details und Farbe ins Bild. Ihre Namen sind in meiner Danksagung aufgeführt.

◆ ◆ ◆

Was die veröffentlichten Quellen betrifft, möchte ich Interessierte auf die Bücher meines Großvaters aufmerksam machen. *Leben in der Nachfolge* (Plough, 2016), mit einem Vorwort des katholischen Schriftstellers Henri J. M. Nouwen, ist eine Sammlung von Auszügen aus Briefen und seelsorgerlichen Schriften. *Freedom from Sinful Thoughts* ist kürzlich auf Deutsch unter dem Titel *Mit freiem Herzen* (Plough, 2017) erschienen und verschafft einen guten Einblick in sein seelsorgerliches Wirken. *In the Image of God* (Plough, 1979) beschäftigt sich mit Themen rund um Beziehungen, Sexualität und Ehe.

Ein weiterer wichtiger Ausgangspunkt waren die Schriften der Eltern meines Großvaters. Emmy Arnolds Memoiren *Gegen den Strom* (Plough, 2012), schildert den familiären Hintergrund meines Großvaters sowie die ersten zweiundzwanzig Jahre seines Lebens. Eberhard Arnolds veröffentlichte Werke schließen ein: *God's Revolution – The Witness of Eberhard Arnold*, Hrsg. John Howard Yoder (Paulist Press, 1984; Plough, 1997); *Why We Live in Community* (Plough, 1995) mit einem Nachwort von Thomas Merton; *Salz und Licht – Über die Bergpredigt* (Brendow, Moers 1982); *Innenland* (Buchverlag des Almbruderhofs e. V., 1936); *Eberhard Arnold: Modern Spiritual Masters* (Orbis Books, 2000).

Unter der Sekundärliteratur über den Bruderhof befindet sich die Biografie von Markus Baum *Eberhard Arnold: Ein Leben im Geist der Bergpredigt* (Neufeld Verlag, Schwarzenfeld 2013), die eine hervorragende Einführung darstellt. Weitere sorgfältig recherchierte Quellen umfassen: Antje Vollmer, *Die Neuwerkbewegung – Zwischen Jugendbewegung und religiösem Sozialismus* (Herder, Freiburg 2016); Helmut Gollwitzer, „Einiges zu Eberhard Arnold und den Bruderhöfen", in *Neue Wege* (1988) 232–237; Thomas von Stieglitz, *Kirche als Bruderschaft – Das hutterische Kirchenbild bei Eberhard Arnold aus heutiger katholischer Sicht* (Dissertation, Universität Paderborn, 1991); und Michael Cole Barnett, *The Bruderhof (Society of Brothers) and the Hutterites in Historical Context* (Dissertation, Southwestern Baptist Theological Seminary, 1995). Yaacov Oveds *The Witness of the Brothers – A History of the Bruderhof* (Transaction, New Brunswick, NJ 1996) ist ein weitgefasster Überblick eines Soziologen, der stellenweise an unzureichender Fundierung durch Primärquellen leidet. Eine weitere, kürzere soziologische Studie stammt von Michael Tyldesley: *No Heavenly Delusion? A Comparative Study of Three Communal Movements* (Liverpool University Press, Liverpool 2003). Aktueller ist die kurze Studie von Ian Randall „Church Community Is a Gift of the Holy Spirit" – *The Spirituality of the Bruderhof Community* (Regent's Park College, Oxford 2014), die eine Zusammenfassung aus einer modernen evangelikalen Sicht zusammen mit einer Übersicht über die verfügbare Literatur in Englisch bietet. Emmy Barths *An Embassy Besieged – The Story of a Christian Community in Nazi Germany* (Cascade, 2010) konzentriert sich auf die Zeit zwischen 1933 und 1937. Mittlerweile ist eine erheblich erweiterte deutsche Fassung dieses Werks unter dem Titel

Botschaftsbelagerung – Die Geschichte einer christlichen Gemeinschaft im Nationalsozialismus erschienen (Plough, 2015).

Unter den Memoiren der Mitarbeiter meines Großvaters hervorzuheben sind: *May They All Be One – A Life of Heini Arnold* von Richard E. Domer, Winifred Hildel und John Hinde (Plough, 1992), veröffentlicht zum zehnten Todestag meines Großvaters, sowie Merrill Mows *Torches Rekindled – The Bruderhof's Struggle for Renewal* (Plough, 1991). Diese Bücher sind als mündliche Geschichtsüberlieferung interessant, wurden aber nicht als Quellen genutzt, außer im Falle der Bestätigung durch weitere Dokumente.

◆ ◆ ◆

Neben den oben aufgeführten Quellen habe ich folgendes Quellenmaterial für die genannten Abschnitte des Buches verwendet:

Für die Kapitel 2 bis 9 habe ich eine Reihe unveröffentlichter Erinnerungen herangezogen, insbesondere: Emy-Margret Zumpe (geb. Arnold), *Emy-Margret's Kindheitserinnerungen*, 1980–1991; Hardy Arnold, *Sannerz*, 1978; Trudi Hüssy, *Die Kinder im Bruderhofleben*, 1981–1982; Emmy Arnold, *Zur Sannerzer und Bruderhöfer Geschichte*, 1940; und Emmy Arnold, *Aus unserem Leben*, 1938–1944.

In Kapitel 2 zum Hintergrund der Straßenkämpfe im revolutionären Berlin des Jahres 1919, Pierre Broué, *The German Revolution 1917–1923* (Brill, Leiden 2004). Für Eberhard und Emmy Arnolds Werdegang in der christlichen Erweckungsbewegung siehe Ian Randall's *Church Community*, für eine Beschreibung von Eberhard Arnolds Arbeit beim Furche-Verlag: Karl Kupisch, *Studenten entdecken die Bibel: Die Geschichte der DCSV* (Furche-Verlag, Hamburg 1964). Einen hilfreichen Überblick zur deutschen Jugendbewegung gibt Walter Z. Laqueur in *Die deutsche Jugendbewegung – Eine historische Studie* (Verlag Wissenschaft und Politik, Köln 1962). Eberhard Arnolds Arbeit als Lektor ist beschrieben in Markus Baums Biografie *Eberhard Arnold*. Das Zitat „Wir, die wir heute leben, brauchen einen Umbruch…" stammt aus Eberhard Arnolds Vortrag „Jesus und der Zukunftsstaat", gehalten an der Hochschule für Musik, Bahnhof Zoo, Berlin, im April 1919.

Zur Verbindung von Reichskanzler Georg Michaelis zur Deutschnationalen Volkspartei siehe: Bert Becker, „Revolution und rechte Sammlung: Die Deutschnationale Volkspartei in Pommern 1918/1919", in: *Geist und Gestalt im historischen Wandel* (Waxmann, Münster 2000), S. 219. Der Einfluss von Gustav Landauer, dem jüdischen Mystiker und Anarchist, wird bei Michael Tyldesley untersucht: „Gustav Landauer and the Bruderhof Communities", in: *Communal Societies*, Vol. 16 (Communal Studies Association, Amana, IA 1996), S. 23–42. Siehe dazu auch Landauers klassisches Manifest *Aufruf zum Sozialismus* (Verlag des Sozialistischen Bundes, Berlin 1911). Dass

Eberhard Arnold während des Kapp-Putsches als Mittelsmann kontaktiert wurde, entnehme ich Baum, *Eberhard Arnold, S.* 125–126; sowie für den weiteren Zusammenhang: William Mulligan, *The Creation of the Modern German Army – General Walther Reinhardt and the Weimar Republic,* 1914–1930 (Berghahn Books, New York 2005), S. 138–168. Eberhard und Emmys Wendung hin zu einem radikalen Christentum sowie ihre Entscheidung, eine Gemeinschaftssiedlung zu gründen, wird ausgiebig in Antje Vollmers *Neuwerkbewegung* behandelt. Eberhards Bezugnahme auf die „untergehende Weltstadt" stammt aus einem Brief an Max Zink vom 9. Juni 1920.

Für Kapitel 3 habe ich viel auf Emmy Arnolds *Gegen den Strom* zurückgegriffen, ebenso auf Vollmer und Baum. Eberhard Arnolds Aussage: „Wir möchten Teil des sich seit Pfingsten ausgießenden Geistes werden…", ist zusammengesetzt aus Briefen an Johannes Schneider vom 30. Juni 1920 und an Josef Berdolt vom 19. Juni 1920. Bezüglich Eberhards Beziehung zu seinem Cousin Rudolf Bultmann habe ich mich auf Eberhards Korrespondenz aus den 1920er-Jahren bezogen, unter anderem auf seinen Brief an August Dell vom 17. Juli 1925, in dem er von seinem Besuch bei Bultmann berichtet. „Ich erkläre damit den bestehenden Kirchensystemen den Krieg…" (ebenfalls in Kapitel 3) ist ein Zitat aus Eberhard Arnolds Brief an Emmy von Hollander vom 4. September 1907. Eberhard Arnolds Bezugnahme auf einen „Kommunismus, der auf Liebe gebaut war" (Original: einen „Kommunismus überströmender und umfassender Liebe") wurde entnommen aus seinem Aufsatz „Familienverband und Siedlungsleben: Wege zur Hingabe an die Gemeinschaft", in: *Das neue Werk,* Nr. 3, Mai 1920 (Neuwerk-Verlag, Sannerz). Bezüglich Christian „Christel" Girbinger, des revolutionären bayerischen Zimmermanns, siehe Vollmer, *Neuwerkbewegung,* S. 102–103, sowie Girbingers Artikel „Entscheidung – Aus einer Sannerzer Aussprache" in der Sannerzer Publikation: *Das neue Werk,* Nr. 10, November 1921.

Zu Hintergrundinformationen über den niederländischen Reformpädagogen und Pazifisten Kees Boeke und die Schule in Bilthoven in Kapitel 4, siehe H. W. von der Dunk, „Boeke, Cornelis" (1884–1966)", in *Biografisch Woordenboek van Nederland* (Online-Zugriff im November 2013). Die Beinahe-Auflösung der Sannerzer Gemeinschaft 1922 wird bei Vollmer beschrieben (S. 124–134) sowie in den verschiedenen autobiografischen Erinnerungen von Emmy Arnold und den unveröffentlichten Memoiren von Trudi Hüssy, „Die Neuwerk Krise 1922", 1973.

Zur Autorität von Eberhard Arnold als geistlichem Leiter in Kapitel 5 findet sich eine lebhafte Beschreibung in der Autobiografie von Hans-Joachim Schoeps. *Die letzten dreißig Jahre – Rückblicke* (E. Klett, Stuttgart 1956), S. 43–48. Zu Sadhu Sundar Singh, siehe A. J. Appasamy, *Sundar Singh* (Lutterworth, Cambridge, England, 1958, 2002). Die Geschichte, die Heini über Rachoff, den russischen Wanderprediger, vorgelesen wurde, ist Karl Josef Friedrichs Novelle „Der Fall Rachoff" in: *Die arme Schwester der Kaiserin und andere Gottesfreundgeschichten* (Furche-Verlag, Berlin 1919). Friedrichs

Geschichte beruht auf veröffentlichten Berichten über das Leben des Vasily Osipovich Rakhov, der etwa 1861 zur Welt kam. Zum Tod des historischen Rachoff/Rakhov gibt es verschiedene Darstellungen.

Die Beziehung zum Familienfreund, Fürst Günther von Schönburg-Waldenburg, wird in Emmy Arnold, *Gegen den Strom*, S. 95, erwähnt. Für eine Biografie des Fürsten von Schönburg-Waldenburg, der ein großzügiger Unterstützer von Kultur und Kirche war, siehe Robby Joachim Götze, *Günther Fürst von Schönburg-Waldenburg (1887–1960)* (Glauchau, 1997). Ein Bericht des Vorfalls, bei dem örtliche Nationalsozialisten den Fürsten später wegen des Bruderhofs angehen, findet sich bei Trudi Hüssy, „Begegnungen, Erleben, und Gestalten", Memoiren für Emmy Arnold, 25. Dezember 1954; Hans Zumpe: „Unsere Auseinandersetzungen mit dem nationalsozialistischen Staat: Bericht über die Jahre 1933–1937 in der Geschichte unserer Bruderhöfe", unveröffentlichtes Manuskript, 1945.

In Kapitel 9 wird die Verbindung zwischen Sannerz und Karl Barth erwähnt. Diese stellt Baum in *Eberhard Arnold*, S. 106–109, dar. Er stellt auch fest, dass es Eberhard war, der auf Barths zentralen Vortrag in Tambach 1919, einen Wendepunkt der Theologie des zwanzigsten Jahrhunderts, antwortete. Für die Beziehungen zu Tillich, Buber, Ragaz sowie Siegmund-Schultze, siehe Baum im Allgemeinen sowie bei Michael Tyldesley, „Martin Buber and the Bruderhof Communities", im *Journal of Jewish Studies* 45 (1994/2) S. 258–272; Vollmers *Neuwerkbewegung* und Helmut Gollwitzer, „Einiges zu Eberhard Arnold und den Bruderhöfen", in *Christ und Sozialist* Nr. 1, 1988.

Eberhards Besuch bei den nordamerikanischen Hutterern in den Jahren 1930–1931 ist dokumentiert in: Eberhard Arnold et al., *Brothers Unite – An Account of the Uniting of Eberhard Arnold and the Rhön Bruderhof with the Hutterian Church* (Plough, 1988). Der Bericht enthält auch Auszüge aus der Korrespondenz zwischen Heini und seinem Vater. Für weitere Informationen zu den Hutterern siehe auch John A. Hostetler, *Hutterite Society* (John Hopkins University Press, 1974, 1997).

Der sich verschlechternde Gesundheitszustand von Else von Hollander während dieser Zeit wird von Eberhard Arnold und anderen in *Else von Hollander, Januar 1932* (Plough, 1972) festgehalten, einer Sammlung biografischer Erinnerungen nach Tatas Tod im Jahr 1932. Die Darstellungen in Kapitel 10 beruhen auf obigem Buch und ergänzenden unveröffentlichten Quellen. Zu Annemaries Familienhintergrund und ihrer Ankunft auf dem Sparhof, siehe Annemarie Wächter, *Anni auf der Suche* (Plough, 2015).

Die Darstellungen zu Hitlers Machtergreifung in den Kapiteln 11 und 12 sowie der Erfahrungen, die der Bruderhof mit dem Nazi-Staat machte, basieren weitgehend auf Emmy Arnold, *Gegen den Strom*, Hans Zumpe, „Auseinandersetzungen"; Hans Meier, *Solange das Licht brennt – Lebensbericht eines Mitgliedes der neuhutterischen Bruderhof-Gemeinschaft* (Pflug-Verlag, 1990); Marjorie Hindley, „„Unerwünscht' – One of the

Lesser Known Confrontations with the National Socialist State, 1933–1937", in *German History* Band 11, Nr. 2 (1993), S. 207–219; Emmy Barth, *An Embassy Besieged*; Achim Buckenmaier, Rezension von „An Embassy Besieged", in *Theologische Revue* 2011, S. 479–480; und „Der Bruderhof", in *Evangelischer Widerstand*, Online-Dokument (Forschungsstelle für Kirchliche Zeitgeschichte, München 2015) unter *de.evangelischer-widerstand.de*. Profitiert habe ich auch von meinen Gesprächen mit Professor Thomas Nauerth von der Universität Osnabrück, der eine umfassend dokumentierte Monografie zum Bruderhof unter dem Nationalsozialismus vorbereitet (Thomas Nauerth, *Zeugnis, Liebe und Widerstand – Der Rhönbruderhof 1933–1937*, in Vorbereitung).

Die wechselseitigen Beziehungen mit der landwirtschaftlichen zionistischen Ausbildungsstätte am Gehringhof (Kapitel 12) werden beschrieben von Oved in *Witness of the Brothers*, 70–71. Unter Eberhards „Salve von Briefen", die er im Namen der Gemeinschaft an nationalsozialistische Amtsträger schrieb, befindet sich auch sein offener Brief an Reichsbischof Ludwig Müller, „An den Reichsbischof der evangelischen Kirche Deutschlands, Berlin", in *Mennonitische Blätter* Nr. 80 (12/1933), S. 117–119; es war auch gleichzeitig die letzte Veröffentlichung, die Eberhard unter dem nationalsozialistischen Regime gelang. Dass die örtlichen Nazis die Bruderhofmitglieder als *Edelkommunisten* bezeichneten, geht aus einem Bericht an das Gestapo-Hauptquartier in Berlin vom Juni 1934 hervor (Staatsarchiv Marburg, Bestand 165, Nr. 3949, Blatt 31; den Hinweis hierauf verdanke ich Professor Nauerth). Die Darstellung von Eberhards Beinfraktur basiert auf einem Interview des Autors mit Dr. Jonathan Zimmerman, der den Vorfall und seine Auswirkungen untersucht hat (18. September 2003). Eberhards Worte an die Bruderschaft – „Es ist etwas Großes, wenn Menschen gewürdigt werden, um des Evangeliums willen ins Gefängnis geworfen zu werden oder getötet zu werden..." – wurden am 12. November 1933 gesprochen und sind zitiert in Barth, *Botschaftsbelagerung*, S. 129.

Die Beschreibung des Almbruderhofs in Silum findet sich in Barth, *Botschaftsbelagerung*, S. 194–205; für einen geschichtlichen Abriss siehe auch Herbert Hilbe, „Almbruderhof", in *Historisches Lexikon des Fürstentums Liechtenstein*, Band 1 (Chronos, Zürich 2013). Der sich verschlechternde Gesundheitszustand von Eberhard aufgrund des unverheilten Beinbruches ist dokumentiert in Baum, *Eberhard Arnold*, S. 235–238. Der in Kapitel 14 genannte Strickhof ist die Kantonale Landwirtschaftliche Schule Strickhof-Zürich, die bis heute besteht.

Martin Niemöllers Aussage, dass „er persönlich einem Aufgebot Hitlers zum Unterseebootsdienst Folge leisten... würde", findet sich in Barth, *Botschaftsbelagerung*, S. 168–169. Zu Niemöllers späteren Ansichten siehe auch Matthew D. Hockenos, „Martin Niemöller, the Cold War, and His Embrace of Pacifism 1945–1955", *Kirchliche Zeitgeschichte* (KZG/CCH) 27 (2/2014), S. 87–101. Zum Austausch zwischen Heinis Bruder Hardy und Dietrich Bonhoeffer, siehe E. C. H. Arnold (Hardy), „Bruderhof-Korrespondenz 1934", *Dietrich-Bonhoeffer-Jahrbuch* 2 (2005/2006) S. 75–87; ebenso Charles Marsh, *Strange Glory – A Life of Dietrich Bonhoeffer* (Alfred A. Knopf, New York 2014), S. 217. Dokumente bezüglich der Auseinandersetzung zwischen Eberhard Arnold und Leonhard Ragaz werden in Barth, *Botschaftsbelagerung*, S. 285–289, aufgeführt. Für eine Biografie von Ragaz siehe Markus Mattmüller, *Leonhard Ragaz und der religiöse Sozialismus – Eine Biographie*, 2 Bände (EVZ, Zollikon/Zürich 1957, 1968).

Leider waren die Gerüchte von Lynchmorden an jüdischen Flüchtlingen in Liechtenstein (Kapitel 15) nicht unbegründet. So wurden die beiden Berliner Juden und Theaterdirektoren Fritz und Alfred Schaie (Künstlernamen: Rotter), die im Januar 1933 nach Liechtenstein geflohen waren, von Nazis in Gaflei aus dem Hinterhalt überfallen. Fritz und seine Frau Gertrud stürzten zu Tode, während Alfred und eine zweite Frau verletzt fliehen konnten. Die Täter kamen mit einer einjährigen Gefängnisstrafe davon. Belege dafür finden sich unter „Nationalsozialistische Umtriebe von Liechtensteinern" im Liechtensteinischen Landesarchiv, RF 198 463. Die Bemühungen, den Bruderhof mittels einer Petition aus Liechtenstein zu vertreiben, beschreibt Hans Zumpe in „Auseinandersetzungen"; siehe dazu auch die Artikel aus der Lokalpresse, die von Thomas Nauerth aufgeführt werden: *Liechtensteiner Heimatdienst*, 21. September 1935 und 5. Oktober 1935; *Liechtensteiner Volksblatt*, 21. September 1935 (Thomas Nauerth, *Zeugnis, Liebe und Widerstand – Der Rhönbruderhof 1933–1937*, in Vorbereitung). Eberhard Arnolds Ansprache an die Einwohner von Triesenberg fand am 30. September 1935 statt; sein Redemanuskript existiert noch. Auszüge aus Eberhards Predigt zur Offenbarung des Johannes, die er am 4. Oktober 1935 hielt, finden sich in Barth, *Botschaftsbelagerung*, S. 310–315.

Die Beschreibung von Eberhards letzten Tagen in den Kapiteln 16 und 17 beruht auf verschiedenen Quellen, darunter Barth, *Botschaftsbelagerung*, S. 316–320; Baum, *Eberhard Arnold*, S. 229–243. Für Hintergrundinformationen zu Annemaries Mutter, Hedwig Wächter, und der Verbindung der Familie mit Friedrich Fröbels Keilhauer Schule, siehe Annemarie Wächter, *Anni auf der Suche*, S. 2.

In Kapitel 18 wurde eine Beschreibung des Bruderhofs in Ashton Fields Farm von Hardy Arnold herangezogen, veröffentlicht in E. C. H. Arnold, „Cotswold Bruderhof (Ashton Keynes, Wiltshire, England)", 1953, *Global Anabaptist Mennonite Encyclopedia Online*, unter www.gameo.org. Die Razzia der Gestapo und die Zwangsauflösung des Bruderhofs in Deutschland im Jahr 1937 werden wiedergegeben in Barth, *Botschaftsbelagerung*, S. 350–362, und von E. C. H. Arnold, „The Fate of a Christian Experiment", *The Spectator*, 11. Juni 1937. Die entscheidende Rolle, die dabei zwei hutterischen Predigern zukam, erörtert Thomas Nauerth in „Kirchenkampf unter internationaler Beobachtung", *Kirchliche Zeitgeschichte* (KZG/CCH) 27, S. 181–195. Die neuen Kooperativen und Kommunen, die sich überall in England bildeten, werden in *The Plough*, der Zeitschrift der Gemeinschaft, deren Erstausgabe im Frühling 1938 erfolgte, beschrieben.

Das in Kapitel 20 erwähnte Buch über Blumhardt, welches einen so starken Eindruck auf Heini machte, war von Friedrich Zündel, *Johann Christoph Blumhardt – Ein Lebensbild* (S. Höhr, Zürich 1883). Die Novelle von Maxim Gorki, die als Grundlage für die „Heliopher"-Geschichte diente, stammt aus *Heartache and The Old Woman Izergil* (Maclaren and Company, London 1905); die hier wiedergegebene Version – ohne Autorenangabe, möglicherweise von Heini Arnold selbst – findet sich auch in „The Legend of Heliopher", *The Plough*, Dezember 1938, S. 109.

◆ ◆ ◆

Für eine Dokumentation der in Kapitel 21 angesprochenen Pläne der Nationalsozialisten zur Besetzung Großbritanniens siehe John Erickson (Hrsg.), *Invasion 1940* (St Ermin's Press, 2000). Dem zugrunde liegt das „Informationsheft GB", ca. 1940 erstellt von SS-General Walter Schellenberg. Siehe auch Peter Haining, *Where the Eagle Landed – The Mystery of Hitler's Invasion of Britain, 1940* (Robson Books, 2004). Die Ankunft von zwanzig jüdischen Flüchtlingen in der Gemeinschaft wird berichtet in *The Plough*, Ausgabe September 1938, S. 104 und Ausgabe Dezember 1938, S. 134. Yaacov Oved beschreibt den Besuch von dreißig Mitgliedern der zionistischen Jugendbewegung *Hashomer Hatsa'ir*, in *The Witness of the Brothers – A History of the Bruderhof* (Transactions, 1996), S. 101–104. Die Internierung von Freda Bridgwater wird erwähnt in *The Plough*, Sommer 1940, S. 55–56. Die Leserbriefe, in denen die „German Peace Community" angegriffen wird, wurden in *The Evening Advertiser* („letters to the editor", 22.4., 3.5., 14.5. und 17.5.1940) und im *Daily Mirror* („letters to the editor", 23.4.1940) veröffentlicht.

Ein Protokoll von Lady Astors Verteidigung des Bruderhofs im britischen Unterhaus, House of Commons, findet sich unter *Hansard Parliamentary Debates*, „German Peace Bruderhof" 26. Juni 1940, Band 362, cc443-4. (Als Antwort auf die Frage von Captain Graham bemerkte Osbert Peak, der Unterstaatssekretär im Innenministerium, geistreich, wenn auch nicht völlig korrekt: „As the Noble Lady [Lady Astor] said, this is a pacifist community which was driven out of Germany in 1934. Its members all wear brown dressing-gowns and beards and are for that reason unlikely to be employed by the enemy." („Wie von der ehrwürdigen Dame [Lady Astor] bemerkt, handelt es sich um eine pazifistische Gemeinschaft, die 1934 aus Deutschland vertrieben wurde. Alle Mitglieder tragen braune Bademäntel und Bärte und werden wohl kaum für den Feind arbeiten.") Eleanor Roosevelt schrieb über ihre Begegnung mit Repräsentanten des Bruderhofs in ihrer landesweit veröffentlichten Kolumne „My Day" (siehe *Washington Post*, 24. September 1940). Eine allgemeine Darstellung der Emigration des Bruderhofs nach Paraguay findet sich bei Donald F. Durnbaugh, „Relocation of the

German Bruderhof to England, South America, and North America", in *Communal Societies* 11 (1991), S. 66–77.

Die Rolle der *Avila Star* und der anderen Schiffe der Blue-Star-Reederei sowie ihre spätere Versenkung durch deutsche U-Boote beschreibt David Edgerton in *Britain's War Machine – Weapons, Resources, and Experts in the Second World War* (Oxford University Press, 2011), S. 163–164. Zum ersten Jahr des Bruderhofs in Paraguay, siehe Emmy Barth, *No Lasting Home – A Year in the Paraguayan Wilderness* (Plough, 2009). Eine Beschreibung von Primavera in den 1950er-Jahren findet sich bei Bob und Shirley Wagoner, *Community in Paraguay – A Visit to the Bruderhof* (Plough, 1991).

Die in den Kapiteln 22 und 23 beschriebenen Lebensumstände in Primavera – einschließlich der kargen Ernährung – stammen aus einem Flugblatt, das für die Familien und Freunde in England veröffentlicht wurde: Sidney und Marjorie Hindley, „Work and Life of the Bruderhöfe in Paraguay" (Plough, 1943). Meine Informationen, die der Darstellung von Heinis Erkrankungen und der Symptome der Bromidüberdosierung im Jahre 1941 zugrunde liegen, verdanke ich Gesprächen mit Dr. Milton Zimmerman, der von den 1950er-Jahren bis zu seinem Tod 1982 sein Hausarzt war. Eine bereits etwas ältere medizinische Beschreibung von Bromid im Allgemeinen ist *The Pharmacological Basis of Therapeutics*, 3. Ausgabe, 1965, S. 129–130. Die Gefahren längerer Bromideinnahmen waren scheinbar bereits ganz zu Anfang des zwanzigsten Jahrhunderts bekannt, siehe Simon D. Schorvon, „Drug Treatment of Epilepsy in the Century of the ILAE: The First 50 Years, 1909–1958", in *Epilepsia*, 50 (Suppl. 3):69–92, 2009, S. 72–74.

Die in den 1940er-Jahren in Primavera praktizierte Kirchenzucht beruhte dem Anschein nach auf der Kirchenordnung der Täufer des 16. Jahrhunderts, insbesondere dem Abschnitt „Vom Bann oder Ausschluss" in Peter Riedemanns *Rechenschaft unserer Religion, Lehre und Glauben*, dem klassischen hutterischen Glaubensbekenntnis von ca. 1542. Primaveras harte Auffassung von Kirchenzucht stand in starkem Widerspruch zu Eberhard Arnolds Ansicht, der immer wieder darauf hingewiesen hatte, dass Disziplinarmaßnahmen in einer Gemeinde nur wiederherstellend verstanden werden dürfen, nie strafend, und dass sie im Geist der Brüderlichkeit vollzogen werden müssten. Siehe Eberhard Arnold, „Über die Gemeindezucht bei den hutterischen Brüdern", unveröffentlichte Mitschrift einer Gemeindeversammlung im Mai 1931.

Kapitel 26 beschreibt Heinis Arbeit für das STICA (*Servicio Técnico Interamericano de Cooperación Agrícola*), ein US-amerikanisches landwirtschaftliches Hilfsprogramm, dass 1942 vertraglich in Paraguay eingerichtet wurde; für weitere Hintergrundinformationen dazu, siehe STICA, *Agricultural Progress in Paraguay* (Food Supply Division, Institute of Inter-American Affairs, Washington, D. C. 1949).

Kapitel 26 beschreibt ferner die Leprakolonie Colonia Santa Isabel in der Nähe von Sapucai, Paraguay, die 1934 von zwei Missionaren gegründet wurde: Malcolm Norment, einem US-Amerikaner, der im Auftrag der Disciples of Christ Denomination gesandt wurde, und Dr. John Nairn Hay, einem Engländer, der später für den British Medical Service arbeitete. Norments Berichte über die Kolonie wurden veröffentlicht in *World Call* (Oktober 1934, September 1946, September 1951 und Januar 1952). 1951 wurde die Leprastation unter die Führung der Franziskaner gestellt und von der *Asociación Santa Isabel* übernommen. Schwestern der Kongregation „Töchter der christlichen Liebe vom hl. Vinzenz von Paul" übernahmen die Pflege der Patienten. Die Kolonie dient noch heute als Heim für geheilte Patienten. Eine Geschichte der Colonia Santa Isabel hat Gerhard Ratzlaff verfasst in *Hospital Mennonita Km 81 – Liebe, die tätig wird* (Gemeindekomitee Asociación Evangélica Mennonita del Paraguay, Asunción, Paraguay, 2001), S. 29–44. Die Beschreibung der Leprakolonie in diesem Kapitel beruht in weiten Teilen auf dem Bericht von Maureen Burn und Maria Weiss, *Outcast but Not Forsaken – True Stories from a Paraguayan Leper Colony* (Plough, 1989).

Ältere Bewohner der Colonia Santa Isabel erinnerten sich noch 2008 an Heini. Tomas Castillo, der 1943 als Sechzehnjähriger zum ersten Mal in der Leprakolonie ankam, erinnerte sich, 1945 mit Heini für die kooperative Landwirtschaft der STICA gearbeitet zu haben. Er erzählte, dass Heini auf einem Pferd reitend die Arbeit überwachte, stets sehr pünktlich und ordentlich, aber auch großzügig und fürsorglich gewesen sei und Interesse für die Patienten gezeigt und ihnen geholfen hatte und sie gefragt hatte, woher sie kamen. Sein Spanisch war nicht sehr gut, aber er mochte gute Witze. (Quelle: Tomas Castillo im Interview mit Mark Clement in Colonia Santa Isabel, Sapucai, 17. Februar 2008; Aufzeichnung liegt dem Autor vor.)

Die Episode in Kapitel 27 mit dem Affen und den Tomaten des Nachbarn wird von Heinis Sohn Johann Christoph Arnold in *Their Name Is Today – Reclaiming Childhood in a Hostile World* (Plough, Walden, NY, 2014), S. 39–42, wiedergegeben. Im selben Buch erinnert sich der Autor an den Erziehungsstil seines Vaters Heini, einschließlich seiner Freundschaften mit Menschen mit Behinderungen oder ungewöhnlichen Verhaltensweisen (S. 92).

◆ ◆ ◆

Kapitel 29: Die bemerkenswerte Lebensgeschichte des Begründers von *Koinonia*, Clarence Jordan, wird erzählt von Dallas Lee, *The Cotton Patch Evidence – The Story of Clarence Jordan and the Koinonia Farm Experiment (1942–1970)* (Wipf & Stock, 2011). Eine Einführung in Clarence Jordans Vorstellungen findet sich in C. Jordan, *Bergpredigt* (Judson Press, 1952). Für einen historischen Abriss des Aufblühens amerikanischer Gemeinschaftsbewegungen in den 1940er- und 1950er-Jahren siehe das Buch von Henrik Infield, *The American Intentional Communities – Study on the Sociology of Cooperation* (Community Press, 1955).

Thurman Arnold (ebenfalls Kapitel 29) war stellvertretender Justizminister (Assistant Attorney General) unter Präsident Franklin Roosevelt gewesen. Er war ein Pionier des Rechtsrealismus und später ein legendärer Bekämpfer von Kartellen. Mit Heini war Thurman Arnold über Carl Franklin Arnold, Heinis Großvater und Thurmans Onkel, verwandt. Siehe dazu auch Thurman Arnolds Autobiografie *Fair Fights and Foul – A Dissenting Lawyer's Life* (Harcourt Brace & World, 1965); Thurman Arnold, *Voltaire and the Cowboy – Letters of Thurman Arnold*, Hrg. Gene M. Gressley (Colorado Associated University Press, 1977); und Spencer Webber Waller, *Thurman Arnold – A Biography* (NYU Press, 2005).

◆ ◆ ◆

Kapitel 31: Für ein zeitgenössisches Porträt des neu gegründeten Woodcrest-Bruderhofs siehe David Stanley Tillson, *A Pacifist Community in Peacetime – An Introductory Description of the Woodcrest Bruderhof in Rifton, NY* (Dissertation, Syracuse University, 1957). Dorothy Day berichtete über den Bruderhof in *The Catholic Worker*, Dezember 1955. Eleanor Roosevelts zwei Beiträge über ihren Besuch in Woodcrest erschienen in ihrer landesweit veröffentlichen Kolumne „My Day", *New York Post*, 7. und 8. November 1958. Pitirim Sorokins Beschreibung des Bruderhofs erschien in seinem Buch *The Ways and Power of Love – Types, Factors, and Techniques of Moral Transformation* (Templeton Foundation Press, 1954, 2002).

Die bemerkenswerte Geschichte der humanistischen *Macedonia*-Gemeinschaft (auch in Kapitel 31) sowie Heinis wichtige Rolle in ihrer Geschichte wird beschrieben in Trevor Wiser, *The Last Inch – A History of the Macedonia Cooperative Community* (Masterarbeit, California University of Pennsylvania, 2008). Zu den von Heini besonders geschätzten Arbeiten von Dietrich von Hildebrand gehören *Die Umgestaltung in Christus* (Benziger & Co., 1940), *Die Ehe* (Verlag Ars Sacra, 1929) sowie *Reinheit und Jungfräulichkeit* (Oratoriums Verlag, 1927).

◆ ◆ ◆

Kapitel 33 erzählt vom Tod Michael Schwerners und Heinis anschließender Freundschaft mit seinen Eltern. Für diesen Teil verdanke ich viel Cassie Schwerner, die mir freundlicherweise mit vielen Details zur Geschichte ihrer Familie half. Ein detaillierter Abriss des Falles findet sich bei Seth Cagin und Philip Dray, *We Are Not Afraid – The Story of Goodman, Schwerner, and Chaney, and the Civil Rights Campaign for Mississippi* (Scribner, 1988).

In Kapitel 33 und 34 erwähne ich Heinis Insistieren auf Vergebung, einschließlich des Zitats: „Lieber vertraue ich und werde tausend Mal betrogen, als nur einen Tag im

Misstrauen leben zu müssen…" Dieses ist beschrieben in Johann Christoph Arnold, *Escape Routes – For People Who Feel Trapped in Life's Hells* (Plough, 2002), S. 144. Johann Christoph Arnold berichtet auch über die Reaktion seiner Mutter auf ihre Krebsdiagnose: *Be Not Afraid – Overcoming the Fear of Death* (Plough, 2002), S. 9.

Stichwortverzeichnis

(In den Einträgen des Stichwortverzeichnisses steht „JHA" anstelle von „Johann Heinrich Arnold".)

A

Abendmahl 246
Addams, Jane 220
Agnostizismus, Agnostiker 134, 151
Albert (Wohlfahrt) 192
Alm Bruderhof. *Siehe Silum (Liechtenstein); Siehe Silum (Liechtenstein)*
Amische 69, 241
Anarchismus, Anarchist 26, 27, 28, 43, 70, IV
Antisemitismus 42, 46, 88, 141, 252, 271
Arbeiterbildungsverband 134
Argentinien 155
Arnold, Anneli (JHAs Tochter, Maria, verheiratete Maendel) 168, 184, 195, 208, 242, 271, XXVII, XXX
Arnold, Annemarie, geb. Wächter (JHAs Ehefrau) 78, 80, 191, 267, VIII, IX
 – Herkunft 302,
 – Krankheit und Tod 290,
 – Mutter, in der Rolle als 132, 203, XVI
 – Zeit des Kennenlernens und Heirat (J. Heinrich Arnold) 97, 100, 106, 126, 128, XIII
Arnold, Carl Franklin (JHAs Großvater) 35
Arnold, Eberhard (JHAs Vater)
 – Bruderhof Mitgründer 32, IV
 – geistliche Leitung 48, 59, 74, 115
 – Herkunft 35
 – Nationalsozialismus, Widerstand gegen 86, 90, 93, 100, 115
 – Tod 119
 – Vater, in der Rolle als 28, 38, 52, 56, 62, 98, 103, 118, II
Arnold, Edith, geb. Boecker (JHAs Schwägerin) 120, 157, 180, XIII
Arnold, Edith (JHAs Tochter, verheiratete Moody) 181, 195, 221, 242, XXX
Arnold, Else (JHAs Tochter, verheiratete Winter) 211, 221, 262, XXVII, XXX
Arnold, Emmy geb. von Hollander (JHAs Mutter) 253, VIII
 – als alte Frau 16
 – Bruderhof Mitgründer 32, IV
 – Gemeindeleitung 160, 196
 – Herkunft 34, 96
 – im Alter 231, 291, XXVII, XXVIII, XXX
 – Mutter, in der Rolle als 46, 51, II
 – verwitwet 1935 119, 122, XIV
Arnold, Emmy, geb. von Hollander (JHAs Mutter) 183
Arnold, Emmy Maria (JHAs Enkelin, verheiratete Blough) 289
Arnold, Emmy Maria (JHAs Tochter) 292, , XVI
Arnold, Emy-Margret (JHAs Schwester, verheiratete Zumpe) 23, 62, II, III, IV. *Siehe auch Zumpe, Emy-Margret*
Arnold, Hans-Hermann und Gertrud (JHAs Bruder und Schwägerin) 23, 62, 121, 125, 182, 200, 230, 253, 265, 276, III, IV, XIV
Arnold, Hardy (JHAs Bruder)
 – Eberhard Arnold (Hardys Vater) und 120, 122
 – Gemeindeleiter, in der Rolle als 122, 125, 133, 152, 155, 163, 228
 – Heirat (Edith Boecker) 120, XIII
 – J. Heinrich Arnold und 63, 71, 261, 276, XXIII

- Kindheit und Jugend   23, 60, 62, 112, II, III
- Paraguay und   153, 160, 170, 180, 187

Arnold, Heinrich (JHAs Enkel)   288

Arnold, Johann Christoph und Verena geb. Meier (JHAs Sohn und Schwiegertochter)   184, 191, 195, 199, 209, 211, 216, 223, 242, 263, 271, 286, 290, 293, XVIII, XXIII, XXIX, XXX, XXXI

Arnold, Johann Heinrich   XXVIII
- als Buchautor   282, 288
- Bekehrung   47, 59
- Bürgerrechtsbewegung und   268
- Eberhard Arnold (Vater) und   28, 38, 52, 56, 62, 98, 103, 118, 121
- Geburt   36, II
- geistliche Leitung   134, 160, 228, 237, 266, 281
- Hans Zumpe (Schwager), Beziehung zu   70, 74, 125, 163, 249
- Kindheit und Jugend   22, 71, II, III, IV, V, VI
- Kriegsdienstverweigerung aus Gewissensgründen und   113, 270
- landwirtschaftliche Ausbildung   106
- Lehrer und Pädagoge   100, 175
- Leprakolonie Santa Isabel, in der   186, XXI
- Mitgliedschaft beim Bruderhof   75, 187
- Nationalsozialismus, Widerstand gegen   84, 88
- Paraguay   152, XIX, XXII, XXIII
- Schule   33, 41, 54
- Taufe   61
- Vater, in der Rolle als   132, 195, 196, 203, XVI, XXVII
- Verbannung aus Primavera   180, XX, XXI
- Zeit des Kennenlernens und Heirat (Annemarie Wächter)   97, 100, 106, 128, XIII

Arnold, Lisa (JHAs Tochter, verheiratete Maas)   191, 195, XXX

Arnold, Maria. Siehe Arnold, Anneli (JHAs Tochter, Maria, verheiratete Maendel)

Arnold, Marianne (JHAs Tochter)   203, XXII

Arnold, Monika (JHAs Schwester, verheiratete Trümpi)   23, 30, 52, 265, 277, 278, III, IV

Arnold, Monika (JHAs Tochter, verheiratete Mommsen)   211, 221, 242, 262, 272, 290, XXVII, XXX

Arnold & Porter LLP (Rechtsanwaltskanzlei)   214

Arnold, Roswith (JHAs Tochter, verheiratete Mason)   184, 195, 208, 216, 242, 292, XVI, XVIII, XIX, XX, XXV, XXX

Arnold, Thurman und Frances   214, 308

Arno (Martin). Siehe Martin, Arno und Ruth

Ashton Fields Farm (England)   129, 130, 132, 146, XIV, XV, XVII

Astor, Lady Nancy   305,

Asunción (Paraguay)   155, 186, XXVIII

Atheismus, Atheist   239, 270, 271, 295

Atlantikschlacht (2. Weltkrieg)   152

Augustinus von Hippo, Heiliger   99

Avila Star (Passagierschiff)   306, , XVIII

B

Bach, Johann Sebastian   15

Barth, Georg   98, VI, XXVIII
- Gemeindeleiter, in der Rolle als   126, 133, 163, 166, 180, 183
- Heirat (Monika von Hollander)   66
- Pädagoge   60, 65
- Versöhnung mit JHA und   261, 265, 273

Barth, Heidi. Siehe Zumpe, Heidi, verheiratete Barth

Barth, Karl   141, 302,

Barth, Monika, geb. von Hollander   36, 60, 97, 138, IV

Beels, Francis   195

Beethoven, Ludwig van   241

Bergpredigt   33, 212, 224

Bhagavad-Gita   235

Biddle, Francis   217

Bindehautentzündung   156

Birmingham (England)   132, 136

Blough, Dwight und Norann   235, 245, 271, 280, XXVIII

Blough, Emmy Maria. Siehe Arnold, Emmy Maria (JHAs Enkelin, verheiratete Blough)

Blue Star Line   149, 153

Blumhardt, Johann Christoph   141, 149, 152, 173

Boat People (Flüchtlinge aus Südostasien)   284

Boecker, Edith. *Siehe Arnold, Edith, geb. Boecker (JHAs Schwägerin)*
Boeke, Kees und Betty   45, 301,
Boettner, Juan   168
Boller, Hannes   280
Bolli, Dorli   182, 280
Bolschewisten   24, 35
Bonhoeffer, Dietrich   13, 113, 141, 303,
Brasilien   153
Braun, Adolf   202
Bridgwater, Freda, verheiratete Dyroff   305,
Brinton, Anna   219
Bromismus, Bromid (als Medikament)   161, 167, 273, 306
Bruderhof   74, 75, 113, 245, 284
Buber, Martin   71, 302,
Buenos Aires   153, 260
Bulstrode (England)   250, 261
Bultmann, Rudolf   301,
Burleson, George   237
Burn, Maureen   282, 307

C

Caine, Norah   176
Catholic Worker   234, 308
Catskill Mountains   232
Cavanna, Peter   152
Cérésole, Pierre   220
Chandy, Acharya K. K.   234
Chaney, James   268
Chávez, César   235
Cirencester (England)   129, 137
Civilian Public Service   235
Clement, Bob und Jane Tyson   228, 235
Colonia Santa Isabel. *Siehe Santa Isabel (Leprakolonie)*
Community Playthings   236
Cooper, Samuel   218
Corcovado (Rio de Janeiro, Brasilien)   153
Cosmic View (Buch)   43
Cotswold Bruderhof. *Siehe Ashton Fields Farm (England)*
Cotswolds (England)   129
Coventry (England)   149

D

Dalgas, Trudi. *Siehe Hüssy, Trudi, geb. Dalgas*
Dapson (Antibiotikum)   190
Darmstadt   119

Darvell (England)   282
Davies, Cyril und Margot   160, 163, 166, 184, 260, 265, 282, XIX
Day, Dorothy   234, 308
Dietrich, Marlene   228
Dittus, Gottliebin   142
Domer, Richard   269
Dora (Wingard). *Siehe Wingard, Dora*
Doris Duke Foundation   228
Dostojewski, Fjodor   84
Dow Chemical   235
Dürer, Albrecht   72
Dyroff, Freda. *Siehe Bridgwater, Freda, verheiratete Dyroff*

E

Eckhart, Meister   20, 92, 99, 181, 288
Ehrlich, Hela   288
El Arado (Uruguay)   229
Ellen (Keiderling). *Siehe Keiderling, Ulrich und Ellen*
Ernst (Rottmann)   83
Estancia Primavera (Paraguay). *Siehe Primavera (Paraguay)*
Evans, Gwynn   150, 167, 186, 228, 240, 249, 258, 263

F

Fellowship of Reconciliation. *Siehe Versöhnungsbund*
Fidaz (Schweiz)   72
Fiehler, Hans   40
Fisher, Kapitän John   153
Flemmig, Georg   30
Fletcher, Stanley   151, XV, XXII
Ford, Donna   245
Fordham University   238
Fox, George   219
Franziskus von Assisi, Heiliger   53, 72, 190
Friedensvereinigung   134, 136
Fritz, Terry   284
Fröbel, Friedrich   304,
Fros, Jan   179
Fulda   87
Furche Verlag   23

G

Gaflei (Liechtenstein)   304,
Gail, Karl   48, 55

Gandhi, Mohandas   136, 220, 235
Gehringhof (zionistische Ausbildungsstätte)   303,
Geiselnahme von Teheran   284
Geisteszustand, Geisteskrankheit   168, 274
Gemeinschaftssiedlungen, Kommunen   30, 134, 235
Germantown (Stadtteil von Philadelphia)   223
Giovanna (Wood). *Siehe Wood, Giovanna*
Girbinger, Christel   44, 62, 301, , III
Gleichheit   266
Gneiting, Alfred   55, 57, 95, 121, 126, 130, 149, 257, XVIII
Goodman, Andrew   268
Gorki, Maxim   305,
Graham, Alan   305,
Gran Chaco (Paraguay)   156
Greaves, Dorie   229
Grete (Pseudonym)   92, 97

H

Hans im Glück. *Siehe Fiehler, Hans*
Harries, Jennie   178, 185
Hashomer Hatzair (Zionistische Jugendgruppe)   305,
Headland, Charles   150
Heiligabend   108, 192, 221
Heilsarmee   24, 136, XIV
Heimatschutz, britischer (Home Guard)   148
Heinrich Seuse   92
Helene (Pseudonym)   254
Heliopher (Sage)   294,
Helwangspitze (Gipfel in Liechtenstein)   101
Henze, Lotte   59, IV
Hereshome Farm (New Jersey, USA)   219
Herolzer Forst (nahe Sannerz)   89
Hildel, Rudi   289
Homann, Günther   201
Hoop, Josef   116
House of Commons (Parlament)   148
House of Lords (Parlament)   148
Houssman, John   235
Hull House (Chicago)   220
Hüssy, Trudi, geb. Dalgas   41, 45, 54, 79, 158, 176, 183, 251, 288, IV, VI, VII
Hutterer   133, 171, 203, 302
Hütteroth, Ferdinand   96

I

Innenministerium, britisches   149, 150
Internationale Arbeiterbewegung   22
Isle of Man (U.K.)   148

J

Jackson, Jimmy Lee   271, XXIX
Janice (Pseudonym)   237
Johnson, Guy   150
Jordan, Clarence   212, 231, 269, 307, XXIV
Judentum   270
Jüdische Flüchtlinge   305,
Jugendbewegung   246, 278, 300, III

K

Kaliumbromid. *Siehe Bromismus, Bromid (als Medikament)*
Kapp-Putsch   301,
Keiderling, Karl   45, 61, 81, 162, 168, IV
Keiderling, Ulrich und Ellen   178, 237, 283
Keilhau   129
Kellersberger, Eugene   194
Kemble (England)   133
Keuchhusten   157, 159, 161
Kibbuz   147, 269
Kindertransport   147
King, Carroll   235
King Jr., Martin Luther   269, 271, XXIX
Kleiner, Christine   158, XIX
Kleiner, Fritz   66, 139, 156, 158, 170, 182, 187, 196, 211, XI, XVII, XVIII
Koinonia Farm (Georgia, USA)   212, 269, 307, XXIV
Kolb, Luise   53, 60, 96, 246, V, VI. *Siehe auch Sumner, Bruce und Luise*
Kommunismus, Kommunist   29, 38, 41, 84, 90, 96, 134, 213, 234
Kommunitarismus   213, 257
Konzentrationslager   90, 93, 95
Koran   235
Kriegsdienstverweigerung aus Gewissensgründen   113, 128, 235, 270

L

Landauer, Gustav   300,
Land, Ruth, geb. Cassell   150, 160, 168, 204, 211, 257
Langeberg (Anhöhe nahe Sannerz)   57
Leben in der Nachfolge (Buch)   282, 299

Leila (Pseudonym)   243
Lepra. *Siehe Santa Isabel (Leprakolonie)*
Lepramission (American Mission to Lepers)   194
Lettland   35
Liebknecht, Karl   23
Liechtenstein, Fürstentum   99
Liuzzo, Viola   271
Löber, Christian und Sophie   111, 134, 265, 267, 280
Lotzenius, Oskar   32
Luftangriffe (2. Weltkrieg)   146
Luís   19
Luxemburg, Rosa   23

M

Maas, Nicky   288
Macedonia, kooperative Gemeinschaft   235, 308
Maendel, Nathan (JHAs Enkel)   289, 293, XXX
Marchant, Will und Kathleen   212, 256, 282, XXIV
Marsch von Selma nach Montgomery   271, XXIX
Martin, Arno und Ruth   95, 126, 291,
Mathis, Peter und Anni   182
May, Karl   200
McCarthy, Joseph (US-Senator)   215
Mennoniten   69, 156, 245, 261
Michaelis, Georg   27, 30, 300,
Mills, Bertha   235
Minehead (England)   131
Mommsen, Richard und Dorothy   235, 238, 240, 281
Moody, Douglas und Ruby   232, 236, 240, 244, 254, 263, XXVIII
Moojen, Maria   43
Moon, Sun Myung   284
Moorestown (New Jersey, USA)   219
Möttlingen   142

N

Nationalsozialismus   87
Nelson, Claud   235
Nicaragua   19
Niemöller, Martin   303,
Nietzsche, Friedrich   25
Niklaus   201

Noble, Don und Marilyn   235
Nouwen, Henri   282

O

Okkult, Okkultismus   235, 243
Ometepe, Nicaragua   19
Oswald   48

P

Papillenödem (Krankheit)   161
Paraguay   149, XVIII
Pazifismus, Pazifist   27, 43, 114, 129, 149
Peace Pilgrim   234
Peace Pledge Union. *Siehe Friedensvereinigung*
Pendle Hill   218, XXIV
Peters, Don   246
Peterson, Eugene   9
Pfarrernotbund   113
Plough, The (Monatsmagazin)   143
Potts, Tom und Florence   223, 236, XXIV
Primavera (Paraguay)   156, XVIII
Proletariat, Proletarier   41, 271
Puerto Rosario (Paraguay)   155, 198, 211

Q

Quäker   43, 69, 136, 218, 223, 227, 245

R

Rabbitts, Phyllis, verheiratete Woolston   161, 203, 211
Rachoff (Vasily Osipovich Rakhov)   178, 210, 272, 294, 301, 304
Ragaz, Leonhard   302, 304, ,
Raquel   19
Regnery, Henry   228
religiöser Sozialismus   69, 112
Rhein   105, X
Rhoads, Betty   219
Rhoads, Grace   219, 223, XXIV
Rhodes, Xaverie. *Siehe Sender, Xaverie*
Rhön   65, 72, 77, 90
Rhön Bruderhof. *Siehe Sparhof*
Rifton (New York, USA)   232
Riga (Lettland)   35
Rio de Janeiro   153
Robinson, Johnny   151, 153, 168, 256, 260, 282, XV
Roosevelt, Eleanor   234, 305
Roosevelt, Franklin   214

Rotkohl, Fräulein   63
Rotte Korach   183
Rudenstine, Neil   16
Ruhr (Krankheit)   154, 159
Ruth (Martin).   *Siehe Martin, Arno und Ruth*

S

Sannerz   31, 42
Santa Isabel (Leprakolonie)   188, 306, XXI
Sapucai.   *Siehe Santa Isabel (Leprakolonie)*
Schlüchtern   30
Schwalbe, Fritz   28, 39
Schweitzer, Albert   235
Schwerner, Michael   268, 308
Schwerner, Nathan und Anne   269, 295, XXIX
Schwing, Sophie, verheiratete Löber   46, 53, 60, 64, IV, V, VI. *Siehe auch Löber, Christian und Sophie*
Seelsorge   237
Sender, Sibyl   246, 263, 285
Siedlungen   33. *Siehe auch Gemeinschaftssiedlungen, Kommunen*
Siegmund-Schultze, Friedrich   302,
Silum (Liechstenstein)   99
Singh, Sadhu Sundar   68, 294, 301, ,
Sondheimer, Friedel   95, 201, VII
Sonnentrupp   51, V
Sorokin, Pitirim   235, 308
Sozialismus, Sozialist   27, 96, 134, 151, 154, 235. *Siehe auch religiöser Sozialismus*
Sparhof   65, 90, VII
Spartakistenaufstand   22
Sterbfritz   89
Stern, Margaret   150
STICA (Servicio Técnico Interamericano de Cooperación Agrícola)   188, 306
Strickhof (Landwirtschaftsschule)   111, 303, , XI
Sumner, Bruce und Luise   182, 265. *Siehe auch Kolb, Luise*

T

Tata. *Siehe von Hollander, Else („Tata")*
Täufertum   171
Thomas à Kempis   92
Three Mile Island   284
Tillich, Paul   302,
Tolstoi, Leo, Tolstojaner   136, 154

Triesenberg (Liechstenstein)   116
Trudi (Hüssy). *Siehe Hüssy, Trudi, geb. Dalgas*
Trümpi, Monika. *Siehe Arnold, Monika (JHAs Schwester, verheiratete Trümpi)*
Tyson, Jane. *Siehe Clement, Bob und Jane Tyson*

U

Umnachtungszustände   168
Universität Breslau   35
Universität Halle   35
Universität von Harvard   18, 239

V

Vaduz (Liechstenstein)   102
Vergebung   128, 152, 202, 231, 244, 265, 272, 275
Versöhnungsbund   69, 134, 220, 234. *Siehe auch Siegmund-Schultze, Friedrich*
Vertrauen   44, 70, 155, 181, 228, 266, 275
Vietnamkrieg   268, 270, 284
Volksabstimmung   93
von Adamsky, Adam   39
von Gagern, Heinrich Freiherr   113
von Hildebrand, Dietrich   238, 308
von Hollander, Else („Tata")   35, VIII, IX
 – Bruderhof Mitgründer   32, IV, V
 – Herkunft   34
 – J. Heinrich Arnold und   36, 53, 67, II
 – Krankheit und Tod   75, 82, 302,
von Hollander, Emmy. *Siehe Arnold, Emmy geb. von Hollander (JHAs Mutter)*
von Hollander, Monika. *Siehe Barth, Monika, geb. von Hollander*
von Köller, Ilse   264
von Mücke, Helmut   28
von Schönburg-Waldenburg, Fürst Günther   302,

W

Wächter, Annemarie. *Siehe Arnold, Annemarie, geb. Wächter (JHAs Ehefrau)*
Wächter, Hedwig   135, 304,
Waldquelle   61
Walensee (Schweiz)   111
Wallkill River (New York, USA)   232
Wegner, Liesel, verheiratete Arnold   96
West, Cornel   18
Willis, Paul   235

Wingard, Dora   291
Winter, Dr. (Arzt in Cirencester)   135, 137
Winter, Else. *Siehe Arnold, Else (JHAs Tochter, verheiratete Winter)*
Wiser, Arthur   255, 260, 271
Wolf, Max   46
Woodcrest (Rifton, NY, USA)   231, 232, 308, XXV
Wood, Giovanna   284, 294
Woolston, Phyllis. *Siehe Rabbitts, Phyllis, verheiratete Woolston*
Workers' Education Association. *Siehe Arbeiterbildungsverband; Siehe Arbeiterbildungsverband*

Z

Zander, Paul   71, 119
Zigeuner   89
Zimmerman, Milton   261, 263, 271, 273, 292
Zimmermann, Marianne   102, 183
Zionismus   147, 234

Zitadelle (Versammlungsraum der Heilsarmee in Birmingham)   136
Zumpe, Ben   253, 290
Zumpe, Emy-Margret   172, 251, 277. *Siehe auch Arnold, Emy-Margret (JHAs Schwester, verheiratete Zumpe)*
Zumpe, Hans
  – Eberhard Arnold (Schwiegervater) und   74, 114, 122
  – Gemeindeleiter, in der Rolle als   125, 133, 166, 175, 180, 183
  – Heirat (Emy-Margret)   75, VII
  – J. Heinrich Arnold und   70, 152, 163, 249
  – Tod bei Flugzeugabsturz   278
  – Versöhnungsversuche von JHA und   275
Zumpe, Heidi, verheiratete Barth   178, 179, 185, 298
Zündel, Friedrich   305,

BUCHHINWEIS

NEUFELD VERLAG

Markus Baum

Eberhard Arnold

Ein Leben im Geist der Bergpredigt

„Seit der Zeit Jesu haben kleine Gruppen ernsthafter Christen versucht, der Ethik der Bergpredigt entsprechend zu leben. Die Lebensgeschichte eines dieser Menschen liegt hier vor uns. Dieses Buch legt Zeugnis ab von Gottes Treue und Gottes Handeln in der Geschichte."

Jim Wallis im Vorwort

Eberhard Arnold (1883–1935) gehört zu den großen Gestalten der Kirchengeschichte des 20. Jahrhunderts. Ohne Berührungsängste pflegte der Zeitgenosse und Gesprächspartner von Karl Barth, Martin Buber und Leonhard Ragaz den lebendigen Austausch mit der Jugendbewegung wie mit der christlichen Studentenarbeit, mit der Evangelischen Allianz wie mit dem religiösen Sozialismus.

Er hielt evangelistische Vorträge, setzte sich publizierend mit der Gedankenwelt seiner Zeit auseinander und gründete die Bruderhof-Bewegung, die sich bis heute auf ihn beruft. Und er rang leidenschaftlich darum, Jesus kompromisslos zu folgen.

252 Seiten, gebunden, mit s/w-Abbildungen
ISBN 978-3-86256-035-6, E-Book: ISBN 978-3-86256-716-4

BUCHHINWEIS

NEUFELD VERLAG

Josef Ben-Eliezer

Meine Flucht nach Hause

Als Jude in Frankfurt am Main geboren, flieht Josef Nacht mit seiner Familie vor dem Holocaust nach Polen und landet schließlich im sibirischen Arbeitslager. Hunger und Not sind tägliche Begleiter. Gemeinsam mit seiner Schwester gelingt dem 13-Jährigen die Reise nach Teheran.

Von dort aus gelangen sie 1943 nach Palästina. Josef nennt sich nun Ben-Eliezer und kämpft als Soldat für die Unabhängigkeit Israels. Doch die Unmenschlichkeit des Krieges verfolgt ihn weiter: Warum können Menschen nicht friedlich miteinander leben?

Josef Ben-Eliezer bleibt auf der Suche nach dem Wahren und Guten. Er will für etwas leben, „das größer ist". Schließlich findet er in der Bruderhof-Gemeinschaft in Deutschland zum ersten Mal in seinem Leben echte Heimat. Hier begegnet der Jude Josef Ben-Eliezer dem Juden Jesus …

141 Seiten, gebunden, mit s/w-Abbildungen
ISBN 978-3-86256-059-2

NEUFELD VERLAG

*Der **Neufeld Verlag** ist ein unabhängiger, inhabergeführter Verlag mit einem ambitionierten Programm. Wir möchten bewegen, inspirieren und unterhalten.*

**Stellen Sie sich eine Welt vor,
in der jeder willkommen ist!**

Das wär's, oder? Am Ende sehnen wir alle uns danach, willkommen zu sein. Die gute Nachricht: Bei Gott bin ich willkommen. Und zwar so, wie ich bin. Die Bibel birgt zahlreiche Geschichten und Bilder darüber, dass Gott uns mit offenen Armen erwartet. Und dass er nur Gutes mit uns im Sinn hat.

Als Verlag möchten wir dazu beitragen, dass Menschen genau das erleben: *Bei Gott bin ich willkommen.*

Unser Slogan hat noch eine zweite Bedeutung: Wir haben ein Faible für außergewöhnliche Menschen, für Menschen mit Handicap. Denn wir erleben, dass sie unser Leben, unsere Gesellschaft bereichern. Dass sie uns etwas zu sagen und zu geben haben.

Deswegen setzen wir uns dafür ein, Menschen mit Behinderung willkommen zu heißen.

*Folgen Sie uns auch auf www.facebook.com/NeufeldVerlag
und in unserem Blog unter www.neufeld-verlag.de/blog!*